公司诉讼36式

公司纠纷诉讼应对指南

郭勤贵——著

法律出版社 LAW PRESS·CHINA
北京

图书在版编目(CIP)数据

公司诉讼36式：公司纠纷诉讼应对指南／郭勤贵著.
--北京：法律出版社，2022
ISBN 978-7-5197-6453-1

Ⅰ.①公… Ⅱ.①郭… Ⅲ.①公司—经济纠纷—处理
—中国—指南 Ⅳ.①D925.1-62

中国版本图书馆CIP数据核字(2022)第030149号

公司诉讼36式
——公司纠纷诉讼应对指南
GONGSI SUSONG 36 SHI
—GONGSI JIUFEN SUSONG YINGDUI ZHINAN

郭勤贵　著

策划编辑 朱海波
责任编辑 朱海波
装帧设计 贾丹丹

出版发行 法律出版社
编辑统筹 法律应用出版分社
责任校对 邢艳萍
责任印制 刘晓伟
经　　销 新华书店

开本 710毫米×1000毫米 1/16
印张 27.5　**字数** 550千
版本 2022年4月第1版
印次 2022年4月第1次印刷
印刷 三河市龙大印装有限公司

地址：北京市丰台区莲花池西里7号(100073)
网址：www.lawpress.com.cn
投稿邮箱：info@lawpress.com.cn
举报盗版邮箱：jbwq@lawpress.com.cn

销售电话：010-83938349
客服电话：010-83938350
咨询电话：010-63939796

书号：ISBN 978-7-5197-6453-1
定价：98.00元

前　言

公司诉讼是民商事诉讼中最为复杂的一种诉讼，其涉及公司内部关系的自治与外部关系的强制等两大法律调整方式的理解与认定。公司法的基本原理是：对于内部关系尽可能依照"意思自治原则"给予最大限度的"约定自由"，但对于大股东滥用"资本多数决"损害小股东利益的行为、董监高损害公司利益等内部行为则给予强制规范；同时，对于外部关系则采用相反的立法姿态，尽可能地采取强制规范。因为，公司外部关系更多地涉及债权人的利益保护及第三人的合法权益维护问题。内外部法律适用基本原则在司法实践中难以准确把握，造成各地法院同案不同判的现象尤为突出。为了避免这一现象，最高人民法院先后出台了五个公司法司法解释和一个重要的会议纪要，并且发布了大量的指导性案例，但这些仍不能完全解决公司诉讼的裁判分歧。由此可见，公司诉讼之疑难与复杂性。

公司诉讼近年来呈现出高发趋势，尤其是小股东各种维权诉讼、公司决议效力诉讼、公司控制权争夺诉讼以及公司投融资诉讼等尤为突出。在公司诉讼中，司法尤其强调保护小股东及外部债权人的利益，而这两大类案件实践中认定较为复杂，需要裁判者和当事人准确理解和把握。此外，公司诉讼种类繁杂，民事诉讼案由中给定的 24 类公司诉讼案由根本无法涵盖公司诉讼的所有类型，因此，也有必要全面系统地梳理归纳公司的诉讼类型，以便给予读者参考指导。

鉴于此，笔者在 2019 年应邀为全国青年律师及公司法务人员开设了 20 个课时的公司诉讼系列网上课程和讲座，主题为《公司诉讼 36 式》。系统而全面地将公司诉讼中几乎所有大的类型进行了归纳梳理，取得了良好的效果。很多听众来信建议并希望我能更系统地整理归纳出一些书面的参考资料，以便帮助大家更加深入地理解和学习。为此,我结合前述的讲座课件内容,又进行更为全面的整理归纳,并根据公司法、公司法的五个司法解释、2015 年的商事审判规定(公司诉讼部分)、2019 年最高人民法院九民会议纪要(公司诉讼部分)以及最高法院及有关高院的典型公司诉讼案例,将公司诉讼以 15 大组公司纠纷、36 类公司诉讼及 126 种具体公司诉讼等汇编成《公司诉讼 36 式》。本书涵盖了公司诉讼、证券诉讼及破产诉讼等三大领域诉讼,可以说将公司诉讼"一网打尽,尽收书中"。是一本极为全面的,具有指导作用、参考价值甚至备查功能的公司诉讼实战工具书。

本书在写作方法上也不同于其他有关公司诉讼的图书,更重视以解决实际问题为出发点。例如,针对小股东维权诉讼,首先,详细阐述了各种侵犯小股东权益的行为。然后,给出了小股东维权的 6 中可能的维权路径,即维权路径一之小股东直接维权之诉,维权路径二之损害公司利益之诉,维权路径三之股东出资之诉,维权路径四之公司解散、清算之诉,维权路径五之公司决议效力之诉,维权路径六之公司重组之诉等。最后,又逐一梳理了小股东直接维权之诉的 8 种具体类型。每一种类型既论述有关核心法律问题,又引用公开的法院判决或案例,并对案例进行评析,这种写作方式有利于读者深入而全面、清晰地掌握公司诉讼的核心要点。

因此,这本《公司诉讼 36 式》适合律师、投资机构、投资银行、公司法务、创业公司以及公司诉讼司法工作者等阅读参考。本书涵盖内容庞杂,难免有所疏漏或错误,敬请各位读者指正,以便改进和修订。本书在写作过程中,深圳的赵万宝律师也提供了一些建议和参考资料,在此一并感谢。

郭勤贵
2022 年 1 月 18 日

目·录

第一章 内外利益冲突下的公司诉讼

第二章

公司诉讼第1式：公司设立之诉

第三章

公司诉讼第2式：公司出资之诉

第五章

公司诉讼第4式：公司股权激励之诉

第六章

公司诉讼第4至8式：小股东维权之诉

第七章 公司诉讼第9至10式：损害公司利益之诉

第八章 公司诉讼第11至12式：股权转让之诉

第九章 公司诉讼第13至15式：公司治理之诉

第十章 公司诉讼第16至18式：控制权争夺之诉

第十二章 公司诉讼第23至25式：公司资本运作之诉

第十三章 公司诉讼第26式：债权人保护之诉

第一章

内外利益冲突下的公司诉讼

当今之世界，公司如影随形地存在于社会经济发展之中，与我们每个人都密切相关。随着公司设立门槛的大幅降低，全世界每天都有数以万计的公司成立，同时又有数以万计的公司消亡。公司如此普遍地存在，如此密切地与人们的物质与精神需求相连，以至于人类财富创造的每一种努力都离不开公司的身影，人们生活的每一寸空间皆代表了公司的伟大成就。尤其是在当今互联网化、全球化背景之下，公司与网络之关联更是同样之紧密，网络上的公司、资本市场上的公司凭借网络、资本无形之力量，犹如一只看不见的手、一个个幽灵一样，渗透进我们的生活，影响着文明、社会、经济、科技之发展，甚至决定着时代之未来。我们说，科技与资本已经成为影响世界经济发展的重要力量，但是，如果没有公司这一组织，科技与资本就失去了支撑点，成了散兵游勇，无处立足。

经济发展史表明，近500年，尤其是近300年来，世界经济呈现出指数型的爆发式增长，科技出现“井喷式”发展，连续出现三次科技大革命，带动工业飞速发展。资本与财富的积累呈现出快速的滚雪球模式。短短几百年人类社会经济、科技的发展与资本财富的积累超过人类数万年以来累计的总额的数百倍之多。而其中最重要的推动力量就是公司的出现。

公司已经成为现代经济发展的重要载体,但同时也成为商事诉讼的高发地,公司诉讼是民商事诉讼中最为常见、最为突出、最为复杂的诉讼,其诉讼涉及法律关系复杂,裁判规则交叉,司法实践中难以准确把握。因此,最高人民法院先后出台了5个关于公司法的司法解释,多个会议纪要、大量的公司诉讼案例等以指导公司诉讼的审判。此外,数个地方高级人民法院也先后出台了多个有关公司诉讼的指导意见。足见公司诉讼的重要与疑难。为了全面了解公司诉讼,本书从实践中常见的公司纠纷出发,从问题出发,用15个章节分别归类系统阐述15大组公司纠纷,36类公司诉讼,126种具体公司诉讼情形。意欲将公司诉讼一网打尽,尽收囊中。涵盖公司法、证券法、破产法及相关司法解释与公布的典型案例。以这些活生生的公司诉讼经验与教训为终点,反过来做好公司治理,化解诉讼风险。

本章就从公司简史为起点,梳理与概述了公司诉讼的特性、程序、类型、公司诉讼的裁判原理、公司涉及的三大法律责任及裁判思路等,并在此基础上,进一步介绍了公司治理与公司诉讼的关系、商业与法律之间的公司等内容。有助于读者从总体上理解公司诉讼的基本原理。

第一节　公司简史

一、公司发展历程

公司制度兴起与发展,是人类从事商业交易长期实践与探索的结果。在公司组织出现之前,人类已经自然采用了多种结社经营之商业模式,类似之行会、合伙、特许公司等商业组织先后出现。

其实早在罗马时代,类似于现代人所谓之社团与财团等法人组织等早期形式就已经出现了。但是,真正具备现代公司雏形的制度出现于大航海时代,大航海的商业冒险给了公司制度这一现代商业组织出现的契机。

在葡萄牙与西班牙瓜分世界财富之时,后来者的加入无疑是从两颗大牙口中去虎口拔牙,风险是巨大的。而此时以殖民地贸易为基础的外贸利润是最高的,但是远洋贸易时间长,距离远,不但面临天气的威胁,还有殖民地土著人带来的危险,这是单个资本所承担不了的,同时还要从政府那里谋取贸易的特权,都需要集合多个资本才能操作完成。在高额利润强烈欲望的驱使下，也为了筹集资金与分担风险，人们很快想到了股份制公司的这种结构形式。

在当时西欧各国成立的众多公司中，有四家带着“印度”名字的公司最为特殊与大名鼎鼎。这四家公司之所以特殊，就在于其不同于一般意义的公司，具有国家部分职能。根据贸易需要，可以组建军事力量并实施军事行动。这四家公司分别是英国东印度公司、荷兰东印度公司、荷兰西印度公司、法国西印度公司。其中荷兰就拥有了东西两家印度公司，可见荷兰在17世纪时的超强实力。①

我们先来看看成立最早的英国东印度公司的有关情况。1555年，英国第一个商业股份公司——俄罗斯公司组建完成，此后按照这种模式，新的商业股份公司纷纷成立。1600年，一群商人在英国政府的支持下成立了英国东印度公司。成立之初，共募集资本3万英镑，而且有101个股东，每人认购的股份从100英镑至3000英镑不等。到了1657年，资本从最初的3万英镑增至73万英镑，并且产生了1名总裁，24名董事管理公司的日常业务。

股份制的相对优势是可以无限期经营，如果某个投资人不想再做这笔生意，就可以把自己的那一份股份转手卖给别人。所以，无论谁离开，这家公司的生意都能长期做下去。

英国东印度公司主要负责英国与南亚、东南亚之间的贸易往来；东地公司（英国王室特许设立的公司，性质与英国东印度公司一样）主要负责英国与波罗的海地区的贸易往来；利凡特公司（英国王室特许设立的公司，性质与英国东印度公司一样）主要负责地中海东部地区的贸易。英国东印度公司刚成立的时候，就获得了英国伊丽莎白一世所颁发的特许状。

根据当时英国王室的规定，东印度公司所获得特权：自好望角以东一直到麦哲伦海峡整个东方地区的贸易，属于东印度公司所独有，如果有侵犯公司贸易专利权的，可以没收货物，并且上缴国库一半，另一半归公司所有；允许东印度公司每次航行所需费用约3万英镑，免于征税，而且前4次航行，所有商船上的商品也能够免征税负；这项特权有效期是15年，但是如果发现它不能给国家带来任何好

① 参见郭勤贵：《危机：1520—2021》，中国广播电视出版社2021年版。

处,可以在颁发之日起,2 年后任何时间取消,同时如果发现对国家有利,在 15 年之后可以提出再延长 15 年。

从 1600 年英国东印度公司成立,到 1657 年这段时间,东印度公司算不上股份公司,因为每次航行投资者都是不同的,每航行一次,募集一次资本,航行结束资本退还给投资者,获利也是按照资本大小进行分配。

紧随其后的是成立于 1602 年的荷兰东印度公司,这家公司是世界上第一家发行股票的股份公司。

从 1595 年 4 月至 1602 年,荷兰陆续成立了 14 家以东印度贸易为重点的公司,为了避免过度的商业竞争,这 14 家公司合并成为一家联合公司,即荷兰东印度公司。该公司是个具有国家职能,主要业务为向东方进行殖民掠夺和垄断东方贸易的商业公司。荷兰东印度公司可以自组雇佣兵,发行货币,并被获准可以与其他国家订立正式条约,并对该地实行殖民与统治。

在荷兰东印度公司成立近 200 年的时间里,总共向海外派出 1772 艘船。平均每个海外据点有 25,000 名员工、12,000 名船员。尼德兰联省共和国(States-General of the Netherlands,即荷兰共和国)给予公司在亚洲进行殖民活动 21 年期限的垄断权,这是世界上第一家跨国公司也是第一个发行股票的公司,这也是世界上第一个特大公司,政府持有股份,拥有为战争支持薪水,与外国签订条约,铸造货币,建立殖民地等权利,在近 200 年的时间里,在世界贸易中有重要影响力,每年给政府分红 18%,直到 1800 年公司正式解散,其财产和债务由巴达维亚共和国(Batavian Republic)承担,公司在东南亚的殖民地则在 19 世纪又扩展到了整个印度尼西亚群岛,形成了现代意义上的印度尼西亚。

除了设立东印度公司之外,荷兰在 1621 年还成立了西印度公司。其主要的目标是占领葡萄牙、西班牙在美洲的地盘,垄断当地的贸易。该公司经过多年的奋斗在美洲站稳了脚跟,并建立了新阿姆斯特丹,也就是现在的纽约。后来在南美洲巴西占了很大的一块地方。1623 年占领南美洲的圭亚那。1630 年至 1640 年从西班牙人手中夺得加勒比海上的小安的列斯群岛中的阿鲁巴岛、库腊索岛、博内尔岛、萨巴岛、圣尤斯特歇斯岛,并和法国人共占圣马丁岛。

不过由于非洲和美洲远远没有东方富有,所以西印度公司的贸易产品也都不是很值钱。奴隶贸易占了很大的一部分,最高时奴隶贸易占了总收入的一半以上。其他的都是皮毛贸易和金属贸易等。不过即使这样,荷兰还是凭借西印度公司控制着美洲和非洲。虽然没有东印度公司强大,但是也为荷兰称霸世界做出了巨大贡献。和荷兰东印度公司一样,这个公司在荷兰霸业失败的时候解散了。

接下来是法国的西印度公司。法国西印度公司是一个建立于1664年的特许公司。特许状授予该公司北美地区的路易斯安那地区和魁北克地区(新法兰西)、墨西哥地区、中美洲、尤卡坦半岛、瓜德罗普岛、马提尼克岛及南美洲的法属圭亚那的所有权和领主权。

当然,这些公司与现代的公司还有一定的差异,之后,法国、英国与美国先后进行了公司立法,尤其是美国大幅简化了公司的设立程序与门槛,为现代公司制度奠定了基础。

二、公司法律制度

最早进行商事立法的是法国。1563年,法国就已设立商事法院,并任命商人为法官负责审理商事案件。1673年法国国王路易十四颁布的世界上第一部商事法律——《陆上商事条例》,其中已经有了关于公司的一些规定,可以被视为世界上有关公司的最早立法。1681年,法国又颁发了《海事条例》。1807年9月法国颁布了世界上第一部商典法——《法国商典法》。

英国于1856年颁发了世界上第一部单行公司法,即《合众公司法》,1908年则颁发了世界上第一部统一的公司法。德国颁布了世界历史上第一部有限公司法——《德国有限责任公司法》。《德国有限责任公司法》是德国调整有限责任公司的主要法典。制定于1892年4月,颁行于1898年5月,其颁布实施先于《德国商法典》。后德国又于1937年颁布了《股份有限公司法》。

根据美国宪法,联邦议会不享有公司立法权,公司立法权属于各州议会。因此,美国没有一部统一适用的联邦公司法,但各州都有自己的公司法。为减少各州之间立法差异而导致的冲突,美国统一州法委员会曾于1928年制定了《统一商事公司法》,以供各州立法参考。

1950年美国律师协会公司法委员会起草了《美国示范公司法》,该法虽然本身没有法律约束力,但是它对各州公司法的制定有很大影响。到目前为止,该法的大部分内容已被绝大多数州采纳,成为各州公司法的主要内容。

美国虽然没有统一的联邦公司法,但联邦法院对于州际公司间的纠纷拥有管辖权。另外,美国国会近几十年来制定了许多调整公司行为的联邦法律,如适用于公开持股公司的证券发行和交易行为的1933年《证券法》和1934年《证券交易法》,防止公司进行垄断的《反托拉斯法》等。

除了成文法以外,美国公司法还有一个重要的渊源,即判例法。很多公司法律原则源于法院的判例,如英美公司法上著名的"揭开公司面纱"原则。这些主要由法院判例构成的公司法律规范被称为普通公司法。美国普通公司法的很多原则继承了英国公司法的判例规则。

中国最早的公司法则是1903年颁布的《公司律》。1903年,清政府任命知晓西方发展情况与律法的外交官伍廷芳以及袁世凯负责制定公司法,至1903年7月清政府成立商务部,12月正式颁布《商律》。而《商律》由《商人通例》和《公司律》组成,其中《公司律》则是专为公司发展运营所制定的公司法,也就是清朝最早的公司法。

三、公司制度的两大基石

(一)法人独立人格与股东有限责任

公司制度的出现催生了资本市场制度,如可发行股份募资的公司、股份可上市交易的上市公司以及为公司股份提供自由交易的证券交易所等,也由此推动了风险投资的出现。

公司之所以能从最初的国王特许经营到当下的自由设立,从大航海时代的负有国家军事与贸易职能的特殊公司到当下的纯粹商事活动主体,从最初的无限公司到当下的有限公司(包括有限责任公司与股份有限公司),其中最为重要的是公司制度最重要基石的诞生,即公司法人独立人格(公司的无限责任能力)与公司股东以出资为限的有限责任两大法律制度的诞生。

在法律上赋予公司具有如同自然人一样的独立人格具有重大意义,这使得公司成为一个独立的具有民商事行为能力、独立的民商事权利能力的法律意义上的拟制的人格，从而使得公司具有了以其全部财产独立承担全部民商事经营活动的无限责任能力。

当法律赋予了公司具有独立的无限责任能力之后，从而将公司股东与公司的财产及其对应的责任区别开来，公司股东以其对公司出资为限对外承担有限责任（股东对外担责的边界以出资额为限，超出出资额部分的责任不再承担），而公司以其全部财产对外承担无限责任。这样的界定，就确定了一个清晰的、明确的责任边界与民商事活动的风险范围。对于公司投资者而言，其清晰预见到本次投资最大的风险就是亏掉所有投资本金，而不再承担其他责任，无须担忧连带其家庭财产或其他资产。如此一来，投资者才敢于投资设立公司，才敢于参与创业公司的风险投资，才敢于在资本市场上交易上市公司的股票。反之，则很少有人敢于参与公司的前述活动。

同理，这样的规定，使得与公司发生交易关系或民商事活动的第三方，就需要审慎考察公司的财务状况、经营情况、偿债能力及商业信誉等多种因素，不轻易与公司从事相关交易。因为其清楚，只有公司以其全部财产承担相应的责任，如果公司资不抵债，就会进入破产程序，而公司股东并不会承担连带责任。因此，与公司的交易潜在的风险与公司股东无关，只与公司本身有关。作为市场经济的理性人，就可以明确风险控制的重要性与风控的方式。这样也利于交易的安定性与稳定性，反而会促进民商事活动持续的、规范的、健康的发展，从而促进经济的增长。

（二）现代会计制度

公司制度的第二个基石是现代会计制度的诞生，正因为现代会计制度的诞生，才能够为公司的经营活动、财务状况、偿债能力、利润、现金流等情况做出可测算、可记账、可量化、可评估、可视化的依据。

现代会计制度用行业公认的记账方式和记账准则，将公司的每一笔交易活动真实记录，用资产负债表、现金流量表及损益表（利润表）的三张报表清晰明确地将公司真实财务状况、经营活动展示出来。有了这种制度和方式，就能使公司股东/投资人、公司管理者（股东会、董事会、监事会、经理）、与公司交易的第三方、政府监管当局（工商、税务、证监会）、银行等金融机构准确了解公司的经营状况，从而做出相应的判断与对策。

因此,如果说公司的法人人格与股东的有限责任制度是公司第一个最重要的基石,那么,现代会计制度就是第一个基石的最重要的保障。没有现代会计制度的出现,公司的实际财务状况、股东出资情况、交易情况就无法计量,公司的独立法人人格与股东的有限责任就成了空中楼阁,难以落地实施和贯彻。与公司有关的金融服务、风险投资、股权转让、公司并购、资本市场、债券发行及破产清算就难以真正出现与执行。

四、公司制的现在与未来

近 500 年来是世界经济飞速发展的时期,究其原因在于科技的发展以及市场经济制度、金融资本市场、全球化等力量的推动,而从微观方面讲,公司制度起到了重要的支撑作用。

根据商业进化史,每一次重大科技革命都延展了媒介(包括媒体、金融、货币、信息等),而媒介的延展则促进了人文发展,人文的发展则带来了商业的进化,商业的进化则促使组织与管理的变革。公司作为商业的基本组织与平台,其进化的路径正是遵循了这样的逻辑与规律。

(一)公司法律形态的进化

公司从无限公司进化到有限公司,有限公司又演变出一人独资公司、有限责任公司、股份有限公司。而在股份有限公司中又进一步演变出未上市股份有限公司(一般股份有限公司)、未上市公众公司(股东超过 200 人的股份有限公司,实践中存在一些特殊的公司与新三板挂牌公司两种情形)及上市公众公司(已上市的股份公司)三种类型。

在公司法律资格取得方面,公司从最初的特许发展到注册登记。注册资本从法定实缴到自行约定认缴,越来越朝有利于公司设立、不断降低公司设立门槛、促进交易发展经济的立法宗旨发展。

(二)公司治理现代化

公司治理越来越宪治化,公司章程就是公司的宪法与组织法。公司法越来尊重公司内部法律事务的自由与自治,充分赋予公司内部法律事务的意思自治。

在公司治理架构上,公司法已形成股东会、董事会、监事会分权与制衡机制,在此之下形成经理为核心的经营管理层。在董事会中心制模式下，还形成了独立董事制度。避免大股东对小股东的利益损害，避免公司内部人控制现象发生。尤其是上市公司，信息披露与中小投资者（股东）利益保护成为重点。

在实践中，一些公司在发展过程中还演变成无实际控制人的公司、有实际控制人的公司及特殊治理结构的公司等多种特殊形态。

同时，公司从“雇主＋雇员”的模式逐渐形成平台合伙人模式（股权激励、职工持股等），而新科技创业公司则形成创业团队雇佣资本的机制与架构，公司从资本家转化为知本家。

此外，公司的模式与边界也不断进化，从重公司到轻公司，没有任何业务边界的无边界公司，依靠巨大的资源所形成的巨型平台公司与生态公司等。公司变得越来越复杂，法律关系也越发复杂，使得与公司相关的纠纷也越来越多。

第二节　公司诉讼特性

一、公司内外部纠争

公司主要存在两大法律关系，一是公司内部法律关系，二是公司内外部法律关系。这两大法律关系构成了公司法律关系的整体框架。

“内部法律关系”对应于在公司内部各个民商事主体之间形成的法律关系，如股东与股东之间，股东与公司之间，股东与董事、高级管理人员、监事之间，股东与清算组之间，公司与实际控制人、董事、高级管理人员、监事之间的法律关系。

而对于“外部法律关系”，从公司法角度，主要是“公司”外部的“他人”、债权人等，与公司内部各主体之间因受公司法的规范调整而形成的法律关系，如公司与“他人”之间，债权人与股东之间，债权人与董事、高级管理人员、清算组之间的法律关系等。

在公司的上述两大类法律关系中，都会发生不同利益主体之间的纷争，比如，公司内部法律关系中常见的控股股东与小股东之间的纷争、公司内外部法律关系中最为常见的公司和/或公司股东与债权人之间的法律关系等。

二、公司诉讼特性

广义上的公司诉讼包括民事、行政与刑事三大诉讼，本书所述的公司诉讼特指与公司有关的民事诉讼。

公司诉讼是指特定主体违反有关现代公司具体法律制度规定的义务而引发的一类特殊的民事诉讼。公司诉讼主要指公司法加以调整和解决的属于公司独有的诉讼，是公司在设立、存续、变更、消灭的过程中，公司、公司股东、董事、经理等高级管理人员、清算组成员以及债权人之间基于出资合同、合同章程和公司法上的权利义务等所发生的诉讼的总称。

公司诉讼有其自身的独特内涵，并非所有涉及公司的诉讼都属于公司诉讼。尽管公司诉讼在本质上属于民事诉讼，并且适用一般民事诉讼程序，但在诉讼主体、诉讼程序和诉讼结果的归属等方面都体现出两者之间的区别。

公司诉讼本身要受我国民事诉讼法的限制，按照诉的类型划分，公司诉讼同样也可以分为公司确认（无效）、给付、变更之诉及形成之诉，也可分为普通公司诉讼与特殊公司诉讼。

相对于知识产权诉讼、合同诉讼、婚姻家庭诉讼、房地产诉讼、建设工程诉讼、矿业诉讼、金融诉讼等民事诉讼，公司诉讼有什么特性呢？

基于前文所述的公司内外部法律关系的特征，公司诉讼有以下三大显著特征：

1. 公司诉讼“内外”有别，需要准确把握公司诉讼中内部与外部“法律关系”的性质。

如上所述，公司法作为一部商事组织法，其调整的商事法律关系从“空间上”看，可大致分为“内部法律关系”和“内外部法律关系”，后者通常也简称为“外部法律关系”。

实践中，如上述不同的“公司法律关系”中出现了争议，一方商事主体诉至法院，就形成了某一特定类型的“公司诉讼案件”。

上述特定的公司诉讼可以分为两大类，一类是公司内部法律关系引发的公司诉讼，另一类是公司内外部法律关系引发的诉讼。

因为公司内部法律关系引发的公司诉讼，比如，股东与股东之间，股东与公司之间，股东与董事、高级管理人员、监事之间，股东与清算组之间，公司与实际控制人、董事、高级管理人员、监事之间等。其中，公司大股东损害小股东利益的诉讼，公司大股东及董事、监事、高级管理人员损害公司利益的诉讼、公司股东会、董事会决议效力诉讼等最为常见。

因为公司内外部法律关系引发的公司诉讼，比如，债权人与股东之间引发的债务连带清偿责任纠纷，债权人与董事、高级管理人员、清算组之间的债务责任纠纷等。最常见的公司内外部诉讼为刺破公司面纱类诉讼。

之所以对公司内外部法律关系进行区分，归类为内部法律关系依法的公司诉讼与内外部法律关系引发的诉讼，这在公司法上具有重要的意义。因为公司诉讼的裁判规则是内外有别，这一原则也充分体现在公司法的基本原则中。公司法的内外有别具体为：凡是属于公司内部法律关系范畴而不涉及外部法律关系的，关于法律利益相关者之间约定（包括协议、条款、公司章程、股东会决议、董事会决议）的法律效力，一般遵从意思自治原则，尽量减少干预与强制。也即凡是不违反法律强制性规定的条款，均为有效约定。这就是公司自治的基本原理。但凡是涉及公司外部法律关系，事关外部法律主体有关利益的事项，必须遵从法律的规定，法律需要干预和调整，以保护外部利益相关者的合法权益。比如，公司有限责任的例外、公司股东出资加速到期的规定。

2. 并非所有与公司发生的诉讼都属于公司诉讼，只有涉及公司且适用于公司法相关规则的该类诉讼才是真正的公司诉讼。

公司与其他商事主体之间所建立的一般性的商事合同关系，如买卖、租赁、装饰装修等，因其产生的纠纷，多数情况下属于合同法调整、解决的范畴，而并不属于这里谈到的适用公司法的"公司诉讼"。这其中，只有极少一部分合同交易，因形成于"公司设立"过程中，存在"设立中的公司"这一特殊主体，为了避免出现交易秩序的混乱，才在"合同相对性原则"基础上，制定了一些确认"发起人与公司之间如何承继合同权利义务"的规则，以确保"交易公平"和"交易安全"。

相关的商事侵权纠纷中，如侵权事实发生在"公司设立"期间，也会产生相应的民事权利义务的承继问题。目前国内的商事立法还未见明确规定，如出现民事权利行使障碍时,相关权利人之间可以通过具体的“协议授权”方式,协商解决。

此外,从行政法律关系看,公安、税务、工商等行政管理机关在其履行其管理职责时,也会与“公司内部主体”之间形成“外部”法律关系。但这已不属于公司法“商事法律关系框架”中的外部法律关系,而是属于政府在行使行政管理职能时所形成的行政法律关系。尽管两者性质不同,但行政管理的措施及结果(如行政罚款、关闭公司)却经常对“公司法律关系”的变动产生直接的影响,进而引发相应的赔偿之诉、公司解散、清算诉讼等。

第三节 公司诉讼程序

一、公司诉讼与一般民事诉讼之不同

公司诉讼与一般的民商事诉讼相比,存在以下明显的不同:

其一,公司诉讼主要发生在公司及其参与人之间。通常而言,公司的参与人包括股东(含发起人身份的股东)、管理层(主要指董事、监事及高级管理人员)、公司债权人以及公司本身,公司诉讼一般会在这些不同的主体之间产生。

其二,公司诉讼产生主要因公司设立、成立、运营、组织变更、分立、合并、解散、清算而引发,也就是说,公司诉讼可能涉及公司从摇篮到坟墓的整个过程。

其三,公司诉讼各参与人间实体权利义务主要由公司法、公司章程以及章程性决议、制度文件规范调整,而公司法及相关法规、文件所赋予的各参与人的诉权、诉的程序大多有别于一般民事诉讼法的规定。

其四,公司诉讼判决往往在一定程度上效力扩张,产生对世的效力。一般民商事诉讼判决效力,仅基于诉讼当事人之间,而公司诉讼中许多类型案件典型如公司设立无效之诉,对胜诉的股东而言,公司设立无效,对其他未起诉的股东而言,公司设立同样无效。这样,公司诉讼判决就对案外利害关系人发生效力。再如,证券集体诉讼判决结果对利益相关者的既判力效果。

二、公司诉讼主体

公司诉讼主体由具体的公司诉讼程序的类型所决定,不同种类的公司诉讼程

序，存在不同种类的诉讼主体。

（一）公司直接诉讼及其主体

公司直接诉讼是指有限公司为维护自己的合法权益，当公司的权益受到侵害时，公司以自己的名义起诉股东、董事、监事、高级管理人员及第三人的一种诉讼制度。该制度适用的前提为《公司法》第148条、第149条、第150条、第151条、第152条的相关规定，即公司股东、董事、监事、高级管理人员对公司负有的义务、第三人有不得侵害公司合法权益的义务。

在公司直接诉讼中，因为合法权益受侵害的是公司，而此时公司具有表达自由意志的独立人格。因此，原告为公司自身。而公司直接诉讼的被告则是公司股东、董事、监事、高级管理人员或第三人，即直接侵权人。

（二）股东直接诉讼及其主体

股东直接诉讼是指公司其他股东、董事、监事、高级管理人员违反法律、行政法规或公司章程的规定，损害股东利益，股东可直接向人民法院提起诉讼的一种诉讼制度。该诉讼制度规定于《公司法》第153条。

在股东直接诉讼中，股东直接诉讼所要保护的利益是股东自己的利益，而非公司整体利益，诉讼结果利益归属于股东自身，也非公司，故原告应为股东自己，而非公司。

股东直接诉讼的对象可以是公司其他股东、董事、监事、高级管理人员。因为，这些主体可能是直接损害公司股东利益的直接责任人或侵权方。

在股东直接诉讼中，为查明案件事实，可根据法律规定将公司列为无独立请求权的第三人。

（三）股东派生诉讼及其主体

股东派生诉讼也叫股东代位诉讼、股东代表诉讼，是指当公司的正当权益受到他人侵害特别是控股股东侵害时，如果公司怠于采取行动或提起诉讼，公司股东可以代表公司对侵害人提起诉讼的一种诉讼制度，其实质是一种共益诉讼。但该诉讼制度的适用有一定的条件，即首先，提起诉讼的股东必须符合“诉时股份拥有原则”。其次，提起诉讼有前置书面提请公司诉讼，穷尽公司内部救济，当公司怠于行使诉权时才可行使。否则，即直接适用公司直接诉讼。该制度规定于《公司法》第152条。

在该类诉讼中,原告应为提起诉讼的股东,其不受持股时间及持股数额的限制,但须符合“诉时股份拥有原则”。

股东派生诉讼的被告是以不当行为侵害公司利益而对公司承担赔偿责任的当事人。公司法不仅规定董事、监事、高级管理人员可以作为派生诉讼的被告,同时也规定董事、监事、高级管理人员以外的其他人侵犯公司的合法权益,给公司造成损失的,同样也能作为派生诉讼的被告。

从股东派生诉讼的本质来分析,股东是为了公司的利益提起诉讼的,公司又是派生诉讼中必要当事人。在诉讼进行中公司有义务说明侵权的事实,提供相关的证据,表达出它对诉讼的态度,并且直接承受诉讼结果。公司成为诉讼的实质上的原告,但因公司在控股股东的控制下,丧失其法人独立人格,无法真正体现公司法人的自由意志,而为查明诉讼事实,使法院的判决能对公司直接产生拘束力,公司应为无独立请求权的第三人。

(四)证券集体诉讼(代表人诉讼制度)

根据自2020年7月31日起施行的最高人民法院《关于证券纠纷代表人诉讼若干问题的规定》(法释〔2020〕5号)的有关规定,证券纠纷代表人诉讼包括因证券市场虚假陈述、内幕交易、操纵市场等行为引发的普通代表人诉讼和特别代表人诉讼。

普通代表人诉讼是依据《民事诉讼法》第53条、第54条,《证券法》第95条第1款、第2款规定提起的诉讼;特别代表人诉讼是依据《证券法》第95条第3款规定提起的诉讼。

(五)吊销执照、清算与破产程序中的诉讼主体

公司依法清算结束并办理注销登记前,有关公司的民事诉讼,应当以公司的名义进行。

公司成立清算组的,由清算组负责人代表公司参加诉讼;尚未成立清算组的,由原法定代表人代表公司参加诉讼。

(六)关于债权人对公司提起的诉讼

债权人因债权对公司提起的诉讼,可能会涉及追加公司股东(刺破公司面纱制度、股东出资瑕疵、股东抽逃出资、出资加速到期等)、公司清算义务人等为共同被告,要求该等主体承担连带责任。

(七)公司破产程序中涉及的诉讼

公司进入破产程序后,涉及的各类诉讼比较多,归纳整理如表1-1所示。

表1-1 破产程序中涉及的公司诉讼案由

案由	案由规定理解与适用	文书格式
请求撤销个别清偿行为纠纷	管理人为原告	管理人(个人/中介机构/清算组)为原告
请求确认债务人行为无效纠纷	管理人/债权人为原告	管理人(个人/中介机构/清算组)为原告
对外追收债权纠纷	管理人为原告	债务人为原告
追收未缴出资纠纷	管理人为原告	债务人为原告
追收抽逃出资纠纷	管理人为原告	债务人为原告
追收非正常收入纠纷	管理人为原告	债务人为原告
破产债权确认纠纷		
职工破产债权确认纠纷	债务人为被告,管理人代表诉讼	同案由规定
取回权纠纷	未明确	债务人为被告
破产抵销权纠纷	管理人为原告	债务人为被告
别除权纠纷	管理人为诉讼主体	债务人为被告
破产撤销权纠纷	管理人为原告	管理人(个人/中介机构/清算组)为原告
损害债务人利益赔偿纠纷	管理人为原告	债务人为原告
管理人责任纠纷	管理人为被告	管理人(个人/中介机构/清算组)为被告
普通破产债权确认纠纷	债务人起诉的,债权人为被告;债权人起诉的,债务人为被告,管理人代表诉讼,涉及对他人债权有异议的,将他人作为第三人参加诉讼	同案由规定

三、公司诉讼程序

公司诉讼的程序可以分为公司诉讼一般程序与公司诉讼特别程序两大类。

（一）公司诉讼一般程序

公司诉讼一般程序有两类，一类为有前置条件的公司诉讼程序，另一类为无前置条件的公司诉讼程序。除了下述的有前置条件的公司诉讼程序之外，其余的均为无前置条件的公司诉讼程序。由此可见，有前置条件仅为公司诉讼一般程序的例外情形。

有前置条件的公司诉讼程序是指在向法院提起公司诉讼之前，必须满足一定的前置条件，即实施一定的法律行为。在公司诉讼中，该类诉讼主要有以下两类：

1. 股东知情权诉讼前置程序。

“股东知情权的前置程序是，股东向公司提出请求查阅公司会计账簿的书面请求，并说明目的；然后经公司认为股东有不正当目的，公司可以拒绝提供，并书面说明拒绝的理由，之后股东就可以向法院起诉。”

2. 股东代表诉讼前置程序。

根据《公司法》第151条的规定，针对侵害公司利益的行为，符合法律规定条件的股东书面请求公司的监事会或者董事会向人民法院提起诉讼，监事会或者董事会在收到后书面请求后拒绝提起诉讼，或者自收到请求之日起30日内未提起诉讼，或者情况紧急、不立即提起诉讼将会使公司利益受到难以弥补的损害的，符合法律规定条件的股东有权为了公司的利益以自己的名义直接向人民法院提起诉讼。因此，针对侵害公司利益的行为，公司股东只能先请求公司机关采取起诉等救济措施，只有公司拒绝或漠视股东请求时，或者情况紧急、不立即提起诉讼将会使公司利益受到难以弥补的损害的，股东才能代表公司向人民法院起诉。

（二）公司诉讼的特别程序

公司诉讼的特别程序是相对于公司诉讼一般程序而言的，其有别于一般程序之处在于：法院启动有关程序系利害关系人依据《公司法》规定向法院申请而引起，而非起诉所引起。

在公司法中，该类特别程序主要有两类：一类是申请公司强制清算，另一类是申请公司破产。申请公司强制清算是指公司解散之后，无法自行成立清算组进行清算，利害关系人向法院申请强制清算，法院指定清算组进行清算的程序，该程序属于非诉程序。公司破产程序是指公司的债权人或作为债务人的公司自身，在公司资不抵债的情况下，依法向法院申请公司破产的一种程序，该程序也属于典型的非诉程序。二者均与公司诉讼一般程序不同，属于公司诉讼的特别程序。

四、公司诉讼管辖

（一）地域管辖

公司诉讼应当实行特殊地域管辖，即公司诉讼由公司住所地人民法院管辖。《公司法》第10条规定，公司以其主要办事机构所在地为住所。根据《公司登记管理条例》第12条的规定，公司的住所应当在其公司登记机关辖区内，因此，公司的住所是公司注册地。对此，最高人民法院《关于适用〈中华人民共和国公司法〉若干问题的规定（二）》［以下简称《公司法解释（二）》］第24条第1款也规定，解散公司诉讼案件由公司住所地人民法院管辖，公司住所地是指公司主要办事机构所在地，公司办事机构所在地不明确的，由其注册地人民法院管辖。公司诉讼由公司住所地管辖适用案件范围如下：

（1）公司设立纠纷（《民事诉讼法》第26条）；

（2）确认股东资格纠纷（《民事诉讼法》第26条）；

（3）公司分配利润纠纷（《民事诉讼法》第26条）；

（4）公司解散纠纷、清算案件（《民事诉讼法》第26条、《公司法解释（二）》第24条）；

（5）股东名册记载纠纷［最高人民法院《关于适用〈中华人民共和国民事诉讼法〉的解释》（以下简称《民事诉讼法司法解释》）第22条］；

（6）请求变更公司登记纠纷（《民事诉讼法司法解释》第22条）；

（7）股东知情权纠纷（《民事诉讼法司法解释》第22条）；

（8）公司决议纠纷（《民事诉讼法司法解释》第22条）；

（9）公司合并、公司分立纠纷（《民事诉讼法司法解释》第22条）；

（10）公司减资、公司增资等纠纷（《民事诉讼法司法解释》第22条）。

（二）级别管辖

1. 公司解散与清算案件：基层人民法院管辖县、县级市或者区的公司登记机关核准登记公司的解散诉讼案件和公司清算案件；中级人民法院管辖地区、地级市以上的公司登记机关核准登记公司的解散诉讼案件和公司清算案件。

2. 证券诉讼案件：证券纠纷代表人诉讼案件，由省、自治区、直辖市人民政府所在的市、计划单列市和经济特区中级人民法院或者专门人民法院管辖。

对多个被告提起的诉讼，由发行人住所地有管辖权的中级人民法院或者专门人民法院管辖；对发行人以外的主体提起的诉讼，由被告住所地有管辖权的中级人民法院或者专门人民法院管辖。

3. 破产案件：《企业破产法》第 3 条规定，“破产案件由债务人的住所地人民法院管辖”。最高人民法院《关于审理企业破产案件若干问题的规定》（以下简称《破产案件规定》）第 2 条规定，“基层人民法院一般管辖县、县级市或者区的工商行政管理机关核准登记企业的破产案件；中级人民法院一般管辖地区、地级市（含本级以上）工商行政管理机关核准登记企业的破产案件；纳入国家计划调整的企业破产案件，由中级人民法院管辖”。

（三）专属管辖

特别代表人诉讼案件，由涉诉证券集中交易的证券交易所、国务院批准的其他全国性证券交易场所所在地的中级人民法院或者专门人民法院管辖。实行注册制创业板上市公司的有关证券类民商事案件，将由深圳市中级人民法院集中管辖。

第四节　公司诉讼类型

一、公司诉讼类型划分

将公司诉讼类型化有助于我们准确理解公司诉讼复杂性与多样性、共性与个性，从而准确把握公司诉讼的解决。

按照不同的划分标准，可以把公司诉讼进行不同类型的划分。

(一)按照公司诉讼涉及的内外部法律关系划分

按照公司诉讼内外部法律关系可将公司诉讼划分为公司合规和法人治理机制矫正纠纷”(以下简称内部纠纷)和“与公司有关的外部纠纷”(以下简称外部纠纷)两大类。

外部纠纷的案由包括公司设立纠纷、发起人责任纠纷、股权转让纠纷、新增资本认购纠纷、合并纠纷、分立纠纷、清算责任纠纷、上市公司收购纠纷。外部纠纷的共性特征是,这些纠纷基本上不涉及公司法人治理机制的运行障碍,可以按照合同之债或侵权之债的理论或思路解决请求权归类问题。

除了上述案由,剩余的案由皆可划入内部纠纷:股东资格确认纠纷、股东名册记载纠纷、请求公司变更登记纠纷、股东出资纠纷、股东知情权纠纷、请求公司收购股份纠纷、公司决议纠纷、公司证照返还纠纷、公司盈余分配纠纷、损害股东利益责任纠纷、损害公司利益责任纠纷、关联交易损害责任纠纷、减资纠纷、增资纠纷、申请清算纠纷、解散纠纷。为了便于理解公司内部纠纷之间的关联关系,又可进一步将公司内部纠纷做如下归类:

第一类,股权未能获得法定待遇甚至受到侵害的纠纷。股权是股东在享有股东身份时天然应当被授予的权利,该等权利与其说是单一权利,毋宁说是一种复合性权利,呈现权利簇的形态。股权既有类似于物权的处分权,又有类似于债权的请求权,还有作为公司出资人的身份权。从股权保护角度来看,相关纠纷比较便于归于一类,相应案由可包括股东资格确认纠纷、股东名册记载纠纷、请求公司变更登记纠纷、股东知情权纠纷。

第二类,围绕股东持有股权比例或股份数量的变动产生的纠纷。该等纠纷基本上都是因股东之间围绕公司资本问题的合意产生,相应案由可包括股东出资纠纷、请求公司收购股份纠纷、减资纠纷、增资纠纷。

第三类,因公司内各个利益集团及其成员之间的相互博弈,因其原本相互制约、协调运行的法人治理机制受到破坏,导致权益受损方借助司法公权力进行救济和干预,这种救济可能是要求矫正相应的机制,也可能涉及损害赔偿,对应的案由包括公司证照返还纠纷、公司决议纠纷、公司盈余分配纠纷、申请公司解散纠纷、申请强制清算纠纷、损害股东利益责任纠纷、损害债权人利益责任纠纷、损害公司利益责任纠纷、关联交易损害责任纠纷。

(二)按照公司生命周期涉及的诉讼进行划分

作为法律拟制的法人,公司同样有着所有生命共同遵循的周期与规律,即生老病死("成住坏空")。企业生命周期如图1-1所示。

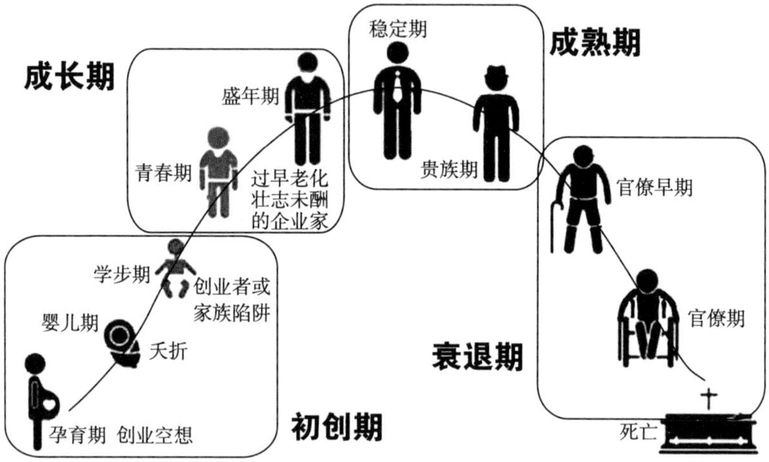

图1-1 企业生命周期曲线

按照公司生命周期涉及的诉讼进行划分,可将公司设立、成立、运营、组织变更、投资、并购、分立、合并、发行证券、解散、清算、破产等各个阶段所引发的纠纷,相应地划分为公司设立诉讼、公司投融资诉讼、公司并购诉讼、公司增资诉讼、公司分立与合并诉讼、公司证券诉讼、公司解散诉讼、公司清算、公司破产等。

二、本书的分类组合方式

基于上述划分,可知公司诉讼既有内外部法律争议,在公司成长的过程中也存在各类诉讼,在公司内部诉讼中,最为常见的是大股东、董事、监事、高级管理人员损害公司利益及小股东利益,而损害债权人利益则是公司外部诉讼中最为常见的。因此,为了便于整体上理解公司庞杂的诉讼,按照一定的框架与逻辑进行归类,是一种科学合理的划分方法。

本书以《公司法》、5个公司法司法解释、2015年商事审判规定(涉及公司诉讼)、2019年《全国法院民商事审判工作会议纪要》(法〔2019〕254号)(以下简称《九民会议纪要》)(涉及公司诉讼)、最高人民法院及有关高级人民法院的典型公司诉讼案例为依据,将公司诉讼划分为15大类/组公司纠纷、36类公司诉讼以及111种具体类别。同时,也部分涵盖了证券法、破产法及相关司法解释与公布的典型案例。

第五节 公司诉讼裁判规则

一、公司诉讼裁判规则之一:内外有别

如前所述,公司法作为一部商事组织法,其调整的法律关系可分为"内部法律关系"和"外部法律关系"两大类。因而在司法实践中,也就形成了两大类公司诉讼:公司内部法律关系诉讼与公司外部法律关系诉讼。

在对上述两大类公司诉讼进行裁判时,遵循内外有别的裁判规则,这一点与公司法的立法规则是相同的。公司内部法律关系涉及公司内部主体之间的权利与义务,因此而发生的纠纷基本遵循"内部自由约定"的"意思自治、契约自由"规则,司法裁判一般不干预公司内部法律关系主体之间的自由约定。反之,对于公司外部法律关系,主要处理公司主体与外部主体之间的关系,需要充分保护外部主体的权益。凡是涉及外部主体利益的,司法裁判必须基于充分保护,因而对于涉及公司外部法律主体的诉讼,必须严格按照公司法的强制性规定来裁判,进行充分的司法保护和干预。

因此,我们在看到涉及债权人保护的公司诉讼中,比如,涉及公司的减资、分立、合并、并购、解散与清算、证券、融资中的对赌与回购条款、破产等诉讼中,必须遵循公司法的强制性规定,严格按照公司法的规定及当事人的合法约定,进行裁判,充分保护公司外部法律主体的权益。

二、公司诉讼裁判规则之二:如无公司法特别规定,适用一般民商事规则

如前所述,公司法属于特殊的民商事法律。既有一般的民商事法律规则,也

有一些特殊的规则。因此,公司诉讼的裁判规则既适用一般民商事规则,也适用公司法特殊规则。既适用一般民商事诉讼程序,也适用公司诉讼特殊程序。最高人民法院2011年发布实施的最高人民法院《关于适用〈中华人民共和国公司法〉若干问题的规定(三)》[以下简称《公司法解释(三)》]第2条、第3条中,就专门作出了比较明确的规定。

因此,在处理公司争议时,在适用合同法相关规定的同时,还应关注公司法及其司法解释的特别规定。对此,许多国家的公司法(包括判例法)也均有类似的规则。

涉及平等主体之间民商事法律关系的,可适用《民法典》的有关规则。属于公司法特殊规定的范畴,则适用《公司法》的有关规则。比如,在"公司设立"过程中,对于"发起人与公司之间如何承继合同权利义务"的法律争议,则适用《合同法》的相关规定,以确保"交易公平"和"交易安全"。对于公司担保问题,既要考察《担保法》的一些法律规定,同时必须适用《公司法》关于公司担保的法律规则。

第二章

公司诉讼第 1 式：公司设立之诉

公司成长的过程和宇宙万物相同。从出生、成长、成熟到衰落与死亡，任何公司都要经历这样的历程。公司设立的过程，就是公司出生的历程。任何一个公司的诞生，首先源于一个想法（点子），之后，公司发起人开始付诸实施，依据《公司法》及公司登记相关规定，依法向公司登记主管部门申请公司登记，经公司登记主管部门核发营业执照（出生证）之日，公司即告成立。公司成长的第一个历程就是公司设立，在发起人设立公司过程中，常会引发各种诉讼，主要有公司设立过程中涉及的 3 种诉讼、公司发起人有关的 3 种诉讼以及合资设立公司的 2 种诉讼。

第一节　关于公司设立过程中的 3 种诉讼

公司营业执照签发之日，就是公司正式成立、设立或出生之时。公司设立就是公司发起人依据《公司法》有关规定向公司主管登记机关依法申请公司成立的行为。根据《公司法》及其司法解释，公司发起人是为设立公司而签署公司章程、向公司认购出资或者股份并履行公司设立职责的人，包括有限责任公司设立时的股东。

在公司发起人设立公司的过程中，存在一系列的法律行为，而公司的设立结果也可能存在公司设立不能、公司成立无效、公司设立中的欺诈以及公司合法成立四种情形。对于该四种情形,会产生三种常见的责任或纠纷:设立公司费用、债务如何承担、设立公司致人损害赔偿责任如何承担、冒用他人名义登记为公司股东的法律责任如何承担等。下面我们就逐一归纳分析下该三类公司诉讼。

一、关于设立公司费用、债务的诉讼

公司设立过程中产生的费用可以分为两种类型:

第一种类型:发起行为所产生的费用,如订立发起人协议、订立公司章程、选举董事会和监事会、申请设立登记、出资、认股、缴纳认股款等行为所产生的费用。

第二种类型:设立过程中的交易行为产生的费用,即公司具有独立的法人资格之前,发起人以公司的名义与其他经济主体所为的合同行为。

对于上述两种类型的费用如何承担的问题,《公司法》及其司法解释明确规定了如下费用负担原则:

1. 必要性原则。

如果负责设立公司的发起人能够举证证明其垫付的费用确系用于实施设立公司的必要行为,则这部分费用应构成设立公司的费用。

2. 分担原则。

公司成立的,设立公司的必要费用由设立后的公司承担。若公司未能设立,则由公司发起人承担。公司发起人如何分担呢?其分担方式主要有如下两种:

外部分担:设立中的股份公司、有限责任公司没有主体资格,在公司未能成立时,应当以发起人为费用承担主体。公司设立行为所产生的费用,应由全部的发起人承担连带责任。

内部分担:各主体均无过错,按认缴出资额比例分担。如公司不能成立系发起人的过错所造成,或者发起人在设立公司过程中的行为损害了第三人的利益。发起人基于此种过错行为,需根据其过错情况承担相应的责任。

对此,《公司法解释(三)》第4条规定:"公司因故未成立,债权人请求全体或者部分发起人对设立公司行为所产生的费用和债务承担连带清偿责任的,人民法院应予支持。部分发起人依照前款规定承担责任后，请求其他发起人分担的，人民法院应当判令其他发起人按照约定的责任承担比例分担责任；没有约定责任承担比例的，按照约定的出资比例分担责任；没有约定出资比例的，按照均等份额分担责任。因部分发起人的过错导致公司未成立，其他发起人主张其承担设立行为所产生的费用和债务的，人民法院应当根据过错情况，确定过错一方的责任范围。”

案·例

2002年9月3日，甲乙丙丁4人共同协商成立一家有限责任公司，拟从事有机肥料的生产和经营，并于当日签订公司章程。经协商，甲乙以现金出资入股，丙以土地使用权出资入股，丁以非专利技术出资入股。在公司设立过程中，甲乙先行支付了因设立公司而进行厂区基建、购置机器设备、购买原材料等相关全部费用，相继共计支出12,059.79元。

由于受2003年“非典”影响，设立中的公司因未取得行政审批而未能最终设立。四名股东因此决定终止合作。此后，甲乙多次找丙协商公司设立费用的承担和剩余资产处置的问题，但未能达成一致意见。现甲乙诉至法院，请求判令丙承担在公司不能成立时因设立行为所支出的相关费用，并承担诉讼费用。

丙辩称，公司章程系甲乙丙丁所签订，但该章程签订后不久，甲乙丁以有机肥市场前景不好为由，无意再继续合作。因此，公司章程签订后，各方并未实际继续合作，也未发生新的费用。甲乙主张已花费的各项费用与事实不符，请求驳回其诉讼请求。

法院经审理认为，甲乙为公司而支付的相关费用必要合理，因公司未能设立成功，因此应当由甲乙丙丁4人按照约定的出资比例分担。

二、关于设立公司致人损害赔偿之诉

公司发起人在设立公司的过程中，因履行公司设立职责而造成第三人损害的，由谁来承担赔偿责任呢？其责任承担原则与上述第1种诉讼相同。

《公司法解释(三)》第5条规定:“发起人因履行公司设立职责造成他人损害,公司成立后受害人请求公司承担侵权赔偿责任的,人民法院应予支持;公司未成立,受害人请求全体发起人承担连带赔偿责任的,人民法院应予支持。公司或者无过错的发起人承担赔偿责任后,可以向有过错的发起人追偿。”

由上述规定可以看出,因履行公司设立职责而造成第三人损害的赔偿责任,分为四种承担方式:

1. 若公司成立,由成立后的公司承担;

2. 若公司未成立,由全体发起人承担连带责任;

3. 公司虽成立,但发起人有过错,则公司在对外承担责任后,可向有过错的发起人追偿;

4. 公司未成立,无过错的发起人承担赔偿责任后,可以向有过错的发起人追偿。

案·例

2019年9月3日,甲乙丙丁4人共同签署公司投资协议,拟从事电动汽车开发,并于当日签订公司章程。各方授权甲具体办理公司具体设立事宜。

甲方在设立公司过程中,驾驶车辆前往工商局办理工商执照过程中发生交通事故,造成张三人身损害,经交通责任事故认定,甲方承担主要责任。

之后公司依法设立,张三向成立后的公司提起损害赔偿之诉,请求公司承担赔偿责任。法院判决贵司承担赔偿责任,公司承担责任后,以甲方存在过错为由向其追偿,后法院判决甲方承担了部分偿还责任。

三、关于冒用他人名义登记股东行为人责任之诉

在司法实践中,经常会遇到冒用他人,以他人名义设立公司的情形。那么,对于这种冒用他人名义出资并将该他人作为股东在公司登记机关登记的,被冒名登记的人是否应当承担法律责任呢?冒名登记的行为人又该如何承担法律责任呢?

《公司法解释(三)》第28条对此作出了明确规定:“冒用他人名义出资并将该他人作为股东在公司登记机关登记的,冒名登记行为人应当承担相应责任;公

司、其他股东或者公司债权人以未履行出资义务为由，请求被冒名登记为股东的承担补足出资责任或者对公司债务不能清偿部分的赔偿责任的，人民法院不予支持。”

《市场主体登记管理条例》第17条规定：申请人应当对申请材料的真实性、合法性和有效性负责。实践中，市场监督管理机关对市场主体登记环节中的申请材料进行形式审查，不审查申请材料的真实性，此举使得公司登记便捷高效，但同时也引发了冒用他人名义进行公司登记等问题。在司法实践中，被冒名登记的人常常会向公司登记管理部门提出申请，请求解决该冒名登记行为，如果公司登记机关不予处理，被冒名登记人可以申请行政复议，甚至提起行政诉讼。针对这一常见问题，有必要做一重点梳理分析。

案·例

2014年5月29日，薛某的居民身份证遗失。其到上海公安机关办理挂失手续，并于次月办理领取了新的身份证。

2016年10月起，薛某多次收到银行的短信、客服电话，通知薛某进行银企对账。经了解，有人以其遗失的身份证在广州登记成立了广州宾某贸易有限公司（以下简称宾某公司），将薛某登记为宾某公司的法定代表人和股东。2016年12月7日，薛某向公司登记机关申请撤销该公司的工商登记。同时，薛某向公司登记机关递交了笔迹鉴定申请书。经公司登记机关委托笔迹鉴定机构鉴定，宾某公司设立申请材料中“薛某”的签名系他人伪造。

2017年2月22日，公司登记机关作出《行政处罚决定书》，认定宾某公司提交虚假材料取得公司登记的行为违反了《公司法》第198条的规定，作出撤销宾某公司的公司登记的行政处罚决定。

第二节　关于公司设立发起人的3种诉讼

公司设立发起人在设立过程中，常常需要签署各类合同，有的合同是发起人直接以自己名义对外签署的，而有的合同则是以设立中公司的名义对外签署的，对于这些合同如何确定最终责任承担者，常常引发纠纷，司法实践中常见的纠纷有以下三种。

一、关于设立公司发起人以自己名义订立合同之诉

原《公司法解释(三)》第2条第1款规定："发起人为设立公司以自己名义对外签订合同，合同相对人请求该发起人承担合同责任的，人民法院应予支持。"第2款规定："公司成立后对前款规定的合同予以确认，或者已经实际享有合同权利或者履行合同义务，合同相对人请求公司承担合同责任的，人民法院应予支持。"

原来的规定赋予了合同相对人(债权人)的履行选择权，可以直接起诉签署合同的发起人，也可以直接起诉公司。2020年12月29日最高人民法院发布修订后的《公司法解释(三)》删除了原来第2款的规定，删除这一规定不是取消了合同相对人的选择权。《民法典》第926条第2款规定合同相对人的选择权，并未设置委托人确认或实际享受权利或承担义务的条件。实际上，发起人为设立公司实施的行为就是代理行为，一旦披露就可适用隐名代理规则，而无须公司确认。此外，从保护交易安全出发，合同相对人也无从得知公司是否实际享受权利或承担义务，设置该条件，显然会大大提高主张权利的成本，进而阻碍交易。因此，修订后的司法解释删除这一规定是为了更有利于合同相对人主张权利。

当然在实践中，需要注意的是订立的合同应当仅限于为设立公司目的。超出该目的范围的，合同相对人只能向发起人主张合同权利，合同相对人应当对此承担初步举证责任。此外，合同相对人应当根据债务清偿能力和清偿便利等因素，慎重选择主张权利的对象，一旦选定，则不能变更，合同相对人不能主张发起人与公司同时承担责任。

案·例

陈某、肖某、刘某三人共同签署《股东合作协议书》，三方拟出资设立A公司。肖某以个人名义与出租人黄某签订《房屋租赁合同》，并缴纳押金及租金6万元，公司注册成立经营8个月后倒闭，尚欠租金4万元。双方由此发生纠纷。

法院判决认定,根据《公司法解释(三)》第2条第2款的规定:"公司成立后对前款规定的合同予以确认,或者已经实际享有合同权利或者履行合同义务,合同相对人请求公司承担合同责任的,人民法院应予支持。"据此,发起人若想突破合同相对性原则而免责必须同时满足两个条件:一是公司设立后以明示或默示的方式认可合同真正的权利义务人是公司,而不是合同签订者;二是合同相对人愿意选择承担责任。本案中出租人黄某选择肖某作为被告,因此,发起人肖某应当对此笔租金承担支付责任。

二、关于设立公司发起人以公司名义订立合同之诉

《公司法解释(三)》第3条规定:"发起人以设立中公司名义对外签订合同,公司成立后合同相对人请求公司承担合同责任的,人民法院应予支持。公司成立后有证据证明发起人利用设立中公司的名义为自己的利益与相对人签订合同,公司以此为由主张不承担合同责任的,人民法院应予支持,但相对人为善意的除外。"

对于发起人以设立中的公司的名义对外签约问题,上述司法解释给出了不同情形下的不同责任认定方式。尤其规定了公司的抗辩事由:公司可以发起人以设立中公司名义对外签约系自利行为进行抗辩,但该抗辩不能对抗善意第三人。该善意,是指第三人有理由相信发起人有权代表设立中的公司签约,且所签署的合同系公司之利益。

当然,即便存在善意第三人的情形,公司在承担了合同责任之后,仍可以向自利的发起人追偿。

三、公司设立发起人责任纠纷

公司发起人在公司设立过程中承担着重要的责任与使命,其行为可能直接影响公司成立与否,公司能否依法设立。尤其对那些需要依法审批而成立的公司而言,发起人的作用尤为重要。同时,发起人除了承担自身过错行为造成的损失之外,还负有其他额外的责任。

对于发起人应承担的公司设立法律责任,《公司法》针对股份公司的发起人作了明确的规定。即《公司法》第 93 条规定:“股份有限公司成立后,发起人未按照公司章程的规定缴足出资的,应当补缴,其他发起人承担连带责任。股份有限公司成立后,发现作为设立公司出资的非货币财产的实际价额显著低于公司章程所定价额的,应当由交付该出资的发起人补足其差额,其他发起人承担连带责任。”

《公司法》第 94 条规定:“股份有限公司的发起人应当承担下列责任:(一)公司不能成立时,对设立行为所产生的债务和费用负连带责任;(二)公司不能成立时,对认股人已缴纳的股款,负返还股款并加算银行同期存款利息的连带责任;(三)在公司设立过程中,由于发起人的过失致使公司利益受到损害的,应当对公司承担赔偿责任。”

根据上述规定,结合前文,现将公司发起人所承担的责任及其相关纠纷归纳梳理如下。

(一)公司发起人责任类型划分

1. 公司设立失败时发起人的责任。

无论何种原因导致公司设立的失败,全体发起人都要承担三方面的责任:

(1)对设立行为所产生的债务和费用负连带责任;

(2)对认股人已缴纳的股款,负返还股款并加算银行同期存款利息的连带责任;

(3)对外签订合同的责任。

2. 公司成立时发起人的责任。

公司成立时发起人的责任主要包括对公司的责任和对第三人的责任。其中,对公司的责任主要有资本充实责任、损害赔偿责任等。对于公司发行的股份未能认足,或者未缴纳的,发起人应当承担连带认缴责任。且如果在公司成立过程中,因发起人的过失导致公司利益受到损害,公司有权要求其承担相应的赔偿责任。此外,如果发起人不按照《公司法》的规定以及发起人协议的约定缴纳出资的,无论公司是否成立,均应当承担违约责任。

3. 公司设立失败的责任。

公司设立失败时,主要有以下责任:

(1)发起人对设立行为的债务和费用负连带责任；

(2)对认股人已缴纳的股款，负返还股款并加算银行同期存款利息的连带责任；

(3)发起人的出资违约责任。

4.公司成立后发起人的责任。

(1)发起人的出资违约责任。发起人协议是一种典型的合伙契约，其中规定了发起人之间相互承担的权利与义务。发起人没有按规定出资，就会因违反发起人协议而向其他股东承担违约责任。

(2)发起人对公司的资本充实责任。发起人的资本充实责任主要为以下三类：

①认购担保责任。股份有限公司在募集设立时，发行的股份未被认购或认购后又取消的，由发起人共同认购。

②缴纳担保责任。股东或发起人虽认购了股份，但未履行或未完全履行出资义务的，由发起人承担连带责任。

③差额填补责任。当公司成立时，如果作为出资的非货币财产的价额显著低于定价额，对差额部分承担连带补充责任。

(3)发起人对公司的损害赔偿责任。

①出资损害赔偿。出资损害赔偿责任系基于资本充实责任的拓展。即若出资瑕疵同时导致了对公司的损害，发起人应就此种损害承担连带赔偿责任。

②未尽忠实勤勉义务的赔偿责任。发起人作为设立中公司的执行机关，理应负有忠实勤勉义务。若发起人怠于行使其义务，致使公司受损，则理应承担赔偿责任。此种责任系过错责任，在表现形式上既可能是作为，也可能是不作为。公司法所确定的该责任仅针对股份有限公司，但考虑类似情况在有限责任公司中亦会存在。故而，依据《公司法》的一般原理，亦可参照股份公司的相关规定予以个案调整适用。

5.发起人与第三人的责任

(1)发起人因设立公司而发生职务侵权行为时的责任承担。在发起人对第三人承担侵权责任的构成要件上可以如此认定：须为公司设立之行为 + 因职务行

为而引起 + 是否以过错为侵权之构成要件。根据《公司法解释(三)》第 5 条之规定,我国的法律规制结构:公司成立时,先由公司单独承担,若发起人有过错,公司取得对此过错发起人的追偿权;而在公司不能成立时,由于公司未存在,便由发起人承担连带责任;无过错的发起人对有过错的发起人同样享有追偿权。

(2)发起人与第三人合同之债的责任承担。包括两种情形,其一,以发起人名义订立合同;其二,以公司名义订立合同。

(二)公司设立纠纷与发起人责任纠纷

前文中,我们曾分析过公司设立纠纷,本节我们又重点归纳分析了公司发起人纠纷的几种情形,最高人民法院《民事案件案由规定》中分别确立了“公司设立纠纷”与“发起人责任纠纷”两个相互独立的案由。在实务案件的诉讼过程中,我们需要详细区别两个案由的不同适用条件与规则。二者究竟区别在哪里呢?

若原、被告皆为发起人,系因前述的设立行为导致的内部关系争议纠纷,则应由“公司设立纠纷”案由进行调整和规范。

若原告系第三人(债权人、认股人)诉发起人承担责任,则应由“发起人责任纠纷”案由进行调整和规范。

同时,若属于发起人为了设立公司而与案外人签订相关合同,由此引发的相关纠纷应按照该合同所形成的外部法律关系来予以确定调整和规范的具体案由。如可能为“房屋买卖合同纠纷”“装修装饰合同纠纷”等。

第三节　合资设立公司协议纠纷

合资设立公司是指公司发起人或投资人达成设立公司的合意,并就公司设立的具体细节,比如注册资本金、经营范围、出资比例、出资方式、利润分配方式、公司治理机制等进行磋商,为了避免纠纷,而签署的公司设立协议,或公司投资协议,合资设立公司协议等。

实践中,公司设立程序越来越简化,尤其是在新冠肺炎疫情期间,公司设立大量采用在线提交文件模式,这种快捷的模式使得公司程序大为缩短,极为便捷。但是,另一方面,这种快捷模式需要采用公司主管登记机关的格式化文本,比如,标准化的公司章程,从而使得公司投资者或股东就公司一些特殊的、个性化的约定条款根本无法体现在公司章程中,为此,这就需要公司发起人或股东(或投资人)通过事先签署投资协议的方式来实现这一目的,在公司成立之后,再通过修改公司章程的方式将个性化的约定纳入公司章程之中。

公司章程是公司的组织法、公司的宪法,因此,将投资协议主要内容,尤其是公司治理的内容纳入公司章程之中,更有利于部分股东利益的保障,有利于公司治理框架的完善。对于公司章程没有规定的,投资协议有明确约定的,可按照公司投资协议的约定办理。

在实践中,合资设立公司协议一般有两种常见类型,一类是设立中外合资公司协议,另一类是公司投资协议(内资公司包括有限责任公司设立协议与股份公司设立协议),因此,该类协议引发的纠纷也就有两大类,一类是中外合资合营合同纠纷,另一类是公司设立协议纠纷。下文就上述两种情形分别阐释。

一、中外合资合营合同纠纷

中外合资合营合同是中外合资经营企业合同的简称。中外合资企业存在三个重要的法律文件:合营企业协议、合营企业合同及合营企业章程。三者之间关系如下:

合营企业协议是指合营各方就设立合营企业的某些要点和原则达成一致意见所订立的文件。合营企业合同是指合营各方为设立合营企业就相互权利、义务关系达成一致意见而订立的文件。合营企业章程是按照合营企业合同规定的原则,经合营各方一致同意,规定合营企业的宗旨、组织原则和经营管理方法等事项的文件。

上述各文件的关系:合营企业合同是最关键的文件。合营企业协议与合营企业合同有抵触时,应以合营企业合同为准。合营企业章程则以合营企业合同为基础制定。经合营各方同意,也可不订立合营企业协议而直接订立合营企业合同和章程。

有关中外合资经营企业合同纠纷,最高人民法院于 2020 年 12 月 29 日修正的《关于审理外商投资企业纠纷案件若干问题的规定(一)》作出了明确规定。主要涉及未经批准的合同生效问题、补充协议的效力、合同无效、转让合同、合同解除等多个方面的问题。在此不再一一赘述。下面就以一个案例来分析该类纠纷的裁决思路。

案·例

基本案情

2011年,实业公司等四家公司就所持包含两家中外合资经营企业在内的三家公司全部股权作价8.1亿元转让给投资公司,两方签订股权转让协议。约定外方股权由投资公司在香港另设公司作为受让方,同时约定获"监管部门批准"后生效。2012年,转让方以股权转让已经深圳证券交易所公告、投资公司拒付余下股权转让款为由,依约扣收违约金2000万元。投资公司诉请确认该协议未生效,要求解除协议并返还扣收款。

法院裁判

法院认为:第一,依《中外合资经营企业法实施条例》第20条、《中外合作经营企业法实施细则》第23条、《外资企业法实施细则》第22条规定,外商投资企业股权转让均须经外商投资企业审批机关批准。最高人民法院《关于审理外商投资企业纠纷案件若干问题的规定(一)》第1条第1款规定:"当事人在外商投资企业设立、变更等过程中订立的合同,依法律、行政法规的规定应当经外商投资企业审批机关批准后才生效的,自批准之日起生效;未经批准的,人民法院应当认定该合同未生效,当事人请求确认该合同无效的,人民法院不予支持。"故外商投资企业股权转让合同未经外商投资企业审批机关批准的,不发生法律效力。

第二,案涉股权转让协议约定内容,涉及股权转让的三家目标公司中有两家系中外合资经营企业,受让方为投资公司及其所属香港公司。从协议约定的内容可以看出,各方当事人就股权转让事项签订的是"一揽子"协议,包括了三家目标公司股权的变动,但约定受让方不明确,合资企业外方股权受让方需由投资公司在香港另行设立。同时,各方当事人对需另行签订具体明确的股权转让协议应当知晓，涉案协议中亦包含此方面内容，中外合资经营企业的审批机构在协议双方咨询过程中亦作出过明确答复。故涉案协议系本案当事人之间就三家目标公司股权转让问题达成的框架协议，各企业股权具体转让问题需各方当事人按照框架协议约定进行操作，包括投资公司需在香港设立公司以受让目标公司的外方股权以及签订具体的转让合同等。究其实质，涉案协议属各方当事人就转让相关企业股权达成的预先约定，这样的预约协议无须报经外商投资企业审批机构批准。

第三，涉案协议约定了监管部门批准的生效条件，从合同文意看，认定监管部门为证券交易所而非外商投资企业审批机构更合理。外商投资企业股权转让需审批是法律规定的，无须当事人约定，况且涉案协议股权转让涉及三家企业，其中内资企业股权转让无须审批机构批准。投资公司股东大会对涉案股权转让决议已经证交所审核后予以公告，可认定监管部门已对本案股权转让进行了批准，故约定生效条件已成就，投资公司未依约定支付剩余股权转让款构成违约，判决驳回投资公司诉请。

实务要点

各方当事人就转让外商投资企业股权达成的预先约定，并无直接变更股权的内容，未经外商投资企业审批机构批准，不影响合同生效。

二、公司设立协议纠纷

发起人为了明确各方权利与义务，在设立公司之前常会就公司治理、利润分配方式、资金投入等重大事项进行事先约定，该部分约定有一部分可以体现在公司章程之中，有的却无法纳入公司章程中。在公司设立后运行过程中，发起人因为公司治理或利润分配等发生纠纷时，除了公司章程、股东会决议之外，最初的公司设立协议将成为重要的裁判依据。

在处理公司发起人股东之间纠纷时，公司章程与公司设立协议都是重要的法律文件。二者之间的关系如下：

公司设立协议与公司章程的目标是一致的，都是为了设立公司。两者在内容上也常有类同或相通之处,例如都约定公司名称、注册资本、经营范围、股东出资与比例、出资形式等。但是,两者在法律性质和功能上有着巨大的差别。

1. 公司章程是公司必备文件,而公司设立协议则是任意性文件。

公司章程是我国公司法强制要求的公司必备文件。没有公司章程,公司就不能成立。而除了外商投资企业要求有合同以及股份有限公司要求有发起人协议外,我国《公司法》并没有要求公司必须具有设立协议。

2. 公司设立协议与公司章程的效力范围不同。

根据《公司法》的规定,公司章程对公司、股东、董事、监事、高级管理人员均具有约束力。也就是说,公司章程的作用范围包括股东、公司以及公司内部组织机构与人员。而公司设立协议仅仅是股东之间的任意性合同,需遵守合同相对性的原则,其作用范围仅限于签约的主体之间。

3. 公司设立协议与公司章程的效力期限不同。

公司设立协议主要是在公司设立期间发生法律效力,所调整的是公司设立过程中的法律关系与法律行为。

4. 如设立协议与公司章程发生冲突时,应以公司章程为准。

主要理由有二:其一,公司章程大多是在公司设立协议之后签署的,若二者发生冲突,应以后者为据;其二,公司章程是公开文件,具有公示效力。

第三章

公司诉讼第2式：公司出资之诉

公司出资诉讼为本书所列的公司诉讼36式中的第2式，一共有17种具体诉讼类型，其中包括对出资违约股东的6种诉讼；对股东出资瑕疵的7种诉讼；关于股东抽逃出资的4种诉讼。第2式的公司出资诉讼是公司设立诉讼之后的第二个法律行为——出资所可能引发的系列诉讼。包括未履行或未全面履行出资义务、出资瑕疵（主要指非货币财产出资存在的问题）及抽逃出资三大种常见的出资纠纷。本书用分类、归纳及梳理的方式将第2式的公司出资之诉涉及的三大类诉讼、17种具体诉讼类型逐一阐述，以《公司法》及其司法解释的理解并结合有关典型案例来展开分析，以便大家系统理解和掌握公司出资之诉的疑难点。

第一节　对出资违约股东的6种诉讼

在公司设立成功后，公司股东应当按照公司章程规定的出资方式在规定的时间内完成出资。但在实践中，公司发起人或股东常常因各种原因未能完成出资，构成出资违约行为。针对出资违约的股东及其承担的违约责任，《公司法》及其司法解释作出了明确的规定，针对出资违约股东引发的诉讼就是本节所要重点归纳与阐释的内容，主要有以下6种类型的诉讼。

一、关于股东未履行设立出资义务的诉讼

对于股东未履行设立出资义务,《公司法解释(三)》第 13 条第 1 款规定:“股东未履行或者未全面履行出资义务,公司或者其他股东请求其向公司依法全面履行出资义务的,人民法院应予支持。”

第 2 款又进一步规定:“公司债权人请求未履行或者未全面履行出资义务的股东在未出资本息范围内对公司债务不能清偿的部分承担补充赔偿责任的,人民法院应予支持;未履行或者未全面履行出资义务的股东已经承担上述责任,其他债权人提出相同请求的,人民法院不予支持。”

根据上述规定,对于未履行或未全面履行出资义务的股东,既要承担公司内部法律责任,又要承担公司外部法律责任。对内,公司或者其他股东有权请求其向公司依法全面履行出资义务。对外,公司债权人有权请求其在未出资本息范围内对公司债务不能清偿的部分承担补充赔偿责任。

对于股东未履行或未全面履行出资义务的内部法律责任问题,两类主体均可以提出主张或提起诉讼,第一类主体是公司本身,公司可直接向未履行或未全面履行出资义务的股东主张权利或在主张遭拒后提起诉讼;第二类是其他股东,其他股东亦有权要求其履行出资义务,并在遭拒时直接向法院提起诉讼,请求法院判决未履行或全面履行出资义务的股东向公司全面履行出资义务。

对于股东未履行或未全面履行出资义务的外部法律责任问题,公司债权人可直接请求未履行或者未全面履行出资义务的股东在未出资本息范围内对公司债务不能清偿的部分承担补充赔偿责任的。即公司债权人要求未履行或者未全面履行出资义务的股东承担的法律责任为补充赔偿责任而非连带责任,且存在两个限制:其一是未出资的本金与利息(延迟出资承担的利息);其二是公司对债权人债务不能清偿的部分。

除此之外,还有一个避免该股东责任被无限加重的限定,为此,该条规定的第 2 款后半段又规定:未履行或者未全面履行出资义务的股东已经承担上述责任,其他债权人提出相同请求的,人民法院不予支持。其意在避免重复承担补充赔偿责任。

特别注意的是，上文中所指的“未履行或未全面履行出资义务”是指出资义务已到期而未履行或未全面履行出资义务的情形，不包括出资义务未到期的情形。如果公司章程规定的出资义务未到期，股东没有提前出资的义务，其不履行出资义务不属于对出资义务的违反。但是，根据《九民会议纪要》第 6 条的规定，存在两种例外情形，具体如下：

《九民会议纪要》第 6 条明确规定：在注册资本认缴制下，股东依法享有期限利益。债权人以公司不能清偿到期债务为由，请求未届出资期限的股东在未出资范围内对公司不能清偿的债务承担补充赔偿责任的，人民法院不予支持。但是，下列情形除外：

1. 公司作为被执行人的案件，人民法院穷尽执行措施无财产可供执行，已具备破产原因，但不申请破产的；

2. 在公司债务产生后，公司股东（大）会决议或以其他方式延长股东出资期限的。

还需要说明重要的一点是，在特定情形下，公司债权人可以主张未缴出资股东，以及公司设立时的其他股东或者发起人在未缴出资范围内对公司债务承担连带清偿责任。具体如下：

《公司法解释（二）》第 22 条规定：公司解散时，股东尚未缴纳的出资均应作为清算财产。股东尚未缴纳的出资，包括到期应缴未缴的出资，以及依照《公司法》第 26 条和第 80 条的规定分期缴纳尚未届满缴纳期限的出资。公司财产不足以清偿债务时，债权人主张未缴出资股东，以及公司设立时的其他股东或者发起人在未缴出资范围内对公司债务承担连带清偿责任的，人民法院应依法予以支持。

除上述《公司法解释（二）》的规定之外，《公司法解释（三）》第 13 条第 3 款规定：股东在公司设立时未履行或者未全面履行出资义务，依照本条第 1 款或者第 2 款提起诉讼的原告（公司与股东可根据第 1 款提起诉讼，公司债权人可根据第 2 款提起诉讼），请求公司的发起人与被告股东承担连带责任的，人民法院应予支持。

基于上述规定，公司发起人及其他股东还可能对未履行或未全面履行出资义务的股东的相关法律责任承担连带责任义务，所以，针对未履行或未全面履行出资义务的股东，公司董事、监事、高级管理人员、公司发起人及其他股东出于自身法律风险之考虑，也应当积极催促前述股东及时履行出资义务。

案·例

基本案情

2015年9月，辽宁百瑞公司的股东北京高氏公司总经理高某、百瑞公司股东张某、百瑞公司董事蒋某召开百瑞公司成立筹备会；宣布某粮库项目立项，由张某负责以设立中的百瑞公司名义，与李某形成口头协议，由李某为该项目拉土，但未支付款项，共计326万元；2015年11月，百瑞公司注册成立，发起人为股东高氏公司、张某；章程规定二股东各占股95%和5%，均约定在2017年12月31日前一次性缴纳；2016年10月，百瑞公司修改章程，将股东的出资期限推迟到2035年11月5日。

李某诉至法院，请求百瑞公司支付土石方款项及利息，股东北京高氏公司、张某承担补充给付责任。

法院裁判

法院经审理后认为，发起人以设立中的公司的名义对外签订合同，合同有效，由设立后的公司承担权利义务；公司章程关于出资时间的约定，属于内部约定，不能对抗外部第三人；诉争债权形成后，公司修改章程延长出资期限的，属于恶意逃避债务，应当承担责任。故判决如下：(1)判决被告百瑞公司支付土石方款项及利息；(2)判决二股东按照各自出资比例承担补充给付责任。

二、关于股东未履行增资出资义务的诉讼

公司设立后，因发展的需要可能会多次增资，该增资可能是由公司发起人来进行增资，也可能是引入新的股东认购增资。在创业公司中，多轮增资已经成为常态。即便是上市公司，也会根据公司战略需要进行多次增资。所以，增资是公

司发展壮大之必需,也是公司股权融资的常态。前文中,我们知道未履行或未全面履行出资义务的股东对公司债权人仍负有法律义务,即应当在未出资本息范围内对公司债务不能清偿的部分承担补充赔偿责任的。那么,对于未履行增资出资义务的股东应当承担什么样的法律责任呢?

对此,《公司法解释(三)》第 13 条第 4 款规定:股东在公司增资时未履行或者未全面履行出资义务,依照本条第 1 款或者第 2 款提起诉讼的原告,请求未尽《公司法》第 147 条第 1 款规定的义务而使出资未缴足的董事、高级管理人员承担相应责任的,人民法院应予支持;董事、高级管理人员承担责任后,可以向被告股东追偿。

根据上述规定,对于在公司增资时未履行或者未全面履行增资出资义务的股东,其应当承担的法律责任与公司设立时未履行或者未全面履行出资义务的股东是一样的,《公司法解释(三)》第 13 条第 1 款、第 2 款的规定同样适用于增资的情形。

需要注意的是,与初设公司出资(实际上市公司发起人)相比,针对增资的出资义务而言,在公司增资过程中,对于未履行或者未全面履行增资出资义务的股东,公司的董事及高级管理人员负有监督与催促职责,若该公司董事及高级管理人员未尽职责的,根据《公司法》第 147 条第 1 款的规定,"董事、监事、高级管理人员应当遵守法律、行政法规和公司章程,对公司负有忠实义务和勤勉义务",《公司法解释(三)》第 13 条第 1 款或者第 2 款提起诉讼的原告(公司与股东可根据第 1 款提起诉讼,公司债权人可根据第 2 款提起诉讼),有权请求公司的董事、监事、高级管理人员承担相应的责任。

三、关于股东及董事、监事、高级管理人员的追偿之诉

如前两种诉讼所述,就未履行或未全面履行出资义务(包括增资出资义务)的股东所承担的法律责任,公司发起人、公司的董事、监事、高级管理人员可能会因此而承担连带责任。那么,针对承担了连带责任的公司发起人、公司的董事、监事、高级管理人员如何维护自己的权益呢?

对此,《公司法解释(三)》第 13 条第 3 款规定:"……公司的发起人承担责任

后,可以向被告股东追偿”。第 4 款规定:“……董事、高级管理人员承担责任后,可以向被告股东追偿。”

根据上述规定,因对未履行或未全面履行出资义务(包括增资出资义务)的股东而承担了连带责任的公司发起人、公司董事、监事、高级管理人员,可以向该被告股东进行追偿。因为,这原本属于该被告股东的法定义务,并非公司发起人、董事、监事、高级管理人员的自身法律义务,公司法司法解释之所以规定其承担连带责任,是为了更有力地保护公司及债权人的合法利益。但是,在承担了连带责任之后,赋予其追偿权,这是符合基本的法律责任原理的。

四、关于股东出资违约对守约股东违约责任之诉

未履行或未全面履行出资义务的股东,不仅对公司构成违约,同时也对公司已按期足额缴纳出资的其他股东构成违约。因为在设立公司之初或增资时,各股东就出资涉及的具体事宜(出资方式、出资期限等)达成合意,并形成在公司章程中或有关的增资协议/股东会决议中,因此,各股东有关出资的承诺就是形成了对公司的义务,同时,各股东之间也彼此形成了约定义务。若未能遵守,则构成对公司的违约及已全面履行了出资义务股东的违约行为,因为,需要承担相应的违约责任。

为此,《公司法》第 28 条规定:股东应当按期足额缴纳公司章程中规定的各自所认缴的出资额。股东以货币出资的,应当将货币出资足额存入有限责任公司在银行开设的账户;以非货币财产出资的,应当依法办理其财产权的转移手续。股东不按照前款规定缴纳出资的,除应当向公司足额缴纳外,还应当向已按期足额缴纳出资的股东承担违约责任。

由此可见,股东对于出资违约股东可以提起两类诉讼,第一类是请求法院判决出资违约股东向公司履行出资义务。第二类诉讼是直接请求法院判决出资违约股东对自己承担违约责任。这两种诉讼是不尽相同的,而且需要特别说明的一点是,该两类诉讼与之后章节讲述的股东代表诉讼是不同的。该诉讼属于股东直接诉讼。

此外,在该类案件中,公司有权追究出资违约方的责任,公司股东也可以追究

出资违约方对公司以及对自己的违约责任,当公司未起诉或不起诉出资违约股东时,其他股东能否提起股东代表诉讼呢?

我们认为,其他股东不能提起股东代表诉讼,因为股东代表诉讼的立法目的在于公司不起诉时其他股东又无救济途径的情况下的一种特殊救济措施,而《公司法》及其司法解释已经规定了股东可以直接提起诉讼的权利,因此,不符合股东代表诉讼的前提条件。

那么,接下来的问题是,对于上述出资违约股东的违约责任,该如何确定呢?司法实践中大致有两种方式,第一种是以违约金方式追究股东出资违约责任。第二种是按照实际损失来主张违约责任。

(一)第一种:以违约金方式追究股东出资违约责任

股东通过支付违约金的方式承担违约责任在操作上较为简单,但前提是股东在协议或者公司章程中已经明确约定了违约金的数额或者计算方式。若无约定,违约金方式则不能适用。

但在违约金方式适用方面,需要注意警惕公司治理因素对违约金条款适用的影响。虽然股东在投资协议中约定了违约金,且存在应当追究违约出资股东违约责任的情形,仍然不能想当然地认为违约金条款一定可以作为追究当事股东违约责任的依据。原因在于投资协议法律关系与其他合同关系的最大不同在于其具有对所投资主体的内在治理性。如果按照约定的违约金标准追究股东违约责任会损害到公司的内部治理进而损害到公司的正常经营或者合法存续,则司法实践中法院一般会从其他角度酌情确定违约股东应当承担的违约责任。

案·例

浙江泽睿投资管理有限公司、廖某悦与
永康市康壮日用品商行股东出资纠纷案

[(2014)嘉南商初字第100号]

法院认为,领庆投资公司的经营范围为创业投资及创业投资咨询与管理,公司发起人及后续加入股东投资均较大,可以说均为较成熟的投资主体,公司章程第16条对股东逾期出资的违约金、加罚违约金及失权的规定,也体现出该公司较为重视公司投资结构的确定性和稳定性,同时对守约股东的信赖利益给予高度维护。本着尊重当事人意思自治原则,两原告有权要求被告根据章程规定承担相应的违约责任。

但截至目前其他股东尚未决定被告逾期出资部分的认缴人并实际出资,故无法完全按照章程规定计算违约金,同时两原告要求被告按未缴出资额的每日万分之五计算至实际履行之日,一则按此计算方法,被告的义务无法准确确定;二则不利于其他股东尽早决定认缴人并实际出资,从而维持公司注册资本的充实和稳定;三则被告逾期出资30日后,其他股东即可以不接受被告该部分的出资,而决定其他认缴人,如因其他股东迟迟不能决定认缴人的原因而加重被告的义务对被告而言亦有失公平;四则违约金本质上系基于违约方对守约方所产生损失的弥补,现两原告未提供证据证明被告逾期出资给原告造成的实际损失如此巨大,因此本院结合公司章程中的规定及本案实际情况,综合确定被告支付逾期出资违约金50万元。

上述案件中法院在考量违约金适用的问题时,多角度考量了违约金计算方式对当事人对诚实信用原则的恪守、公司注册资本的充实性与稳定性可能产生的各种影响,进而对违约金数额进行了酌情裁定。此操作并未囿于当事人关于违约金条款的约定及实际损失的衡量问题,具有一定的创新性。

(二)第二种:按照实际损失来主张违约责任

在解决举证守约股东的实际损失之前,我们需要首先明确违约出资的当事股东的出资方式是货币出资还是非货币出资,进而再依据具体出资方式、股东投资目的、公司实际运营状况三个角度寻找举证实际损失的突破口。

例如,在以项目和技术为出资内容的投资项目中,如果守约股东的义务是货币出资而违约股东的出资义务是技术出资。后来出现了货币出资的股东依约完成了出资义务,而技术出资的股东迟迟不向被投资主体转让技术。此时产生的最大损害是投资项目直接无法推进。进而货币出资方的货币出资变得并无实际投资意义。如果此项目因此无法继续进行,对于货币出资方而言,其受到的损失包括两个部分:货币出资方的投资亏损额(通过评估鉴定的方式获得);投资项目的可得利益损失(依据项目进展情况确定)。

从上述两个损失项的内容可知,投资协议签署时股东之间对投资目的、项目进展情况的确认等方面的证据对守约股东举证实际损失具有重要意义。而就公司治理角度而言,在因股东违约出资导致公司无法继续运营的案件中,结合公司清算程序处理此类违约责任问题有时可以起到事半功倍的效果。

五、关于认股人出资违约责任的诉讼

针对股份公司认股人不按期缴纳所认股份的股款的问题,《公司法解释(三)》第6条规定:股份有限公司的认股人未按期缴纳所认股份的股款,经公司发起人催缴后在合理期间内仍未缴纳,公司发起人对该股份另行募集的,人民法院应当认定该募集行为有效。认股人延期缴纳股款给公司造成损失,公司请求该认股人承担赔偿责任的,人民法院应予支持。

根据上述规定,公司有权要求认购人承担赔偿责任,损失的认定以认股人延期缴纳股款给公司造成损失为据。

六、关于已转让股权存在出资违约责任的诉讼

实践中,经常存在的一种情形是,未履行或未全面履行出资义务的股东将其股权转让,转让方与受让方在转让协议中对出资义务进行了约定,约定由转让方承担出资义务,或者约定受让方承担出资义务。对于零出资的股权转让,实践中一般签署的是出资权转让协议,或者股权转让协议。那么,对于该类出资违约责任如何确定呢?

对此,《公司法解释(三)》第18条第1款规定:“有限责任公司的股东未履行或者未全面履行出资义务即转让股权,受让人对此知道或者应当知道,公司请求该股东履行出资义务、受让人对此承担连带责任的,人民法院应予支持;公司债权人依照本规定第十三条第二款向该股东提起诉讼,同时请求前述受让人对此承担连带责任的,人民法院应予支持。”

受让人根据前款规定承担责任后,向该未履行或者未全面履行出资义务的股

东追偿的，人民法院应予支持。但是，当事人另有约定的除外。

根据上述规定，对于已发生了股权转让的股权仍未履行或未全面履行出资义务的法律责任问题，相关原告认可向该股权转让方（原股东）主张权利，并同时要求受让方（新股东）承担连带责任。由此可见，出资义务的直接责任方仍是股权转让前的股东，股权受让方则承担连带责任。股权受让方承担连带责任后，如果股权转让方与受让方无约定，则受让方有权向转让方追偿。

第二节　对股东出资瑕疵的 7 种诉讼

如上所述，在公司设立成功后，公司股东应当按照公司章程规定的出资方式在规定的时间内完成出资。该出资必须符合公司章程规定的出资方式（现金、股权、知识产权、土地使用权等）、出资的时间要求（实际缴纳时间）、出资的金额（实缴到位的资金总额）及其相关义务（非货币出资的交付/转移义务、过户登记义务）等，但在实践中，公司发起人或股东在出资时，尤其是非货币出资时，常常存在出资瑕疵问题，该类出资瑕疵相当于货币出资下的出资不足或部分出资情形，因此，同样属于对出资义务的违反。针对瑕疵出资的股东及其承担的违约责任，《公司法》及其司法解释作出了明确的规定，针对股东出资瑕疵引发的诉讼就是本节所要阐释的内容，主要有以下 7 种类型的诉讼。

一、关于股东非货币财产出资虚高作价补足责任之诉

关于股东非货币财产出资虚高作价补足责任之诉，是指股东以非货币出资方式认缴出资时，存在将非货币财产作价虚高，从而损害公司及其他股东利益的情形，其实质上亦属于未全面履行出资义务的情形。

该类情况在实践中大量存在，不像现金货币出资那样价值清晰明确，非货币出资往往需要对其真实价值或现值进行评估，以评估价格为据作为出资。这就为作价虚高留下了空间。因此实践中，在以非货币出资的方式中大量存在估价虚高的问题。如果情节严重金额大，则可能涉嫌虚报注册资本的刑事犯罪问题。

针对上述违法出资情形,《公司法解释(三)》第 9 条规定:出资人以非货币财产出资,未依法评估作价,公司、其他股东或者公司债权人请求认定出资人未履行出资义务的,人民法院应当委托具有合法资格的评估机构对该财产评估作价。评估确定的价额显著低于公司章程所定价额的,人民法院应当认定出资人未依法全面履行出资义务。

根据上述规定,出资人若以非货币财产出资,必须依法进行评估作价。否则,公司、其他股东或者公司债权人可请求认定出资人未履行出资义务的,在此情况下,人民法院应当委托具有合法资格的评估机构对该财产评估作价。若经评估作价之后,存在不足的,出资人应当承担未全面履行出资义务的法律责任。

但是,由于市场变动及其他客观因素会影响非货币财产的价格,因此必须充分考虑到这一变动因素。为此,《公司法解释(三)》第 15 条规定:"出资人以符合法定条件的非货币财产出资后,因市场变化或者其他客观因素导致出资财产贬值,公司、其他股东或者公司债权人请求该出资人承担补足出资责任的,人民法院不予支持。但是,当事人另有约定的除外。"

案·例

中国进口汽车贸易有限公司与上海静安城商贸有限公司、上海金进(集团)有限公司股东出资纠纷案

[(2015)沪二中民四(商)终字第 157 号]

法院认为,新、旧《公司法》均明确规定,有限责任公司成立后,发现作为设立公司出资的非货币财产的实际价额显著低于公司章程所定价额的,应当由交付该出资的股东补足其差额;公司设立时的其他股东承担连带责任。同样,《公司法解释(三)》中也规定,股东在公司设立时未履行或者未全面履行出资义务,债权人可以请求公司的发起人与被告股东承担连带责任。

上述规定,均体现公司法赋予资本充实责任为股东的一项法定责任,且是一种连带责任,亦不论该资产系货币还是非货币财产,公司的全体设立者中任何一人对资本不足的事实均负充实责任,故静安城公司向中进公司主张对金进公司的未出资承担连带责任,于法有据。二审法院认为,本案中,中汽技服公司成立时未投入任何资金,故而并不具备法人资格,中进公司、金进公司作为投资人应承担中汽技服公司的民事责任。其次,最高人民法院《关于适用〈中华人民共和国公司法〉若干问题的规定(一)》[以下简称《公司法解释(一)》]规定,《公司法》实施后,人民法院未审结的和新受理的民事案件,其民事行为或事件发生在《公司法》实施以前的,适用当时的法律法规和司法解释。但该解释亦规定,因《公司法》实施前有关民事行为或者事件发生纠纷起诉到人民法院的,如当时的法律法规和司法解释没有明确规定时,可参照适用《公司法》的有关规定。因此,《公司法解释(三)》可适用于本案。中进公司作为中汽技服公司设立时的股东,应当在金进公司未出资范围内向中汽技服公司的债权人承担连带责任。

二、关于股东出资行为效力争议的诉讼

关于股东出资行为效力争议的诉讼主要针对的是出资人以不享有处分权的财产进行出资引发的纠纷,如以他人的房产、设备、土地使用权、股权、知识产权以自己名义进行出资等。实践中,除此之外,还有一种情形就是冒用他人名义登记设立公司。本诉讼主要指以不享有处分权的财产进行出资的情形。

对此,《公司法解释(三)》第7条规定:“出资人以不享有处分权的财产出资,当事人之间对于出资行为效力产生争议的,人民法院可以参照民法典第三百一十一条的规定予以认定。”以贪污、受贿、侵占、挪用等违法犯罪所得的货币出资后取得股权的,对违法犯罪行为予以追究、处罚时,应当采取拍卖或者变卖的方式处置其股权。

上述第7条规定中所提及的《民法典》第311条规定:“无处分权人将不动产或者动产转让给受让人的,所有权人有权追回;除法律另有规定外,符合下列情形的,受让人取得该不动产或者动产的所有权:(一)受让人受让该不动产或者动产时是善意;(二)以合理的价格转让;(三)转让的不动产或者动产依照法律规定应当登记的已经登记,不需要登记的已经交付给受让人。受让人依据前款规定取得不动产或者动产的所有权的,原所有权人有权向无处分权人请求损害赔偿。当事人善意取得其他物权的,参照适用前两款规定。”

三、关于股东用划拨或抵押土地出资之诉

关于股东用划拨或抵押土地出资之诉,是指股东以划拨土地或设定抵押的土地进行出资而引发的纠纷。根据国有土地管理的相关法律法规,国有划拨土地有其特定的使用对象及特定的用途。如果未经批准,将划拨土地使用权作价出资,则违反了土地管理的相关法律法规。而设定了抵押权的土地使用权存在权利限制与负担,若以作价出资则无法办理土地使用权的过户手续。因此,该两类土地使用权出资都存在一定的潜在法律风险。

对此,《公司法解释(三)》第 8 条规定:出资人以划拨土地使用权出资,或者以设定权利负担的土地使用权出资,公司、其他股东或者公司债权人主张认定出资人未履行出资义务的,人民法院应当责令当事人在指定的合理期间内办理土地变更手续或者解除权利负担;逾期未办理或者未解除的,人民法院应当认定出资人未依法全面履行出资义务。

根据上述规定,针对划拨土地与设定抵押土地出资问题,处于促进交易定分止争的司法目的之考量,《公司法解释(三)》采取了区分对待法律效力待定的处理原则。即如果划拨土地依法办理了土地变更手续(向土地主管部门申请并补交了土地出让金,从而将土地使用权属性从划拨改变调整为出让),则认定履行了出资义务;若对设定抵押权的土地解除了抵押权(解除了设定的负担,从而拥有了完全的不受限制的权利),则认定履行了出资义务。反之,则认定出资人未依法全面履行出资义务,需要承担相应的法律责任。

四、关于股东非货币财产出资未经评估作价之诉

关于股东非货币财产出资未经评估作价之诉与本节第 1 类诉讼有关联性,主要指股东以非货币财产出资时未对该财产价值进行评估而引发的纠纷。如果发生以非货币财产出资而未评估作价的情形,根据《公司法解释(三)》第 9 条的规定:“出资人以非货币财产出资,未依法评估作价,公司、其他股东或者公司债权人请求认定出资人未履行出资义务的,人民法院应当委托具有合法资格的评估机构

对该财产评估作价。”公司、其他股东或公司债权人就有权向人民法院提起诉讼，请求人民法院认定该出资人未履行出资义务。那么，人民法院的处理结果就是委托评估机构进行评估，并根据评估结果作出不同的判决，若估确定的价额显著低于公司章程所定出资金额的，则判决其构成未全面履行出资义务。反之，则认定其已履行出资义务。

由此可见，只要以非货币财产出资必须进行评估，否则，公司、其他股东有权向人民法院提起诉讼，人民法院则会委托评估机构作出评估，并视评估结果作出相应的判决，这对非货币出资的股东是一个压力。对公司、其他股东而言，也是一种救济途径。

五、关于股东附证照资产出资交付未过户的诉讼

与现金货币出资相比，以非货币财产出资就相对复杂一些，基本需要三个动作而非现金货币出资的一个动作，该三个动作是交付公司控制与使用 + 评估作价 + 办理权属登记变更过户手续（针对需要办理权属登记变更的非货币财产）。但在实践中，往往出现的情况是，只有交付公司控制与使用，而缺少价格评估与权属登记的变更过户，上述第 1 类、第 4 类诉讼主要指的是未进行价格评估的情形，而本诉讼特指未办理权属登记变更过户的情况。根据《民法典》有关物权、《知识产权法》有关知识产权及《公司法》有关股权的法律规定，仅仅交付使用并未发生产权变动（房屋所有权、土地使用权、知识产权专有权）的法律效力，不能对抗第三人及司法查封。因此，仅仅将非货币财产交付公司控制使用，是一种不完备的权利、不确定的权利，在此情况下，出资人尚未全面履行出资义务。

对此，《公司法解释（三）》第 10 条第 1 款规定：“出资人以房屋、土地使用权或者需要办理权属登记的知识产权等财产出资，已经交付公司使用但未办理权属变更手续，公司、其他股东或者公司债权人主张认定出资人未履行出资义务的，人民法院应当责令当事人在指定的合理期间内办理权属变更手续；在前述期间内办理了权属变更手续的，人民法院应当认定其已经履行了出资义务；出资人主张自其实际交付财产给公司使用时享有相应股东权利的，人民法院应予支持。”

根据上述规定，对于需要办理权属登记变更尚未办理的，公司、其他股东或者公司债权人可向人民法院提起诉讼，主张认定出资人未履行出资义务。人民法院的处理方法是，应当责令当事人在指定的合理期间内办理权属变更手续；若出资人在前述期间内办理了权属变更手续，人民法院则应当认定其已经履行了出资义务，若出资人主张自其实际交付财产给公司使用时享有相应股东权利的，人民法院应予支持。反之，人民法院则可认定出资人未全面履行出资义务，可判决出资人限期办理权属变更登记手续。

六、关于股东附证照资产出资过户未交付的诉讼

关于股东附证照资产出资过户未交付的诉讼与上述第5种诉讼正好相反，第5种诉讼是非货币财产已交付公司使用，但未本利权属登记变更过户手续。而该类诉讼是权属登记过户手续已办理，却未向公司交付财产。与上述同理，该类情形同样属于未全面履行出资义务的情形，处理原则大致相同。

《公司法解释（三）》第10条第2款规定："出资人以前款规定的财产出资，已经办理权属变更手续但未交付给公司使用，公司或者其他股东主张其向公司交付、并在实际交付之前不享有相应股东权利的，人民法院应予支持。"

根据上述规定，针对虽已办理证照转移手续但却未向公司交付财产的以非货币财产出资的股东，公司或其他股东有权向法院提起诉讼，请求法院判决该股东向公司交付财产、并在实际交付之前不享有相应股东权利的。相当于限制了股东的股东权利（对股东限权），只有在财产交付后，财享有股东权利。

七、关于股东以股权出资存在瑕疵的诉讼

为了适应经济与商业的发展，《公司法》也与时俱进做了很多修改与变化。就公司出资而言，股东可以约定实缴的期限，出资的方式等。

就股东的具体出资方式而言，根据《公司法》第27条之规定，股东可以用货币出资，也可以用实物、知识产权、土地使用权等，可以用货币估价并可以依法转让的非货币财产作价出资；但是法律、行政法规规定不得作为出资的财产除外。上

述规定明确了非货币财产可以作为出资财产的两个标准：一是可以用货币估值；二是可以依法转让。

由此可见，股东出资方式更为灵活，可以货币，也可以非货币财产出资，其中股权出资越来越多。股权出资模式，其实质上可以达到换股的法律效果。在公司进行对外收购时，可以用股份进行支付，极大地丰富了公司的收购方式，极大地减轻了公司资金的压力与负担。

而在各类出资方式中，股权出资比较复杂，在具体的操作上，需要严格遵守公司法的有关规定。为了规范股权出资的复杂情况，《公司法解释（三）》第11条规定："出资人以其他公司股权出资，符合下列条件的，人民法院应当认定出资人已履行出资义务：（一）出资的股权由出资人合法持有并依法可以转让；（二）出资的股权无权利瑕疵或者权利负担；（三）出资人已履行关于股权转让的法定手续；（四）出资的股权已依法进行了价值评估。股权出资不符合前款第（一）、（二）、（三）项的规定，公司、其他股东或者公司债权人请求认定出资人未履行出资义务的，人民法院应当责令该出资人在指定的合理期间内采取补正措施，以符合上述条件；逾期未补正的，人民法院应当认定其未依法全面履行出资义务。股权出资不符合本条第一款第（四）项的规定，公司、其他股东或者公司债权人请求认定出资人未履行出资义务的，人民法院应当按照本规定第九条的规定处理。"

根据上述规定，股东以其持有的其他公司股权进行出资，必须符合上述规定。否则，将可能承担未全面履行出资义务的相关法律责任。

那么，实践中有一个问题：股东以其持有的其他公司股权出资，该公司其他股东可否行使优先购买权？对此，存在两种不同的意见。第一种意见是，该种情形下，不存在优先购买权问题。第二种意见是，该种情形下仍然需要遵循优先购买权的规定。笔者赞同第二种意见。

以出资存在瑕疵的股权向其他公司进行出资，在司法实践中存在以下三种常见的情形。

情·形·一

以未出资或出资不足的股份出资

当股东以在公司登记时没有真实的注册资本做支撑的股份出资时，如果在签订出资协议的当时、新公司成立以前或公司经过一段时间的经营后，已通过其他方式补正了注册资本上的瑕疵，比如说由股东日后补交或者公司将未分配利润转为资本金等，这时，用以出资的股份就成为有真实的资产做支撑，完全应当认可该股份作为出资。当签订股权出资协议后，新公司已经成立了，而公司依旧未有真实的注册资本或者有一定的注册资本，但未达到《公司法》规定的取得法人资格必须具备的注册资本额时，也不能一概否定出资协议的效力。如果出资人对其他发起人不存在欺诈，其他发起人明知出资的股权没有真实资本的支撑并表态愿意接受此种股权作为公司的资本，则应肯定其效力，其他发起人的接受意味着他们愿意与出资人一起承担出资的填补责任。如果出资人故意隐瞒了事实，则应该对其他出资人承担违约责任。

当设立中公司接受没有真实资本的股份作为出资，股份出资人是否是虚假出资呢？如果在公司成立后，出资人或者其他发起人已对原公司承担了补缴责任，则股份属有真实资产做支撑，不属于虚假出资；反之，则应当由新公司成立时的其他股东与该股东一起承担对公司的资本充实责任。若造成债权人损害，按照《公司法解释（三）》第13条的规定处理。该条第2～4款规定："公司债权人请求未履行或者未全面履行出资义务的股东在未出资本息范围内对公司债务不能清偿的部分承担补充赔偿责任的，人民法院应予支持；未履行或者未全面履行出资义务的股东已经承担上述责任，其他债权人提出相同请求的，人民法院不予支持。股东在公司设立时未履行或者未全面履行出资义务，依照本条第一款或者第二款提起诉讼的原告，请求公司的发起人与被告股东承担连带责任的，人民法院应予支持；公司的发起人承担责任后，可以向被告股东追偿。股东在公司增资时未履行或者未全面履行出资义务，依照本条第一款或者第二款提起诉讼的原告，请求未尽公司法第一百四十七条第一款规定的义务而使出资未缴足的董事、高级管理人员承担相应责任的，人民法院应予支持；董事、高级管理人员承担责任后，可以向被告股东追偿。”

情·形·二

以转让权能存在瑕疵的股权出资

股权出资要求股东对所拥有的股权享有完全的所有权和自由转让的权利。在我国公司制度中，一般情况下股权以自由转让为原则，但也存在如股份有限公司的发起人转让、公司高级管理人员在任职期间的股份转让、有限责任公司股东对外转让等一些法定限制，公司章程和当事人之间的合同也会做出对股权转让的限制。当股东以这些转让权能受限制的股权出资时，其效力如何认定呢？笔者认为，对于违反法律禁止性规定，即实体权利缺乏的情况下的股权出资，如出资人非出资股权的股东，构成无权处分。此时，因转让行为存在着不可补救的瑕疵，其出资当然无效。

对于程序性的瑕疵，比如，有限公司股东对外转让股权未经股东会议决议，剥夺了其他股东的优先购买权，此时的效力如何呢？如果把程序上的瑕疵修正和补足了，是否还有效呢？程序瑕疵的这种补足可否认定为股权出资行为是处于效力待定的状态呢？如果允许以转让行为的效力处于待定状态的股权出资，那么出资者就必须在确定的日期之前使该转让行为有效的基础上进行出资，而作为其前提，股权转让人必须得到相关人员的追认。这一情况使出资履行可能与公司设立毫无关系的他人的意思相关联，其出资的性质，成为以接受他人的同意为条件的附停止条件的出资。公司的设立，尤其是股份公司的设立是一种集体性的行为，其关系是团体法上的法律关系，立法目的应以保护第三人的信赖、维护交易安全与秩序为准。因此，附加了他人意思相关联的股权出资行为，当发生股权出资不能的场合，不仅股权出资协议当事人之间，而且对其他出资者和与公司进行交易的第三人利益也会有损害。从制度的宗旨看，认定为效力待定是不合理的，应该认为程序瑕疵的股权出资也为无效。

情·形·三

以优先权行使存在争议的股权出资

例如，某有限责任公司有A、B、C三股东。A股东持有公司股本的55%，为控股股东，B股东持股40%，C股东持股5%。A股东欲将其持有的公司股本全部转让给他人。B股东要求在同等条件下，对其转让的部分股权即公司股本的15%行使优先购买权，达到持有公司股本的55%，取得公司的控制权。A股东认为优先购买权不能部分行使，其受让人之所以同意受让股权，就是为了取得公司的控制权，如果B股东通过部分行使优先购买权，剩余的40%A股权，对方是不会接受转让的。A股东要求B股东或者放弃优先购买权，或者对全部股权行使优先购买权。B股东不同意，双方发生争议。如果转让的股权是用于出资，而且部分行使优先权的结果将使出资愿望落空，该如何协调股东出资和原股东的优先购买权？

笔者认为，应该承认原股东的优先购买部分股票权。因为有限责任公司的股权是可分物，法的股权，优先购买权也可以部分行使。从立法目的来看，有限责任公司具有资合和人合性两种性质，如果股东把股份转让给公司股东以外的第三人，很难保证新股东和原股东之间有很好的合作关系。我国《公司法》赋予有限责任公司股东优先购买权，就是为了维护公司内部关系的稳定，保护老股东的利益。如果要求股东必须全部实行优先购买权，理论界主流意见认为，这种方式是"捆绑转让"，是无效的。因此从平衡各方利益来看，有限责任公司的股权出资应该在保证原公司股东优先购买部分或者全部股权的基础上行使。

第三节　关于股东抽逃出资的4种诉讼

股东抽逃出资与虚报注册资本曾经是2018年《公司法》修订之前最为常见的公司设立及出资中存在的现象与两大顽疾。因为2018年之前的《公司法》贯彻的注册资本制及出资强制性规定，导致大量公司在注册时采取过桥资金的办法先应对验资完成公司设立，在公司设立后再转走资金，这实际上造成大量的公司设立前虚报注册资本及成立后抽逃出资频频发生。

2018 年修订后的《公司法》规定公司股东可以自行约定出资方式及出资期限，法律不再强行规定和干预，这就使得公司设立前后所频繁出现的“虚报注册资本”与“抽逃出资”没有了必要。但这绝非说，《公司法》及《刑法》所规定的“虚报注册资本”与“抽逃出资”等违法犯罪已经绝迹并可以取消该类违法犯罪罪名，司法实践中，仍存在大量抽逃出资行为，这些行为仍然属于违法，甚至构成犯罪。《公司法》及《刑法》仍需要制裁该种违反犯罪行为。

同时，抽逃出资行为不仅涉嫌行政违法甚至刑事犯罪，并由此承担行政法律责任及刑事责任，而且还需要承担民事法律责任，因抽逃出资而遭受损失的利益相关者，可以提起相关诉讼，追究抽逃出资者的民事法律责任如赔偿责任等。

与前几节所讲的股东未履行或未全面履行出资义务相反，抽逃出资属于股东已部分或全面履行了出资，但在之后又以各种方式将出资抽逃出公司的违法行为。

司法实践中，常见的如下 4 种情形，并由此可能引发如下 4 种公司诉讼。

一、关于股东抽逃出资的诉讼

实践中，股东抽逃出资变得越来越隐秘，究竟哪些情形属于抽逃出资呢？《公司法解释（三）》第 12 条明确规定：“公司成立后，公司、股东或者公司债权人以相关股东的行为符合下列情形之一且损害公司权益为由，请求认定该股东抽逃出资的，人民法院应予支持：（一）制作虚假财务会计报表虚增利润进行分配；（二）通过虚构债权债务关系将其出资转出；（三）利用关联交易将出资转出；（四）其他未经法定程序将出资抽回的行为。”

针对抽逃出资方式的多样化及未来可能的途径，第 12 条第 4 项用兜底条款的方式进行了概括，以避免法网疏漏。

我们知道，股东未履行或未全面履行出资义务，公司、股东或债权人均可依法向人民法院提起诉讼，追究股东的法律责任。对于其他股东而言，不仅可以要求未履行或未全面履行出资义务的股东向公司履行出资义务，支付出资款的本息。

还可以直接要求未履行或未全面履行出资义务的股东向其承担违约责任，支付违约金或赔偿损失等。同理，抽逃出资的行为被前者行为更严重，需要承担何种民事上的法律后果呢？

《公司法解释（三）》第14条规定：股东抽逃出资，公司或者其他股东请求其向公司返还出资本息、协助抽逃出资的其他股东、董事、高级管理人员或者实际控制人对此承担连带责任的，人民法院应予支持。

公司债权人请求抽逃出资的股东在抽逃出资本息范围内对公司债务不能清偿的部分承担补充赔偿责任、协助抽逃出资的其他股东、董事、高级管理人员或者实际控制人对此承担连带责任的，人民法院应予支持；抽逃出资的股东已经承担上述责任，其他债权人提出相同请求的，人民法院不予支持。

从上述规定看，抽逃出资的法律责任与前几节所述的未履行出资的法律责任基本相同。唯一一处区别：在未履行出资义务的违反行为中，公司董事、高级管理人员承担责任的条件是未履行《公司法》第147条所规定的忠实义务和勤勉义务，而在抽逃出资违法行为中，公司董事、高级管理人员承担连带责任的前提条件：协助股东抽逃出资。很显然，协助出逃的行为属于严重的行为。也就是说，抽逃出资中公司董事、监事、高级管理人员承担法律责任的条件更为严苛一些。

此外，抽逃出资的行为可能发生的时间较早，在公司其他股东或债权人知道或应当知道之时，已经过去了很久。我们知道，关于股东未履行或未全面履行出资义务的诉讼是不存在诉讼时效的，那么，抽逃出资行为是否存在诉讼时效问题呢？

《公司法解释（三）》第19条规定，公司股东未履行或者未全面履行出资义务或者抽逃出资，公司或者其他股东请求其向公司全面履行出资义务或者返还出资，被告股东以诉讼时效为由进行抗辩的，人民法院不予支持。公司债权人的债权未过诉讼时效期间，其依照本规定第13条第2款、第14条第2款的规定请求未履行或者未全面履行出资义务或者抽逃出资的股东承担赔偿责任，被告股东以出资义务或者返还出资义务超过诉讼时效期间为由进行抗辩的，人民法院不予支持。

由此可见，抽逃出资的违法行为，与未履行或未全面履行出资义务的诉讼采取同样的法律姿态,排除诉讼时效的适用。这样对于制裁违法行为具有从严从重的指导作用。

另外,实践中还存在一种情况,如果股东将其持有某公司的股权作为对另外一个公司的出资,是否构成抽逃出资呢?实践中存在不同的理解。对此,最高人民法院的(2009)民二终字第55号判决明确认定:换股方式投资不构成抽逃出资。

案·例

中国信达资产管理公司深圳办事处与大鹏创业投资有限责任公司、湖南湘能电力股份有限公司等借款合同纠纷案

[(2009)民二终字第55号]

法院认为,综观本案,大鹏证券公司为完成重组公司的目的,由大鹏证券公司股东和公司员工共同发起设立了大鹏控股公司,大鹏控股公司通过换股方式(具体方式为大鹏证券公司的股东在参与认购大鹏控股公司的股份时,同意将其在大鹏证券公司相应数额的股份以当时的净资产值转让给大鹏控股公司)成为大鹏证券公司的参股公司。为避开法律限制,虽然重组是以换股方式进行,不需要大鹏证券公司老股东额外出资,但仍需参与认购大鹏控股公司股份的股东在验资时垫付资金,待重组完成后资金全部退还给股东。本案中,湘能公司等十名大鹏证券公司的老股东已以货币出资的方式完成了对大鹏控股公司的出资义务。大鹏控股公司成立后,已与湘能公司等十名公司股东分别签订了《股权转让协议书》,并依约支付了购买湘能公司等十名公司股东持有的大鹏证券公司股权的转让款。

上述事实表明,本案所涉股权转让实质上是大鹏证券公司的股东以其在该公司的股权价值作为其对大鹏控股公司的出资。湘能公司等十名大鹏控股公司的股东与大鹏控股公司签订股权转让协议的目的并非抽回对大鹏控股公司的出资,亦非以无价值或低价值的大鹏证券公司股权换回对大鹏控股公司的出资。湘能公司等十名大鹏控股公司的股东并不存在抽逃出资行为,其对大鹏控股公司涉案债务不应承担民事责任。

二、关于对抗限制出资违约或抽逃出资股东权利的诉讼

如前所述，出资违约存在四种情形：第一种情形，未履行或未全面履行出资义务构成出资违约；第二种情形，在以非货币财产出资的情况下交付财产但未办理权属变更登记或者相反均构成出资违约；第三种情形，未履行增资出资义务；第四种情形，股份公司认购人不履行认购义务。

而抽逃出资有五种情形，具体为：(1)将出资款转入公司账户验资后又转出；(2)制作虚假财务会计报表虚增利润进行分配；(3)通过虚构债权债务关系将其出资转出(虚构前期工作费用；虚构借款关系；虚构交易关系等)；(4)利用关联交易将出资转出；(5)其他未经法定程序将出资抽回的行为。

对于上述出资违约的行为或抽逃出资的行为，除了前几节所述的需要承担相关的法律责任之外(如公司、股东或债权人可以依法向出资违约股东或抽逃出资股东主张违约或赔偿责任等)，公司还可以根据公司章程或股东会决议对出资违约股东或抽逃出资股东的股东权利的全部或部分作出合理限制，以彰显公平原则。以避免不承担或少承担投资风险而享受全部利益的不公平现象。

为此，《公司法解释(三)》第16条规定："股东未履行或者未全面履行出资义务或者抽逃出资，公司根据公司章程或者股东会决议对其利润分配请求权、新股优先认购权、剩余财产分配请求权等股东权利作出相应的合理限制，该股东请求认定该限制无效的，人民法院不予支持。"

上述规定其实说了两层意思，第一层意思是，股东未履行或者未全面履行出资义务或者抽逃出资，公司根据公司章程或者股东会决议可以对其利润分配请求权、新股优先认购权、剩余财产分配请求权等股东权利作出相应的合理限制。第二层意思是，如果被限制股东权利的股东不服，向人民法院提起诉讼请求认定该限制无效时，人民法院肯定限权的合法正确性，而驳回被限权股东的诉讼请求。这个规定其实从侧面换个角度对限制"出资违约或抽逃出资股东"的股东权利予以肯定和支持。

三、关于对抗解除未出资或抽逃出资股东资格的诉讼

与本节上述第2类诉讼类似，对于出资违约或抽逃出资股东，公司还可以开

除该股东,即对该股东除名,解除其股东资格。

对此,《公司法解释(三)》第17条第1款规定:“有限责任公司的股东未履行出资义务或者抽逃全部出资,经公司催告缴纳或者返还,其在合理期间内仍未缴纳或者返还出资,公司以股东会决议解除该股东的股东资格,该股东请求确认该解除行为无效的,人民法院不予支持。”

在前款规定的情形下,人民法院在判决时应当释明,公司应当及时办理法定减资程序或者由其他股东或者第三人缴纳相应的出资。在办理法定减资程序或者其他股东或者第三人缴纳相应的出资之前,公司债权人依照本规定第13条或者第14条请求相关当事人承担相应责任的,人民法院应予支持。

根据上述规定,公司对出资违约股东或抽逃出资股东予以除名的条件与程序比较严格,显然要被限制权利严格得多。其设置的前提条件有两个:第一,需经公司催告缴纳或者返还;第二,在合理期间内仍未缴纳或者返还出资。其设置的程序为:第一,若引发诉讼,则人民法院在判决时应当予以释明(这是一种程序性义务,而非简单的审判权力);第二,公司应当及时办理法定减资程序或者由其他股东或者第三人缴纳相应的出资。

为了充分保护公司债权人的债权利益,上述规定又进一步明确:办理法定减资程序或者其他股东或者第三人缴纳相应的出资之前,公司债权人依照本规定第13条或者第14条请求相关当事人承担相应责任的,人民法院应予支持。

四、关于一人公司股东连带责任之诉

2018年之前的《公司法》其实只规定了一种特殊情形的一人公司,即国有独资公司。但在实践中,存在多种事实上的一人公司,为了正视现实并予以规范,2018年修订的《公司法》明确规定了一人公司这种形式的有限责任公司,但对一人公司作出了严格的限定。

《公司法》第62条规定:“一人有限责任公司应当在每一会计年度终了时编制财务会计报告,并经会计师事务所审计。”第63条规定:“一人有限责任公司的股东不能证明公司财产独立于股东自己的财产的,应当对公司债务承担连带责任。”

特别需要说明的是，第62条与第63条存在密切的关系，第62条规定的年度审计报告是证明第63条所规定的“独立性”重要途径与方法。司法实践中，在公司债权人对公司股东提起诉讼时，公司股东往往才进行审计，并以该审计报告作为证明其独立性的证据，但众多司法判决认定，该临时抱佛脚的审计报告不能替代其年度审计义务或责任，不能证明其在经营过程中不存在影响独立性的情形。

《公司法》的上述规定，意在限制一人有限责任公司股东采用将公司财产与个人财产混同等手段，逃避债务，损害公司债权人的利益，因此股东对公司债务承担连带清偿责任的前提是该股东的个人财产与公司财产出现了混同。

之所以《公司法》对一人公司作出了如此严格的规定，原因就在于公司中大量存在的个人财产与公司财产的“财产混同”问题、“一套人马，多块牌子”的“公司混同”问题，严重损害了公司债权人的利益。尤其是，一人公司由于缺乏有效的治理机制，更容易滋生“混同”。

对于混同问题，《公司法》第20条第1款规定：“公司股东应当遵守法律、行政法规和公司章程，依法行使股东权利，不得滥用股东权利损害公司或者其他股东的利益；不得滥用公司法人独立地位和股东有限责任损害公司债权人的利益。”

基于上述，公司股东滥用股东权利给公司或者其他股东造成损失的，应当依法承担赔偿责任。公司股东滥用公司法人独立地位和股东有限责任，逃避债务，严重损害公司债权人利益的，应当对公司债务承担连带责任。

案·例

应某峰诉嘉美德（上海）商贸有限公司、陈某美其他合同纠纷案

［《最高人民法院公报》2016年第10期］

基本案情

嘉美德公司为一人有限责任公司，其唯一股东为陈某美。2012年8月2日，应某峰与嘉美德公司签订《投资合同》，约定：应某峰对嘉美德公司投资1000万元，首期投资200万元；签约后3个月内，应某峰有权单方撤销此投资合约，合约撤销后，公司同意无条件退还投资款；并将关联方均岱公司的业务

转移至嘉美德公司运营。陈某美仅同意退还40万元及50万元商品,剩余款项以已用于公司经营为由不同意退还。随后,实际退还40万元。双方因此发生纠纷,应某峰将嘉美德(上海)商贸有限公司、陈某美一并起诉,要求共同返还其投资款。

裁判要旨

对一般有限公司来说,证明股东财产和公司财产混同的举证责任采取"谁主张,谁举证"的分配原则。但《公司法》规定对于一人有限责任公司的举证责任倒置,即股东不能证明公司财产独立于股东自己的财产的,应当对公司债务承担连带责任。

法院裁判

法院认为,关于上诉人陈某美个人是否应承担连带还款责任的问题。根据《公司法》第63条之规定,一人有限责任公司的股东不能证明公司财产独立于股东自己的财产的,应当对公司债务承担连带责任。上述法律规定要求一人有限责任公司的股东将公司财产与个人财务严格分离,且股东应就其个人财产是否与公司财产相分离负举证责任。本案中,陈某美提供了上诉人嘉美德公司的相关审计报告,可以反映嘉美德公司有独立完整的财务制度,相关财务报表亦符合会计准则及国家外汇管理的规定,且未见有公司财产与股东个人财产混同的迹象,可以基本反映嘉美德公司财产与陈某美个人财产相分离的事实。应某峰认为上述证据不足以证明嘉美德公司财产与陈某美个人财产没有混同,并提出如下异议:审计报告未反映本案诉讼情况;嘉美德公司一审中提供的银行收支报告反映,应某峰投资后仅1周,嘉美德公司就向均岱公司转移了96万余元,包括发放均岱公司员工工资等。

法院认为,我国《公司法》第64条规定,意在限制一人有限责任公司股东采用将公司财产与个人财产混同等手段,逃避债务,损害公司债权人的利益,因此股东对公司债务承担连带清偿责任的前提是该股东的个人财产与公司财产出现了混同。然而从本案目前的证据材料可以看出,嘉美德公司收到应某峰的投资款后,虽有部分用于支付均岱公司的员工工资及货款等费用,但是,根据双方投资合同的约定,应某峰投资后,均岱公司的业务将全部转入嘉美德公司,因此均岱公司的业务支出与应某峰的投资项目直接有关;这些费用的支出均用于均岱公司的业务支出,并无款项转入陈某美个人账户的记录,而审计报告中是否记载本案诉讼的情况也与财产混同问题无涉。因此,应某峰提出的异议并不能反映嘉美德公司财产与陈某美个人财产有混同的迹象,不足以否定上诉人的举证。陈某美的上诉理由成立,一审判令陈某美对嘉美德公司的债务承担连带清偿责任不当,应依法予以纠正。

第四章

公司诉讼第3式：股东资格及其限权之诉

本章主要总结归纳了涉及股东资格确认的3种类型诉讼、关于股权代持关系的4种诉讼以及关于股东权利限制的2种诉讼。一共涉及9个种类的公司诉讼。为便于归纳与掌握理解，特将该9类诉讼归类为公司诉讼第3式的"股东资格及其限权之诉"。该9类诉讼主要的裁判规则详见《公司法解释(三)》第21条至第27条及最高人民法院2019年的《九民会议纪要》第28条规定。

第一节 确认股东资格的3种诉讼

一、关于确认发起人股东资格之诉

根据《公司法解释(三)》第1条的规定，"为设立公司而签署公司章程、向公司认购出资或者股份并履行公司设立职责的人，应当认定为公司的发起人，包括有限责任公司设立时的股东"。但在实践中，发起人在公司设立后，却可能因多种原因无法被确认为公司股东，因而发生纠纷，该类纠纷可称为"确认发起人股东资格之诉"。

《公司法》第31条规定："有限责任公司成立后，应当向股东签发出资证明书。出资证明书应当载明下列事项:(一)公司名称;(二)公司成立日期;(三)公司注册资本;(四)股东的姓名或者名称、缴纳的出资额和出资日期;(五)出资证明书的编号和核发日期。出资证明书由公司盖章。"第32条规定:"有限责任公司应当置备股东名册,记载下列事项:(一)股东的姓名或者名称及住所;(二)股东的出资额;(三)出资证明书编号。记载于股东名册的股东,可以依股东名册主张行使股东权利。公司应当将股东的姓名或者名称向公司登记机关登记;登记事项发生变更的,应当办理变更登记。未经登记或者变更登记的,不得对抗第三人。"

根据上述规定,在有限责任公司成立后,公司应当向股东签发出资证明书,并且应当置备股东名册记载股东的有关必备信息。

但是在实践中,在公司成立且发起人或股东依法履行出资义务之后,经常发生发起人股东资格不被认可的情况,对此,《公司法解释(三)》第23条规定:"当事人依法履行出资义务或者依法继受取得股权后,公司未根据公司法第三十一条、第三十二条的规定签发出资证明书、记载于股东名册并办理公司登记机关登记,当事人请求公司履行上述义务的,人民法院应予支持。"

同时,《公司法解释(三)》第21条规定了发起人确认股东资格诉讼的有关诉讼主体问题,该条规定:"当事人向人民法院起诉请求确认其股东资格的,应当以公司为被告,与案件争议股权有利害关系的人作为第三人参加诉讼。"

二、关于确认股权归属之诉

关于确认股权归属之诉,是指当事人之间对股权权属发生争议而引发的诉讼,股权是现代经济社会重要的财产权,具有股东人身权与财产权等双重属性。对于当事人之间的股权权属争议,被称为股权确认之诉。在股权纠纷案例中,通常因为以下几种情形而提起股权确认之诉:

第一种情形,股东与公司之间。即公司不认可股东资格,如隐名出资中公司拒绝隐名股东行使股权,或者股权转让后公司拒绝受让人行使股权。

第二种情形,隐名股东与显明股东之间的股东资格确认纠纷。

第三种情形,股东与股东之间。如因股权转让没有及时变更登记手续带来的纠纷。

那么,该如何进行权属确认呢?换句话说,对于当事人之间关于股权权属的争议,该确认给哪一方呢?

《公司法解释(三)》第22条规定:"当事人之间对股权归属发生争议,一方请求人民法院确认其享有股权的,应当证明以下事实之一:(一)已经依法向公司出资或者认缴出资,且不违反法律法规强制性规定;(二)已经受让或者以其他形式继受公司股权,且不违反法律法规强制性规定。"

根据上述规定,一方当事人若主张其对争议股权享有股东权利,应当从举证证明其具有两方面的事实或存在两方面的法律行为。若属于原始取得的,则需要证明其已经向公司出资或者认缴出资,且该出资不违反法律法规强制性规定,比如,不存在禁止对公司出资的身份;不存在出资资金来源的非法性;不存在法律法规禁止的出资方式等。若属于继受取得(如转让、债转股、司法拍卖获得、继承、公司合并、公司分立、赠与等),则需要证明其已经受让或者以其他形式继受公司股权,且不违反法律法规强制性规定。

案·例

股权确认之诉

基本案情

被告电子公司是于2002年8月5日正式注册登记成立的,注册资本为120万元,注册登记的股东为第三人甄某汉、冯某炎,注册登记的认缴出资额分别为84万元、46万元,所占股权比例分别为60%、40%。被告电子公司的实际控制人共有四人,分别是原告陈某旋、马某平和第三人甄某汉、冯某炎,其中原告陈某旋、马某平实际出资金额分别为49万元、35万元,所占股权比例分别为35%、25%,第三人甄某汉、冯某炎认缴出资金额分别为28万元、28万元,所占股权比例分别为20%、20%,第三人甄某汉、冯某炎的认缴出资金额当时实际上是全额通过向原告陈某旋借款进行缴付的。

第三人利用原告没有实际参与被告的日常经营管理等,以及利用其实际全权负责并实际掌控被告的日常经营管理等便利条件，多次做出损害被告及原告权益的行为，原告作为被告的实际最大出资人和大股东，却因第三人对被告实际操控等缘故一直无法实际行使相关的股东权利。

为了维护自身的合法权益，原告陈某旋、马某平提出诉讼请求：(1)依法确认原告陈某旋、马某平为被告电子公司的实际出资人和合法股东，实际出资金额分别为49万元、35万元，所占股权份额比例分别为35%、25%；(2)判令被告电子公司和第三人按上述第1项内容如实为原告陈某旋、马某平签发出资证明书、记载于股东名册。

被告电子公司、第三人冯某炎、甄某汉辩称：冯某炎与甄某汉向陈某旋的借款均系基于其他原因，而非借款用于电子公司的注资，并且借款已全部还清，只是由于当时陈某旋病重，为照顾其健康原因而没有及时取回有关的借款借据；陈某旋、马某平从来没有参与过公司的工作或会议，其两人系因电子公司现在生意有起色，故以未实际履行的股东协议来提起本案诉讼的。综上，请求法院驳回陈某旋、马某平的全部诉讼请求。

法院裁判

法院经审理认为：首先，据法院查明的事实可知，陈某旋、马某平、冯某炎、甄某汉系在电子公司的注册资本120万元已实际缴足(已于2001年11月26日前缴足)之后(2002年7月28日)才共同签署《7月28日股东会决议》(同时加盖有电子公司的印章)，确认载明冯某炎与甄某汉为股东的《7月25日公司章程》仅作为工商登记之用，以及四人各占电子公司注册资本120万元的具体比例，由此可见，电子公司、冯某炎、甄某汉此时均确认陈某旋与马某平已实际向电子公司分别出资49万元、35万元。

其次，电子公司、冯某炎、甄某汉于2003年5月7日共同出具两份《确认及保证书》，确认陈某旋及马某平均是电子公司的股东，出资额分别为49万元、35万元，由此可见，电子公司、冯某炎、甄某汉此时再次确认陈某旋与马某平已实际向电子公司分别出资49万元、35万元。故法院对冯某炎与甄某汉的该项主张不予采信。

综上，在电子公司、冯某炎、甄某汉既未能举证证实电子公司的注册资本120万元实际均由冯某炎与甄某汉出资，亦未能对涉案《7月28日股东会决议》及《确认及保证书》等证据举出有效的反驳证据的情况下，法院认为陈某旋与马某平均已向电子公司实际出资，出资额分别为49万元、35万元。

综上所述，根据《公司法解释(三)》第23条的规定，另结合陈某旋、马某平、冯某炎、甄某汉之间"以冯某炎与甄某汉为登记股东设立电子公司，电子公司的实际股东为陈某旋、马某平、冯某炎、甄某汉四人，实际股权份额分别为35%、25%、20%、20%"的约定，故陈某旋及马某平请求确认其两人系电子公司的股东，股权份额分别为35%、25%，理据充足，法院予以支持。

再根据《公司法解释(三)》第25条第3款的规定，结合本案中无证据显示电子公司还有除冯某炎、甄某汉、陈某旋、马某平之外的其他股东的事实，故陈某旋及马某平请求电子公司向陈某旋及马某平签发出资证明书、记载于股东名册，理据充足，法院予以支持。

综上，法院判决：确认原告陈某旋、马某平为被告电子公司的股东，股权份额依次分别为35%、25%；被告电子公司于判决生效后10日内依照判决第1项确定的内容向原告陈某旋、马某平签发出资证明书、记载于股东名册。

三、关于请求公司登记为股东之诉

如上所述，根据《公司法》第31条及第32条的规定，在有限责任公司成立后，公司应当向股东签发出资证明书，并且应当置备股东名册记载股东的有关必备信息。但在实践中，因公司或股东之间的争议，导致公司拒绝签发出资证明书、记载于股东名册并办理公司登记机关登记，为了维护出资股东或继受股东合法股东权利，避免股权争议引发的公司股权结构的稳定性，尤其是准备上市的公司，股权争议将构成上市法律障碍。因此，及时解决股权争议，定分止争，有利于公司治理的合规性、稳定性。

基于此，《公司法解释(三)》第23条规定："当事人依法履行出资义务或者依法继受取得股权后，公司未根据公司法第三十一条、第三十二条的规定签发出资证明书、记载于股东名册并办理公司登记机关登记，当事人请求公司履行上述义务的,人民法院应予支持。"该类诉讼的裁判规则就是上述第 23 条的规定。可以有效化解股权争议,明确股东资格与权利。

第二节 关于股权代持关系的 4 种诉讼

一、关于股权代持合同效力的诉讼

股权代持是实践中最为常见的一种持股或投资形式,出于各种原因,由实际出资人与名义出资人签署代持合同,由名义出资人以其名义代实际出资人持有公司股权或投资,成为一种现实的安排。除了法律法规明确禁止参与投资的特殊主体(如公务人员或者与公司有利害关系的特定主体,提供 IPO 服务的律师与会计师、保荐代表人、评估师等)外,法律一般不禁止及否定这种代持行为。除此之外,公司上市前必须解除股权代持行为,但并不影响股权代持合同的法律效力。

我们在实践中经常会遇到的问题:股权代持是否有效?股权代持是否存在风险?显然,这两个问题是不同的。股权代持有效并不等于不会发生风险。比如,名义出资人(股权代持人)将其名下股权转让、抵押或被司法查封,这都会影响到实际出资人(股权被代持人)的实质利益。

股权代持行为一般都会签署代持合同/协议,但也有口头约定。法律法规及司法解释并未规定股权代持合同必须为书面合同,但是,当发生股权代持争议时,书面合同的证据效力更强。

对于股权代持合同的法律效力,《公司法解释(三)》第 24 条第 1 款规定:"有限责任公司的实际出资人与名义出资人订立合同,约定由实际出资人出资并享有投资权益,以名义出资人为名义股东,实际出资人与名义股东对该合同效力发生争议的,如无法律规定的无效情形,人民法院应当认定该合同有效。"

根据上述规定,股权代持协议有效的前提有两个:其一,适用于有限责任公司,股份有限公司是否适用,尚不明确;其二,无法律规定的合同无效之情形。

若股权代持协议被认定无效,实际出资人无权按照股权代持协议约定向名义股东主张投资权益,也无权要求显名化。根据《民法典》第 157 条的规定,民事法律行为无效或者被撤销后，因该行为取得的财产，应当予以返还；不能返还或者没有必要返还的，应当折价补偿。有过错的一方应当赔偿对方因此所受到的损失，双方都有过错的，应当各自承担相应的责任。

案·例

杨某国、林某坤股权转让纠纷案

［（2017）最高法民申2454号］

最高人民法院认为，诉争协议为上市公司股权代持协议，对于其效力的认定则应当根据上市公司监管相关法律法规以及《合同法》等规定综合予以判定。

首先，中国证券监督管理委员会于2006年5月17日颁布的《首次公开发行股票并上市管理办法》第13条规定："发行人的股权清晰，控股股东和受控股股东、实际控制人支配的股东持有的发行人股份不存在重大权属纠纷。"《证券法》第12条规定："设立股份有限公司公开发行股票，应当符合《中华人民共和国公司法》规定的条件和经国务院批准的国务院证券监督管理机构规定的其他条件。"第63条规定："发行人、上市公司依法披露的信息，必须真实、准确、完整，不得有虚假记载、误导性陈述或者重大遗漏。"中国证券监督管理委员会于2007年1月30日颁布的《上市公司信息披露管理办法》第3条规定："发行人、上市公司的董事、监事、高级管理人员应当忠实、勤勉地履行职责，保证披露信息的真实、准确、完整、及时、公平。"

根据上述规定等可以看出，公司上市发行人必须股权清晰，且股份不存在重大权属纠纷，并且公司上市需遵守如实披露的义务，披露的信息必须真实、准确、完整，这是证券行业监管的基本要求，也是证券行业的基本共识。由此可见，上市公司发行人必须真实，并不允许发行过程中隐匿真实股东，否则公司股票不得上市发行，通俗而言，即上市公司股权不得隐名代持。本案中，在亚玛顿公司上市前，林某坤代杨某国持有股份，以林某坤名义参与公司上市发行，实际隐瞒了真实股东或投资人身份，违反了发行人如实披露义务，为上述规定明令禁止。

其次，中国证券监督管理委员会根据《证券法》授权对证券行业进行监督管理，是为保护广大非特定投资者的合法权益。要求拟上市公司股权必须清晰，约束上市公司不得隐名代持股权，系对上市公司监管的基本要求，否则上市公司真实股东都不清晰的话，其他对于上市公司系列信息披露要求、关联交易审查、高级管理人员任职回避等监管举措必然落空，必然损害到广大非特定投资者的合法权益，从而损害到资本市场基本交易秩序与基本交易安全，损害到金融安全与社会稳定，从而损害到社会公共利益。

据此，根据《合同法》第52条的规定，“有下列情形之一的，合同无效：(一)一方以欺诈、胁迫的手段订立合同，损害国家利益；(二)恶意串通，损害国家、集体或者第三人利益；(三)以合法形式掩盖非法目的；(四)损害社会公共利益；(五)违反法律、行政法规的强制性规定”。本案杨某国与林某坤签订的《委托投资协议书》与《协议书》，违反公司上市系列监管规定，而这些规定有些属于法律明确应于遵循之规定，有些虽属于部门规章性质，但因经法律授权且与法律并不冲突，并属于证券行业监管基本要求与业内共识，并对广大非特定投资人利益构成重要保障，对社会公共利益亦为必要保障所在，故依据《合同法》第52条第4项等规定，本案上述诉争协议应认定为无效。

二、关于代持股权投资利益归属的诉讼

基于上述第一种诉讼的股权代持合同效力之诉，对于无法律规定的合同无效之情形的股权代持协议，虽然可以依据《民法典》对股权代持合同效力进行的法律评价，但对于投资收益归属以及实际出资人的显名股东登记要求，则需要根据《公司法》的有关规定及原理来进行法律评价。

针对上述两个常见的问题，《公司法解释(三)》第24条第2款、第3款作出了明确规定。第2款规定，前款规定的实际出资人与名义股东因投资权益的归属发生争议，实际出资人以其实际履行了出资义务为由向名义股东主张权利的，人民法院应予支持。名义股东以公司股东名册记载、公司登记机关登记为由否认实际出资人权利的，人民法院不予支持。同时，第3款规定：“实际出资人未经公司其

他股东半数以上同意,请求公司变更股东、签发出资证明书、记载于股东名册、记载于公司章程并办理公司登记机关登记的,人民法院不予支持。”

在实践中,如果实际出资人显名化需要公司召开股东会并且超过半数股东同意,这实际是很难做到的事情。针对这一实际存在的情形,《九民会议纪要》第28条规定:“实际出资人能够提供证据证明有限责任公司过半数的其他股东知道其实际出资的事实,且对其实际行使股东权利未曾提出异议的,对实际出资人提出的登记为公司股东的请求,人民法院依法予以支持。公司以实际出资人的请求不符合公司法司法解释(三)第24条的规定为由抗辩的,人民法院不予支持。”很显然,该条规定对《公司法解释(三)》第24条第2款规定进行了扩张性解释。

基于上述,如果实际出资人想显名,即确认股权归其所有,请求公司变更股东、签发出资证明书、记载于股东名册、记载于公司章程并办理公司登记机关登记的,根据《公司法解释(三)》第24条第3款的规定来处理。这一规定的原理在于对有限责任公司的“人和属性”的尊重。如果实际出资人要求显名未被允许,则实际出资人不享有股东人身权,但其财产权——投资收益则应当得到充分保护。如果符合《九民会议纪要》第28条的规定,也可以主张股东显名。

特别注意的是,实际出资人(隐名股东)显名化的程序与股东股权对外转让程序不同。股东股权对外转让需要经其他股东过半数同意方可转让,该半数不包括本数,并且其他股东在同等条件下享有优先购买权。而隐名股东显名化,只需半数以上同意,该半数包括本数,并且其他股东没有优先购买权。

案·例

新华人寿保险股份有限公司与西部信用担保有限公司股权争议纠纷案

2005年6月16日,保险公司与西部公司签订《委托协议》,协议主要约定,保险公司拟与北京饭店成立一家名为紫金世纪公司的经营企业,该公司注册资本为人民币10亿元,保险公司拟出资人民币6亿元,占该公司注册资本的60%,北京饭店拟出资人民币4亿元,占该公司注册资本的40%;保险公司委托西部公司以西部公司名义向紫金世纪公司出资人民币3亿元,占该公司注册资本的30%，该项出资资金由保险公司负责提供，在紫金世纪公司成立后，保险公司委托西部公司代持3亿股股权。

西部公司同意在受保险公司委托代持股权期间，将根据保险公司提出的方案在股东会或董事会上进行表决并出具相关文件，同时将按照保险公司指定的人选就委托股权向紫金世纪公司委派、提名、选举或更换股东代表、董事、监事或经理等。

西部公司承诺，签署本协议后须严格按照本协议的规定以及保险公司的指令代为持有委托股权，并无条件地配合保险公司将代持的委托股权转移至保险公司或保险公司指定的任何第三方。协议另对其他内容进行了约定。《委托协议》签订后，保险公司向西部公司共支付了人民币3亿元的出资款。

2005年6月22日，紫金世纪公司成立，该公司注册资本为人民币10亿元，其工商登记的股东及其出资：北京饭店出资人民币4亿元、西部公司出资人民币3亿元、新产业公司出资人民币3亿元。现紫金世纪公司的股东进行了变更，工商登记的股东名称为北京饭店、西部公司和保险公司。

紫金世纪公司成立后，保险公司、西部公司、新产业公司、北京饭店以及紫金世纪公司五方签订了《股东协议》，该协议主要约定，紫金世纪公司注册资本为人民币10亿元，其中保险公司实际出资人民币6亿元，占紫金世纪公司注册资本的60%，北京饭店实际出资人民币4亿元，占紫金世纪公司注册资本的40%；保险公司向紫金世纪公司实际出资人民币6亿元，其中人民币3亿元由保险公司委托新产业公司向紫金世纪公司出资并代为持股，另外人民币3亿元由保险公司委托西部公司向紫金世纪公司出资并代为持股，西部公司和新产业公司同意上述股权代持安排；北京饭店、紫金世纪公司均知悉并同意保险公司实际所有紫金世纪公司60%的股权。五方知悉并明确截至本协议签署之日紫金世纪公司的实际股权结构：保险公司实际所有紫金世纪公司60%的股权，北京饭店所有40%的股权。

在紫金世纪公司经营过程中，保险公司向紫金世纪公司派出了管理人员，担任该公司的总经理、监事、财务总监等职务，参与了该公司的经营管理。

一审法院认为，保险公司与西部公司签订的《委托协议》，系双方当事人的真实意思表示，且内容不违反国家法律、法规的禁止性规定，应确认有效。紫金世纪公司及其股东对于保险公司向紫金世纪公司隐性投资行为的知悉和确认，且保险公司在紫金世纪公司的经营过程中以实际股东的身份参与了该公司的经营管理。因此，保险公司具有紫金世纪公司的股东资格。故本院认为，保险公司的诉讼请求依法有据，法院予以支持。依照《公司法》第33条之规定，判决：(1)西部公司所持有的紫金世纪公司30%的股权属于保险公司；(2)紫金世纪公司应在本判决生效之日起10日内办理工商登记变更手续，西部公司予以协助。

三、关于名义股东处分代持股权效力的诉讼

由以上2种诉讼可知，股权代持合同的效力只要不存在法律规定的无效情形(《民法典》第144条、第146条第1款、第153条第1款、第153条第2款、第154条)，股权代持合同为有效合同，理应得到法律的支持或保护。但是，股权代持合同有效，并不等于可以名正言顺地行使股东权利，若需要将隐名股东显名化(登记为法律上的股东)，则需要“经公司其他股东半数以上同意，或者能够提供证据证明有限责任公司过半数的其他股东知道其实际出资的事实”。

所以上述2种诉讼告知我们一个正确做隐名股东防范法律风险的路径与方法：签署合法合规的股权代持协议(有效代持)，并且将代持的有关事实告知公司其他股东并保存相关证据。

但是，即便上述完全不存在法律问题，但是仍然像保险业、信托业及公司制度一样，难以避免道德风险，假如代持人(名义股东)违背诚信，私自处分代持股权，仍将会给被代持人(隐名股东)带来巨大的法律风险及损失。

那么，对于上述道德风险，会产生什么样的法律后果呢？如果产生了严重的不利于隐名股东的实际法律后果，其又该如何维权呢？

对此，《公司法解释(三)》第25条规定：“名义股东将登记于其名下的股权转让、质押或者以其他方式处分，实际出资人以其对于股权享有实际权利为由，请求认定处分股权行为无效的，人民法院可以参照民法典第三百一十一条的规定处理。”“名义股东处分股权造成实际出资人损失，实际出资人请求名义股东承担赔

偿责任的,人民法院应予支持。”

上述规定提及的《民法典》第 311 条规定:“无处分权人将不动产或者动产转让给受让人的,所有权人有权追回;除法律另有规定外,符合下列情形的,受让人取得该不动产或者动产的所有权:(一)受让人受让该不动产或者动产时是善意;(二)以合理的价格转让;(三)转让的不动产或者动产依照法律规定应当登记的已经登记,不需要登记的已经交付给受让人。受让人依据前款规定取得不动产或者动产的所有权的,原所有权人有权向无处分权人请求损害赔偿。当事人善意取得其他物权的,参照适用前两款规定。”

根据上述规定,名义股东如果违背诚信将其名下的股权转让、质押或者以其他方式处分,其处分的法律效力存在两种情形,第一种是无权处分为无效,实际出资人可以追回股权。第二种是善意取得、合理价格及公示公信(但后二者不能存在恶意串通,否则属于《民法典》第 154 条规定的无效情形)为有效处分。在第一种情形下,实际出资人可以完整的拿回自己股权,但在第二种情形下,实际出资人不能够追回自己的股权。针对第二种情形下的损失,实际出资人只能向名义出资人(无权处分人)主张损害赔偿。

如果名义出资人没有清偿能力呢?那就等于实际出资人虽然可以赢得损失赔偿之诉,却拿到一纸无法执行的判决书,等于法律白条,利益实际受损。

除此之外,如果名义出资人因其自身原因导致其代持股权被司法查封,也将导致实际出资人面临巨大的法律风险。

案·例

王某岐与刘某萍、詹某才等申诉、申请民事裁定书

[(2016)最高法民申 3132 号]

中汇公司工商登记的股东为王某岐、詹某才。但实际上双方签订《委托持股协议》:詹某才代王某岐持有股权,系显名股东;王某岐为隐名股东。刘某萍系詹某才非基于股权处分的债权人,因詹某才未偿还到期债务,刘某萍申请强制执行登记在詹某才名下的中汇公司的股权。王某岐以其为实际出资人、詹某才仅为名义股东为由,提起执行异议之诉,长春市中级人民法院支

持了其的诉讼请求。刘某萍不服,向吉林省高级人民法院提起上诉,吉林省高级人民法院改判驳回王某岐的诉讼请求。王某岐向最高人民法院申请再审,最高人民法院认为王某岐不得以其为实际出资人为由排除对该股权的强制执行,驳回了王某岐的再审申请。

最高人民法院的裁判理由:首先,关于《公司法》第32条第3款规定的理解与适用问题,该条款规定:"公司应当将股东的姓名或者名称向公司登记机关登记;登记事项发生变更的,应当办理变更登记。未经登记或者变更登记的,不得对抗第三人。"工商登记是对股权情况的公示,与公司交易的善意第三人及登记股东之债权人有权信赖工商机关登记的股权情况并据此作出判断。本案中,王某岐与詹某才之间的《委托持股协议》已经一审、二审法院认定真实有效,但其股权代持协议仅具有内部效力,对于外部第三人而言,股权登记具有公信力,隐名股东对外不具有公示股东的法律地位,不得以内部股权代持协议有效为由对抗外部债权人对显名股东的正当权利。本院认为,《公司法》第32条第3款所称的第三人,并不限缩于与显名股东存在股权交易关系的债权人。根据商事外观主义原则,有关公示体现出来的权利外观,导致第三人对该权利外观产生信赖,即使真实状况与第三人的信赖不符,只要第三人的信赖合理,第三人的民事法律行为效力即应受到法律的优先保护。基于上述原则,名义股东的非基于股权处分的债权人亦应属于法律保护的"第三人"范畴。因此,本案中詹某才因其未能清偿到期债务而成为被执行人时,刘某萍作为债权人依据工商登记中记载的股权归属,有权向人民法院申请对该股权强制执行。

本案的争议焦点是对于非基于股权处分的债权,若到期未能清偿,能否强制执行名义股东的股权,实际出资人是否享有排除强制执行的民事权利?

本案中,王某岐与詹某才之间的股权代持协议仅具有内部效力;对于外部第三人而言,股权登记具有公信力,隐名股东对外不具有公示股东的法律地位,不得以内部股权代持协议有效为由对抗外部债权人对显名股东的正当权利。此处的外部第三人,并不限于与显名股东存在股权交易关系的债权人,显名股东非基于股权处分的债权人亦应属于法律保护的“第三人”范畴。

因此，本案中詹某才因其未能清偿到期债务而成为被执行人时，刘某萍作为债权人依据工商登记中记载的股权归属，有权向人民法院申请对该股权强制执行，王某岐不得以其是实际出资的隐名股东为由，排除对该股权的强制执行。

但是，根据最高人民法院《关于人民法院办理执行异议和复议案件若干问题的规定》第26条的规定，“金钱债权执行中，案外人依据执行标的被查封、扣押、冻结前作出的另案生效法律文书提出排除执行异议，人民法院应当按照下列情形，分别处理：（一）该法律文书系就案外人与被执行人之间的权属纠纷以及租赁、借用、保管等不以转移财产权属为目的的合同纠纷，判决、裁决执行标的归属于案外人或者向其返还执行标的且其权利能够排除执行的，应予支持。（二）该法律文书系就案外人与被执行人之间除前项所列合同之外的债权纠纷，判决、裁决执行标的归属于案外人或者向其交付、返还执行标的的，不予支持。（三）该法律文书系案外人受让执行标的的拍卖、变卖成交裁定或者以物抵债裁定且其权利能够排除执行的，应予支持。金钱债权执行中，案外人依据执行标的被查封、扣押、冻结后作出的另案生效法律文书提出排除执行异议的，人民法院不予支持。”如果，在执行标的被查封、扣押、冻结之前，如果实际出资人提起股权权属确认之诉并获取生效判决，则可以有效地排除案外人执行。反之，则无法对抗或排除执行。

四、关于名义股东赔偿责任的追偿权诉讼

关于名义股东赔偿责任的追偿权诉讼，是指名义股东在承担了因实际股东未履行出资义务而导致的补充赔偿责任之后，向实际出资人依法进行追偿而引发的诉讼。

根据本节前文阐释的若干类诉讼，我们知道，未履行或未全部履行出资义务、抽逃出资、出资瑕疵三种出资违规行为，该股东均需要依法承担相应的法律责任。但问题是，在存在股权代持的情况下，名义股东是否应当直接承担相应的法律责任？

对此，《公司法解释（三）》第26条规定：“公司债权人以登记于公司登记机关的股东未履行出资义务为由，请求其对公司债务不能清偿的部分在未出资本息范

围内承担补充赔偿责任,股东以其仅为名义股东而非实际出资人为由进行抗辩的,人民法院不予支持。”同时该条第 2 款还规定:“名义股东根据前款规定承担赔偿责任后,向实际出资人追偿的,人民法院应予支持。”

该类诉讼告诉我们的启示是,不仅实际股东因为名义股东违背诚信的道德风险而承担法律风险,而且名义股东还存在因实际股东未履行或未全部履行出资义务、抽逃出资、出资瑕疵等违规行为而直接对公司债权人承担补充赔偿责任。因此,名义股东防范该类的风险的方式就是,必须督促实际出资人按时足额出资及不得抽逃出资。

第三节　关于股东权利限制的 2 种诉讼

一、股东除名之诉

股东除名之诉主要法律依据来自《公司法解释(三)》第 17 条第 1 款的规定,“有限责任公司的股东未履行出资义务或者抽逃全部出资,经公司催告缴纳或者返还,其在合理期间内仍未缴纳或者返还出资,公司以股东会决议解除该股东的股东资格,该股东请求确认该解除行为无效的,人民法院不予支持。”

在前款规定的情形下,人民法院在判决时应当释明,公司应当及时办理法定减资程序或者由其他股东或者第三人缴纳相应的出资。

股东除名之诉与第三章第三节“关于股东抽逃出资的 4 种诉讼”的第 3 种诉讼“关于对抗解除未出资或抽逃出资股东资格的诉讼”具有关联性。

前者主要是指有限责任公司对股东作出除名决定后,股东不服公司决定,而向法院提起的诉讼。本处所指的股东除名之诉是指公司向法院提起诉讼,请求法院判决解除股东的资格。

按理讲,如同守约方依法单方行使合同解除权一样只要将解除通知送达对方即可。但是,在实践中,出于各种考虑如平息股东争议,工商变更登记等,为了取得更有公信力的结论,公司往往采取向法院起诉的方式由法院作出股东除名判决,而非由公司自行作出决定。

案·例

奥特莱斯公司诉股东张某股东除名案

青岛太平洋奥特莱斯有限公司(以下简称奥特莱斯公司)于2007年12月在中国青岛市成立,注册资本为1000万美元。奥特莱斯公司拥有股东太平洋商业投资有限公司(以下简称太平洋公司)和个人股东张某,其中太平洋公司占奥特莱斯公司90%的股份,张某占奥特莱斯公司10%的股份。截至2009年12月,奥特莱斯公司已经履行900万美元的出资义务完毕,而张某履行出资为零。

由于张某未及时履行出资,导致奥特莱斯公司无法及时增资以获得某项目的行政立项审批,严重影响了奥特莱斯公司的正常运营和另一股东太平洋公司的合法权益。虽经奥特莱斯公司和太平洋公司多次书面催缴,但是张某仍拒不履行出资。并且,基于项目立项的迫切,张某竟然提出让太平洋公司另行支付其100万美元以获得其在奥特莱斯公司10%的股权,否则将无限期地拖延履行出资义务的不合理要求。

在反复致函催缴张某缴纳出资无果的情况下,2010年3月,奥特莱斯公司委托律师在青岛市中级人民法院起诉,请求法院判令:第一,确认张某对奥特莱斯公司没有履行出资义务;第二,解除张某的股东资格;第三,张某赔偿对履约股东太平洋公司造成的损失。

经青岛市中级人民法院审理,最终一审判决确认张某对奥特莱斯公司没有履行出资义务,并判决张某部分赔偿对太平洋公司造成的损失,但是对于太平洋公司"解除张某的股东资格"的诉讼请求,法院认为"原告该项诉讼请求的实质是意图通过民事诉讼改变行政机关已作出的对外商投资企业股东批准、登记的行政行为,而该项诉讼请求不属于人民法院民事诉讼审理范围,应通过行政程序解决"。因此,最终法院判决驳回太平洋公司的此项诉讼请求。

2011年2月16日,《公司法解释(三)》正式实施。其第18条明确规定:有限责任公司的股东未履行出资义务或者抽逃全部出资,经公司催告缴纳或者返还,其在合理期间内仍未缴纳或者返还出资,公司以股东会决议解除该股东的股东资格,该股东请求确认该解除行为无效的,人民法院不予支持。在前款规定的情形下,人民法院在判决时应当释明,公司应当及时办理法定减资程序或者由其他股东或者第三人缴纳相应的出资。在办理法定减资程序或者其他股东或者第三人缴纳相应的出资之前,公司债权人依照本规定第13条或者第14条请求相关当事人承担相应责任的,人民法院应予支持。

基于上述司法解释的相关规定,2011年6月24日,奥特莱斯公司召开股东会,以股东会决议的方式解除了张某的股东资格。张某不服该股东会决议的效力,一纸诉状又诉至青岛市中级人民法院,请求确认该股东除名的股东会决议无效。

经青岛市中级人民法院一审及山东省高级人民法院二审,最终认定:为确保"资本确定、资本维持、资本不变"三原则在公司法实践中得以有效落实、确保已经诚实履行了出资义务的股东对公司的永续存在和正常经营的合理期待不至落空,在股东间的合作关系因某一股东极端严重违约已无法有效维系的情况下,为维护公司利益,同时也为保障自身权益,而授予守信股东的一条法定救济渠道。《公司法解释(三)》第18条的规定填补了奥特莱斯公司股东在制定公司章程时的缺失,故应得到优先使用,并且根据合营公司的章程规定及《公司法》相关规定,股东会决议的召集、通知、召开、决议等程序均合法有效。因此,判决驳回张某的诉讼请求,同时阐明"奥特莱斯公司应当及时办理法定减资程序或由太平洋公司或第三人缴纳相应出资"。

随后,青岛市商务局根据太平洋公司的申请于2012年8月15日下达相关批复,同意奥特莱斯公司解除张某的股东资格,同时由太平洋公司取得张某原持有的奥特莱斯公司的10%的股权,并履行相应的出资义务。2012年8月21日,青岛市工商局据此颁发了新的奥特莱斯公司的营业执照,其中在股东一栏为太平洋公司已经获得对奥特莱斯公司的100%控股。至此,太平洋公司与张某因出资纠纷而引发的系列案件,以太平洋公司诉讼目的完全实现落下帷幕。

二、股东权利限制之诉

股东权利限制之诉主要法律依据来自《公司法解释(三)》第16条的规定,"股东未履行或者未全面履行出资义务或者抽逃出资,公司根据公司章程或者股东会决议对其利润分配请求权、新股优先认购权、剩余财产分配请求权等股东权利作出相应的合理限制,该股东请求认定该限制无效的,人民法院不予支持"。

股东权利限制之诉与第三章第三节"关于股东抽逃出资的4种诉讼"的第2种诉讼"关于对抗限制出资违约或抽逃出资股东权利的诉讼"具有关联性。

前者主要是指有限责任公司对股东作出权利限制决定后,股东不服公司决定,而向法院提起的诉讼。本处所指的股东权利限制之诉是指公司向法院提起诉讼,请求法院判决限制股东的权利。

案·例

安达新世纪·巨鹰投资发展有限公司与北京首都国际投资管理有限责任公司股权确认案

[(2007)民二终字第93号]

最高人民法院认为,关于原审法院审理本案程序是否合法问题。安达巨鹰公司提出原审法院审理本案程序违法的主要上诉理由是根据法律、法规的规定,只有经企业登记机关核准登记,取得法定资格的企业法定代表人陈某双以及其授权的代理人有权代表企业参加诉讼。本院认为,根据本案查明的事实,陈某双作为首都国际公司、协和健康公司的原董事长,已经向公司提出辞职,后经公司股东会、董事会会议决定,免去其公司董事及董事长的职务,并选举了新任董事长。首都国际公司、协和健康公司向原审法院提交了由公司盖章的法定代表人身份证明书和授权委托书,系首都国际公司、协和健康公司的真实意思表示,亦不违反法律、法规的禁止性规定。首都国际公司尚未到工商部门进行法定代表人变更登记以及陈某双的个人行为,均不能否定首都国际公司、协和健康公司对法定代表人的合法变更。故原审法院审理本案程序合法。安达巨鹰公司的该项上诉理由不能成立,本院不予支持。

关于协和健康公司的发起人股东是否履行了出资义务问题。本院认为，根据本案查明的事实，海泰集团公司、新纪元公司作为协和健康公司的发起人股东，将款项汇入协和健康公司的临时验资账户，但是在协和健康公司验资后即将资金转出。根据《公司法》的规定，有限责任公司的股东在公司设立时，不论是未足额出资还是抽逃注册资金，均是股东出资不到位的表现。而海泰集团公司、新纪元公司的行为，即造成对协和健康公司出资不到位的后果。协和医药公司、东盛药业公司受让海泰集团公司、新纪元公司的股权成为协和健康公司的股东后，协和健康公司的董事会决议亦明确约定了协和医药公司、东盛药业公司应履行出资义务的时间，但协和医药公司、东盛药业公司均未履行出资义务。故原审判决认定协和健康公司的原股东均未履行出资义务并无不当。安达巨鹰公司主张协和健康公司的发起人股东并不存在出资瑕疵，但未提供充分的证据予以证明，故其该项上诉主张不能成立，本院不予支持。

关于安达巨鹰公司是否应当承担对协和健康公司的出资义务及其股东权利是否应当受到限制、是否应当对首都国际公司承担违约责任问题。

本院认为，如前分析所述，协和健康公司的发起人股东海泰集团公司、新纪元公司出资不实，协和医药公司、东盛药业公司受让上述发起人股东的股权后，亦未按照约定履行出资义务。在安达巨鹰公司与协和医药公司签订的股权转让协议中，约定股权转让款直接给付协和健康公司，在其与东盛药业公司签订的股权转让协议中，约定安达巨鹰公司不必支付股权转让款，而是要履行相应的出资义务。

上述事实表明，安达巨鹰公司对其受让的股权存在出资不实、股东资格有瑕疵应当是明知的。根据协议约定以及协和健康公司章程中的规定，安达巨鹰公司向协和健康公司履行出资义务，是股权转让双方当事人的真实意思表示，亦不违反法律、法规的强制性规定，其应对协和健康公司承担出资不实的法律责任，即应向协和健康公司履行出资义务。安达巨鹰公司主张发起人股东出资义务已经完成，只存在对协和健康公司的债务，其对协和健康公司股权的受让是承债式收购，上述主张没有事实依据，本院不予采信。

关于安达巨鹰公司的股东权利是否应当受到限制，本院认为，根据《公司法》的规定，股东出资不到位并不影响其股东资格的取得，但其享有股东权利的前提是承担股东义务，违反出资义务，也就不应享有股东的相应权利，这亦是民法中权利与义务统一、利益与风险一致原则的具体体现。本案中，由于安达巨鹰公司并没有履行出资义务，其股东权利的行使应当受到一定的限制，这种限制应根据具体的股东权利的性质确定，即与出资义务相对应的股东权利只能按出资比例来行使。故原审法院判决安达巨鹰公司如不能补足出资，则其不享有对协和健康公司16,500万股的表决权、利润分配请求权及新股认购权并无不当。关于安达巨鹰公司是否应当对首都国际公司承担违约责任，根据《公司法》的规定，股东不按照公司章程规定缴纳所认缴的出资，应当向已足额缴纳出资的股东承担违约责任；协和健康公司章程中也明确约定，任何一方出资人若未按章程的规定足额认缴出资，均应向已足额出资的出资人承担违约责任。安达巨鹰公司对其持有的16,500万股股权没有缴纳任何出资，其应当对已足额出资的首都国际公司承担违约责任。故原审判决安达巨鹰公司自其登记为协和健康公司的股东之日起，向首都国际公司承担违约责任并无不当，应予维持。安达巨鹰公司的上诉理由不能成立，本院不予支持。

第五章

公司诉讼第4式：公司股权激励之诉

本章为公司诉讼的第4式，主要阐述了公司股权激励的一些基本知识，公司股权激励引发的2种常见诉讼。使读者可以全面清晰地理解公司股权激励的模式，以及股权激励存在的法律风险。

第一节　国际上常见的10种股权激励模式

公司已从最初的“老板+雇员”模式逐步向“合伙人平台”模式演进，股权激励成为当下公司发展壮大必不可少的人力资源战略。股权激励在西方发达国家应用极其普遍，尤其是以互联网为代表的科技公司，股权激励与合伙人成为其标准配置。

以下是国际上一些常见的典型的股权激励模式。

一、股票期权(Stock Option)

股票期权也称认股权证，实际上是一种看涨期权，是指公司授予激励对象的一种权利，激励对象可以在规定的时间内(行权期)以事先确定的价格(行权价)购买一定数量的本公司流通股票(行权)。股票期权只是一种权利(选择权)而非义务,持有者在股票价格低于"行权价"时可以放弃这种权利,因而对股票期权持有者没有风险。股票期权的行权也有时间和数量限制,且需激励对象自己为行权支出现金。

实施股票期权的假定前提是公司股票的内在价值在证券市场能够得到真实的反映,由于在有效市场中股票价格是公司长期盈利能力的反映,而股票期权至少要在一年以后才能实现,所以被授予者为了使股票升值而获得价差收入,会尽力保持公司业绩的长期稳定增长,使公司股票的价值不断上升,这样就使股票期权具有了长期激励的功能。同时股票期权还要求公司必须是公众上市公司,有合理合法的、可资实施股票期权的股票来源。

股票期权模式目前在美国最流行。随着20世纪90年代美国股市出现牛市,股票期权给高级管理人员带来了丰厚的收益。股票期权在国际上也是一种最为经典、使用最为广泛的股权激励模式。全球500家大型公司企业中已有89%对高层管理者实施了股票期权。

二、虚拟股票(Phantom Stock)

虚拟股票是指公司授予激励对象一种虚拟的股票,激励对象可以依据被授予"虚拟股票"的数量参与公司的分红并享受股价升值收益,但没有所有权与表决权,也不能转让和出售。在离开企业时自动失效。其好处是不会影响公司的总资本和所有权结构,但缺点是兑现激励时现金支出压力较大,特别是在公司股票升值幅度较大时。

虚拟股票和股票期权有一些类似的特性和操作方法,但虚拟股票并不是实质性的股票认购权,它实际上是将奖金延期支付,其资金来源于企业的奖励基金。与股票期权相比,虚拟股票的激励作用受证券市场的有效性影响要小,因为当证券市场失效时(如遇到熊市),只要公司有好的收益,被授予者仍然可以通过分红分享到好处。

三、股票增值权(Stock Appreciation Rights, SAR)

股票增值权是指公司授予激励对象的一种权利,激励对象可以在规定时间内获得规定数量及一定比例的股票股价上升所带来的收益,但不拥有这些股票的所有权,自然也不拥有表决权、配股权。激励对象不用为行权付出现金,行权后获得现金或等值的公司股票。它与虚拟股票相类似,不同之处在于拥有股票增值权者不参与公司的分红。它的设计原理与股票期权也很近似,但差别在于:在行权时,经营者并不像期权形式在行权时要购入股票,而是直接对股票的升值部分要求兑现。另外,股票期权的利益来源是证券市场,而股票增值权的利益来源则是公司。实施股票增值权的企业需要为股票增值权计划设立专门的基金。股票增值权的激励效果也受资本市场有效性的影响。

按照合同的具体规定,股票增值权的实现可以是全额兑现,也可以是部分兑现。另外,股票增值权的实施可以是用现金实施,也可以折合成股票来加以实施,还可以是现金和股票形式的组合。

四、经营者持股(Excutive Stock)

经营者持股即管理层持有一定数量的本公司股票并进行一定期限的锁定。激励对象得到公司股票的途径可以是公司无偿赠与、由公司补贴、被激励者购买、公司强行要求受益人自行出资购买等。激励对象在拥有公司股票后,成为自身经营企业的股东,与企业共担风险共享收益。参与持股计划的被激励者得到的是实实在在的股票,拥有相应的表决权和分配权,并承担公司亏损和股票降价的风险,从而建立起企业、所有者与经营者三位合一的利益共同体。该种模式其实就是真正的合伙人计划了。

五、员工持股计划(Employee Stock Ownership Plan, ESOP)

员工持股计划是指由公司内部员工个人出资认购本公司部分股份,并委托公司进行集中管理的产权组织形式。员工持股制度为企业员工参与企业所有权分配提供了制度条件,持有者真正体现了劳动者和所有者的双重身份。其核心在于通过员工持股运营,将员工利益与企业前途紧紧联系在一起形成一种按劳分配与按资分配相结合的新型利益制衡机制。同时员工持股后便承担了一定的投资风险,这就有助于唤起员工的风险意识并激发员工的长期投资行为。由于员工持股不仅使员工对企业运营有了充分的发言权和监督权,而且使员工更关注企业的长期发展,这就为完善科学的决策、经营、管理、监督和分配机制奠定了良好的基础。

职工持股是一种新型企业财产组织形式。在这种制度下,员工既是劳动者,又是财产所有者,通过劳动和资本的双重结合组成利益共同体。这样,即便是企业的普通“打工仔”也能成为企业资产的拥有者,成为“小资本家”,从而实现“劳者有其股”的理想。

该种模式符合中国《周易 · 系辞上》:“二人同心,其利断金”应有之义,也符合西方经济学的“产权理论(有恒产者有恒心)”,其有效地突破和解决了《资本论》所阐述的“资本家榨取剩余价值”的困境。

在实践中,员工持股有全员持股和部分员工持股两大类情形。职工持股最初源于美国。创建者认为,只有让职工成为企业的主人或所有者,才能真正协调劳资关系,提高劳动生产率,使经济持续平稳地发展。20 世纪 70 年代美国企业界和政府都在寻找可以使转移出来的消费基金转化为生产基金的路径,而员工股份制正好适应了这个要求,从而使员工持股计划在美国得到推广。在美国职工持股被作为一种面向企业全体员工的福利性比较强的股权激励工具,有时也作为企业创始人(或大股东)实现资本退出的有效途径。由于政府将其视为企业安排员工退休养老计划的一部分来看待。

六、管理层收购(Management Buy Out, MBO)

管理层收购又称“经理层融资收购”,是指公司的管理者或经理层(个人或集体)利用借贷所融资本购买本公司的股份(或股权),从而改变公司所有者结构、控制权结构和资产结构,实现持股经营。同时,它也是一种极端的股权激励手段,因为其他激励手段都是所有者(产权人)对雇员的激励,而 MBO 则干脆将激励的主体与客体合二为一,从而实现了被激励者与企业利益、股东利益完整的统一。

通常的做法:公司管理层和员工共同出资成立持股平台或公司管理层出资(一般是信贷融资)成立新的公司作为收购主体,然后一次性或多次通过其受让原股东持有的公司股份,从而直接或间接成为公司的控股股东。由于管理层可能一下子拿不出巨额的收购资金,一般的做法:管理层以私人财产作抵押向投资银行或投资公司融资,成功收购后,再改用公司股权作抵押,有时出资方也会成为股东。

七、限制性股票

限制性股票是指事先授予激励对象一定数量的公司股票,但对股票的来源、抛售等有一些特殊限制,激励对象只有在规定的服务期限以后并完成特定业绩目标(如扭亏为盈)时,才可抛售限制性股票并从中获益,否则公司有权将免费赠与的限制性股票收回或以激励对象购买时的价格回购限制性股票。也就是说,公司将一定数量的限制性股票无偿赠与或以较低价格售与公司高级管理人员,但对其出售这种股票的权利进行限制。公司采用限制性股票的目的是激励高级管理人员将更多的时间精力投入到某个或某些长期战略目标中。

八、业绩股票

业绩股票是持股计划的另外一种方式,是根据激励对象是否完成并达到了公司事先规定的业绩指标,由公司授予其一定数量的股票或提取一定的奖励基金购买公司股票。主要用于激励经营者和工作业绩有明确的数量指标的具体业务的负责人。

与限制性股票不同的是:绩效股票的兑现不完全以(或基本不以)服务期作为限制条件,被授予者能否真实得到被授予的绩效股票主要取决于其业绩指标的完成情况,在有的计划中绩效股票兑现的速度还与业绩指标完成的具体情况直接挂钩:达到规定的指标才能得到相应的股票;业绩指标完成情况越好,则业绩股票兑现速度越快。

九、延期支付(Deferred Compensation)

延期支付又称延期支付计划,是指公司为激励对象(管理层)设计"一揽子"薪酬收入计划,其中部分年度奖金、股权激励收入不在当年发放,而是按当日公司股票市场价格折算成股票数量存入。公司为管理层人员单独设立的延期支付账户。在一定期限后,再以公司股票形式或根据期满时股票市值以现金方式支付给激励对象。主要目的是激励管理层考虑公司的长远利益的决策,以免经营者行为短期化。

激励对象通过延期支付计划获得的收入,来自既定期限内公司股票的市场价格上升。即计划执行时与激励对象行权时的股票价差收入。如果折算后存入延期支付账户的股票市价在行权时上升,则激励对象就可以获得收益。但如果该市价不升反跌,激励对象的利益就会遭受损失。

延期支付计划和股票期权的区别在于:在期权模式下,如果股票价格上升,激励对象可以行权;但如果股票价格下跌,则受益人可以放弃行权来保证自己的利益不受损失。而延期支付的激励对象只有通过提升公司的业绩,促使公司股价上升来保证自己的利益不受损失。

十、账面价值增值权

账面价值增值权模式直接拿每股净资产的增加值来激励其高级管理人员、技术骨干和董事,具体操作起来方便、快捷。账面价值增值权不是真正意义上的股票,没有所有权、表决权、配股权。

具体分为购买型和虚拟型两种。购买型是指激励对象在期初按每股净资产值实际购买一定数量的公司股份,在期末再按每股净资产期末值回售给公司。虚拟型是一种模拟认股权方式,指激励对象在期初无须支出资金,公司授予激励对象一定数量的名义股份,在期末根据公司每股净资产的增量和名义股份的数量来计算激励对象的收益,并据此向激励对象支付现金。

第二节　国内公司常见的3种股权激励模式

借鉴国际上成功的股权激励经验,中国公司也开始大量采用股权激励。尤其是互联网科技公司、上市公司最为突出。国内公司常用的股权激励模式有3种。

一、股权期权

与股票期权相比,国内公司的股权期权可以在公司上市之前设立并授予,这样可以有效地激励创业公司创业过程中创业团队。公司上市之后,可以实施股票期权激励计划。

二、限制性股权

与限制性股票相比,国内公司限制性股权可以在上市之前设立并实施,这对创业型公司引进人才和激励创业团队是十分必要的。上市公司,可以设置限制性股票激励计划。

此外,中国上市公司的股权激励方式有股权(股票)激励与员工持股计划两大类。其适用的法律规则是不同的,前者是《上市公司股权激励管理办法》(2018),后者是《关于上市公司实施员工持股计划试点的指导意见》(2014);二者实施的主体也有所不同,前者是高级管理人员与核心技术人员,人员比较少,后者是公司职工,包括公司高级管理人员。

三、虚拟股权

虚拟股权就是没有真实的股权,享受的是经济利益——分红权和增值权,在实践当中的应用还是相当多的。其中最具代表性的就是华为了。华为是中国所有民营企业、科技公司里最早使用股权激励的,而且一用就是30年。

因为华为不上市,所以它采用了叫TUP的虚拟股奖金激励模式,员工可以享受递延分红和增值收益,以5年为期限,每年享有不同的分红收益。根据公司的业绩情况,第5年除了享受分红收益外,还有一次性的增值收益。

第三节　常见的2种股权激励诉讼

一、公司回购离职员工股权之诉

如上所述,限制性股权是最为常用的股权激励模式之一。在限制性股权激励中,通常将工作年限、业绩与绩效、工作目标等作为股权激励的设定条件。如果不符合设定的条件,对于已经授予的股权,公司会要求按照约定的价格进行回购。

对于上述安排,在公司履行内部有关审批程序后,公司开始实施股权激励,而签署相关的协议或法律文件是必备的。当授予公司员工的限制性股权约定的回购条件触发时,公司可以向员工回购股权,该回购是不可选择的,是公司的权利、员工的义务。但在实践中,往往是员工因离职触发回购的情况下,已持有股权的员工往往不予配合,导致公司回购落空。

在此情况下,公司可以依据与员工签署的限制性股权激励协议,向法院起诉,要求员工履行回购义务。这类诉讼就是公司回购离职员工股权之诉。

案·例

宋某军诉西安市大华餐饮有限责任公司股东资格确认纠纷案

(最高人民法院审判委员会讨论通过,2018年6月20日发布,指导案例96号)

裁判要旨

国有企业改制为有限责任公司,其初始章程对股权转让进行限制,明确约定公司回购条款,只要不违反《公司法》等法律强制性规定,可认定为有效。有限责任公司按照初始章程约定,支付合理对价回购股东股权,且通过转让给其他股东等方式进行合理处置的,人民法院应予支持。

基本案情

西安市大华餐饮有限责任公司(以下简称大华公司)成立于1990年4月5日。2004年5月,大华公司由国有企业改制为有限责任公司,宋某军系大华公司员工,出资2万元成为大华公司的自然人股东。大华公司章程第3章“注册资本和股份”第14条规定“公司股权不向公司以外的任何团体和个人出售、转让。公司改制一年后,经董事会批准后可在公司内部赠与、转让和继承。持股人死亡或退休经董事会批准后方可继承、转让或由企业收购,持股人若辞职、调离或被辞退、解除劳动合同的,人走股留,所持股份由企业收购……”,第13章“股东认为需要规定的其他事项”下第66条规定“本章程由全体股东共同认可,自公司设立之日起生效”。该公司章程经大华公司全体股东签名通过。2006年6月3日,宋某军向公司提出解除劳动合同,并申请退出其所持有的公司的2万元股份。2006年8月28日,经大华公司法定代表人赵某锁同意,宋某军领到退出股金款2万元整。2007年1月8日,大华公司召开2006年度股东大会,大会应到股东107人,实到股东104人,代表股权占公司股份总数的93%,会议审议通过了宋某军、王某青、杭某国三位股东退股的申请并决议“其股金暂由公司收购保管,不得参与红利分配”。后宋某军以大华公司的回购行为违反法律规定,未履行法定程序且公司法规定股东不得抽逃出资等,请求依法确认其具有大华公司的股东资格。

裁判结果

西安市碑林区人民法院于2014年6月10日作出(2014)碑民初字第01339号民事判决,判令:驳回原告宋某军要求确认其具有被告西安市大华餐饮有限责任公司股东资格之诉讼请求。一审宣判后,宋某军提出上诉。西安市中级人民法院于2014年10月10日作出(2014)西中民四终字第00277号民事判决,驳回上诉,维持原判。终审宣判后,宋某军仍不服,向陕西省高级人民法院申请再审。陕西省高级人民法院于2015年3月25日作出(2014)陕民二申字第00215号民事裁定,驳回宋某军的再审申请。

裁判理由

法院生效裁判认为:通过听取再审申请人宋某军的再审申请理由及被申请人大华公司的答辩意见,本案的焦点问题:(1)大华公司的公司章程中关于“人走股留”的规定,是否违反了《中华人民共和国公司法》(以下简称《公司法》)的禁止性规定,该章程是否有效;(2)大华公司回购宋某军股权是否违反《公司法》的相关规定,大华公司是否构成抽逃出资。

针对第一个焦点问题,首先,大华公司章程第14条规定:“公司股权不向公司以外的任何团体和个人出售、转让。公司改制一年后,经董事会批准后可以公司内部赠与、转让和继承。持股人死亡或退休经董事会批准后方可继承、转让或由企业收购,持股人若辞职、调离或被辞退、解除劳动合同的,人走股留,所持股份由企业收购。”依照《公司法》第25条第2款“股东应当在公司章程上签名、盖章”的规定,有限公司章程系公司设立时全体股东一致同意并对公司及全体股东产生约束力的规则性文件,宋某军在公司章程上签名的行为,应视为其对前述规定的认可和同意,该章程对大华公司及宋某军均产生约束力。其次,基于有限责任公司封闭性和人合性的特点,由公司章程对公司股东转让股权作出某些限制性规定,系公司自治的体现。在本案中,大华公司进行企业改制时,宋某军之所以成为大华公司的股东,其原因在于宋某军与大华公司具有劳动合同关系,如果宋某军与大华公司没有建立劳动关系,宋某军则没有成为大华公司股东的可能性。同理,大华公司章程将是否与公司具有劳动合同关系作为取得股东身份的依据继而作出“人走股留”的规定,符合有限责任公司封闭性和人合性的特点,亦系公司自治原则的体现,不违反《公司法》的禁止性规定。最后,大华公司章程第14条关于股权转让的规定,属于对股东转让股权的限制性规定而非禁止性规定,宋某军依法转让股权的权利没有被公司章程所禁止,大华公司章程不存在侵害宋某军股权转让权利的情形。综上,本案一审、二审法院均认定大华公司章程不违反《公司法》的禁止性规定,应为有效的结论正确,宋某军的这一再审申请理由不能成立。

针对第二个焦点问题,《公司法》第74条所规定的异议股东回购请求权具有法定的行使条件,即只有在“公司连续五年不向股东分配利润,而公司该五年连续盈利,并且符合本法规定的分配利润条件的;公司合并、分立、转让主要财产的;公司章程规定的营业期限届满或者章程规定的其他解散事由出现,股东会会议通过决议修改章程使公司存续的”三种情形下,异议股东有权要求公司回购其股权，对应的是公司是否应当履行回购异议股东股权的法定义务。而本案属于大华公司是否有权基于公司章程的约定及与宋某军的合意而回购宋某军股权，对应的是大华公司是否具有回购宋某军股权的权利，二者性质不同，《公司法》第74条不能适用于本案。

在本案中，宋某军于2006年6月3日向大华公司提出解除劳动合同申请并于同日手书《退股申请》，提出“本人要求全额退股，年终盈利与亏损与我无关”，该《退股申请》应视为其真实意思表示。大华公司于2006年8月28日退还其全额股金款2万元，并于2007年1月8日召开股东大会审议通过了宋某军等三位股东的退股申请，大华公司基于宋某军的退股申请，依照公司章程的规定回购宋某军的股权，程序并无不当。另外，《公司法》所规定的抽逃出资专指公司股东抽逃其对于公司出资的行为，公司不能构成抽逃出资的主体，宋某军的这一再审申请理由不能成立。综上，裁定驳回再审申请人宋某军的再审申请。

从上述案件启发我们需要思考的是：在公司已经授予员工限制性股权，而且已经进行了股权登记，在符合公司回购股权的情形下，该如何让员工配合完成整个变更登记的手续？笔者认为有这几种解决方法：

第一，最初与员工签文件时，就将日期和数量留白，提前把股权转让的协议签好，并且要求员工再签一个授权函和承诺函，是说在符合协议约定的条件下，公司的×××是有权利在已经签好字的股权份额转让协议书上，代该员工填上数量与价格，这个事情是该员工认可的，在实践中最好提前找工商局拿到标准的文本，确保文件是有用的，工商登记上工商局也是认可的，因为工商局也怕出事，而签协议相当于公司已经代替他们把法律的流程都做好了，对于工商局来讲，他没有法律风险，所以愿意去接受你的变更。

第二，在员工的身上，由公司为他设计一个违约金，如果说员工因为各种原因离开，先不说明是什么具体原因，公司需要做股权变更的手续，员工应该配合在多少工作日之内完成，同样也规定公司应该在什么期限内将股权回购的价款打给他，如果在这期间员工未完成相应的动作，那么就视为违约，员工将需要支付违约金，金额甚至可能比公司付给员工的股权转让价款还要多，甚至每违约一天，可能还会有一个万分之几的罚息，这些都是法律支持的，所以员工如果不配合，罚息也可能随着时间而增长成很大的金额，并且他还有责任赔钱。

这个事情也已经被验证过，曾经一个到诉讼层面还拖着不办手续的员工，公司起诉了他，后来法院支持他按照公司协议的规定，把违约金付给公司，这种方法其实就是加大员工违约的成本，让他尽量配合公司完成变更登记的手续。所以通过这两种方式，可以保证员工尽量配合公司。

但是出于公平的考虑，一般公司最好把回购原因列得更清楚一些，因为员工离职，公司以一个很低的价格回购员工所持有的期权、股权，对员工来说可能是一个很大的损失，所以使原因明确化，也可以让员工在最开始更安心一些。

这其中有一个小技巧，一般能够为公司带来损失的原因，其实也都被写进劳动合同里了，如果一个人连公司的员工都不适合当，那也就不能以员工的身份再去当员工股东，所以一般会去引用公司劳动合同里首先约定的，员工会被开除的事项，包括员工手册里明确规定的会导致开出的违约事项，其实都是股权激励被原价回购的一个基础线，在这之上再去附加一些原因，但是要列清楚，给员工一种安全感。

二、员工请求公司履行激励之诉

员工请求公司履行激励之诉，是指创业公司将股权激励作为员工薪酬的组成部分，在员工入职时，除了员工工资奖金之外，还给予一定股权激励（可折合成现金）。之后，因各种原因，公司未能兑现或拒绝兑现股权激励，因而引发员工和公司争议，员工向法院提起诉讼，请求法院判决公司履行股权激励的承诺义务。

该类诉讼在实践中常引发程序争议，究竟是合同争议还是劳动争议呢？

股权激励纠纷是否属于劳动争议在司法实践中一直存在争议，股权激励案件的案由主要分为劳动争议、公司有关的纠纷、平等主体之间的权利义务纠纷三大类，具体包括劳动争议（劳务纠纷）、合同纠纷、附义务赠与合同纠纷、与公司有关的纠纷、股权转让纠纷、股东资格确认纠纷、公司决议效力确认纠纷、股东出资纠纷、证券认购纠纷、退伙纠纷。股权激励到底按照哪类案由裁判一方面取决于劳动者本身起诉的事由，另一方面也与具体协议的签署情况相关。

案·例

股权激励是基于股东身份的对价和权利，并非劳动法项下的劳动报酬等原因，股权激励纠纷不属于劳动争议案件受理的范畴

在(2019)京03民终8026号案中，法院认为限制性现金奖励是康宝莱上海公司授予杨某伟的股权激励计划，是基于股东身份的对价和权利，并非劳动法项下的劳动报酬，不应在本案劳动争议中予以解决和支持。

在(2019)苏06民终1073号案中，法院认为股权激励涉及的财产性收益具有不确定性，与企业经营状况和股票价格密切相关，并非企业定期支付给员工的固定工资、奖金、福利等劳动报酬。双方就上述股权激励所签订的授予合同属于平等主体之间的普通商事合同，因此产生的争议不属于人民法院劳动争议案件的受案范围。

上述两个案例是认为股权激励不属于劳动争议的主流原因，即从股权激励与劳动报酬，股权激励合同签署的平等性角度进行论述。

案·例

因订立、履行、解除劳动合同发生的争议，属于劳动争议案件受理范围

在博彦科技（深圳）有限公司、博彦科技股份有限公司与文某劳动争议二审民事判决书[(2017)粤03民终1326号]中，二审法院认为，限制性股票是否属于劳动争议范畴应当根据个案的实际情况予以界定。综合考量以下因素本院认为，本案文某诉请的限制性股票回购损失赔偿属于劳动争议案件审理范围：

首先，从文某获得涉案“博彦科技”限制性股票起因来看，文某于2012年10月25日与博彦深圳公司签订了自2012年11月1日起的无固定期限《劳动合同》,任博彦深圳公司高级主管,于2014年被授予公司限制性股票激励对象,获授予母公司博彦股份公司4万股“博彦科技”限制性股票。由此可见,文某得以获得以大幅低于市场价格的股权激励价格购买4万股“博彦科技”限制性股票的资格,是基于其与博彦深圳公司较长时间存在劳动关系,同时也基于其对博彦深圳公司及博彦股份公司的生产经营作出的贡献和业绩,这体现了劳动关系中用人单位对劳动者基于身份关系及劳动成果予以福利或奖励的特征。

其次,从公司授予文某限制性股票的较长期目的来看,《博彦科技股份有限公司2014年限制性股票激励计划(草案)》规定,公司有权要求激励对象按其任职岗位的要求为公司工作;若激励对象不能胜任所任职工作岗位或者绩效考核不合格,经董事会批准,公司将以授予价格回购并注销激励对象尚未解锁的限制性股票。可见,博彦股份公司和博彦深圳公司授予文某限制性股票的较长期目的是希望被激励对象能继续为公司服务且需要符合岗位要求及满足公司的绩效考核,从而有利于维持与激励对象劳动关系稳定及提高激励对象工作积极性和能动性,促进公司业绩和价值提升,体现了用人单位对于劳动者激励管理的劳动关系特征。

再次,从限制性股票自由流通即激励利益实现条件来看,公司公布的《2014年限制性股票激励计划实施考核办法》以及《博彦科技股份有限公司2014年限制性股票激励计划(草案)》规定限制性股票自由流通的条件,要求被激励对象按其任岗职位的要求进行工作,若激励对象不能胜任所任职工作岗位或者绩效考核不合格,将以授予价格回购并注销激励对象尚未解锁的限制性股票;并规定博彦股份公司在行权期的3个会计年度中分年度对激励对象进行绩效考核,激励对象上一年度绩效评价在B级以上,其获授限制性股票才能解锁并自由流通;如激励对象在绩效考核期间存在触犯法律、违反职业道德、泄露公司机密、因失职或渎职等行为损害公司利益或声誉等情形,其获授限制性股票则不得解锁。可见,上述限制性股票解锁条件是劳动者在劳动中的成果需符合公司要求及劳动者不得存在损害公司利益或声誉行为。这也体现了劳动关系中用人单位对劳动者管理的典型特征。

最后，从文某获得的限制性股票的法律性质来看，根据财政部、国家税务总局《关于个人股票期权所得征收个人所得税问题的通知》（财税〔2005〕35号）规定："员工行权时，其从企业取得股票的实际购买价（施权价）低于购买日公平市场价（指该股票当日的收盘价）的差额，是因员工在企业的表现与业绩情况而取得的与任职、受雇有关的所得，应按'工资、薪金所得'适用的规定计算缴纳个人所得税。"上述相关规定显示限制性股票从性质上属于用人单位因劳动者的突出劳动贡献以及激励劳动者继续积极工作而向劳动者支付附条件的具有经济性福利的薪酬。虽然其授予时不属于劳动法强调的以法定货币形式支付，但由于其股权激励价格大幅低于股票市场价格，劳动者行权时，必然会为劳动者带来差价的收益，这部分的收益是可以以法定货币形式得以实现。

上述案例中，文某因其限制性股票被回购注销引起的纠纷，具有劳动者接受用人单位管理、约束和激励的劳动关系典型特征，明显不同于平等民事主体之间的普通民事合同纠纷。

再如，在（2019）苏05民终6149号、6150号案中，法院认为销售额符合享受股权激励的条件，则用人单位给予劳动者的股权激励实质为劳动者享有的福利，属劳动报酬范畴，该争议属于劳动关系范畴。

也有法院认为，股权激励争议是劳动合同履行过程中引发的，与劳动合同的履行存在密不可分关系的争议，如以劳动者的考核结果、业绩情况或岗位情况作为股权激励执行的依据，此时股权激励的性质实质上是对劳动者基于其身份的一种奖励或待遇，属于劳动争议的受理范围。如在（2018）沪0107民初13558号案中，法院认为"原告被授予期权的原因之一，系因双方存在劳动关系，基于劳动合同的履行而获取上述期权的授予，故本院依法确定本案系争期权的问题系因双方履行劳动权利义务的过程中引发，系劳动合同纠纷涉及的内容。原告被授予的期权是否为被告处的股权或者属于哪家公司的股权期权，并不影响本案中劳动合同纠纷的性质"。

为此，通过上面案件的梳理我们不难发现，对于股权激励属于劳动争议的理由基本上从股权激励与劳动合同的关系,股权激励的条件,股权激励的流动等角度进行分析,最终认定其属于劳动合同履行的一部分,进而认为属于劳动争议。

综上所述,司法实践中关于股权激励争议的定性并没有明确的裁判标准,而是通过授予主体、股权激励是否来源于劳动关系、对股权激励的定性及各主体之间的关系等因素综合判断。但股权激励是否属于劳动争议,或者在什么情况下属于劳动争议的讨论是非常有意义的,而该问题的讨论还涉及劳动法上对劳动报酬的定义等诸多问题。

第六章

公司诉讼第4至8式：小股东维权之诉

在股权比较集中的公司中，通常会存在至少一个相对突出的大股东，甚至有一个拥有绝对掌控力的控股股东（以下将控股股东、大股东一并称为“大股东”），而大股东要么直接进入公司管理层，要么安排其可以控制的代理人进入公司管理层，实现对公司日常经营管理的控制。如此一来，公司主要治理问题就直接体现为：大股东与小股东之间博弈与代理问题。而大股东为了实现自身利益最大化，常常利用“资本多数决”表决机制及实际掌控公司的优势地位对小股东权益（股东身份权与收益权）进行随意损害，又称为“股东压制”。

实践中，股东压制常见的表现形式：利用各种手段排挤、欺压其他股东，使后者不能正常参与经营管理或不能获得相应的投资回报。其成因主要集中于资本多数决的滥用和封闭公司的特殊性。

就一个理想的公司治理状态而言，既要保证公司的控股股东、大股东能够积极参与公司的决策或运营，又要防止他们利用控制地位，为追求个人利益最大化而侵犯少数股东的利益。但是，如果对小股东过度保护，则也可能因其出资少、风险小而作出不利于公司和控股股东、大股东的决议。因此，股东压制本质上是股东之间的利益冲突问题。

对于股东压制行为，仅仅依靠公司内部治理机制来制衡，已难以充分保护小股东的利益。因此，小股东的利益保护就必须依赖外部救济机制。如此一来，原本属于股东之间的公司内部治理问题，就转变为司法干预的外部救济问题。

我国《公司法》对于大股东损害小股东利益的股东压制行为，采取了侧重于保护小股东利益的积极干预态度。主要体现为以下三个方面：

首先，确立了上市公司的独立董事、监事会制度。通过独立董事、监事会等双重的内部监督与制衡机制，来约束大股东对小股东的压制。但目前存在的最大问题：独立董事不独立，监事会不监视。

其次，《公司法》赋予股东对公司章程部分内容进行自由约定权利，对小股东为防止大股东滥用权利所设定的特殊保护条款也采取积极的支持态度。

比如，《公司法》规定，股东可以通过公司章程特别约定条款来保护小股东的权益。在创业公司融资过程中，投资人股东也可以在投资协议中设置特殊条款（部分可以落实到公司章程中）来限制大股东权利滥用，维护自己的权益。

但在实践中，除了在创业公司融资过程中具有强势地位的 VC 或 PE 机构之外，小股东很少能够向大股东提出如此要求。

最后，针对大股东对小股东的压制行为，从多个角度赋予了小股东的司法救济权利。

比如，《公司法》第 20 条规定："公司股东应当遵守法律、行政法规和公司章程，依法行使股东权利，不得滥用股东权利损害公司或者其他股东的利益……公司股东滥用股东权利给公司或者其他股东造成损失的，应当依法承担赔偿责任……"《公司法》第 152 条规定："董事、高级管理人员违反法律、行政法规或者公司章程的规定，损害股东利益的，股东可以向人民法院提起诉讼。"

本章我们就来重点讨论大股东对小股东的压制以及小股东的维权路径及其诉讼。

第一节　常见的股东压制行为

一、股东压制途径

实践中,大股东对小股东的压制主要采取以下两种途径。

(一)股东压制途径之一,大股东操纵公司或董事、监事、高级管理人员,通过公司或董事、监事、高级管理人员侵害小股东权益

在该种途径下,主要侵害了小股东的如下权益:

(1)资产收益权。

在资产收益方面,股东拥有利润分配请求权、公司剩余财产分配请求权,以及保护股东利益不受损失的权利。大股东有可能会通过形成不分配、拖延分配或者不按规定或约定比例分配相关权益等方式损害小股东的权益。

上述权利主要体现在《公司法》第34条、第74条、第182条、第186条以及最高人民法院《关于适用〈中华人民共和国公司法〉若干问题的规定(四)》[以下简称《公司法解释(四)》]第14条与第15条等规定上。

(2)参与重大决策权。

小股东参与公司重大决策的主要方式即提议召开股东会或董事会,参加股东(大)会并进行表决。大股东有可能通过指示公司不通知小股东参会、未经小股东参会表决即形成决议,或者在收到小股东提议后不召开相关会议等方式侵害小股东的权益。

上述权利主要体现在《公司法》第22条、第39条、第100条及第110条等规定上。

(3)查阅及知情权。

股东对公司均享有一定的查阅及知情权,以保证股东了解公司的经营情况,便于股东作出有效决策、保障股东权益。大股东有可能通过指示公司不合理拒绝向小股东提供相关资料的方式侵害小股东的权益。

上述权利主要体现在《公司法》第33条、第97条以及《公司法解释(四)》第8条、第9条与第12条等规定上。

(4)选择管理者的权利。

根据“资本多数决”原则，大股东在董事、监事、高级管理人员等管理者的任免上拥有决定权或者极大话语权，大股东可能会任意罢免或阻挠小股东（或小股东推荐的人员）担任董事、监事、高级管理人员职务，从而侵害小股东选择管理者的权利。

(5)股东资格限制或剥夺。

大股东可能会未经小股东同意即通过相关公司决议、进行股权转让，损害小股东的优先购买权；也有可能通过决议恶意增加公司注册资本，迫使小股东因无力认购新股而进一步降低持股比例；甚至还有可能会通过虚假签字、盖章等手段未经股东同意变更公司股东登记的行为，以欺诈手段使实际投资人不能取得股东资格或者使股东丧失股东资格。

（二）股东压制途径之二，大股东或者大股东控制的董事、监事、高级管理人员侵害公司利益，进而间接侵害小股东权益

(1)大股东侵害公司利益。

①大股东侵占公司利益。

大股东可能会利用其控制地位侵占公司利益，包括公然挪用公司财物、抽逃出资或不履行出资义务、以报销手段侵占公司资金等。主要体现在《公司法解释（二）》第16条的规定上。

②不公允的关联交易。

大股东可能会控制公司与其关联方之间进行不公允的采购、销售、借贷、担保等交易行为，向其关联方输送利益，在实现大股东自身利益最大化的情况下侵害公司利益。主要体现在《公司法》第21条的规定上。

(2)董事、监事、高级管理人员直接侵害公司利益。

①大股东可能会利用其董事、监事、高级管理人员身份或者指示董事、监事、高级管理人员，以侵占公司财产、不公允的关联交易、同业竞争、侵占公司商业机会等方式，侵害公司的利益。主要体现在《公司法》第147条、第148条、第149条及第151条等规定上。

②向董事、监事、高级管理人员支付过高薪资。在公司董事、监事、高级管理

人员由大股东担任或者与大股东关系密切的情况下，向董事、监事、高级管理人员支付过高薪资实际上就是一种对公司财产的隐蔽转移，从而侵害公司及小股东的权益。

二、股权压制的常见类型

大股东、董事、监事、高级管理人员侵害小股东权益的情形：层出不穷，花样百出。实践中，常见的表现为以下形式或类型。

（一）违反法律或章程故意拖延或拒发股息

实践中，大股东直接掌控公司经营或间接控制公司决策，小股东沦为出资者、买单者，无法了解公司真实的经营状况，而大股东利用信息优势、决策权控制等，故意违法《公司法》的规定及公司章程的约定，拖延或拒绝发放股息。

（二）不合理地向董事及高级管理人员支付高额报酬和提供高福利待遇、利用各种报销公款私用

实践中，大股东往往赤膊上阵，亲自出任公司 CEO，组建管理团队。或者指派自己可以掌控的代理人/代言人进入管理层，对公司日常经营及重大决策实施控制，小股东被排挤在管理之外。而大股东利用其优势信息地位及决策掌控权，以远高于市场的薪酬标准或者股权激励极其不合理地向董事及高级管理人员支付高额报酬和提供高福利待遇，甚至利用各种报销来公款私用，进行奢侈消费。

笔者曾经发现一个公司的高管利用职权，让公司为自己签署了一份高额的赔偿合同，如果自己遭到股东会或董事会的解聘，公司将向其补偿数千万元损失。甚至，还看到一份劳动合同约定，无论何种原因，该高管离职，公司都将赔偿其 2 年的工资。也就是说，依据该合同，其自动辞职，公司也需要给予补偿。

这曾经是美国华尔街公司高管、跨国巨头高管们的伎俩，如今已被引入中国公司。

（三）利用公司的资金为大股东提供优惠贷款或高价租用其财产

这种情形在实践中司空见惯，尤其是后者，将其原本无价值的财产以远高于市场的价格租给公司，或作价入股公司，损害小股东利益。

（四）利用公司为大股东控股的其他公司提供贷款优惠或免除债务

这在上市公司中表现得极为突出，大股东不再采用赤裸裸地直接占用公司资金，而是拐弯抹角，绕个圈子，让公司为大股东控制的其他公司提供贷款或免除债务，甚至将公司财产低价出售。

（五）恶意增加公司资本，迫使少数股东因无力认购新股而使其持股比例进一步降低（恶意稀释），利用信息不对称降低公司价值私用

由于大股东直接参与公司经营，对公司的经营状况了如指掌，而小股东则游离于公司之外，无法准确知晓公司真实的经营状况与价值。于是，大股东利用信息不对称，故意贬低公司价值，然后再进行高额增发，从而不断稀释小股东的股权比例，提升大股东的股权比例，从而进一步获得公司的掌控力，严重损害了小股东的利益。

（六）操纵公司股票价格，迫使少数股东低价出售所持股票

这种情形主要存在于上市公司之中，大股东了解公司真实的价值，为了获得更多便宜的筹码，采用打压股价的模式贬损公司价值，目的有二，其一是迫使小股东出现恐慌心理抛售股票，使得大股东可以较低的价格买入。其二是大股东借此时机让公司买入自己的其他资产（相同的资产可以换得更多的上市公司股票），从而获得利益最大化。

（七）在董事或管理人员非法经营、违反职责而损害公司利益时，无理拒绝以公司名义对他们进行追究，或不作为怠于行使权利

此种情形表现为，大股东对董事、监事、高级管理人员直接损害公司间接损害小股东利益的行为予以偏袒，置若罔闻，漠然处置，甚至包庇。原因就在于这些董事、监事、高级管理人员本身就是大股东的代言人。这些董事、监事、高级管理人员的行为要么就是为了配合或协助大股东，要么就是利益交换，董事、监事、高级管理人员配合大股东做些“大坏事”，大股东默许董事、监事、高级管理人员干点儿损公肥私的“小坏事”。

（八）违反法律或章程的规定，为少数股东参加股东大会附加不合理的条件

实践中表现为，大股东故意长期不开董事会，或者设置诸多附加条件，让小股东无法参会。比如，股东会在遥远的国外召开，却要求股东自行承担差旅费用。

或者临时通知,临时增加议题,利用突击开会,造成下股东无法参会或无法准确表决。

(九)无理拒绝向少数股东提供或隐瞒有关公司经营状况、资产情况以及其他必要的信息和资料

这在实践中表现得最为常见,就是恶意损害小股东的知情权,参与权。

(十)利用“不断发展恶意兼并”或“短期合并”等手段,将少数股东排挤出去然后再恢复公司原状

这种情形属于大股东技术含量比较高,但付出成本比较的损害小股东的利益,这种瞎折腾目的在于排挤小股东,损害小股东的利益,但这种瞎折腾也给公司带来诸多问题。

(十一)利用因其职务所获得的内部信息为自己谋取私利

这种情形属于典型的内幕信息,或者利用小股东所不知的信息,为自己谋取利益。

(十二)同业竞争、关联交易、内幕信息、虚假陈述、操纵市场、虚假上市、商业贿赂

这种损害小股东的利益属于大股东的组合拳,可谓“十八般武艺样样俱全”。都表现在上市公司之中。而内幕信息、虚假陈述、操纵市场、虚假上市是上市公司的四大顽疾。同业竞争、关联交易、商业贿赂属于最为普遍的潜规则。

(十三)长期不开股东会,长期不分红、长期不告知经营状况

这基本成为中小民营公司的普遍现象,见怪不怪了。大股东长期控制公司,从不召开股东会,董事会,不向股东提供财务报告及经营信息,长期不分红。使得小股东沦为出资不获利的看客,甚至冤大头。

(十四)违法担保、违法利益输送、侵占挪用公司资金、自我交易

大股东利用自己的掌控权,违反《公司法》规定及公司章程约定,违法为股东进行担保,进行关联担保,为第三方提供担保。违法进行利益输送,更严重的行为是侵占挪用公司资金,与公司进行自我交易。将公司视为自己的自留地。

比如,媒体披露的包商银行,大股东恶意侵占银行1500亿元的天量资金为己所用。

（十五）操纵股东会、董事会，滥用大股东权利（1/2、2/3 表决权等）

大股东利用资本多数决控制股东会，进而利用人数多数决控制董事会，滥用大股东的表决权，置小股东的合理诉求及利益于不顾，为所欲为。

（十六）出资瑕疵、抽逃出资

大股东出资瑕疵，长期出资不到位，或者将自己拥有的低价值财产或瑕疵资产作价折股给公司。甚至抽逃出资，严重损害公司及小股东的利益。

（十七）滥用股权激励

大股东利用其控制的股东会及董事会为自己设定不合理的股权激励，从而稀释小股东的股权，损害小股东的利益。

（十八）利用公司资源为自己谋取利益

大股东利用自己所掌控的公司资源，随意为自己谋取利益。

以上 18 种类型为大股东常见的损害小股东利益的方式，但是道高一尺魔高一丈，随着监管从严，大股东损害小股东利益，进行股东压制的方法不断升级迭代，层出不穷，不断创新。一直玩着猫捉老鼠的游戏。所以，加大小股东利益保护将是长远的事情，任重而道远。

第二节　小股东维权的法律路径

如前文所述，在大股东对小股东的压制下，原有的公司治理规则已经不能起到制衡作用，原本属于公司内部问题与纷争，就必须借助外部司法的力量来干预，这种干预就是赋予了小股东维权的救济途径。也就是说，外部的干预不是主动干预，而是给了小股东司法救济的选择权。小股东如果启动司法程序，即提起维权之诉，则法院就介入审查，如果小股东放弃权利，则外部的司法干预就不会启动，即不告不理。

结合现行的《公司法》《证券法》及相关司法解释，如果从宽泛意义上讲，法律及司法解释赋予了股东压制下的小股东有如下救济（诉讼）路径。

一、维权路径之一：小股东直接维权之诉

《公司法》及其司法解释赋予小股东的第一类维权途径就是直接维权之诉。即受到大股东压制或损害的小股东，可以直接提起维护自己股权身份权及财产权的诉讼。该类诉讼主要有四种：股东知情权诉讼；公司利润分配诉讼；请求公司收购股份诉讼；损害股东利益责任诉讼。

为了归类与论述的方便，在本书中，笔者将该四类诉讼列入第六章“小股东维权之诉”的第5式、第6式、第7式及第8式之中。

二、维权路径之二：损害公司利益之诉

针对大股东及董事、监事、高级管理人员直接损害公司、间接损害小股东利益的侵权行为，《公司法》及其司法解释赋予了公司如下两类索赔之诉，当被大股东或董事、监事、高级管理人员掌控下的公司无法行使诉权时，又赋予了小股东的股东代表诉讼。该类诉讼主要有两种情形：损害公司利益责任诉讼；公司关联交易损害责任诉讼。

为了归类与论述的方便，将该两类诉讼归入本书第七章“小股东维权之诉”中的第18式、第19式之中。

三、维权路径之三：股东出资之诉

针对大股东瑕疵出资、不履行出资义务、抽逃出资、虚假出资等损害公司及小股东利益的行为，《公司法》及其司法解释赋予了公司及小股东的股东出资之诉，可以追究大股东的瑕疵出资、不出资、抽逃出资、虚假出资的违约责任或赔偿责任。为了归类与论述的方便，将该两类诉讼归入本书第三章“公司出资之诉”中的第2式之中。在该第2式中，涉及的具体类型多达10余种。

四、维权路径之四：公司解散、清算之诉

针对大股东利用对公司的掌控权，长期不召开股东会，长期不向小股东通报

经营及财务状况，使公司治理形同虚设，且造成公司经营困难出现亏损的情形。

《公司法》及其司法解释赋予了小股东的公司解散之诉。因为，如果这样的公司再持续经营下去，小股东的利益将受到进一步损害，这就有必要赋予小股东通过诉讼要求法院判决强制解散公司的救济方式，同时，针对解散后的公司，如果清算义务人不能及时履行清算责任或义务，则权利人有权申请法院强制清算。这就保障了小股东的权益。

为了归类与论述的方便，将该两类诉讼归入本书第十六章“公司终结之诉”中的第 33 式、第 34 式之中。

五、维权路径之五：公司决议效力之诉

大股东对小股东的股东压制行为大部分还是表现为滥用股东权或董事权，通过股东会决议或董事会决议的“合法”形式表现出来，在笔者 20 多年的律师执业实践中，经常遇到一些公司的大股东仍然固执地认为“我是持股比例超过 70% 的公司大股东，做股东会决议只要符合公司章程规定的 2/3 即可，也就是说，我可以决定任何股东会决议”。

如果机械地认为，凡是符合公司章程规定的股东会决议，就是合法合理的，那么，大股东利用“资本多数决”对小股东压制的侵害行为就堂而皇之，名正言顺了。小股东的利益谈何保护？因此，《公司法》明确规定了大股东即使有这样的表决权，但也要合理合法的行使或运用，绝不能滥用股东权利，损害小股东的利益。遭受损害的小股东，可以对股东会决议、董事会决议提起效力之诉。

为了归类与论述的方便，将该类诉讼归入本书第九章“公司治理之诉”的第 13 式、第 14 式之中。

六、维权路径之六：公司重组之诉

在股东压制中，还存在一种更为隐秘的、“合法的”，具有技术含量的损害小股东的侵权行为，这就是大股东利用控制权实施公司重组，以稀释小股东的股权比例，或将小股东排挤出公司。具体表现：利用公司合并、公司分立、公司减资、公

司增资四种重组形式。

针对大股东上述压制行为,《公司法》及其司法解释赋予了小股东的四种诉讼,即公司合并之诉、公司分立之诉、公司减资之诉、公司增资之诉。

为了归类与论述的方便,将该类诉讼归入本书第十一章“公司重组之诉”的第 19 式、第 20 式、第 21 式及第 22 式之中。

对于小股东针对大股东压制进行的维权之诉中,《公司法》及其司法解释在程序上也给予了充分的保护性规定,主要诉讼途径有请求公司提起诉讼、股东代表诉讼、股东直接诉讼、集体诉讼(代表制度)。当然,针对大股东及公司董事、监事、高级管理人员严重侵害公司或小股东的违法行为,可以向有关部门投诉,请求主管部门进行查处,给予行政处罚或监管措施,比如,上市公司的小股东可以向证监会举报上市公司大股东、董事、监事、高级管理人员的违法行为。情节严重涉嫌刑事犯罪的,还可以向司法机关进行刑事举报。我国《刑法》也规定了相应的罪名。

本章下面的内容主要介绍小股东六条维权路径中的第一条:直接维权之诉。小股东针对损害自身权益的行为,直接提起诉讼。该类诉讼常见的主要有四大类型(包含 8 种具体诉讼),分别是股东知情权诉讼、公司利润分配诉讼、请求公司收购股份诉讼及损害股东利益责任诉讼。该四类诉讼在本书中被列为公司诉讼的第 5 式、第 6 式、第 7 式及第 8 式。下面我们就分别介绍下这四类诉讼的基础与原理。

第三节　第 5 式:股东知情权诉讼

一、股东知情权诉讼的 4 种类型

在股东权利体系中,知情权作为一项基础性、工具性的权利,是股东据以了解公司经营情况、财务状况,便于股东作出有效决策、保障股东权益,并进一步主张其他权利的利器,因而是股东最基本的一项权利。但在实践中,大股东有可能通过指示公司不合理拒绝向小股东提供相关资料的方式侵害小股东的权益,从而损害小股东的知情权。

由于小股东不参与公司经营，无法了解公司实际经营状况。大股东或直接掌控公司，或通过控制管理团队来控制公司，实践中，实际控制人、控股股东、董事、监事、高级管理人员利用其对公司的掌控之便，损害公司利益或直接损害小股东的利益。并且长期不召开股东会，不向小股东公布财务与经营信息。为避免小股东掌握真实情况后维权，于是就采用各种手段阻挠小股东获知公司财务信息。因此，股东知情权诉讼也是小股东进行系列维权的基础，是掌握权利是否受损的重要途径，从某种程度上讲，知情权诉讼是股东打开维权大门的钥匙，是系列维权的开始。众多的小股东维权诉讼正是基于小股东通过知情权诉讼获得权利受损证据而开始的。

常见的股东知情权诉讼主要有 4 种具体情形，其中第 1 种为知情权诉讼的标准模式，第 2 种、第 3 种与第 4 种为特殊情形，是行使股东知情权诉讼过程中遭遇的特殊侵权。

（一）关于股东知情权的诉讼

关于股东知情权的诉讼的主要法律依据是《公司法》第 33 条、第 97 条，具体为：

《公司法》第 33 条：股东有权查阅、复制公司章程、股东会会议记录、董事会会议决议、监事会会议决议和财务会计报告。股东可以要求查阅公司会计账簿。股东要求查阅公司会计账簿的，应当向公司提出书面请求，说明目的。公司有合理根据认为股东查阅会计账簿有不正当目的，可能损害公司合法利益的，可以拒绝提供查阅，并应当自股东提出书面请求之日起十五日内书面答复股东并说明理由。公司拒绝提供查阅的，股东可以请求人民法院要求公司提供查阅。

《公司法》第 97 条：股东有权查阅公司章程、股东名册、公司债券存根、股东大会会议记录、董事会会议决议、监事会会议决议、财务会计报告，对公司的经营提出建议或者质询。

《公司法解释（四）》第 7 条、第 8 条、第 9 条及第 10 条则对股东行使知情权的有关具体细节问题作了进一步规范。具体如下：

《公司法解释（四）》第 7 条："股东依据公司法第三十三条、第九十七条或者公司章程的规定，起诉请求查阅或者复制公司特定文件材料的，人民法院应当依法予以受理。公司有证据证明前款规定的原告在起诉时不具有公司股东资格的,人民法院应当驳回起诉,但原告有初步证据证明在持股期间其合法权益受到损害,请求依法查阅或者复制其持股期间的公司特定文件材料的除外。”

《公司法解释(四)》第 8 条:“有证据证明股东存在下列情形之一的,人民法院应当认定股东有公司法第三十三条第二款规定的‘不正当目的’:

(一)股东自营或者为他人经营与公司主营业务有实质性竞争关系业务的,但公司章程另有规定或者全体股东另有约定的除外;

(二)股东为了向他人通报有关信息查阅公司会计账簿,可能损害公司合法利益的;

(三)股东在向公司提出查阅请求之日前的三年内,曾通过查阅公司会计账簿,向他人通报有关信息损害公司合法利益的;

(四)股东有不正当目的的其他情形。”

《公司法解释(四)》第 9 条:“公司章程、股东之间的协议等实质性剥夺股东依据公司法第三十三条、第九十七条规定查阅或者复制公司文件材料的权利,公司以此为由拒绝股东查阅或者复制的,人民法院不予支持。”

《公司法解释(四)》第 10 条:“人民法院审理股东请求查阅或者复制公司特定文件材料的案件,对原告诉讼请求予以支持的,应当在判决中明确查阅或者复制公司特定文件材料的时间、地点和特定文件材料的名录。股东依据人民法院生效判决查阅公司文件材料的,在该股东在场的情况下,可以由会计师、律师等依法或者依据执业行为规范负有保密义务的中介机构执业人员辅助进行。”

案·例

张某鹏诉北京康克世纪化工有限公司股东知情权纠纷案

经法院庭审质证,双方当事人对对方提交的证据均不认可。双方当事人对以下涉及本案争议焦点的证据持有异议:

1. 原告张某鹏提交的证据1《康克公司章程》(2011 年 4 月 7 日)、证据 2 查阅公司会计账簿通知书及快递回执单、证据 3 会计师事务所报告书。证明张某鹏具有康克公司股东身份,实际出资50万元,占康克公司50%的股权。并且张某鹏向康克公司履行了请求查阅会计账簿的通知义务。被告康克公司对上述证据均不认可,但是其认可康克公司章程上“柳某云”的签名系本人书写,张某鹏出过资,康克公司也收到过张某鹏查阅公司会计账簿的函件。法院认为,康克公司认为张某鹏以欺诈手段获得股东身份,缺乏证据证实。张海鹏上述证据1、证据3均在工商登记机关备案,证据2康克公司亦认可收到,能够证明本案事实,故法院对该3份证据均予以确认。

2. 被告康克公司提交的证据转账支票存根(2张)、证据2电子银行交易回单,证明康克公司收到了张某鹏的注资款,但是根据张某鹏的指示将其注资款和部分生意款购买了白银,白银被张某鹏拿走。原告张某鹏认为该2份证据与本案没有关联,不予认可。法院认为,本案系股东知情权纠纷,康克公司上述证据与抽逃出资有关,与本案不属同一法律关系,没有直接的关联,故本院对该2份证据不予认定。

法院根据上述认证查明:康克公司系股东王某平、柳某云共同出资组建,2008年5月27日取得北京市工商行政管理局大兴分局换发的企业法人营业执照。2011年4月7日,柳某云受让王某平的24万元股份,张某鹏新增资本50万元,变更后,康克公司股东为柳某云、张某鹏,各占50%的股份。同日,康克公司召开股东会决议,选举柳某云为执行董事,聘任柳某云为经理,选举张某鹏为监事,全体股东通过修改后的章程。修改后的章程、股东情况均在工商登记机关进行了变更登记、备案。2012年10月14日,张某鹏向康克公司及执行董事柳某云发出查阅公司会计账簿通知书,为了解公司的盈亏情况及经营计划,要求查阅康克公司的财务会计报告及会计账簿。康克公司及柳某云收到该通知书后,拒绝张某鹏查阅、复制。

法院认为:2011年4月7日,张某鹏通过增资方式,成为康克公司股东,并占有50%的股份。康克公司系合法成立的有限责任公司,其股东应享有《公司法》及公司章程赋予的权利。张某鹏作为康克公司的股东,享有知情权,有权查阅公司财务会计报告及会计账簿。康克公司拒绝查阅,违反法律规定。康克公司辩称张某鹏系通过诈骗手段获得股东资格,并将出资抽逃的抗辩意见，与本案不属同一法律关系，不影响张某鹏行使股东知情权，本院不予采纳；由于张某鹏系2011年4月7日成为康克公司股东，康克公司此前的财务会计报告、会计账簿与张某鹏没有关联，张某鹏无权查阅，其只能查阅2011年4月7日之后的财务会计报告、会计账簿。故张某鹏要求查阅的财务会计报告、会计账簿范围中合理部分，本院予以支持，超出部分，本院不予支持。

（二）关于行使知情权原告泄露公司秘密赔偿责任之诉

《公司法解释（四）》第11条第1款："股东行使知情权后泄露公司商业秘密导致公司合法利益受到损害，公司请求该股东赔偿相关损失的，人民法院应当予以支持。"

该条规定是针对股东知情权滥用的限制，股东如果在行使知情权过程中泄露公司商业秘密，损害公司合法利益的，则需承担赔偿责任。

（三）关于聘用中介机构行使知情权泄露公司秘密赔偿责任之诉

《公司法解释（四）》第11条第2款："根据本规定第十条辅助股东查阅公司文件材料的会计师、律师等泄露公司商业秘密导致公司合法利益受到损害，公司请求其赔偿相关损失的，人民法院应当予以支持。"

股东可以委托律师、会计师等专业人士来协助其查阅公司有关文件资料，如果这些专业人士在查阅文件材料过程中或之后泄露公司商业秘密，导致公司合法利益受损的，则需承担赔偿责任。

（四）关于董事、监事、高级管理人员损害股东知情权之诉

《公司法解释（四）》第12条："公司董事、高级管理人员等未依法履行职责，导致公司未依法制作或者保存公司法第三十三条、第九十七条规定的公司文件材料，给股东造成损失，股东依法请求负有相应责任的公司董事、高级管理人员承担民事赔偿责任的，人民法院应当予以支持。"

该条司法解释主要针对参与公司经营管理的董事、高级管理人员未依法制作或销毁财务会计账簿、财务报告等重要文件材料，导致股东无法行使知情权的情形。司法实践中，经常会遇到股东要求查阅公司财务资料时，实际管理公司的董事与高级管理人员因为怕事情败露,而故意损害财务账册,从而客观上造成股东无法查阅公司账册材料的困境。因此,本条规定极具现实针对性。

二、股东知情权诉讼的常见问题

(一)包括原始凭证和记账凭证在内的会计凭证,能否查询?

股东知情权的范围,一般为可查阅范围和可复制范围。

可查阅范围包括公司章程、股东会/股东大会会议记录、董事会会议记录、监事会会议记录、财务会计报告、会计账簿、股东名册、公司债券存根。

可复制范围包括公司章程、股东会/股东大会会议记录、董事会会议记录、监事会会议记录、财务会计报告。

由此可见,可查阅的范围大于可复制的范围,也就是说,"会计账簿、股东名册、公司债券存根"该三类资料,能看不能拿!

会计账簿、财务会计报告都属于知情权的范围,但并未明确规定会计账簿、会计报告所依据的会计凭证是否可以查阅?而实际上,股东都对记账凭证有着强烈的查阅需求和期待。

对此,最高人民法院(2012)民申字第635号裁判文书给出了肯定的答案。该裁判文书明确指出:虽然《公司法》没有明确规定股东可以查阅会计凭证,然而基于利益平衡以及确保信息真实的考虑,知情权范围不宜限定在一个不可伸缩的区域,尤其对于人合性较高的有限责任公司,严格限定知情权范围并不利于实现知情权制度设置的目的。因此,二审判决支持捷成公司查阅北方食品公司会计凭证的诉讼请求,并无不妥。

(二)股东知情权的诉讼主体

股东身份是股东行使知情权的前提。具体为公司章程登记的股东、工商登记的股东、股东名册登记的股东、股东会决议确定为公司股东。因此,隐名股东无权直接行使知情权,不能直接成为股东知情权诉讼的原告。

股东知情权诉讼应当将公司作为被告,而非法定代表人、股东或控股股东。

(三)股东知情权诉讼的行使程序

股东知情权诉讼应以股东穷尽诉前程序,才可提起诉讼。股东知情权诉讼的法定前置程序:必须先向公司提出书面请求,在公司拒绝查阅请求后,才可向法院提起诉讼。公司收到股东提出的书面请求后,应当在15日内书面答复,公司拒绝提供查阅的,或者超过15日仍不答复的,股东方可诉讼。

股东知情权诉讼应符合公司章程规定的股东行使知情权的程序,如公司章程没有特别约定的,应符合法定程序。

三、股东知情权诉讼的意义

知情权诉讼是股东维权的基础与策略前提。司法实践中,由于小股东不实际参与公司经营管理,对公司经营一无所知。对实际控制人、控股股东、大股东及董事、监事、高级管理人员损害公司或其利益的行为更是无从得知。如果掌握前述利益损害的事实与证据,就必须通过查阅公司文件材料、了解公司经营状况方能知晓。而正当的请求往往会被拒绝,因此,提起股东知情权诉讼就是必需的维权路径。只有通过知情权诉讼,获得查阅公司文件与材料的权利,进而掌握侵权事实证据,根据不同的情形选择最佳的维权路径。具体为:

1. 通过查阅与复制资料,发现公司或自己利益被损害的事实证据。

(1)财务管理混乱,账册销毁;

(2)大股东、董事、监事、高级管理人员损害公司利益情形;

(3)有利润不分配;

(4)公司经营差、公司治理混乱,出现僵局或无继续经营必要;

(5)出资瑕疵问题;

(6)出资瑕疵、抽逃出资、恶意增资或减资、不合规融资问题、违规抵押担保问题等;

(7)公司股东会决议与董事会决议存在的问题;

(8)利用同业竞争与关联交易损害利益问题。

2. 根据获悉的不同损害事实证据,选择不同的维权之诉。

通过股东知情权诉讼,股东可以依法查阅公司文件材料,了解公司实际经营状况,并从中了解是否存在公司利益或小股东利益被损害的情况。

若发现存在实际控制人、控股股东、大股东损害公司利益的情形,则可以提起损害公司利益之诉;若发现存在实际控制人、控股股东、大股东损害小股东利益的情形,则可以提起损害股东利益责任之诉;若发现公司应当分红而长期不分红的,则可以提起公司利润分配之诉;若公司连续5年不向股东分配利润,而公司该5年连续盈利,并且符合规定的分配利润条件的,则可以选择提起公司收购股权之诉等。

第四节　第6式:公司利润分配诉讼

一、利润分配之诉的主要法律依据

关于股东可以提起的公司利润分配之诉,主要体现在《公司法解释(四)》第13条、第14条及第15条,最高人民法院《关于适用〈中华人民共和国公司法〉若干问题的规定(五)》[以下简称《公司法解释(五)》]第4条之上。具体如下:

《公司法解释(四)》第13条:"股东请求公司分配利润案件,应当列公司为被告。一审法庭辩论终结前,其他股东基于同一分配方案请求分配利润并申请参加诉讼的,应当列为共同原告。"

《公司法解释(四)》第14条:"股东提交载明具体分配方案的股东会或者股东大会的有效决议,请求公司分配利润,公司拒绝分配利润且其关于无法执行决议的抗辩理由不成立的,人民法院应当判决公司按照决议载明的具体分配方案向股东分配利润。"

《公司法解释(四)》第15条:"股东未提交载明具体分配方案的股东会或者股东大会决议,请求公司分配利润的,人民法院应当驳回其诉讼请求,但违反法律规定滥用股东权利导致公司不分配利润,给其他股东造成损失的除外。"

《公司法解释(五)》第4条:"分配利润的股东会或者股东大会决议作出后,公司应当在决议载明的时间内完成利润分配。决议没有载明时间的,以公司章程规定的为准。决议、章程中均未规定时间或者时间超过一年的,公司应当自决议作出之日起一年内完成利润分配。决议中载明的利润分配完成时间超过公司章程规定时间的,股东可以依据民法典第八十五条、公司法第二十二条第二款规定请求人民法院撤销决议中关于该时间的规定。"

由上述规定可见，股东可以请求公司分配利润的一般条件：(1)有一个载明具体分配方案的股东会或者股东大会的有效决议；(2)公司拒绝分配利润且其关于无法执行决议的抗辩理由不成立。

股东可以请求公司分配利润的特殊情形：虽然不符合上述两个条件，但原因在于：(1)违反法律规定滥用股东权利导致公司不分配利润；(2)给其他股东造成损失。

二、公司利润分配诉讼案例

案·例

滥用股东权利导致公司不分配利润的，可强制分配

裁判要点

虽无股东会分配决议，但部分股东违反法律规定滥用股东权利，导致公司不分配利润的，诉讼中可强制盈余分配。

案例索引

最高人民法院(2016)最高法民终528号“某门业公司与某热力公司等公司盈余分配纠纷案”。

实务要点

公司盈余分配纠纷中，虽请求分配利润股东未提交载明具体分配方案的股东会或股东大会决议，但有证据证明公司有盈余且存在部分股东变相分配利润、隐瞒或转移公司利润等滥用股东权利情形的，诉讼中可强制盈余分配，且不以股权回购、代位诉讼等其他救济措施为前提。

第五节 第7式：请求公司收购股份诉讼

一、收购股份之诉的主要法律依据

《公司法》第74条：“有下列情形之一的，对股东会该项决议投反对票的股东可以请求公司按照合理的价格收购其股权：

（一）公司连续五年不向股东分配利润，而公司该五年连续盈利，并且符合本法规定的分配利润条件的；

（二）公司合并、分立、转让主要财产的；

（三）公司章程规定的营业期限届满或者章程规定的其他解散事由出现，股东会会议通过决议修改章程使公司存续的。

自股东会会议决议通过之日起六十日内，股东与公司不能达成股权收购协议的，股东可以自股东会会议决议通过之日起九十日内向人民法院提起诉讼。”

根据上述规定，可以将股东请求公司收购股权/股份诉讼解构如图 6－1 所示。

- 收购条件
  - 身份条件——具有股东身份
  - 实体条件
    1. 公司连续 5 年不向股东分配利润，而公司该 5 年连续盈利，同时公司税后利润在弥补亏损和提取公积金后仍有剩余
    2. 公司合并、分立、转让主要财产
    3. 公司章程规定的营业期限届满或者章程规定的其他解散事由出现，股东会会议通过决议修改章程使公司存续
  - 程序条件
    1. 公司开股东会对上述三个事项的部分或全部进行表决并通过决议
    2. 该股东对上述决议投反对票
    3. 自股东会决议作出之日起的 60 日内，公司与股东未达成收购协议
    4. 股东会决议通过之日起 90 日内起诉

图 6－1　股东请求公司收购股权/股份的条件

二、请求公司收购股份诉讼常见争议焦点

请求公司收购股份诉讼在司法实践中主要存在以下几个争议焦点：

（一）承诺、协议、规定、决议、章程等自治协议的效力，即公司是否只能依照公司法规定的法定事由收购股份

最高人民法院在申请再审人沛县舜天房地产开发有限公司与被申请人叶某

文股权转让纠纷案[(2009)民申字第453号]的审理中认为,《公司法》第74条规定的股东回购请求权是法定的股东回购请求权,根据该条规定的情形,股东可以请求公司按照合理价格收购其股权,股东与公司不能达成协议的,股东可以在法定期限内向人民法院提起诉讼。除该条规定的情形股东可行使法定的回购请求权外,《公司法》上仍有股东与公司于其他情形通过协议而由公司回购股东股权的余地。……显然,股东通过公司回购股份退出公司,并不仅限于《公司法》第74条规定的情形。

公司的成立本身就是股东意思表示一致的结果,公司存在的意义不在于将股东困于公司中不得脱身,而在于谋求股东利益最大化。在股东之间就公司的经营发生分歧,或者股东因其自身原因不能正常行使股东权利时,股东与公司达成协议由公司回购股东的股权,既符合有限公司封闭性和人合性特点,又可打破公司僵局、避免公司解散的最坏结局,使公司、股东、公司债权人的利益得到平等保护。

《公司法》允许公司与股东在公司解散诉讼案件中,协商由公司回购股东股份,以打破公司僵局,使公司保持存续而免遭解散,那么保护公司与股东在公司僵局形成之初、股东提请解散公司之前,即协商由公司回购股份以打破公司僵局、避免走向公司解散诉讼,符合《公司法》立法原意。

(二)如何确定合理收购价格

如何确定合理的收购价格也是一个难题。根据司法实践中的判例,主要做法有如图6-2所示的5种,其中直接按财务资料认定、对公司净资产进行司法鉴定(审计或评估)并依据鉴定结果作出判决,是最主要的两种方法。

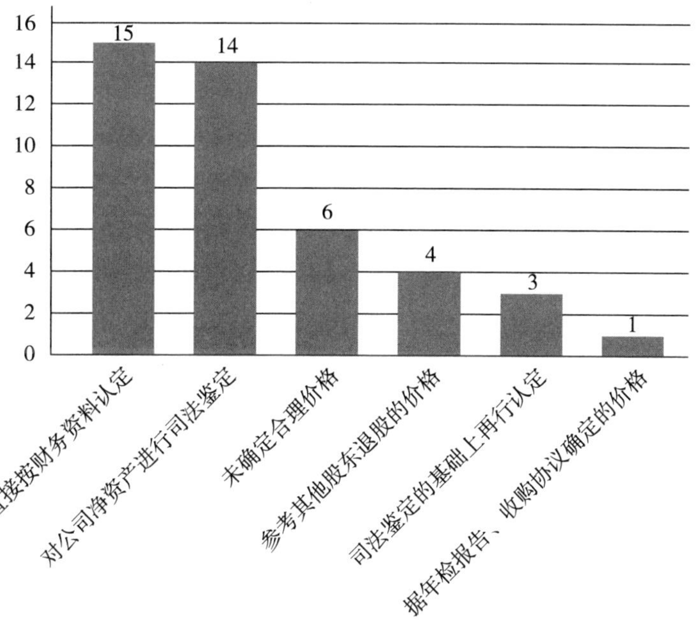

图 6－2　确定合理收购价格方法的案件数量

(三)如何认定公司合并、分立、转让主要财产的行为

对于出售财产的行为,所转让财产是否为公司常规经营核心资产,该财产占公司资产的比例,转让财产的行为是否实质影响了公司设立目的及公司存续,是否影响了公司的正常经营等是考量转让财产是否属于公司主要财产的因素[陕西省西安市中级人民法院(2014)西中民四初字第 00350 号]。如果被告公司设立的并非全资子公司,那就要看投资额占被告公司净资产和总资产的比例,如果比例过大,对股东利益有重大影响,在公司和股东之间的关系陷入僵局,股东的投资利益可能落空的情况下,应该支持股东的收购请求权。

(四)原告可否要求公司收购部分股份

对原告请求公司收购部分股份的诉请,法院的态度是不予支持。理由是《公司法》第 74 条之所以规定在一定条件下,持反对意见的股东有权请求公司按照合理的价格收购其股权,系基于对持反对意见的股东财产权利的保护。因在上述公司法规定的情况下,持有反对意见的股东与公司其他股东之间存在观念上的冲突,即公司的人合性出现分裂和不可调和,持有反对意见的股东以退出公司的方式,由公司收购其拥有的公司股权,以保障其股权的资产价值。

原告保留 1% 的股份表明其同意康乐公司继续存续,并愿意继续保持作为康乐公司股东的身份,这与其反对报告公司继续经营的意见相互矛盾,也与上述立法精神相悖。故对原告的诉讼请求,不予支持[广东省深圳市中级人民法院(2016)粤 03 民终 8891 号,深圳市康乐数码科技有限公司与钟某成请求公司收购股份纠纷案]。

第六节　第 8 式:损害股东利益责任诉讼

损害股东利益责任诉讼属于实际控制人、控股股东、大股东及公司董事、监事、高级管理人员等损害小股东股东权利的情形,在该类诉讼中,被损害的小股东可直接以自己的名义提起损害股东利益责任之诉,因此,属于股东直接诉讼。司法实践中,主要有以下两大类诉讼情形。

一、损害股东利益责任诉讼的类型及其主要法律依据

(一)第一类:对滥用股东权利的股东赔偿责任之诉

公司一旦设立,就是一个独立的法律主体,具有独立的法人地位,可谓人格独立,财产独立。作为公司的股东,在公司成立之后,应该依法正确履行股东的责任和义务,从而享有股东的权利和利益。如果股东不能依法正确行使股东权利,则可能就会陷入滥用股东权利,进而产生损害公司利益的后果。

实践中最常见的股东滥用股东权利损害公司利益的情况,主要有以下两类情形:

第一类就是股东财产和公司财产的混同。公司作为独立法人,其财产是独立于股东的。股东作为公司的发起人,尤其是一些私营企业的大股东,往往会觉得公司是自己设立的,公司设立的资金就是自己拿出来的,因此,在自己需要使用资金时,也可以随时从公司支取。殊不知,如果财务账目管理混乱,往往会被认为构成公司人格和股东人格混同,损害公司利益。

2019 年 11 月 8 日,最高人民法院发布《九民会议纪要》,其中对认定公司人

格和股东人格混同是否存在混同，提出了以下一些标准。

认定公司人格与股东人格是否存在混同，最根本的判断标准是公司是否具有独立意思和独立财产，最主要的表现是公司的财产与股东的财产是否混同且无法区分。在认定是否构成人格混同时，应当综合考虑以下因素：

(1)股东无偿使用公司资金或者财产，不作财务记载的；

(2)股东用公司的资金偿还股东的债务，或者将公司的资金供关联公司无偿使用，不作财务记载的；

(3)公司账簿与股东账簿不分，致使公司财产与股东财产无法区分的；

(4)股东自身收益与公司盈利不加区分，致使双方利益不清的；

(5)公司的财产记载于股东名下，由股东占有、使用的；

(6)人格混同的其他情形。

在出现人格混同的情况下，往往同时出现以下混同：公司业务和股东业务混同；公司员工与股东员工混同，特别是财务人员混同；公司住所与股东住所混同。人民法院在审理案件时，关键要审查是否构成人格混同，而不要求同时具备其他方面的混同，其他方面的混同往往只是人格混同的补强。

第二类是大股东滥用表决权和公司控制权，损害小股东的利益。该类主要表现在大股东利用资本多数决原则及实际掌控的公司经营管理工作，长期不召开股东会、不分红，损害小股东知情权，损害小股东增资权，侵占公司资产等情形。对于此，已在其他章节中有所涉及，在此不再赘述。该类诉讼的主要法律依据如下：

《公司法》第 20 条第 1 款规定："公司股东应当遵守法律、行政法规和公司章程，依法行使股东权利，不得滥用股东权利损害公司或者其他股东的利益；不得滥用公司法人独立地位和股东有限责任损害公司债权人的利益。"该款对公司股东滥用权利作了禁止性规定。

《公司法》第 20 条第 2 款、第 3 款规定："公司股东滥用股东权利给公司或者其他股东造成损失的，应当依法承担赔偿责任。公司股东滥用公司法人独立地位和股东有限责任，逃避债务，严重损害公司债权人利益的，应当对公司债务承担连带责任。"该两款对公司股东滥用权利作了后果性规定。

因此，股东应正当行使自己的权力，即股东应依法和依章程正当行使权利。

股东在行使权利时,首先要遵守法律和章程的规定,其次要依照法律和章程规定的程序行使。股东正当行使权利受法律保护,滥用权利将受到法律的制裁。

(二)第二类:公司董事、监事、高级管理人员损害公司股东利益诉讼

公司董事、监事、高级管理人员损害公司股东利益诉讼的主要法律依据为《公司法》第152条规定:董事、高级管理人员违反法律、行政法规或者公司章程的规定,损害股东利益的,股东可以向人民法院提起诉讼。

此外,《公司法解释(四)》也对公司董事、监事、高级管理人员损害股东利益应当承担的法律责任作了规定,其中第12条规定,“公司董事、高级管理人员等未依法履行职责,导致公司未依法制作或者保存公司法第三十三条、第九十七条规定的公司文件材料,给股东造成损失,股东依法请求负有相应责任的公司董事、高级管理人员承担民事赔偿责任的,人民法院应当予以支持”。

二、损害股东利益责任诉讼的主要法律问题

(一)“公司决策机制运行”与“股东滥用权利”之间的关系

股东权利包括知情权、表决权、收益分配权、清算请求权等多项权益。其中,股东正当行使“表决权”,是保证“公司决策机制”正当运行的前提,也是判断公司决策是否“正当”的依据。

所谓“正当”,是指“符合公司法及公司章程的规定”。同时,基于公司之“资合”的本质,“表决权的分配”直接来源于“股东出资的比例及构成”。尽管公司法或公司章程对公司的各类决策事项有一些具体的限制规定,但“资本多数决法则”始终是“公司决策机制”从设计到运行的法定“内核”,不可动摇。

在具体司法实践中,对大股东表决权行使是否正当的判定,需遵循“商业判断原则”。应尊重公司按照正常决策程序作出的商业判断,尽量减少对商业经营决策活动的介入。从另一个角度讲,因商业风险的不确定而造成的决策失误及损失,与商业决策行为本身并不存在法律上的因果关系。①

---

① 参见原最高人民法院民二庭资深审判长王宪森结合案件剖析“损害股东利益责任纠纷”重点实务问题。

因此，仅仅依据市场经营决策失误，产生了经营损失，而追究决策股东“判断失误”责任，没有法律依据。对于这样的“请求”，各国商事法院均“予以驳回”，法理上并无争议。之所以维护这样的决策规则，也是基于市场经济社会的一个基本判断，即“资本”是代表“财富和商业成功”的标尺。因此，“资本多数决”可谓公司制度中“决策机制”的生命性法则。

在公司制度的实践中，与“资本多数决原则”相对的一个命题：如何“防止大股东暴政”和保护“中小股东的权益”。在传统公司法确立的“公司决策机制”基础上，出现了有利于中小股东推选代表其利益的董事进入公司董事会的“累计投票制”，以及保证中小股东退出公司的“请求公司收购股权制度”，等等。但这些均未改变“公司决策机制”及“资本多数决”的根基。如果不分主次，矫枉过正，随之而受害者，必然是全体股东。

（二）股东无权获取公司的“权益和利益”，也不直接分担公司经营的损失

依据公司制度的基本原理，股东出资设立了公司，但“公司”有自己独立的人格，其享有的财产和权益并不属于股东。“公司”是股东创造财富的企业形式和创业工具，同时，它也是社会财富和债权人利益的蓄水池。

股东依法参与公司经营，通过正当程序，实现股权中的收益权，但其无权直接分割公司的财产、获取属于公司的利益。否则，不仅侵害了公司内部其他主体的合法权益，还直接损害了外部债权人的利益，以及间接损害社会公共秩序和公共利益（如竞争秩序、税收等）。另外，公司的民事责任亦应由其独立承担，包括投资失败的损失。如不存在滥用有限责任及股东权利的行为，股东对于公司的经营损失不承担任何赔偿责任。股东仅以其出资额承担经营失败甚至血本无归后的“有限责任”。

实践中也常有股东以自己的名义起诉公司的债务人，要求按股权比例清收债务的例子；或未经清算程序，擅自分割公司财产，一旦产生纠纷即诉至法院。这些诉讼行为均是违反公司法基本原理的，在诉讼程序上，类似“诉权”也存在问题。当然，如果股东处于维护公司合法权益的目的，在公司不能及时主张权利的情况下，股东可以代公司提起诉讼，并由公司享有诉讼利益。这便是《公司法》第151条公司的“股东代表诉讼”案件，其诉讼利益归属于公司，尽管股东也会间接受益于公司的利益,但这与“股东直接享有诉讼利益”相比,二者的本质截然不同。

(三)关于董事、高级管理人员的民事责任与法人控股股东的关系问题

“法人控股股东”与“公司的董事、高级管理人员”二者存在天然的“近亲”关系。致使这些管理人员在面对“两个法人”的经营管理活动时,有时其行为归属难以分辨,进而时常带来一些令人难解的纠纷及争议。

“董事、高级管理人员”是公司内部法律关系中的重要主体。在公司诉讼案件中,其自然享有独立的民事诉讼主体地位。在履行管理职责时,其是否违反了公司法及公司章程的规定,是否侵害了公司内外其他商事主体的合法权益,通常可以依据具体的侵权事实,作出独立的判定,由其本人承担责任。但如果其同时以“法人控股股东”的身份实施了侵权行为,则不排除该控股股东承担相应的责任。反之,如“控股股东”依法律及章程规定,正当地行使了股东权利,则其对“董事、高级管理人员”个人实施的侵权行为就不应承担责任。

第七章

公司诉讼第 9 至 10 式：损害公司利益之诉

公司是一个独立法人，有其独立的财产和利益，作为公司的董事、监事、高级管理人员以及股东，对公司均负有特殊的责任和义务。董事、监事和高级管理人员，对公司负有忠实义务和勤勉义务。乍听起来，“忠实义务和勤勉义务”犹如一句空泛的口号，实则不然。违反了“忠实义务和勤勉义务”，是要承担具体责任的。

本章第一节，向大家介绍了公司董事、监事和高级管理人员需要注意的“忠实义务和勤勉义务”以及违反“忠实义务和勤勉义务”应承担的责任。

作为股东，尤其是大股东乃至一人股东，常常会觉得公司财产就是自己的财产，很容易把股东财产和公司财产混为一谈，不经意间触及损害公司利益责任。本章第二节，向大家介绍了股东损害公司利益的情形及可能承担的损害公司利益责任。

第一节 公司诉讼第9式：关于对董事、监事、高级管理人员“三违”的6种诉讼

董事、监事、高级管理人员是接受公司股东会领导下实际管理与经营公司的人,其可能本身就是公司股东,或者是受公司股东指派担任公司董事、监事、高级管理人员职务的人。其与公司股东实际是一种委托或信托关系(有两种观点)。其直接影响甚至决定着公司的发展与命运,因此,各国公司法都对公司董事、监事、高级管理人员作了非常严格的责任规定,具体表现:董事、监事、高级管理人员的两方面义务,其一是忠实义务;其二是勤勉义务。通俗而言,就是忠诚于股东利益,且有能力履行管理职责。这就说人们常说的“德能勤绩”。

《公司法》第147条规定:“董事、监事、高级管理人员应当遵守法律、行政法规和公司章程,对公司负有忠实义务和勤勉义务。董事、监事、高级管理人员不得利用职权收受贿赂或者其他非法收入,不得侵占公司的财产。”

本条规定,可以分为前后两个部分来理解,第一部分,董事、监事和高级管理人员对公司负有忠实义务和勤勉义务,这是一个概况性的规定。第二部分,特别强调了董事、监事和高级管理人员不得利用职权收受贿赂或者其他非法收入,不得侵占公司的财产,这是属于对忠实义务和勤勉义务的具体的列举式的规定,且重在“忠实义务”。

那么,除了董事和监事以外,高级管理人员包括哪些人员呢?对此,《公司法》第216条第1项明确规定:“高级管理人员,是指公司的经理、副经理、财务负责人,上市公司董事会秘书和公司章程规定的其他人员。”也就是说,公司的董事、监事、经理、副经理、财务负责人、上市公司董事会秘书及公司章程规定的高级管理人员,均对公司负有忠实义务和勤勉义务。

《公司法》第148条规定:“董事、高级管理人员不得有下列行为:(一)挪用公司资金;(二)将公司资金以其个人名义或者以其他个人名义开立账户存储;(三)违反公司章程的规定,未经股东会、股东大会或者董事会同意,将公司资金借贷给他人或者以公司财产为他人提供担保;(四)违反公司章程的规定或者未经股东会、

股东大会同意,与本公司订立合同或者进行交易;(五)未经股东会或者股东大会同意,利用职务便利为自己或者他人谋取属于公司的商业机会,自营或者为他人经营与所任职公司同类的业务;(六)接受他人与公司交易的佣金归为己有;(七)擅自披露公司秘密;(八)违反对公司忠实义务的其他行为。董事、高级管理人员违反前款规定所得的收入应当归公司所有。”

《公司法》第149条规定了董事、监事、高级管理人员的损害赔偿责任。该条明确规定:“董事、监事、高级管理人员执行公司职务时违反法律、行政法规或者公司章程的规定,给公司造成损失的,应当承担赔偿责任。”

由此可见,对于董事、监事、高级管理人员违反忠实义务与勤勉义务,违反《公司法》,相关行政法规(如公司有关规定,上市公司有关监管规定等)及公司章程,即董事、监事、高级管理人员“三违”需要承担相应的法律责任。该类行为根据实践中具体表现情形,主要涉及以下6类诉讼。

一、董事、高级管理人员违反《公司法》第148条行为之诉

如上所述,根据《公司法》第148条的规定,列举了董事、监事、高级管理人员不得从事的8种行为。

其中前三项,都是关于公司资金的使用问题,包括不得挪用、擅自存储、擅自借贷或担保;第4项是不得擅自进行关联交易;第5项是不得进行同业竞争;第6项是不得收取佣金;第7项是不得擅自披露公司秘密;第8项是一个兜底条款,不得从事违反对公司忠实义务的其他行为。董事、高级管理人员违反上述规定,其所获利益应当归公司所有。

同时,《公司法》第149条进一步规定,董事、监事、高级管理人员执行公司职务时违反法律、行政法规或者公司章程的规定,给公司造成损失的,应当承担赔偿责任。除此之外,如果董事、监事、高级管理人员违反忠实义务的行为,情节严重,触犯《刑法》且符合立案标准,则将可能承担更严重的刑事法律责任。

公司执行董事李某鑫损害公司利益案

基本案情

某公司成立于1999年4月5日,股东为李某、袁某敏、李某鑫、李某磊。李某鑫自2016年3月3日起任该公司执行董事兼经理。2016年5月9日,某公司侧孔插瓶针的医疗器械注册证到期,某公司在未取得注册产品注册证的情况下生产该产品。2017年12月4日,某区食药监局经调查后查明某公司侧孔插瓶针的医疗器械注册证于2016年5月9日到期,某公司在未取得注册产品注册证的情况下生产该产品,认为某公司的行为违反了《医疗器械监督管理条例》《医疗器械生产监督管理办法》的相关规定,并给予某公司行政处罚:(1)没收违法所得106,800元;(2)处货值金额15倍罚款2,052,000元;(3)没收侧孔插瓶针成品99,900支,半成品2600支;(4)没收侧孔插瓶针生产设备成尖机3台,磨尖机3台;(5)没收侧孔插瓶针原材料304不锈钢带60公斤。

2018年3月22日,股东李某磊向某公司监事袁某敏邮寄《关于要求监事履行职责提起诉讼维护公司合法权益的请求》,认为某公司违规生产被食药监局处罚,罚金2,158,800元,给某公司造成了巨大经济损失,作为高级管理人员的李某鑫应承担相应责任,请求监事履行职责,对李某鑫提起诉讼。袁某敏收到上述函件后未提起诉讼。后李某磊自行向法院提起诉讼。

裁判结果

一审判决:李某鑫于判决生效之日起10日内赔偿某公司损失2,158,800元。二审判决:驳回李某鑫的上诉请求,维持一审判决。

法律分析

其一,股东提起损害公司利益责任之诉的法定程序。

根据《公司法》第149条的规定,"董事、监事、高级管理人员执行公司职务时违反法律、行政法规或者公司章程的规定,给公司造成损失的,应当承担赔偿责任”。第151条第1款规定:“董事、高级管理人员有本法第一百四十九条规定的情形的,有限责任公司的股东、股份有限公司连续一百八十日以上单独或者合计持有公司百分之一以上股份的股东,可以书面请求监事会或者不设监事会的有限责任公司的监事向人民法院提起诉讼。”第151条第2款规定:“监事会、不设监事会的有限责任公司的监事,或者董事会、执行董事收到前款规定的股东书面请求后拒绝提起诉讼,或者自收到请求之日起三十日内未提起诉讼,或者情况紧急、不立即提起诉讼将会使公司利益受到难以弥补的损害的,前款规定的股东有权为了公司的利益以自己的名义直接向人民法院提起诉讼。”

根据上述规定,董事、高级管理人员履行公司职务时违反法律、行政法规或公司章程规定,给公司造成损失,符合条件的股东可以书面请求监事会或不设监事会的有限责任公司监事提起诉讼,若监事会或不设监事会的有限责任公司监事收到股东书面请求后拒绝提起诉讼或收到书面请求之日起30日内未提起诉讼,则股东有权以自己的名义提起诉讼。需要注意的是,除存在紧急情况、不立即提起诉讼将会使公司利益受到难以弥补的损害情况外,其他情形下,股东需先书面请求监事会或监事向法院提起诉讼,当监事会或监事明确拒绝提起诉讼或收到书面请求30日内未提起诉讼时,股东方能以自己的名义直接向人民法院提起诉讼。

前述案例中,股东李某磊向公司监事袁某敏邮寄《关于要求监事履行职责提起诉讼维护公司合法权益的请求》,请求袁某敏对李某鑫提起诉讼。袁某敏收到上述函件后未提起诉讼,后李某磊自行向法院提起诉讼。李某磊作为符合《公司法》规定条件的股东,以自己的名义提起损害公司利益责任之诉的程序符合《公司法》的相关规定。

其二,董事、高级管理人员应对公司损害承担责任的条件。

根据《公司法》第149条的规定,“董事、监事、高级管理人员执行公司职务时违反法律、行政法规或者公司章程的规定,给公司造成损失的,应当承担赔偿责任。”

根据上述规定,董事、监事、高级管理人员对公司损失承担赔偿责任需符合以下几个条件：一是主观上，对违反法律、行政法规或者公司章程存在过错；二是行为上，属于执行公司职务行为，与公司职务无关的行为不在此限；三是行为后果上，对公司造成了损失；四是相关行为与对公司的损害之间存在因果关系。

前述案例中，李某鑫辩称其非公司当时违规生产的经营决策人，且证人某公司另一股东李某也出庭证明某公司的违规生产决定系李某鑫请示了自己后，自己所作出的决定。但法院认为李某鑫作为公司的执行董事兼经理，作出公司的生产经营决策和执行系其法定职责。即使李某鑫辩称的事实属实，亦并非免除李某鑫作为某公司的执行董事兼经理应对某公司的涉案损失承担赔偿责任的法定事由。某公司在相关医用器械注册证到期后且新的申请尚未审批通过的期间内生产，违反了相关行政法规的规定，因此被处罚金。李某鑫对于公司进行违规生产的决定及执行负有直接的责任，其行为与该事实之间存在直接的因果关系，应对行政处罚所致公司损失进行赔偿。

通过对前述案例的法律分析，对存在类似情形的公司及其股东、董事、监事、高级管理人员等提示如下：

首先，提起损害公司利益责任纠纷之诉应符合相关程序规定。

存在与前述案例类似情形的公司，符合条件的股东若想通过司法程序追究相关人员赔偿责任，应按照《公司法》第151条的规定，先书面请求监事会或不设监事会的有限责任公司监事提起诉讼（存在紧急情况、不立即提起诉讼将会使公司利益受到难以弥补的损害情况除外），只有监事会或监事拒绝提起诉讼或在法定期限内未提起诉讼时，股东方能以自己的名义直接向人民法院提起诉讼。

其次，挂名董事、监事、高级管理人员应按法定职责承担赔偿责任。

实践中，一些公司的执行董事、经理等人员仅为挂名，并不负责公司经营决策、实际运转，此种情形下，是否需对公司经营决策错误造成的损失承担责任？通过前述案例我们可以看出，法院认为，作出公司的生产经营决策和执行是法律法规及章程赋予董事、监事、高级管理人员的职责，即使相关决策并非由董事、监事、高级管理人员实际作出，亦非免除相关人员对公司因经营决策错误而造成的损失承担赔偿责任的法定事由,相关人员仍需承担赔偿责任。

二、董事、高级管理人员未督促股东缴纳出资之诉

除了《公司法》第147条第2款和第148条所列举的情形之外,特别需要注意的是,关于"忠实义务和勤勉义务"这一概况性规定,司法实践中已有新的具体运用。

当股东未按照章程规定及时足额出资,作为公司董事和高级管理人员,如未及时督促股东缴纳出资,则有未尽到"忠实义务和勤勉义务"之嫌,可能会承担连带赔偿责任。

《公司法解释(三)》第13条第4款规定:"股东在公司增资时未履行或者未全面履行出资义务,依照本条第一款或者第二款提起诉讼的原告,请求未尽公司法第一百四十七条第一款规定的义务而使出资未缴足的董事、高级管理人员承担相应责任的,人民法院应予支持;董事、高级管理人员承担责任后,可以向被告股东追偿。"

关于该诉讼,笔者已在本书第三章第一节对出资违约股东的5种诉讼中的关于股东及董事、监事、高级管理人员的追偿之诉中做了简要阐释。在此不再赘述。

案·例

斯曼特微显示科技(深圳)有限公司诉胡某生、薄某明、史某文、贺某明、王某波、李某滨(六名董事)损害公司利益责任纠纷案

[(2018)最高法民再366号]

基本案情

胡某生等六人为斯曼特微显示科技(深圳)有限公司(以下简称深圳斯曼特公司)董事。深圳斯特曼公司股东欠缴注册资本4,912,376.06美元。深圳斯曼特公司因欠债未清偿,被债权人申请破产清算。深圳斯曼特公司向深圳市中级人民法院起诉,要求胡某生等六名董事在股东未缴注册资本4,912,376.06美元范围内向公司承担损失赔偿责任。

本案经深圳市中级人民法院审理，深圳市中级人民法院认为：胡某生等六名董事消极未履行追缴股东欠缴出资的勤勉义务，与股东欠缴出资之间并不存在必然联系。深圳斯曼特公司未收到全部出资，系因深圳斯曼特公司股东未全面履行出资义务所致，并非胡某生等六名董事作为深圳斯曼特公司董事消极不履行勤勉义务或者积极阻止股东履行出资义务所致。在董事消极未履行某种勤勉义务，且该等消极未履行与公司所受损失并无直接因果关系的情况下，董事不应当受到追责。深圳市中级人民法院驳回了深圳斯曼特公司的诉讼请求。

深圳斯曼特公司不服一审判决，上诉至广东省高级人民法院。广东省高级人民法院认为：在股东未全面履行出资义务时，董事或因协助股东抽逃出资、或因负有监督职责而未履行、或因对增资未尽忠实勤勉义务等情形而承担相应责任，但不应将股东未全面履行出资义务的责任一概归因于公司董事。如果董事仅仅只是怠于向未全面履行出资义务的股东催缴出资，以消极不作为的方式未尽忠实勤勉义务，而该不作为与公司所受损失之间没有直接因果关系，那么要求董事对股东未履行全面出资义务承担责任，则缺乏事实和法律依据。深圳斯曼特公司股东开曼斯曼特公司未全面履行出资义务，深圳斯曼特公司可依法向其主张权利。六名董事在不同时期分别担任深圳斯曼特公司股东中方董事，在公司章程没有明确规定其负有监督股东履行出资义务、没有证据显示其消极未向股东催缴出资与公司所受损失存在因果关系情况下，深圳斯曼特公司请求上述六名中方董事对股东欠缴的出资承担连带赔偿责任，于法无据，不予支持。

深圳斯曼特公司不服一审、二审判决，向最高人民法院申请再审。最高人民法院于2019年6月28日作出(2018)最高法民再366号民事判决。

法院裁判

最高人民法院认为：2005年1月11日至2006年12月29日，胡某生、薄某明、史某文担任深圳斯曼特公司中方董事；2006年12月30日起，贺某明、王某波、李某滨担任深圳斯曼特公司中方董事，本案胡某生等六名董事在股东开曼斯曼特公司认缴出资额期限届满即2006年3月16日之后均担任过深圳斯曼特公司董事。胡某生等六名董事作为深圳斯曼特公司的董事，同时又是股东开曼斯曼特公司的董事，对股东开曼斯曼特公司的资产情况、公司运营状况均应了解，具备监督股东开曼斯曼特公司履行出资义务的便利条件。胡某生等六名董事未能提交证据证明其在股东出资期限届满即2006年3月16日之后向股东履行催缴出资的义务，以消极不作为的方式构成了对董事勤勉义务的违反。股东开曼斯曼特公司未缴清出资的行为实际损害了深圳斯曼特公司的利益，胡某生等六名董事消极不作为放任了实际损害的持续。股东开曼斯曼特公司欠缴的出资即深圳斯曼特公司遭受的损失，开曼斯曼特公司欠缴出资的行为与胡某生等六名董事消极不作为共同造成损害的发生、持续，胡某生等六名董事未履行向股东催缴出资义务的行为与深圳斯曼特公司所受损失之间存在法律上的因果关系。一审、二审判决认为胡某生等六名董事消极不作为与深圳斯曼特公司所受损失没有直接因果关系，系认定错误，应予纠正。胡某生等六名董事未履行向股东催缴出资的勤勉义务，违反了《公司法》第147条第1款的规定，对深圳斯曼特公司遭受的股东出资未到位的损失，应承担相应的赔偿责任。胡某生等六名董事应向深圳斯曼特公司连带赔偿4,912,376.06美元(以深圳斯曼特公司破产案件受理日2013年6月3日当日美元兑人民币汇率中间价折算，折合人民币30,118,760.10元)。

最高人民法院判决：(1)撤销广东省高级人民法院(2016)粤民破70号民事判决及广东省深圳市中级人民法院(2015)深中法破初字第8号民事判决；(2)胡某生、薄某明、史某文、贺某明、王某波、李某滨在本判决生效之日起10日内连带赔偿斯曼特微显示科技(深圳)有限公司4,912,376.06美元[以斯曼特微显示科技(深圳)有限公司破产案件受理日2013年6月3日当日美元兑人民币汇率中间价折算，折合人民币30,118,760.10元]。

三、董事、高级管理人员协助股东抽逃出资之诉

董事、监事、高级管理人员在《公司法》第147条项下的忠实义务不仅延伸到

股东出资违约下的连带责任，同时，还进一步延展到股东抽逃出资的违法情形。

《公司法解释（三）》第 14 条规定："股东抽逃出资，公司或者其他股东请求其向公司返还出资本息、协助抽逃出资的其他股东、董事、高级管理人员或者实际控制人对此承担连带责任的，人民法院应予支持。公司债权人请求抽逃出资的股东在抽逃出资本息范围内对公司债务不能清偿的部分承担补充赔偿责任、协助抽逃出资的其他股东、董事、高级管理人员或者实际控制人对此承担连带责任的，人民法院应予支持；抽逃出资的股东已经承担上述责任，其他债权人提出相同请求的，人民法院不予支持。"

上述司法解释规定旨在督促董事、监事、高级管理人员切实做好公司管理与经营，充分履行忠实与勤勉义务。实践中，股东若抽逃出资，当然需要有具体的执行人员，作为公司董事或高级管理人员，往往会参与其中。因此，作为董事或高级管理人员，即使不是直接抽逃出资的股东，一旦被查实有协助股东抽逃出资行为，也会被要求承担连带责任。

就该类诉讼，笔者已在本书第三章第三节关于股东抽逃出资的 4 种诉讼中第 1 类关于股东抽逃出资的诉讼中做了简要阐释，在此不再赘述。

四、董事、监事、高级管理人员谋取公司商业机会损害公司利益之诉

《公司法》第 148 条第 1 款第 5 项规定，董事、监事、高级管理人员不得未经股东会或者股东大会同意，利用职务便利为自己或者他人谋取属于公司的商业机会，自营或者为他人经营与所任职公司同类的业务。

根据上述规定，董事、监事、高级管理人员违反竞业限制/同业竞争损害公司利益的行为实际属于本节第 1 种诉讼所述的"董事、高级管理人员违反公司法第一百四十八条行为之诉"的情形之一，但由于该类诉讼在实践中最为常见，因而本节将其单独列为一类诉讼，便于大家掌握了解。

该类诉讼主要是指公司董事、监事、高级管理人员未经股东会或者股东大会同意，利用职务便利为自己或者他人谋取属于公司的商业机会，自营或者为他人经营与所任职公司同类的业务。主要包括：其一，为自己谋取属于公司的商业机会，通过自营实现自己利益损害公司利益；其二，为他人谋取属于公司的商业机

会,主要方式是,为他人经营与所任职公司同类的业务。实际上,上述两种谋取公司商业机会的行为本身就构成竞业禁止与同业竞争。竞业禁止是从事与公司业务相同的其他公司职务(兼职等),同业竞争主要是自己设立公司谋取公司商业机会。但竞业禁止与同业竞争范畴显然大于上述两种谋取公司商业机会行为。

案 · 例

候某兵损害圣鲁制药公司利益案

基本案情

1. 2001年12月,圣鲁制药公司成立,其中候某兵持股60%,孙某才持股40%,候某兵担任董事长兼法定代表人,孙某才担任董事兼总经理,公司的主营业务为药品制造。

2. 2003年6月24日,圣鲁制药公司伪造候某兵签名将其股权比例稀释为41.66%,并将公司法定代表人变更为孙某才。2008年7月10日,圣鲁制药公司再次伪造候某兵签名,并将其股权转让给了孙某瑞。2011年10月17日,候某兵提起诉讼,要求法院确认前述两次变更的决议无效,法院作出生效判决确认前述两次变更决议无效。

3. 候某兵与他人在山东、江西等地设立的希尔康制药公司与圣鲁制药公司的经营业务相同。因孙某才擅自伪造候某兵签名转让股权,双方产生争议。待法院判决转让无效后,孙某才以候某兵擅自开展竞业业务,违反忠实义务为由,提起诉讼。

4. 但是,候某兵在圣鲁制药公司成立后虽然担任董事长职位,但从未实际参与过圣鲁制药公司的经营管理。另外,候某兵通过其与他人设立的希尔康制药公司自2002年至2014年一直同圣鲁制药公司存在药品委托加工合作关系。

5. 济宁市中级人民法院一审认为,候某兵作为股东,利用其董事职位开展同类竞业业务,违反了竞业禁止的法定义务,应当予以赔偿。但是,山东省高级人民法院二审认为,候某兵未参与公司经营管理,且圣鲁制药公司知情且认可,改判候某兵未违反竞业禁止义务,不承担赔偿责任。

裁判要旨

认定董事违反忠实义务，利用职务便利谋取属于所任职公司的商业机会，或者经营与所任职公司同类的业务，存在两个前提条件，一是担任公司董事并实际从事公司的经营决策等管理行为，二是没有经过股东会的同意而实施上述行为。

裁判要旨

虽然《公司法》规定，董事、高级管理人员不得未经股东会或者股东大会同意，利用职务便利为自己或他人谋取属于公司的商业机会，自营或者为他人经营与所任职公司同类的业务。但是，认定董事违反忠实义务，利用职务便利谋取属于所任职公司的商业机会，或者经营与所任职公司同类的业务，存在两个前提条件，一是担任公司董事并实际从事公司的经营决策等管理行为，二是没有经过股东会的同意而实施上述行为。本案中，首先，候某兵虽系圣鲁制药公司董事，但在圣鲁制药公司设立以后从未参与公司经营管理，甚至连自己的股权被变更都是被孙某才伪造签名私自转让。其次，一直以来，圣鲁制药公司与候某兵设立的希尔康制药公司存在药品委托加工合作关系，且处理了四五千万元的加工业务，因此，对于候某兵经营与圣鲁制药公司同类的业务，孙某才及圣鲁制药公司知情且认可。综上，圣鲁制药公司认为候某兵违反了竞业禁止义务并要求赔偿损失的主张不能得到支持。

五、董事、监事、高级管理人员违反保密协议损害公司利益之诉

《公司法》第 148 条第 1 款第 7 项规定：董事、监事、高级管理人员不得擅自披露公司秘密。

根据上述规定，董事、监事、高级管理人员违反保密协议损害公司利益的行为实际属于本节第 1 种诉讼所述的“董事、高级管理人员违反公司法第一百四十八条行为之诉”的情形之一，但由于该类诉讼在实践中最为常见，因而本节将其单独列为一类诉讼，便于大家掌握了解。

根据《公司法》第 148 条第 7 款的规定，如果董事、监事、高级管理人员擅自披

露公司秘密，就违反忠实义务，如果给公司造成损害的，应当承担赔偿责任。该条规定的义务不限于与公司签署《保密协议》的董事、监事、高级管理人员，即便董事、监事、高级管理人员与公司未签署任何保密协议，但该保密义务是董事、监事、高级管理人员的法定职责，是其忠实义务的重要内容。因此，无论是否签署保密协议，董事、监事、高级管理人员都不得擅自披露、传播、泄露公司的秘密。

该处所述的公司秘密是指公司采取了保密措施，对公司有重大价值或影响的秘密，包括商业秘密与技术秘密两大类。

六、公司董事、监事、高级管理人员利用关联交易损害公司利益之诉

《公司法》第 148 条第 1 款第 4 项规定：董事、监事、高级管理人员不得违反公司章程的规定或者未经股东会、股东大会同意，与本公司订立合同或者进行交易。

根据上述规定，公司董事、监事、高级管理人员利用关联交易损害公司利益的行为实际属于本节第 1 种诉讼所述的“董事、高级管理人员违反公司法第一百四十八条行为之诉”的情形之一，但由于该类诉讼在实践中最为常见，因而本节将其单独列为一类诉讼，便于大家掌握了解。

根据《公司法》的有关规定，一般情况下，同业竞争绝对禁止。但关联交易是可以的，但必须规范。具体而言，就是涉及董事、监事、高级管理人员的关联交易，必须遵守公司章程的规定或者经过股东会、股东大会同意，如果董事、监事、高级管理人员本身是股东，在股东会或股东大会就关联交易事项进行表决时，必须回避表决。

案·例

昆明云南红酒业发展有限公司诉吴某良、福州飞燕贸易有限公司关联交易损害责任纠纷案

［（2016）闽民终 1521 号］

昆明云南红公司与福州德太公司签订《产品经销合同》，约定福州德太公司经销云南红公司产品并发展次级经销商，并对经销价格和成本负担等问题作出约定。

德太公司的股东、法定代表人、执行董事兼总经理吴某良，同时也是飞燕公司的股东、监事，其代表德太公司与飞燕公司签订云南红产品《次级经销合同》及补充协议，给予飞燕公司超出《产品经销合同》约定的补贴和价格待遇，造成德太公司经济受损。

吴某良实施的关联交易行为违反《公司法》禁止关联交易的规定和董事、监事、高级管理人员的忠实义务，并且《次级经销合同》及补充协议的内容违反德太公司与云南红公司的经销合同约定，实为进行利益输送，给德太公司造成经济损失。

法院认定吴某良实施关联交易损害公司利益，判决吴某良赔偿德太公司经济损失约350万元。

第二节　公司诉讼第10式：股东损害公司利益责任的诉讼

一、股东利用关联交易损害公司利益之诉

根据《公司法》第216条的规定，关联关系是指公司控股股东、实际控制人、董事、监事、高级管理人员与其直接或者间接控制的企业之间的关系，以及可能导致公司利益转移的其他关系。但是，国家控股的企业之间不仅因为同受国家控股而具有关联关系。

关联关系十分常见，关联交易也在所难免，法律并不禁止关联交易，但是如果关联交易存在不公平或其他不正当的情形，则可能会损害公司利益。

《公司法》第21条规定：公司的控股股东、实际控制人、董事、监事、高级管理人员不得利用其关联关系损害公司利益。违反前款规定，给公司造成损失的，应当承担赔偿责任。

《公司法解释(五)》第1条规定："关联交易损害公司利益，原告公司依据民法典第八十四条、公司法第二十一条规定请求控股股东、实际控制人、董事、监事、高级管理人员赔偿所造成的损失，被告仅以该交易已经履行了信息披露、经股东会或者股东大会同意等法律、行政法规或者公司章程规定的程序为由抗辩的，人

民法院不予支持。

公司没有提起诉讼的，符合公司法第一百五十一条第一款规定条件的股东，可以依据公司法第一百五十一条第二款、第三款规定向人民法院提起诉讼。”

根据上述司法解释，即使关联交易行为的程序看起来是合法的，即已经履行了信息披露、经股东会或者股东大会同意等法律、行政法规或者公司章程规定的程序，但如果该交易行为确实损害了公司利益，则该交易行为仍然可能被认定为无效或可撤销。公司或者其他股东仍可依据《公司法解释(五)》第2条“关联交易合同存在无效、可撤销或者对公司不发生效力的情形，公司没有起诉合同相对方的，符合公司法第一百五十一条第一款规定条件的股东，可以依据公司法第一百五十一条第二款、第三款”的规定，向人民法院提起诉讼。

由此可见，关联交易不仅进行形式审查，还做实质审查。所谓的关联交易形式审查，主要是根据公司章程的规定，就关联交易提交股东会或股东大会进行表决，且利益相关者必须回避。所谓的实质审查，就是该关联交易不能损害公司利益，具体而言，就是该关联交易符合市场交易规则。

在股东与董事、监事、高级管理人员两大类利用关联交易损害公司利益纠纷的案件中，股东利用关联交易损害公司利益案件最为常见。其司法审查标准及规则原理就是上述所述的形式+实质审查。而在股东利用关联交易损害公司利益案件中，常常表现为控股股东实施该类损害行为。

案·例

控股股东通化矿业集团利用关联交易损害道清选煤公司利益纠纷案

[(2017)最高法民再8号]

基本案情

1.道清选煤公司于2009年进行了股权变更，股权变更后该公司股权结构为：通化矿业集团投资650万元，持股65%；李某投资300万元，持股30%；通化矿业集团扶贫济困基金会投资50万元，持股5%。

2.2010年7月19日，吉林金石会计师事务所作出的《审计报告》显示，道清选煤公司主要原材料为原煤,2009年度原煤的92.79%、2010年1~6月原煤的99.24%由公司关联方供应。另查,供应给公司的原料煤的价格,是公司控股股东通化矿业集团以文件的形式直接确定,未与公司协商。

3.2010年10月12日,李某与通化矿业集团签订《股权转让合同书》,将其持有的道清选煤公司30%股份以2764.19万元的价格转让给了通化矿业集团。

4.白山成华会计师事务所2011年作出的司法鉴定意见显示:由于通化矿业集团高价销售原煤给道清选煤公司影响权益的金额如下(关联交易影响金额):影响道清选煤公司所有者权益161,323,735.58元,其中归属于股东李某的权益为48,397,120.67元。

审理过程

1.李某向吉林省白山市中级人民法院提起诉讼,请求判令通化矿业集团赔偿李某因不公平关联交易所造成的经济损失48,397,120.67元。一审法院判决:通化矿业集团赔偿李某未分取的利润款3839万元及相应的利息。

2.李某、通化矿业集团均不服一审判决,提起上诉。吉林省高级人民法院二审判决:通化矿业集团赔偿李某3839万元及相应的利息。

3.通化矿业集团不服二审判决,向最高人民法院申请再审。经审理,最高人民法院作出裁定:撤销本案一审、二审判决,驳回李某的诉讼请求。

争议焦点

本案的一个争议焦点是,控股股东利用不公允关联交易损害公司利益的,小股东能否直接要求控股股东赔偿其损失(损失数额=关联交易给公司造成的损失×小股东持股比例)。

李某认为,根据《公司法》第20条以及第21条的规定,通化矿业集团滥用股东权利,利用关联交易损害其他股东利益,应对受害股东直接承担损害赔偿责任。

通化矿业集团认为,李某在起诉时已经不具备股东资格,且对案涉关联交易行为知情,其要求赔偿所依据的司法鉴定意见的出具在程序以及内容上也都存在违法或错误，不应当被采信。

裁判要旨

控股股东利用关联交易损害公司利益的，造成的是公司的财产损失，但并不代表直接损害了公司股东的财产权。公司股东无权主张按照其持股比例，要求实施关联交易的控股股东赔偿其损失。

法院裁判

最高人民法院在再审裁定书中指出：

1. 根据《公司法》第3条、第4条的规定，公司财产与股东权利是相分离的。公司作为独立法律主体，依法对公司财产享有所有权，公司经营期间的收益亦归属于公司。股东持有公司股权，并根据公司章程及公司法的规定享有从公司获取经济利益并参与公司经营管理的权利。

2. 根据公司法人独立财产制度，道清选煤公司经营行为产生的收益或亏损均归属于道清选煤公司，属于道清选煤公司的资产盈亏范畴。因此，即使本案李某主张的通化矿业集团滥用股东权利进行不公允关联交易行为造成财产损害的事实成立，该不公允关联交易减少的是道清选煤公司应该取得而没有取得的收益，侵害的对象是道清选煤公司的财产所有权，造成的亦是道清选煤公司的财产损失。

3. 本案的关键在于能否基于李某的持股比例即得出因关联交易少计的道清选煤公司1.6亿余元中的30%的财产所有权人应认定为李某，并因此认定通化矿业集团与道清选煤公司进行的不公允关联交易损害了李某的所有权，造成了李某的财产损失。

本院认为，虽然李某在其主张的案涉关联交易发生时为道清选煤公司股东，因公司财产最终应归属于股东，也可认定案涉关联交易行为影响了作为股东李某的利益，但如前所述，在公司法人存续期间，股东权利与公司财产权相分离，李某对道清选煤公司的财产并不享有所有权，作为公司股东李某享有的是股东权利，对公司享有的财产权益体现为基于其出资而取得的公司股权，以及作为股东依法享有的资产收益等股东权利。

因此,即使案涉1.6亿余元收益没有因关联交易而减少,计入了道清选煤公司资产范畴,亦属于道清选煤公司经营所得收益,属于道清选煤公司的未分配利润和盈余公积,是否能够按照股东持股比例归属股东所有,尚需通过公司内部分配机制决定。在公司没有进行清算也没有通过利润分配将该部分属于公司的资产转化为股东财产的情形下,直接按照股东持股比例将股东确定为公司财产的所有权人,与公司法规定的股东与公司财产权相分离、股东收益取得遵从公司收益分配机制等股东之间及股东与公司之间的基本法律关系以及公司法人独立人格地位的基本规则不相符。

4. 李某诉请的关联交易侵害的是道清选煤公司的财产所有权,造成的是道清选煤公司的财产损失,与李某享有的财产权之间并无直接的因果关系。

5. 案涉李某主张的不公允关联交易损害的是道清选煤公司的利益,李某在起诉时已经不具备道清选煤公司的股东身份,其基于所有者权益受损害提起本案诉讼不符合《民事诉讼法》第119条原告应与本案有直接利害关系的规定。李某如认为其主张的通化矿业集团滥用股东权利损害了其作为当时道清选煤公司股东享有的民事权益并给其自身造成损失,可另寻法律途径解决。

综上,原审认定李某为本案适格原告,认定事实及适用法律错误,本院予以纠正。通化矿业集团主张本案应驳回李某起诉的再审请求成立,本院予以支持。

二、股东同业竞争损害公司利益之诉

《公司法》第148条第1款第5项规定:董事、监事、高级管理人员不得未经股东会或者股东大会同意,利用职务便利为自己或者他人谋取属于公司的商业机会,自营或者为他人经营与所任职公司同类的业务。对于股东亦如此。

如前所述,相对于关联交易的形式+实质审查而言,同业竞争的规范更为严格,法律采取的态度:关联交易是规范,而同业竞争是禁止。

该类诉讼就是因为股东违反《公司法》及公司章程规定从事同业竞争损害公司利益而引发的诉讼。该类案件裁判的原则是,只要查证了存在同业竞争行为,且对公司造成了相应损失,就可以裁决股东承担赔偿损失的责任。

案·例

四川中邦仁和科技有限公司与上海驰铁电子科技发展有限公司、蔡某根损害公司利益责任纠纷案

[(2014)浦民二(商)初字第2509号]

裁判要旨

1. 股东同业竞争尚未为我国《公司法》所规制,若股东违反章程或其他合同约束而从事同业竞争导致公司利益受损时,公司可寻求《侵权责任法》(2021年1月1日起被《民法典》取代)作为保护依据。

2. 独家合作经营权,在本质上是一种债权,因债权并不具有绝对权的公示性和排他性,第三人并不知悉,一般不适宜由《侵权责任法》保护,但若第三人明知相对权的存在,仍恶意去侵犯他人的债权,则应当承担侵权责任。

法院裁判

上海市浦东新区人民法院认为:本案系损害公司利益责任纠纷案件,应适用《公司法》《合同法》《侵权责任法》。本案的争议分述如下:

第一,关于本案的法律依据。原告起诉被告蔡某根入股被告驰铁公司与原告进行同业竞争。被告蔡某根是原告的股东和前监事。原告称其起诉的法律依据是《公司法》第20条第2款、第149条和第150条。但该三条款各针对不同情况。

第20条第2款为公司股东滥用股东权利给公司或者其他股东造成损失的,应当依法承担赔偿责任。第149条为董事和高级管理人员违反忠实义务所得收入应归公司所有。第150条为董事、监事、高级管理人员执行公司职务时违反法律、行政法规或者公司章程的规定,给公司造成损失的,应当承担赔偿责任。参照原告起诉的事实,被告蔡某根不是原告的董事和高级管理人员,原告也未主张归入权,因此不能适用《公司法》第149条。蔡某根曾是原告的监事,但是原告诉称的事实显然不在监事执行公司职务的范围内,因此也不能适用《公司法》第150条。《公司法》第20条第2款,股东滥用股东权利中的股东权利，一般指股东行使《公司法》赋予的享有资产收益、参与重大决策和选择管理者的权利，而本案原告称被告蔡某根滥用的权利实际上是其在铁路系统的“资源”。原告称按照《公司法》第20条第2款追究被告蔡某根的侵权责任，十分牵强。因此，原告诉称的股东同业竞争尚未为我国《公司法》所规制，换句话说，被告蔡某根并无与原告不竞争的法定义务。

被告蔡某根的义务来自其与亿铁公司的《协议书》，蔡某根以其在铁路系统的“资源”安排原告与西南铁旅签订销售合作协议，亿铁公司给予被告蔡某根15%干股作为对价，同时被告蔡某根承诺不与原告同业竞争。原告的原章程中并无股东不得同业竞争的条款，在2014年4月9日召开的股东会上增加了股东不得同业竞争的条款。因此，被告蔡某根在2014年4月9日之前负有不与原告同业竞争的《合同法》上的义务，之后负有章程上的义务。被告蔡某根2014年3月8日帮助被告驰铁公司在成都铁路局购买安装12台站外自动售票取票机，违反了其与亿铁公司的合同义务，而此后，被告蔡某根入股被告驰铁公司违反了原告的章程义务。需要指出的是，章程义务是一种类契约义务。被告驰铁公司与原告既无不竞争的法定义务，也无合同义务。故原告以《公司法》为法律理由追究两被告的侵权责任，并不契合。

第二，关于独家合作经营权的权利性质。原告与西南铁旅基于合作销售合同而取得的独家合作经营权，在本质上是一种债权，其权利的行使依赖于西南铁旅对合同的遵守，一般只能对抗权利的相对人。那么被告蔡某根和被告驰铁公司的行为是否构成对原告独家合作经营权的侵权？

我国的《侵权责任法》将保护对象概括为民事权益，既包括生命权和物权等绝对权，也涵盖了合法债权的相对权。由于债权并不具有绝对权的公示性和排他性，第三人并不知悉，一般不适宜由《侵权责任法》保护。但是，如果第三人明知相对权的存在，仍恶意去侵犯他人的债权，则应当承担侵权责任，即所谓的第三人侵害债权。

本案被告蔡某根明知原告独家合作经营权的存在，不惜违反不竞争的合同义务，协助被告驰铁公司购置的自助售票机接入成都铁路局自助售票系统，构成对原告独家合作经营权的侵害。被告驰铁公司的法定代表人朱某民曾是原告的大股东，被告驰铁公司接受被告蔡某根入股，被告驰铁公司始终不提交其与西南铁旅的合作协议、西南铁旅的《关于请四川中邦仁和科技有限公司提供有关资料的函》等情况综合判断被告驰铁公司应知原告独家合作经营权的存在，利用被告蔡某根的“资源”安排自助售票机进入成都铁路局的售票地区，亦构成了对原告独家合作经营权的侵害。两被告构成共同侵权。本院支持原告第一项停止侵权的诉请。至于被告蔡某根辩称原告停止其职务和工资、侵害他的股权等，不构成其侵权的合法抗辩。

第三，关于两被告是否承担赔偿义务。鉴于独家合作经营权属于债权性质，其损失后果的产生可能有赖于债权相对人的行为，而不仅仅由债权加害人单独造成。

原告要求两被告承担损失包括争议的12台自助售票取票机的利润，和由于两被告行为导致原告与西南铁旅的合作阻碍所产生的预期经营利益损失。鉴于西南铁旅没有向任何一方结算争议的12台自助售票机的收益，也未回复本院的公函，本院不能确认原告的实际损失。如果西南铁旅与原告结算争议的12台自助售票机的收益，那么原告就不存在损失。如果西南铁旅与被告驰铁公司结算收益，原告可以再行诉讼要求被告驰铁公司赔偿，还可以依照其与西南铁旅的合作协议要求西南铁旅赔偿。至于预期经营损失，原告并未提交两被告阻碍其与西南铁旅合作的证据，是否持续合作经营关键在于西南铁路而不在于两被告。故，本院对于原告的该项诉讼请求不予支持。

综上，股东同业竞争尚不是现有《公司法》规制的侵权行为，股东同业竞争在某些情况下会侵害公司的民事权益，可以对公司按照《侵权责任法》进行保护。但如果该种民事权益属于债权性质，其保护的强度并不如对绝对权的保护。

第八章

公司诉讼第11至12式：股权转让之诉

《民法典》《公司法》是在我国市场经济中起着重要作用的两部关键法律，前者调整的是民事领域的法律关系，后者调整的则是商事领域的法律关系。相对于《民法典》而言，《公司法》属于特别法，在《公司法》没有规定的情况下，公司纠纷仍应适用《民法典》的有关规定，如合同法律关系等。

由于市场主体的活跃和市场竞争的特性，转让公司股权的经济活动逐渐频繁。我国《公司法》及系列司法解释针对有限责任公司和股份有限公司都作了一般性的规定，有效地规范了各种股权转让行为，保护了股权转让各方的合法权益。但是，实践中，由于股权的特殊性质、多样的公司类型、复杂的行政管制（审批、备案程序）、高额的转让对价等，股权转让纠纷仍然属于疑难、复杂案件的高发领域。公司股权转让诉讼不但高发，且种类繁多，极其复杂。本书将公司股权转让诉讼归类为公司诉讼36式中的第11式、第12式，一共涉及8类具体的公司股权转让诉讼类型。其中第11式主要归纳梳理常见的股权转让纠纷，系发生在股权转让方与受让方双方主体之间，一共有4种常见的具体类型。第12式主要归纳梳理的是股权转让中与股东有限购买权有关的争议，该类中也有 4 种常见的具体类型。本节就详细阐述该类诉讼的一些裁判规则。

第一节　公司诉讼第 11 式：股权转让的 5 种诉讼

本节主要梳理的是股权转让双方之间因股权转让协议而发生的争议，司法实践中主要有如下 5 种常见的诉讼类型。

一、关于转让出资瑕疵股权及“空股”的诉讼

出资瑕疵股权，在之前我们已经谈过，主要是指股东未履行或者未全面履行出资义务所对应的这部分股权。因为相对于全面履行出资义务的股权而言，其存在瑕疵，因而被称为出资瑕疵股权。所谓“空股”，是指最严重的瑕疵股权，即根本未履行出资义务的股权。实践中常指：没有按照公司章程履行出资义务，或者还属于认缴出资尚未到章程约定的实缴期限。还有一种情况就是“干股”，给了股权，但是没有让受赠者出资，赠与者也没出资，导致该类干股成为“空股”。

那么，对于该类瑕疵股权或“空股”是否可以转让呢？现实中，我们可以看到一些空股股权转让采用的协议模板是“出资权转让协议”，以区别于股权转让。就目前《公司法》及其司法解释而言，并不禁止该类股权转让。但在实践中，常常因为约定不明或其他原因造成纠纷发生。尤其是，受让人在受让后，未来会产生潜在的法律风险，主要有三类：其一，公司有权追究受让人的出资违约责任；其二，公司股东有权追究受让股东违约责任；其三，公司债权人亦有权追究受让股东的法律责任。因此，该类股权转让对于受让股东而言，存在较大的法律风险。如何处理该类法律纠纷呢？

对此，《公司法解释（三）》第 18 条规定：“有限责任公司的股东未履行或者未全面履行出资义务即转让股权，受让人对此知道或者应当知道，公司请求该股东履行出资义务、受让人对此承担连带责任的，人民法院应予支持；公司债权人依照本规定第十三条第二款向该股东提起诉讼，同时请求前述受让人对此承担连带责任的，人民法院应予支持。”

受让人根据前款规定承担责任后，向该未履行或者未全面履行出资义务的股

东追偿的，人民法院应予支持。但是，当事人另有约定的除外。

根据上述司法解释规定，对于瑕疵股权，受让人对此知道或者应当知道，公司请求该股东履行出资义务、受让人对此承担连带责任的，人民法院应予支持；公司债权人依照本规定第13条第2款（公司债权人请求未履行或者未全面履行出资义务的股东在未出资本息范围内对公司债务不能清偿的部分承担补充赔偿责任的，人民法院应予支持；未履行或者未全面履行出资义务的股东已经承担上述责任，其他债权人提出相同请求的，人民法院不予支持）向该股东提起诉讼，同时请求前述受让人对此承担连带责任的，人民法院应予支持。由此可见，受让股东受让瑕疵股权之后，概括地继承了原股东的所有出资瑕疵法律责任。

但上述司法解释第2款又同时规定了受让人的追偿权。但如果合同有约定的，遵从约定。也就是说，如果合同约定出资义务由受让方承担的，受让方自行承担，就不享有追偿权。反而，在原股东承担了相关责任后，可以依据合同约定追究受让股东的违约责任。

由此可见，该类股权的转让协议约定十分关键，要全面约定转让双方之间的权责。避免潜在的法律纠纷。

案·例

出资瑕疵股权转让纠纷案

基本案情

1993年，被告华龙公司、被告宝安公司、被告申星公司合作经营成立宝地公司，注册资金为人民币2000万元。其中，被告华龙公司占注册资金的15%，被告宝安公司占45%，被告申星公司占40%。但被告华龙公司、被告宝安公司与被告申星公司实际均无任何出资。

宝地公司成立后，先后发生两次股权转让：第一次股权转让发生在1994年3月，原股东被告华龙公司、被告宝安公司、被告申星公司与被告东上海公司、被告实华公司签订《股权转让协议书》。协议约定：被告华龙公司、被告宝安公司将其在宝地公司的股权转让给被告东上海公司和被告实华公司；股权转让后，宝地公司的股东构成为被告东上海公司占50%股权，被告申星公司占40%股权，被告实华公司占10%股权；根据法律法规，股东对公司债权、债务所负权利、义务随股权转让而转让，但上述协议未在工商部门备案，各方股东也未在工商部门办理相应的变更手续，被告东上海公司与被告实华公司均未支付股权转让款。

第二次股权转让发生在1996年12月20日，宝地公司股东被告东上海公司、被告申星公司、被告实华公司与被告宏置公司、被告宏勤公司签订《股东转让出资协议书》。协议约定：被告东上海公司、被告申星公司、被告实华公司将其在宝地公司的股权转让给被告宏置公司和被告宏勤公司；调整后的宝地公司股东组成为被告宏置公司占60%的股本，被告宏勤公司占40%的股本。在完成宝地公司股权转让后，原股东和现股东的相互经济关系由转让人和受让人作相应处理；在协议生效前，宝地公司原有的债权、债务，除由被告宏勤公司和被告宏置公司承担部分债务外，仍由原股东承担；协议生效后，宝地公司发生的新债权、债务均由调整后的股东承担，与调整前的原股东方无关。但上述协议未在工商部门登记备案，有关各方也未在工商部门办理相应的变更登记手续。被告宏置公司与被告宏勤公司均未支付股权转让款。

1999年，宝地公司在一起票据纠纷中被法院判决应向原告给付214万元。但宝地公司本身没有可供执行的资产，并在2000年1月10日被吊销营业执照。原告为了维护自己的债权利益，遂将各被告起诉至法院，要求承担连带责任。

争议焦点

1. 宝地公司先后两次股权转让都未支付相应股权转让款，是否影响股权转让合同的效力；

2. 被告宏勤公司和被告宏置公司在实际控制、经营宝地公司期间，是否滥用宝地公司的法人人格损害公司债权人利益，其是否需对系争债务承担连带责任；

3. 被告华龙公司、被告宝安公司、被告申星公司作为发起人是否应就其瑕疵转让股权的行为对债务承担清偿责任,该责任系连带责任还是补充连带责任。

原告诉称:依据之前生效的法院判决,宝地公司应当向原告给付214万元款项,经原告多次催缴之后宝地公司仍未支付相应款项。经查,宝地公司已无可供执行财产,而被告宏置公司、被告宏勤公司作为公司股东,滥用股东法人人格。应当对相应债务承担连带责任。被告华龙公司、被告宝安公司与被告申星公司作为最初设立宝地公司的股东,实际上均无任何出资,存在出资瑕疵,应当对宝地公司的债务承担补充连带责任。

被告辩称:原告请求的债务应由宝地公司承担,与宝地公司股东无关,原告的请求于法无据,请法院予以驳回。

法院判决

法院认为,(1)本案涉及的两次股权转让均应认定为有效。虽然转让各方均未对宝地公司履行出资义务,但是受让各方对此均知情,在该公司章程未作出明确规定时,出资瑕疵并不能剥夺转让人的股东资格,股权的自由转让权作为股东权利的一部分,也同样不应被剥夺。(2)被告宏置公司、被告宏勤公司滥用法人人格,需对公司债务承担连带责任。根据1996年12月的第二份股权转让协议,宝地公司发生的新债权、债务均由调整后的股东承担,与调整前的原股东方无关。本案系争的宝地公司的债务发生在第二份股权转让协议之后,故按该股权转让约定应由被告宏勤公司、被告宏置公司对宝地公司的债务承担责任。宝地公司的开办单位未履行出资义务和受让股东均未补缴出资,故其法人人格始终不存在。因此,被告宏勤公司和被告宏置公司在实际控制、经营宝地公司期间,滥用宝地公司的法人人格,严重损害了公司债权人利益,系争债务应由两被告承担连带责任。(3)被告华龙公司、被告宝安公司和被告申星公司对债务负有补充连带责任。被告华龙公司、被告宝安公司和被告申星公司作为宝地公司的开办单位,未履行在组建宝地公司的章程中承诺的出资义务,使得宝地公司从登记成立时即为无独立财产的空壳。其后,该三家开办单位分别转让了股权,但不能因为其已将瑕疵股权转让而完全免除其对宝地公司应负的责任。在实际控制股东不能偿还宝地公司债务时,该三家开办单位仍应连带负补充清偿责任。

基于上述分析,故判决:(1)被告宏勤公司与被告宏置公司连带给付原告本金2,111,150元及其利息;(2)被告宝安公司、被告宝安大酒店、被告申星公司、被告华龙公司对被告宏勤公司和被告宏置公司不能履行上述第1项判决义务的部分向原告连带承担补充清偿责任。

二、关于股权转让后又处分的2种诉讼

实践中,还经常发生类似于二手房买卖一样的"一女二嫁或多嫁"的情形,由于房产、股权均采取公示公信的变动原则,这就给该类情况提供了时机。股权转让后,在交割之前,转让方背信弃义,又将股权转卖他方,或设置担保等,损害了受让人的权益。因此,而发生该类纠纷。该类纠纷又有两种具体情形。针对该类情形,法院该如何裁判呢?针对各地法院的认识分歧,为了保证裁判的统一性,最高人民法院出台的《公司法解释(三)》专门作了详尽的规定,该规定就是处理该类公司诉讼的裁判依据。

《公司法解释(三)》第27条第1款规定:"股权转让后尚未向公司登记机关办理变更登记,原股东将仍登记于其名下的股权转让、质押或者以其他方式处分,受让股东以其对于股权享有实际权利为由,请求认定处分股权行为无效的,人民法院可以参照物权法第一百零六条的规定处理"(《物权法》第106条为不动产与动产的善意取得制度,已纳入《民法典》物权编之中)。原股东处分股权造成受让股东损失,受让股东请求原股东承担赔偿责任、对于未及时办理变更登记有过错的董事、高级管理人员或者实际控制人承担相应责任的,人民法院应予支持;受让股东对于未及时办理变更登记也有过错的,可以适当减轻上述董事、高级管理人员或者实际控制人的责任。

《民法典》第311条规定:"无处分权人将不动产或者动产转让给受让人的,所有权人有权追回;除法律另有规定外,符合下列情形的,受让人取得该不动产或者动产的所有权:(一)受让人受让该不动产或者动产时是善意;(二)以合理的价格转让;(三)转让的不动产或者动产依照法律规定应当登记的已经登记,不需要

登记的已经交付给受让人。受让人依据前款规定取得不动产或者动产的所有权的,原所有权人有权向无处分权人请求损害赔偿。当事人善意取得其他物权的,参照适用前两款规定。"

根据上述规定,我们可以知道对于"一股二卖"的问题,借鉴了《物权法》的善意取得制度。如果符合善意取得的,受让股东将无法要求按照股转协议约定取得股权,只能主张赔偿。同时,规定了有过错的董事、高级管理人员或者实际控制人应当承担相应责任。

基于上述规定,该类诉讼在实践中主要存在如下两种具体类型的诉讼,分别解析如下。

(一)关于股权转让后又处分效力的诉讼

该类诉讼裁判的核心焦点是判断"一股二卖"的第三方是否善意,如果属于善意,则对于股权受让方主张股权转让方按照协议约定办理股权过户手续的请求得不到支持。否则,可以支持股权受让方的诉讼请求。在此过程中,有一个释明权的问题,受让方在法官做出存在善意取得不能获得股权时,可以变更诉讼请求,请求股权转让方及有过错的董事、高级管理人员或者实际控制人按照过错大小承担相应的赔偿责任。

案·例

钱某许与钱某龙、张某涛等股权转让纠纷案

[(2016)最高法民申1594号]

基本案情

钱某许在一审时诉称:2009年钱某龙出资291万元,张某涛出资9万元共同成立鑫通公司。2011年9月6日,钱某许以291万元的价格从钱某龙处受让了97%的股权。2013年4月3日,钱某龙在未经钱某许授权的情况下将该97%股权无偿转让给了张某涛(2013年4月3日《股权转让协议》),严重侵犯了钱某许的股东权益,是无效的,张某涛亦不能取得鑫通公司100%的股权,故张某涛将鑫通公司100%的股权转让(2014年3月31日《股权转

让协议》)给宋某军的行为当然无效。请求判令:(1)确认钱某许与张某涛签订的股权转让协议无效(2013年4月3日《股权转让协议》);(2)确认张某涛与宋某军签订的股权转让协议无效(2014年3月31日《股权转让协议》);(3)宋某军持有鑫通公司97%的股权归钱某许所有。诉讼中,钱某许变更第3项诉讼请求为,要求鑫通公司向威海市工商行政管理局办理撤销上述股权转让变更登记手续,恢复钱某许在鑫通公司的股东资格。

争议焦点

(1)涉案2013年4月3日的《股权转让协议》的效力问题;(2)涉案2014年3月31日的《股权转让协议》的效力问题;(3)宋某军取得鑫通公司97%股权是否构成善意。

法院裁判

法院认为:1.关于涉案2013年4月3日的《股权转让协议》的效力问题。登记在钱某龙名下的鑫通公司97%股权已于2011年9月变更登记至钱某许名下,钱某许否认其仅为名义股东,钱某龙亦无有效证据证实钱某许仅为名义股东,且2013年4月3日的《股权转让协议》也是以钱某许的名义签订,因此,钱某许有权对鑫通公司97%股权提出权利主张。涉案2013年4月3日的《股权转让协议》并非钱某许的真实意思表示,因此,该协议无效。

2.涉案2014年3月31日的《股权转让协议》的效力问题。2014年3月31日的《股权转让协议》,是钱某龙以张某涛的名义签订的,此时作为股权转让人的张某涛是该股权的登记名义人,由于钱某龙未能提供其在签订该协议时有张某涛的相应授权委托,故钱某龙的该行为构成无权代理。在签订该协议后,协议所涉鑫通公司股权已经登记至宋某军名下,张某涛于事后(包括在本案诉讼中)对钱某龙代其签订上述协议,将案涉股权转让给宋某军的行为明确予以认可。根据《合同法》第49条、第51条之规定,该行为的法律后果归属于张某涛。而由于2013年4月3日钱某龙以钱某许的名义与张某涛签订的《股权转让协议》因并非钱某许的真实意思表示而效,故张某涛对于该协议所涉的鑫通公司97%的股权并无处分权,张某涛将该部分股份转让给宋某军的行为构成无权处分。而对于2014年3月31日《股权转让协议》中有关鑫通公司97%的股权转让的约定，根据《合同法》第174条的规定，可参照买卖合同的有关规定，对其效力加以认定。最高人民法院《关于审理买卖合同纠纷案件适用法律问题的解释》第3条第1款规定，当事人一方以出卖人在缔约时对标的物没有所有权或者处分权为由主张合同无效的，人民法院不予支持。因此，2014年3月31日《股权转让协议》中有关鑫通公司97%的股权转让的约定并不因张某涛无处分权而无效。现钱某许亦无证据能够证明上述约定存在《合同法》第52条规定的情形，故该协议有效。

3. 宋某军取得鑫通公司97%股权是否构成善意？《公司法解释(三)》第25条第1款规定："名义股东将登记于其名下的股权转让、质押或者以其他方式处分，实际出资人以其对于股权享有实际权利为由，请求认定处分股权行为无效的，人民法院可以参照物权法第一百零六条的规定处理。"因此，在一定情形下，认定当事人能否善意取得股权，可以参照适用《物权法》第106条之规定。虽然根据已查明的案件事实，尚不能确定钱某许是否为鑫通公司的实际出资人，但由前所述可知，在宋某军受让股权前，钱某许是鑫通公司97%股权的合法权利人，其在本案纠纷中所处的法律地位与《公司法解释(三)》第25条第1款所称的"实际出资人"相似，故对于宋某军能否取得该部分股权，可根据《公司法解释(三)》第25条之规定，参照《物权法》第106条及相关司法解释的规定加以处理。最高人民法院《关于适用〈中华人民共和国物权法〉若干问题的解释(一)》第15条规定："受让人受让不动产或者动产时，不知道转让人无处分权，且无重大过失的，应当认定受让人为善意。""真实权利人主张受让人不构成善意的，应当承担举证证明责任。"本案中，案涉股权登记在张某涛名下，钱某许没有证据证明宋某军受让案涉股权时知道张某涛无处分权。虽然钱某龙并未举证证明其在与宋某军进行案涉股权转让交易时有张某涛的相应授权委托，但这与张某涛是否为案涉股权的真实权利人以及宋某军对此事实是否知道或应当知道并无直接必然的联系。实际上，就案涉股权从张某涛名下转移登记至宋某军名下等事实看，宋某军有合理理由相信钱某龙有权代理张某涛处分案涉股权，而且张某涛事后也对钱某龙转让股权的行为予以认可。故钱某龙代张某涛转让案涉股权给宋某军的行为并不影响宋某军受让股权的善意。因此,钱某许主张宋某军受让股权是非善意的证据不足,其相应主张不能成立。此外,根据已查明的案件事实,宋某军已经支付了300万元股权转让款,钱某许虽主张该对价因低于鑫通公司股权的现值而不合理,但对此缺乏证据证明,故可认定该股权转让的对价是合理的。另,案涉股权已经登记至宋某军名下。因此,宋某军受让案涉股权符合善意取得的构成要件,宋某军已经善意取得案涉股权。

(二)关于出让后又处分赔偿责任的诉讼

关于出让后又处分赔偿责任的诉讼,是指存在第三人善意取得的情况下,原股权转让协议已无法继续履行,受让股东已无法取得股权,只能请求赔偿损失。索赔的对象:转让股东、有过错的公司董事、高级管理人员或者实际控制人。该类情形也适用于名义股东擅自将代持股权转让给善意的第三人,隐名股东向名义股东主张索赔的情形。

三、关于限制股份转让的诉讼

限制股权或股份是指根据有关法律规定,该部分股权的处分权受到限制,其股东不能进行转让的情形。限制股权或股份一般包括成立后未满1年的股份公司股份、锁定期内股份、设定质押的股权或股份、被司法机关依法查封的股权或股份。该类股权或股份其处分权受到限制,不能进行转让。

如果股权转让方转让该部分股权,则可能引发纠纷。该类诉讼在实践中可能存在以下两种情况:

(一)转让股份禁售期内股份

该类股转协议存在协议无效的风险,之所以未确定无效,原因有两个:一是不同法官对前述规定是否属于“效力性强制性规定”存在不同观点;二是上市公司与非上市股份公司的股份,在社会公益性及对金融秩序的影响方面存在区别,涉及上市公司股份时无效风险加大。述两个案例不同判决可以说明该等情形。

案·例·1

王某青与刘某军其他合同纠纷案

[(2019)沪74民终1144号]

裁判要点

本案系争《转让协议》违反上市公司的相关监管规定,而这些规定有些属于法律明确应于遵循之规定,有些虽属于部门规章性质,均属于证券行业的监管规则与业内共识,并对广大非特定证券投资者利益构成重要保障,是对社会公共利益的重要和必要保障所在,故系争《转让协议》损害了社会公共利益,根据《合同法》第52条第4项等规定,本案系争《转让协议》应认定为无效。

案·例·2

李某与谢某股权转让纠纷案

[(2018)粤01民终11849号]

裁判要点

关于案涉《股权转让协议》效力认定的问题。李某认为谢某在与其签订案涉《股权转让协议》时仍为英格来思公司的高级管理人员,违反了《公司法》第141条关于禁售期的规定,案涉《股权转让协议》应当无效。因《公司法》第141条规定的意图在于加重发起人和董事等高级管理人员股东对公司的责任,通过拖延转让股份时间,控制其谋取不法利益的可能性。该规定是限制股份转让,并非禁止股份转让,不属于效力性强制性规定,违反该规定的股份转让合同并不当然无效。涉案《股权转让协议》是各方当事人的真实意思表示,未违反法律、行政法规的效力性禁止性规定,应属合法有效。

(二)转让股份禁售期内的股份但约定禁售期满后再履行

司法实践中普遍认为不影响协议效力,即没有其他无效情形的话,协议有效。但需注意,在涉及实际控制人、控股股东所持上市公司股份时情况更为复杂。

案·例

张某平诉王某股权转让合同纠纷案

[《最高人民法院公报》2007年第5期(总第127期)]

裁判要点

江苏省高级人民法院认为,法律并不禁止发起人为公司成立3年后转让股份而预先签订合同。只要不实际交付股份,就不会引起股东身份和股权关系的变更,即拟转让股份的发起人仍然是公司的股东,其作为发起人的法律责任并不会因签订转让股份的协议而免除。

第二节　公司诉讼第12式:股东优先购买权的4种诉讼

股东优先购买权,是指股东享有的同等条件下优先购买其他股东拟转让股权的权利。该优先购买权是有限责任公司股东特有的一种法定权利。《公司法》之所以规定股东享有优先购买权,主要目的是保证有限责任公司的老股东可以通过行使优先购买权实现对公司的控制权。该规定体现了对有限责任公司"人合性"的维护和对老股东对公司贡献的承认。

我国《公司法》第71条规定:有限责任公司的股东之间可以相互转让其全部或者部分股权。股东向股东以外的人转让股权,应当经其他股东过半数同意。股东应就其股权转让事项书面通知其他股东征求同意,其他股东自接到书面通知之日起满30日未答复的,视为同意转让。其他股东半数以上不同意转让的,不同意的股东应当购买该转让的股权;不购买的,视为同意转让。经股东同意转让的股权,在同等条件下,其他股东有优先购买权。两个以上股东主张行使优先购买权的,协商确定各自的购买比例;协商不成的,按照转让时各自的出资比例行使优先购买权。公司章程对股权转让另有规定的,从其规定。

在当下的法律体系内,优先购买权实质上对权利人处分权的限制。法律规定的优先购买权主要有两类,即房屋承租人的优先购买权;有限责任公司股东优先购买权。股份公司属于资合公司,不存在股东的优先购买权,股东的优先购买权仅存在于有限责任公司之中。

司法实践中,常常会发生侵犯股东优先购买权的情形。此外,就是在行使优先购买权程序中常常存在瑕疵。该类纠纷属于多发型的公诉诉讼,该类诉讼主要有以下 4 种诉讼类型。

一、关于损害其他股东优先购买权之诉

《公司法解释(四)》第 21 条第 1 款规定:有限责任公司的股东向股东以外的人转让股权,未就其股权转让事项征求其他股东意见,或者以欺诈、恶意串通等手段,损害其他股东优先购买权,其他股东主张按照同等条件购买该转让股权的,人民法院应当予以支持,但其他股东自知道或者应当知道行使优先购买权的同等条件之日起 30 日内没有主张,或者自股权变更登记之日起超过 1 年的除外。

根据上述规定,如果有限责任公司的股东向股东以外的人转让股权时损害了其他股东的优先购买权的,其他股东可以提起诉讼,请求法院判决确认自己的优先购买权。该诉讼就是损害其他股东优先购买权之诉。优先购买权的行使期限有规定,不能无限期怠于行使权利,损耗交易的稳定性。该期限即自知道或者应当知道行使优先购买权的同等条件之日起 30 日内,或者自股权变更登记之日起超过 1 年,也就是最长期限为 1 年,过期权利作废。

(一)转让股权的股东与非公司股东的受让人之间签订的股权转让协议法律效力

司法实践中,很多公司的股东以自己的优先购买权受到侵害为由,主张转让股权的股东与非公司股东的受让人之间签订的股权转让协议无效。而各地法院对该问题所持的裁判观点并不统一。大致有三种裁判结果:其一,该类合同为可撤销合同;其二,该类合同为无效合同;其三,该类合同为有效合同。

虽然《公司法解释(四)》第 21 条对此并未规定,但是笔者赞同上述第三种处理结果,这是因为,基于各方主体法律关系、权利义务及交易之目的考虑,即使不通过否认该类股权转让协议的效力,也可以很好地保护公司其他股东的优先购买权,同时因为厘清了该问题中蕴含的两类法律关系,善意的非股东受让人的权利也同样可以得到保护。近几年最高人民法院发布的典型案例,很清晰地体现了这

种审判理念。比如,在《人民司法 · 案例》2020 年第 8 期登载的(2019)川 15 民终 1525 号案例中,法官认为:转让股东与非股东受让方之间的股权转让合同具有独立性,股东优先购买权的存在及行使与否均不影响股权转让合同是否生效,只能影响转让合同能否履行。在《人民司法 · 案例》2020 年第 11 期登载的(2019)闽 06 民终 1800 号案例中,法官认为:股权转让协议系双方当事人的真实意思表示,亦不存在《合同法》第 52 条关于合同无效规定的情形,股权转让协议有效。对股东优先权的保护,并不需要否定股权转让合同的效力,而只要股权权利不予变动,阻止股东以外的股权受让人成为新股东即可。

(二)是否存在善意第三人问题

根据《公司法解释(四)》第 21 条第 1 款的规定:有限责任公司的股东向股东以外的人转让股权,以欺诈、恶意串通等手段,损害其他股东优先购买权,其他股东主张按照同等条件购买该转让股权的,人民法院应当予以支持。

如果公司之外的第三方在受让股权时存在善意时,是否可以善意取得制度保护第三方的权益,以维护交易的稳定?对于优先购买权人的利益保护,是否可以通过损害赔偿解决?

笔者认为,股东优先购买权和非股东善意受让权发生冲突时,在合理期限内应优先保护前者。《公司法》意义上的优先购买权,是指有限责任公司股东在同等条件下对股东同意转让的出资有优先于非股东购买的权利,这是特定主体依法享有的特定权利。究其设计初衷,主要是因为有限责任公司具有人资两合性,股东之间相互信赖是此类公司实现稳定和发展的重要基础,而有限责任公司又是商事活动的基本单元,故为巩固公司人合基础、促进市场经济繁荣,立法在维护股份自由转让原则的前提下予以适当限制,即赋予股东在同等条件下对拟转让股份享有优先购买权。从这个角度来看,在出让股东未告知其他股东而将股权转让给非股东善意受让人时,也即股东优先购买权和非股东善意受让权发生冲突时,应优先保护前者,因为前述股权转让行为剥夺了其他股东的法定权利。

对于善意第三人,优先购买权的行使需要一定的时间成本,甚至经过司法程序。股东以外的股权受让人,因股东行使优先购买权而不能实现合同目的,应视为拟转让股东未能履行股权转让的法定程序,具有一定的主观过错,依照《公司法解释(四)》第21条第3款规定可以依法请求该转让股东承担相应民事责任,可以有效地保护其善意的损失。

(三)公司章程能否提前约定排除优先购买权

最高人民法院法官认为,司法实践中,由于提出审查请求的股东可能是公司原始股东(对公司章程相关条款修改表不同意的股东)或者公司继受股东(公司章程相关条款修改之后进入公司的股东);提出效力审查申请的目标章程可能是公司的初始章程也可能是修改章程条款。这就需要裁判者根据具体情况确定裁判思路。设立有限责任公司时,须经全体股东协商一致,才能签订公司章程,但修改公司章程却只需公司股东按照多数决原则作出决议。因此,如果径行采取逻辑解释,很容易出现多数派股东利用修改公司章程,限制或者排除少数股东优先购买权的情况。对此,应当区分情况分别对待:

一是有限责任公司成立时签订的公司章程必须由全体投资者一致签字认可,故若公司设立章程明确地排除现有股东的优先购买权,可视为有效约定。

二是有限责任公司成立后,若依照多数决规则修改公司章程并排除了公司现有股东的优先购买权,未在公司章程上签字的新加入股东或者未在公司章程修订决议上签字的股东均有权对公司章程中的限制或剥夺优先购买权条款提出司法审查诉讼。审查公司章程修改条款遵循的基本原则是不得侵害股东的成员权。如何判断章程修改是否导致对某一(类)股东造成了"损害"?以下思路可资借鉴:

第一,公司章程的修改是否导致了公司章程原先赋予股东的权利和利益上附加的某些特别财产性权益的减少,如果造成了减少,则可以判断股东受到了损害。

第二,如果公司章程的修改影响的只是权利的享有而不是权利本身,或者修改仅仅导致了股权商业价值的降低……不构成对这类股东的损害。故,基于公司团体法特征,符合法律规定的公司章程修正,依《公司法》第11条规定当然获得了预设合法性地位,而具体的审查对象是股东优先购买权修正条款的效力判定。

第三,如果修改后的公司章程已获全体股东认可,该修改后的章程与设立公司的章程应作相同效力的解释。

案·例

张某与狮龙公司等股东优先购买权纠纷上诉案

[(2011)渝高法民终字第266号]

基本案情

大剑滩电力公司于2002年8月27日成立,注册资本为800万元,由1名法人股东狮龙公司、19名自然人股东共同出资成立,张某为其中的一位自然人股东。2010年2月2日,狮龙公司等19名股东,以股权转让通知书的形式通知张某股权转让事宜,包括转让的股权比例、价格等。2010年3月1日,张某答复愿行使公司股东的优先购买权。2010年3月1日、15日、25日,张某多次致函大剑滩电力公司的其余股东,用书面形式表达了自己愿行使优先购买权的意见,同时张某又提出了其他股权受让条件。2010年4月22日,南川区方博公司与狮龙公司等19名股东签订了《股权转让协议》。张某认为大剑滩电力公司的其他19名股东和被上诉人南川区方博公司的股权转让行为严重侵犯了其优先购买权,遂起诉至法院要求确认《股权转让协议》无效。

争议焦点

(1)狮龙公司等19名股东是否将与南川区方博公司股权转让的交易条件告知了张某,即股权转让的"同等条件"是否业已向张某披露?(2)张某是否放弃行使优先购买权?(3)狮龙公司等19名股东与南川区方博公司签订的股权转让协议的效力。

法院裁判

重庆市高级人民法院认为:1.关于股权转让的"同等条件"是否业已向张某披露的问题。以"同等条件"优先购买,是股东优先购买权的核心内容,也是权利行使的实质要件。"同等条件"是指同等的购买条件,其内容应当包括价格、数量、支付方式、交易时间等合同主要条款,其中价格和数量是考量的最主要标准。结合双方之前的往来函件,可以确认,通过双方的要约和承诺,已经就股权转让达成了框架性的协议,该协议涵盖了转让的数量、价款、付款的方式。之后张某又提出了其他条件,狮龙公司等其他股东并未予以认可，因而未形成合意。考量南川区方博公司出具的《报价承诺书》、所付款额及其与狮龙公司等19名股东所签的股权转让协议中的相关内容，应认定狮龙公司等19名股东向张某披露的购买条件与南川区方博公司的购买条件相同。张某要求提供狮龙公司等19名股东与南川区方博公司签订的转让股份协议及细则，无论该协议是否存在，这本身并非行使优先购买权的必要条件。只要狮龙公司等19名股东向非股东第三方南川区方博公司和向张某提出的购买条件是同等的即可认定“同等条件”业已披露。

2. 关于张某是否放弃行使优先购买权问题。享有优先购买权的股东不能以任意条件主张优先购买权，赋予其他股东优先购买权不能以损害转让股东实质利益和剥夺第三人购买机会为代价，法律规定“同等条件”目的在于限制权利人滥用优先购买权，保护转让股东和第三人的利益。

本案中，在狮龙公司等19名股东向张某披露了交易的同等条件后，并在双方往来函件的基础上，于2010年4月1日致函张某将原《股权转让通知书》中规定的2010年3月31日的付款期限延期至2010年4月20日，并告知张某逾期付款视为放弃购买。截至2010年4月20日，张某未将股权转让款汇入指定账户。在“同等条件”业已披露的情况下，拟转让股权的股东不可能也不应当无限期等待其他股东行使优先购买权。在限定的时间内未履行付款义务应视为张某已放弃行使优先购买权。

3. 关于狮龙公司等19名股东与南川区方博公司签订的股权转让协议的效力问题。股东优先购买权的行使与否不影响其他股东与非股东第三人之间股权转让协议的效力，只影响该协议能否实际履行。即股权转让协议是否有效应当按照该协议自身的内容根据合同法关于合同效力的规定加以认定，即便优先权股东行使了股东优先购买权，只要该协议本身符合《合同法》规定的合同有效要件，协议仍为有效。本案中，狮龙公司等19名转让股东与南川区方博公司签订的股权转让协议并不违反法律法规的规定，是合法有效的。张某优先购买权的行使不影响该转让协议的效力，只影响该转让协议能否得以实际履行。因此张某要求确认上述协议无效的请求不能成立，本院不予支持。

二、关于损害其他股东优先购买权赔偿责任之诉

《公司法解释(四)》第21条第2款规定:前款规定的其他股东仅提出确认股权转让合同及股权变动效力等请求,未同时主张按照同等条件购买转让股权的,人民法院不予支持,但其他股东非因自身原因导致无法行使优先购买权,请求损害赔偿的除外。

该条司法解释规定了,如果存在非因自身原因导致无法行使优先购买权的情况下,优先购买权可以主张损害赔偿。同时规定,优先购买权人如果仅仅主张确认转让人与公司之外第三人之间的股权转让合同及股权变动效力,而未同时主张同等条件购买转让股权的,则不予支持。其原因就在于避免权利人故意斗气而起诉,自己不行使权利,却又破坏交易的稳定性,违背了立法原意。

三、关于股权购买方不能实现合同目的的赔偿之诉

《公司法解释(四)》第21条第3款规定:股东以外的股权受让人,因股东行使优先购买权而不能实现合同目的的,可以依法请求转让股东承担相应民事责任。

该条规定的是,在优先购买权人行使了优先购买权后,导致公司以外的第三人无法履行合同取得股权时,给予其损害的救济途径。因为优先购买权的行使需要一定的时间成本,甚至经过司法程序。股东以外的股权受让人,因股东行使优先购买权而不能实现合同目的,应视为拟转让股东未能履行股权转让的法定程序,具有一定的主观过错,依照上述规定可以依法请求该转让股东承担相应民事责任如违约责任。但是,如果该第三人存在过错或者恶意串通的,则无权主张该权利。

四、有限责任公司股东转让优先认缴权之诉

《公司法》第34条规定:公司新增资本时,股东有权优先按照实缴的出资比例认缴出资。但是,全体股东约定不按照出资比例分取红利或者不按照出资比例优

先认缴出资的除外。

上述规定就是赋予了有限责任公司对增资的优先认缴权，其类似于上述优先购买权。背后的法律原理是一致的。如果该权利受到损害，权利人可以向法院提起诉讼。但是该权利可以通过全体股东的约定排除，约定的方式可以是全体股东共同签署公司章程或者签署协议进行约定。

案·例

贵州捷安投资有限公司与贵阳黔峰生物制品有限责任公司、重庆大林生物技术有限公司、贵州益康制药有限公司、深圳市亿工盛达科技有限公司股权确权及公司增资扩股出资份额优先认购权纠纷案

[(2009)民二终字第3号]

在该案中，最高人民法院认为，有限责任公司增资扩股时，股东会决议将股东放弃认缴的增资份额转由公司股东以外的第三人认缴，其他股东主张优先认缴的，法院不予支持。公司章程另有约定的除外。

第九章

公司诉讼第 13 至 15 式：公司治理之诉

公司治理，是公司权力安排的结构，也就是如何授权给职业经理人并针对职业经理人履行职务行为行使监管职能。简言之，就是公司在所有权与经营权分离模式下，如何有效地规范运营，既能充分发挥管理层的积极创造性，又能保障公司股东权益不受管理层侵害。也就是股东会、董事会、监事会及经理为代表的经营班子之间的分权与制约机制。

公司治理的核心：如何避免大股东、实际控人滥用股东权利损害公司利益及损害小股东利益？如何避免公司管理层董事、监事、高级管理人员损害公司利益？因此，从某种程度讲，公司治理就是平衡各方权益的机制，就是以公司章程（内部自治）和公司法（外部监督）为基准进行的分权与制约管理活动。

公司规范治理已成为公司能否上市的三大硬标准之一，只有规范治理、规范运行的公司才具备上市的基本制度标准。在实践中，最常见的公司治理问题是，不能正常召开股东会、董事会、监事会；实际控制人、大股东损害小股东利益及公司利益；董事、监事、高级管理人员损害公司及股东利益。而股东会作为公司最高权力机构、董事会作为公司执行机构、监事会作为公司监督机构、经理层作为公司经营机构，在规范治理下，都是通过召开会议，按照公司章程就有关议题进行表决来落实的。所以，公司治理有关的诉讼，也就是围绕股东会决议、董事会决议的争议而展开。

本章就是主要阐述分析与公司治理有关的诉讼，将其纳入公司诉讼 36 式中的第 13 式、第 14 式、第 15 式。其中，第 13 式主要分析公司股东会决议、董事会决议的效力之诉，一共有 6 种类型；第 14 式主要归纳公司决议、股东投资协议、公司章程等有关的诉讼，一共有 3 种类型；第 15 式主要讲与公司董事有关的公司诉讼，常见的有 1 种类型。

第一节　公司诉讼第 13 式：公司决议效力的 7 种诉讼

如上所述，公司治理是围绕股东会、董事会、监事会及经理层展开的，公司法及公司章程是运行依据和规则，而股东会决议、董事会决议、监事会决议、经理会纪要及有关行动方案是落地的结果文件。无论是公司控制权的争夺，还是各方的较量，公司的重大事项，无不与前述的三个会议决议有关。所以，与公司股东会决议、董事会决议有关的诉讼，就是本节讲的公司诉讼类型。

股东会决议是公司最重大的事项，董事会决议是执行层面的事项，二者都是公司最重要的决议。公司决议涉及内容很多，但对于争夺公司控制权而言，主要涉及的有增减股东表决权、撤换董事、撤换法人代表、撤换总经理等。就其引发的相关公司诉讼角度又可以划分为更换法人代表之诉、更换董事之诉、更换总经理之诉、更换董事长之诉、更换监事之诉等。

公司决议之诉，是公司最常见的、最高频的诉讼。公司控制权争夺涉及该类诉讼，小股东维权涉及该类诉讼等。为此，《公司法》及其司法解释对此作了十分详尽的规定。

《公司法》第 22 条第 1 款规定：“公司股东会或者股东大会、董事会的决议内容违反法律、行政法规的无效。”该条第 2 款规定：“股东会或者股东大会、董事会的会议召集程序、表决方式违反法律、行政法规或者公司章程，或者决议内容违反公司章程的，股东可以自决议作出之日起六十日内，请求人民法院撤销。”

《公司法解释(四)》第 1 条规定:公司股东、董事、监事等请求确认股东会或者股东大会、董事会决议无效或者不成立的,人民法院应当依法予以受理。

除此之外,在《公司法解释(四)》其他条款以及公布的公司诉讼案例中,还涉及大量的公司决议之诉条款或裁判规则。

根据司法实践中的案例,笔者将公司决议诉讼归类为两大类八种具体类型,下面分别阐释如下:

一、关于公司股东会决议的 4 种诉讼

公司股东会是公司最高权力机关,决议的是公司重大事项。围绕公司股东会决议,有以下 4 种诉讼:

(一)关于确认公司股东会决议无效之诉

《公司法》第 22 条第 1 款规定:“公司股东会或者股东大会、董事会的决议内容违反法律、行政法规的无效。”

根据上述规定,如果公司股东会或股东大会通过或形成的决议内容违反法律、行政法规,则属于无效决议。这一点类似于合同无效的其中之一情形(违反法律、行政法规的强制性规定)。

这里的违反法律、行政法规,是指具体违反哪些方面?是否只要违反了,就一定无效?还是像合同无效必须违反的是效力禁止性的强制性规范?从司法实践案例看,并未像《合同法》对违反法律、行政法规进一步作限缩性规定,比如,强制性——效力禁止性强制性规定。而是只要违反了法律、行政法规明文规定,即构成无效之情形。

司法实践中,导致公司决议无效的事由主要集中在以下 12 个方面:(1)侵害股东对公司增资的优先认缴权;(2)侵害股东的分红权;(3)违法解除股东资格;(4)非法变更股东出资额或持股比例;(5)侵害公司利益;(6)侵害公司债权人利益;(7)不具有股东(董事)资格的主体作出的决议;(8)决议内容的合意基础不存在;(9)选举的董事、监事、高级管理人员不具有任职资格;(10)违反禁售期的规定转让股权;(11)未经财务核算分配公司资产;(12)侵害股东的经营管理权。综合来看,除上述第 8 项外,以上情形基本都属于违反《公司法》强制性规定的情形,

也就是说,违反法律、行政法规强制性规定的决议一定无效,但也存在例外。这一点上,要求要比合同无效的认定标准低得多。

案·例

恒驰公司股东会决议无效之诉案

[(2020)苏11民终2864号]

基本案情

恒驰公司系成立于2006年9月29日的有限责任公司,原注册资本为2000万元整,原股东为张某华和黄某梅。2011年,恒驰公司注册资本变更为3000万元,股东变更为张某华、黄某梅和航发控制公司,持股比例分别为53.3%、13.33%和33.33%。

恒驰公司未通知股东黄某梅,于2016年11月16日召开了第一次股东大会,当天签到单中也未有黄某梅的签名。当日股东会审议了《关于恒驰公司减资1000万注册资本的议案》。股东会当日通过表决作出决议。该决议有股东张某华、股东航发控制公司盖章和授权代表签名。恒驰公司现当庭确认原决议中"黄某梅"的签名是他人代签名,并未征得黄某梅本人同意。同日,恒驰公司与航发控制公司签订减资协议书。2017年3月15日,恒驰公司原注册资本3000万元人民币已变更为2000万元人民币,股东由张某华、黄某梅、航发控制公司变更为张某华、黄某梅。

2019年9月23日,黄某梅向恒驰公司出具了一份函件,载明:今悉公司于2016年11月16日召开了2016年第一次股东会,本人未收到公司召开股东大会的通知及股东会议案文件,未出席该股东大会,也未授权他人出席。

2019年9月25日,恒驰公司向张某华、黄某梅、航发控制公司出具函件,载明的主要内容:股东黄某梅致函公司,提出公司2016年11月16日召开的股东会违反有关法律规定,损害了其股东权利,因此提议无效。

法院裁判

一审法院认为,关于恒驰公司2016年11月16日第一次股东会决议内容的效力问题,一审法院认为根据《公司法》的规定,股东会的决议内容违反法律、行政法规的无效。公司股东应当遵守法律、行政法规和公司章程,依法行使股东权利,不得滥用股东权利损害公司或者其他股东的利益;不得滥用公司法人独立地位和股东有限责任损害公司债权人的利益。恒驰公司未通知黄某梅参加股东会,案涉股东会召集程序和股东会决议表决方式违反了《公司法》和公司章程的规定,侵害了航发控制公司作为股东参与重大决策的权利。恒驰公司章程第52条特别规定,涉及金额人民币100万元以上的重大事项决策均应经全体股东一致同意。2016年11月16日的决议议案涉及恒驰公司减资1000万元以及需返还航发控制公司投资款2500万元的重大事项,对该议案的表决应适用公司章程的特别约定,对该议案表决应经全体股东一致表决同意才能通过。恒驰公司股东张某华和航发控制公司利用大股东的持股优势,在不通知黄某梅参会表决的情况下,以多数决形式强行通过不同比减资的决议,不仅直接剥夺了黄某梅作为小股东的知情权和参与重大事项决策权等程序性权利,而且损害了黄某梅作为股东的实质性利益,故恒驰公司2016年11月16日第一次股东会决议应确认为无效。航发控制公司诉称黄某梅与张某华系夫妻关系且对之前的股东会决议无异议,认为黄某梅对恒驰公司2016年11月16日第一次股东会决议提出异议,系与张某华串通对抗航发控制公司要求恒驰公司支付500万元减资款的诉讼,系典型的虚假诉讼,无事实和法律依据,本院无法确认。3570号案件的审判程序和事实认定均不存在错误,原审判决内容无误。故航发控制公司要求撤销该民事判决的诉讼请求不成立。

二审法院认为,关于恒驰公司2016年11月16日第一次股东会决议内容的效力问题,二审法院认为《公司法》第22条第1款规定:公司股东会或者股东大会、董事会的决议内容违反法律、行政法规的无效。2016年11月16日的股东会,恒驰公司未通知黄某梅参加,股东会通过了《关于恒驰公司减资1000万注册资本的议案》,确定航发控制公司退出恒驰公司,恒驰公司应返还航发控制公司投资款2500万元(注册资金1000万元,资本公积金1500万元)。虽然《公司法》规定股东会会议作出减少注册资本的决议,经代表2/3

以上表决权的股东通过即可,但该规定中"减少注册资本"仅指公司减少注册资本,而并非包括减资在股东之间的分配。在恒驰公司对航发控制公司进行减资而未对黄某梅进行减资的情况下,导致黄某梅持有恒驰公司股权增加,实质上增加了黄某梅作为股东所承担的经营风险,损害了黄某梅的股东利益。对于航发控制公司的减资,应当由全体股东一致同意,恒驰公司未通知黄某梅参加股东会剥夺黄某梅作为小股东的知情权、参与重大决策权等权利,违反了《公司法》的规定。航发控制公司作为恒驰公司的股东出资中1500万元为资本公积金,该资本公积金形成公司资产,航发控制公司不得任意要求恒驰公司予以返还。2016年11月16日恒驰公司股东会决议返还航发控制公司资本公积金1500万元,损害了恒驰公司及债权人的利益,违反了《公司法》第35条"公司成立后,股东不得抽逃出资"的规定,恒驰公司2016年11月16日第一次股东会决议应确认为无效。

(二)关于确认公司股东会决议有效之诉

司法实践中,还遇到这样一类案例,就是能否起诉确认股东会决议有效?从法理上讲,只有争议或诉讼的利益,方可起诉,否则就是浪费司法资源。那么,问题是,该类诉讼是否存在一个争议的前提?有无必要性呢?我们知道,在知识产权诉讼中存在一类案件:确认不侵权诉讼。那么,股东会决议能否也参照呢?

归纳梳理司法实践中的案例,发现有如下不同的裁判,归纳下这些裁判,然后我们再做评析。

案·例·1

广州琳峰泉矿泉饮料有限公司与郭某球公司决议纠纷案
[(2017)粤01民终22231号]

裁判要旨

只有公司股东、董事、监事才能提起公司决议效力之诉。对于公司效力之诉,法律只明文规定了决议无效、撤销、不成立之诉,并未明文规定确认决议效力之诉。一般提起决议效力确认之诉,法院会以于法无据、不具备诉的利益驳回。确有必要情况下,法院可以受理股东提起的决议效力确认之诉。

案·例·2

李某银与上海东银投资有限公司、第三人张某公司决议效力确认纠纷案
[(2016)沪0115民初8090号]

裁判要旨

股东会决议作出后,如一方股东不认可股东会决议的法律效力,或股东之间就股东会决议的效力存在争议,则认可股东会决议效力的一方股东可向人民法院提起诉讼,请求确认股东会决议的效力。

案·例·3

公司股东确认股东会决议有效之诉
(《人民司法·案例》2014年第22期)

裁判要旨

公司股东能否提起确认决议有效之诉的关键在于个案中法院能否认定原告对此具有诉的利益,对此应当按照《民事诉讼法》的一般规则加以判断。公司已向股东履行通知义务,股东未参加会议,形成的股东会(股东大会)决议应当被认定有效。

案·例·4

辜某请求确认涉案股东会决议有效案
[(2015)三中民(商)终字第10163号]

裁判要旨

本案中,辜某请求确认涉案股东会决议有效,某咨询公司尽管同意辜某的诉讼请求,但是赵某已作为原审第三人陈述意见并对决议效力提出异议,此时已具备法律上的争诉性,且符合起诉的法定条件。赵某主张本案不存在争议、不符合起诉的条件,缺乏事实和法律依据。

通过以上案例,可以发现,有的裁决该类诉讼可以行使,有的裁决则不认可。但是从法理上讲,如股该类诉讼确实存在争议,提起该类诉讼具有诉的利益和价值,可以提起。反之,则不可以,但应当尽量减少该类诉讼立案。

(三)关于确认公司股东会决议不成立之诉

《公司法解释(四)》第5条规定:“股东会或者股东大会、董事会决议存在下列情形之一,当事人主张决议不成立的,人民法院应当予以支持:(一)公司未召开会议的,但依据公司法第三十七条第二款或者公司章程规定可以不召开股东会或者股东大会而直接作出决定,并由全体股东在决定文件上签名、盖章的除外;(二)会议未对决议事项进行表决的;(三)出席会议的人数或者股东所持表决权不符合公司法或者公司章程规定的;(四)会议的表决结果未达到公司法或者公司章程规定的通过比例的;(五)导致决议不成立的其他情形。”

上述司法解释规定了股东会决议不成立的诉讼类型及其五种不成立的情形,是法院裁判该类诉讼的主要法律依据。

案·例

北京盛乾置业开发有限责任公司与北京北邮资产经营有限公司、北京博华三和投资有限责任公司公司决议纠纷案

[(2021)京02民终12153号]

判决书部分摘录:

上诉人北京盛乾置业开发有限责任公司(以下简称盛乾置业公司)因与被上诉人北京北邮资产经营有限公司(以下简称北邮资产公司)、原审第三人北京博华三和投资有限责任公司(以下简称博华三和公司)公司决议纠纷一案,不服北京市西城区人民法院(2021)京0102民初7801号民事判决,向本院提起上诉。

盛乾置业公司上诉请求:(1)撤销一审判决,改判驳回北邮资产公司的全部诉讼请求;(2)本案一审、二审诉讼费用由北邮资产公司承担。主要事实和理由:一审法院在未查清盛乾置业公司是否通知北邮资产公司参加股东会的情况下,以北邮资产公司未参加股东会为由,认定盛乾置业公司2019年8月25日的股东会实质上未召开,对决议事项实质上未进行表决,判决盛乾置业公司于2019年8月25日作出的《北京盛乾置业开发有限责任公司股东会决议》不成立,属于认定事实错误。关于盛乾置业公司在召开股东会前是否通知过北邮资产公司,只有盛乾置业公司总经理甄某杰清楚,盛乾置业公司对此并不知情。而甄某杰因被山东省德州市纪检监察委员会调查,导致盛乾置业公司目前无法与其取得联系。盛乾置业公司只有联系上甄某杰后,才能取得相关文件证明是否通知过北邮资产公司。然而,为了方便调查,相关部门限制甄某杰与外界联系,故盛乾置业公司确实难以取得相关证据。如盛乾置业公司按照公司章程规定在召开该次股东会前通知了北邮资产公司,盛乾置业公司按照通知的时间、地点组织召开股东会并对相关事项进行表决,北邮资产公司未到场参加,则不能认定2019年8月25日盛乾置业公司的股东会实质上未召开。事实上,盛乾置业公司于2019年8月25日在公司会议室组织召开了股东会,北邮资产公司未参加股东会,放弃了相关权利,但股东会决议没有违反法律、行政法规的内容,且北邮资产公司未参加股东会会议未对股东会决议产生实质影响,股东会决议内容合法有效。综上,盛乾置业公司认为一审判决认定事实错误,请求法院支持盛乾置业公司的上诉请求。

北邮资产公司辩称:第一,盛乾置业公司没有证据证明该股东会决议是由甄某杰一手操作。若按盛乾置业公司所述,甄某杰一个人起草文件、主持会议、记录会议、发文件,并不符合常理和常识。第二,甄某杰只是盛乾置业公司与博华三和公司的经理、董事,并非上述两个公司的法定代表人,甄某杰也无权代表盛乾置业公司和博华三和公司,如果盛乾置业公司坚持认为是甄某杰一手操作,更说明连博华三和公司都未参加股东会会议,根本没有召开所谓的股东会会议。第三,盛乾置业公司没有提交证据证明甄某杰被羁押调查、无法取得联络等情况。综上所述,盛乾置业公司的上诉理由不成立,应驳回其上诉请求答辩完毕。

一审法院认为,《公司法解释(四)》(2020年修正)第5条第1项、第2项规定:股东会或者股东大会、董事会决议存在下列情形之一,当事人主张决议不成立的,人民法院应当予以支持:(1)公司未召开会议的,但依据《公司法》第37条第2款或者公司章程规定可以不召开股东会或者股东大会而直接作出决定,并由全体股东在决定文件上签名、盖章的除外;(2)会议未对决议事项进行表决的。根据盛乾置业公司于2019年8月25日作出的股东会决议记载,应到股东为博华三和公司和北邮资产公司,实到股东为博华三和公司,故可知北邮资产公司未参加股东会。在北邮资产公司未参会的情况下,2019年8月25日盛乾置业公司的股东会实质上未召开,对决议事项实质上未进行表决。盛乾置业公司和博华三和公司未提交通知北邮资产公司参加股东会的证据,亦没有证据证明北邮资产公司对所决议的事项作出过书面的意见或在决议文件上签名或盖章。故北邮资产公司起诉请求判令盛乾置业公司于2019年8月25日作出的《北京盛乾置业开发有限责任公司股东会决议》不成立,于法有据,一审法院予以支持。综上所述,依照《公司法解释(四)》(2020年修正)第5条第1项、第2项之规定,判决:北京盛乾置业开发有限责任公司于2019年8月25日作出的《北京盛乾置业开发有限责任公司股东会决议》不成立。

本院认为,《公司法解释(四)》(2020年修正)第5条规定:股东会或者股东大会、董事会决议存在下列情形之一,当事人主张决议不成立的,人民法院应当予以支持:(1)公司未召开会议的,但依据《公司法》第37条第2款或者公司章程规定可以不召开股东会或者股东大会而直接作出决定,并由全体股东在决定文件上签名、盖章的除外;(2)会议未对决议事项进行表决的;(3)出席会议的人数或者股东所持表决权不符合《公司法》或者公司章程规定的;(4)会议的表决结果未达到《公司法》或者公司章程规定的通过比例的;(5)导致决议不成立的其他情形。本案中,北邮资产公司主张盛乾置业公司未通知北邮资产公司参加涉案股东会,其亦未在涉案股东会决议上盖章,盛乾公司未提交任何证据证明其已通知北邮资产公司股东会召开事宜,也未提交证据证明北邮资产公司在涉案股东协议上盖章。盛乾置业公司在未通知应到股东参加会议、应到股东亦未实际参加会议且对此不予认可的情况下，召开股东会议程序严重违法，事实上不可能形成股东会决议，故涉案股东会决议不成立。盛乾置业公司辩称涉案股东会议材料由总经理甄某杰保管，无法提供股东会决议相关材料，缺乏依据，本院不予采信。综上所述，盛乾置业公司的上诉请求不能成立，应予驳回；一审判决认定事实清楚，适用法律正确，应予维持。依照《民事诉讼法》第170条第1款第1项之规定，判决如下：驳回上诉，维持原判。本判决为终审判决。

(四)关于撤销公司股东会决议之诉

《公司法解释(四)》第4条规定：股东请求撤销股东会或者股东大会、董事会决议，符合《公司法》第22条第2款规定的，人民法院应当予以支持，但会议召集程序或者表决方式仅有轻微瑕疵，且对决议未产生实质影响的，人民法院不予支持。

上述司法解释谈到的《公司法》第22条第2款规定的内容：股东会或者股东大会、董事会的会议召集程序、表决方式违反法律、行政法规或者公司章程，或者决议内容违反公司章程的，股东可以自决议作出之日起60日内，请求人民法院撤销。

根据上述规定，我们可以理解，根据《公司法》的规定，股东会决议撤销之诉的事实情形是有三种：(1)决议召集程序式违反法律、行政法规或者公司章程；(2)决议表决方式违反法律、行政法规或者公司章程；(3)决议内容违反公司章程。期限要求是60日，该日期不是诉讼时效，是起诉期限。不适用诉讼时效中止、中断的规定。

而《公司法解释(四)》对《公司法》的规定进行了目的限缩性解释，其目的在于尽量维护决议效力的稳定性，避免公司内部纷争——定分止争。

齐某诉海拉尔副食品公司股东会决议撤销案

[(2016)最高法民再182号]

基本案情

2007年3月6日,海拉尔副食品公司召开股东会并形成决议,将公司章程规定的董事会人数由5人修改为7人,监事会人数由3人修改为5人,并选举了新一届董事会董事、监事会监事。齐某是海拉尔副食品公司的股东,称其并未收到召开股东会的通知,于2007年3月29日向法院起诉,请求撤销上述股东会决议。

齐某主张:本案股东会违反了《公司法》关于股东权利和召开会议依法通知股东的规定,侵害了股东权利,剥夺了未得到通知的股东的选举权和被选举权,所作决议无效。而且,股东会决议违反了《公司法》的规定,表决人数未超过半数以上表决权,未依法通过。

海拉尔副食品公司主张:本案股东会关于修改公司章程的决议已经过代表2/3以上表决权的股东表决通过,股东会决议合法有效,不存在可撤销的情形。

法院裁判

最高人民法院最终认定本案股东会决议应当撤销,裁判理由如下:《公司法》第41条及海拉尔副食品公司章程第20条规定,召开股东会会议,应当通知全体股东。最高人民法院认为,有限责任公司股东实际参加股东会并作出真实意思表示,是决议有效的必要条件,因此股东会的召开,不仅要在《公司法》或者公司章程规定的期限内通知全体股东,而且应以一定的方式有效地通知股东。本案中,海拉尔副食品公司未依法通知全部股东参加股东会而作出决议,剥夺了包括齐某在内的未收到通知的股东就公司重大事项表达意见、参与决策等重大权利,故本案股东会的召集程序违反了《公司法》及公司章程的规定。

最终最高人民法院结合本案股东会上所作的修改公司章程的决议未经

代表2/3表决权的股东通过的事实，认定本案股东会决议因违反了公司章程和《公司法》的规定而无效，应予撤销。

二、关于公司董事会决议的3种诉讼

公司董事会是公司执行机关，决议的是公司经营事项或管理方案。围绕公司董事会决议，有以下3种诉讼：

（一）关于确认公司董事会决议无效之诉

董事会决议无效的事项与股东会决议无效事项完全一致，其法律依据亦相同。具体的规定：《公司法》第22条第1款“公司股东会或者股东大会、董事会的决议内容违反法律、行政法规的无效”。

根据上述规定，如果公司董事会通过或形成的决议内容违反法律、行政法规，则属于无效决议。法院对此类案件的裁判规则与股东会决议无效的裁判规则也一致，在此不再赘述。

（二）关于确认公司董事会决议不成立之诉

董事会决议不成立的事项与股东会决议不成立也事项完全一致，其法律依据亦相同。具体的规定：《公司法解释（四）》第5条“股东会或者股东大会、董事会决议存在下列情形之一，当事人主张决议不成立的，人民法院应当予以支持：（一）公司未召开会议的，但依据公司法第三十七条第二款或者公司章程规定可以不召开股东会或者股东大会而直接作出决定，并由全体股东在决定文件上签名、盖章的除外；（二）会议未对决议事项进行表决的；（三）出席会议的人数或者股东所持表决权不符合公司法或者公司章程规定的；（四）会议的表决结果未达到公司法或者公司章程规定的通过比例的；（五）导致决议不成立的其他情形”。

上述司法解释规定了董事会决议不成立的诉讼类型及其五种不成立的情形，是法院裁判该类诉讼的主要法律依据。法院对此类案件的裁判规则与股东会决议不成立的裁判规则也一致，在此不再赘述。

（三）关于撤销公司董事会决议之诉

撤销公司董事会决议的理由与撤销公司股东会决议的理由也完全一致，其法律依据亦相同。具体的规定：《公司法解释（四）》第4条规定：股东请求撤销股东会或者股东大会、董事会决议，符合《公司法》第22条第2款规定的，人民法院应当予以支持，但会议召集程序或者表决方式仅有轻微瑕疵，且对决议未产生实质影响的，人民法院不予支持。

该类案件的裁判规则与撤销公司股东会决议之诉的裁判规则也一致，在此不再赘述。

案·例

李某军诉上海佳动力环保科技有限公司撤销董事会决议案

[(2010)沪二中民四(商)终字第436号]

基本案情

原告李某军诉称：被告上海佳动力环保科技有限公司(以下简称佳动力公司)免除其总经理职务的决议所依据的事实和理由不成立，且董事会的召集程序、表决方式及决议内容均违反了《公司法》的规定，请求法院依法撤销该董事会决议。

被告佳动力公司辩称：董事会的召集程序、表决方式及决议内容均符合法律和章程的规定，故董事会决议有效。

法院经审理查明：原告李某军系被告佳动力公司的股东，并担任总经理。佳动力公司股权结构：葛某乐持股40%，李某军持股46%，王某胜持股14%。三位股东共同组成董事会，由葛某乐担任董事长，另两人为董事。佳动力公司章程规定：董事会行使包括聘任或者解聘公司经理等职权；董事会须由2/3以上的董事出席方才有效；董事会对所议事项作出的决定应由占全体股东2/3以上的董事表决通过方才有效。2009年7月18日，佳动力公司董事长葛某乐召集并主持董事会，三位董事均出席，会议形成了"鉴于总经理李某军不经董事会同意私自动用公司资金在二级市场炒股，造成巨大损失，现免去其总经理职务，即日生效"等内容的决议。该决议由葛某乐、王某胜及监事签名，李某军未在该决议上签名。

裁判结果

上海市黄浦区人民法院于2010年2月5日作出(2009)黄民二(商)初字第4569号民事判决:撤销被告佳动力公司于2009年7月18日形成的董事会决议。宣判后,佳动力公司提出上诉。

上海市第二中级人民法院于2010年6月4日作出(2010)沪二中民四(商)终字第436号民事判决:(1)撤销上海市黄浦区人民法院(2009)黄民二(商)初字第4569号民事判决;(2)驳回李某军的诉讼请求。

裁判理由

法院生效裁判认为:根据《公司法》第22条第2款的规定,董事会决议可撤销的事由包括:(1)召集程序违反法律、行政法规或公司章程;(2)表决方式违反法律、行政法规或公司章程;(3)决议内容违反公司章程。从召集程序看,佳动力公司于2009年7月18日召开的董事会由董事长葛某乐召集,三位董事均出席董事会,该次董事会的召集程序未违反法律、行政法规或公司章程的规定。从表决方式看,根据佳动力公司章程规定,对所议事项作出的决定应由占全体股东2/3以上的董事表决通过方才有效,上述董事会决议由三位股东(兼董事)中的两名表决通过,故在表决方式上未违反法律、行政法规或公司章程的规定。从决议内容看,佳动力公司章程规定董事会有权解聘公司经理,董事会决议内容中"总经理李某军不经董事会同意私自动用公司资金在二级市场炒股,造成巨大损失"的陈述,仅是董事会解聘李某军总经理职务的原因,而解聘李某军总经理职务的决议内容本身并不违反公司章程。

董事会决议解聘李某军总经理职务的原因如果不存在,并不导致董事会决议撤销。首先,公司法尊重公司自治,公司内部法律关系原则上由公司自治机制调整,司法机关原则上不介入公司内部事务;其次,佳动力公司的章程中未对董事会解聘公司经理的职权作出限制,并未规定董事会解聘公司经理必须有一定原因,该章程内容未违反《公司法》的强制性规定,应认定有效,因此,佳动力公司董事会可以行使公司章程赋予的权力作出解聘公司经理的决定。故法院应当尊重公司自治,无须审查佳动力公司董事会解聘公司经理的原因是否存在,即无须审查决议所依据的事实是否属实,理由是否成立。

综上,原告李某军请求撤销董事会决议的诉讼请求不成立,依法予以驳回。

三、关于股东会决议、董事会决议效力被否定中涉及的善意相对人法律关系问题

股东会决议与董事会决议都存在无效、不成立及可撤销的情形,但在实践中存在一种情形,即在股东会决议、董事会决议被法院撤销或无效之前,公司已经依据该决议与第三人形成了有关的交易或其他法律关系,比如,买卖合同、租赁合同或者担保等法律关系,且相关交易已经履行。在此情况下,如果相关股东会决议、董事会决议被法院判决撤销或无效,公司与第三人之间的法律关系是否会因此变动呢?

对此,《公司法解释(四)》第6条规定:“股东会或者股东大会、董事会决议被人民法院判决确认无效或者撤销的,公司依据该决议与善意相对人形成的民事法律关系不受影响。”根据该规定,显然是借鉴了《物权法》的善意取得制度,区分了两种不同情形,如果第三方是善意的,则不受影响。反之,则受影响。

第二节　公司诉讼第14式:协议、章程与决议执行等4种诉讼

一、公司决议执行之诉

公司决议生效后,如果该决议具有明确的可执行、给付义务的内容,相关股东或董事、监事、高级管理人员必须执行公司的决议。但在实践中经常出现三种拒不执行公司的决议的情形:其一,公司被大股东或实际控制人或董事、监事、高级管理人员控制把持,拒不执行决议内容;其二,股东拒不执行决议的情况;其三,公司董事、监事、高级管理人员拒不执行决议的情形。

如果公司决议不被执行,公司治理将成为难题,僵局就会出现。如何解决这类问题呢?也就是说,对于股东会或董事会依法形成的具有明确的可执行、给付义务的内容的决议,如果有关方不予执行,是否可以寻求诉讼法救济,提起决议执

行之诉呢？

笔者认为，对于股东会或董事会依法形成的具有明确的可执行、给付义务的内容的决议，如果遭遇有关义务方拒不执行的情形，完全可以提起诉讼，确保决议得到贯彻与执行，从而避免公司形成僵局，损害有关各方的利益。

比如，对于公司股东会作出的利润分配决议，如果公司拒不执行分配方案实施分红，相关股东就可以依法起诉公司，要求公司履行股东会决议确定的利润分配方案。《公司法解释（五）》第4条第1款规定：分配利润的股东会或者股东大会决议作出后，公司应当在决议载明的时间内完成利润分配。决议没有载明时间的，以公司章程规定的为准。决议、章程中均未规定时间或者时间超过1年的，公司应当自决议作出之日起1年内完成利润分配。

在甘某与上海吉方锆钛材料应用技术有限公司公司盈余分配纠纷案［（2017）沪0115民初56327号］中，法院认为有限责任公司盈余分配属于公司和股东自治范畴，应当先由公司股东会或股东大会就盈余分配作出决议。原告未经股东会决议，亦未以公司陷入僵局为由要求清算，也无法证明其他股东滥用股东权利导致公司不分配利润给其造成损失，且未依经独立第三方审计机构出具的财务报表，对并非独立财务年度的盈余直接要求进行分配，原告诉请不具有法律和事实上的依据。

根据上述司法解释判例可知，股东可以依据股东会作出的利润分配会议直接起诉公司。

股东会决议与董事会决议是两项最重要的公司决议，因此，因公司决议执行而发生的诉讼也有如下两种具体类型：

（一）股东会决议执行之诉

案·例

海启康医疗康复器械有限公司诉汪某文不执行股东会决议案

基本案情

1995年4月，原告、被告经协商决定共同投资成立有限责任公司——上海启康创建有限公司(以下简称创建公司)。双方制定的公司章程规定:公司注册资本100万元,其中原告认缴的出资额为90万元,被告认缴的出资额为10万元,公司自营业执照签发之日起算,经营期限为10年。章程对公司的宗旨和经营范围、股东的权利和义务、股东会、董事会等也作了规定,原告、被告在公司章程上签名、盖章,原告的法定代表人陈某卫在章程上也签了名。同年6月,原告、被告缴足各自出资,经登记机关审核,于6月14日被核准注册设立了创建公司,由被告任公司董事长。6月22日,创建公司以内部转账为名,向原告付款100万元。9月27日,原告法定代表人陈某卫与被告就创建公司有关变更事项进行洽谈,签署《会议协议》一份,双方同意原告让出创建公司的出资,另行协商转让事宜;创建公司更名,由被告办理具体手续;由被告保管创建公司公章;被告保证在原告转让出资和公司更名办妥前不以创建公司的名义进行任何商事及相关活动;原告对创建公司的商事活动不承担法律责任。12月,被告未经股东会通过,擅自修改了公司章程,并据此向工商局办理了变更登记,经营范围增加"附设分支机构"一项,并登记设立创建公司分公司,该分公司营业场所开设在密云路284号。之后,在被告主持下,创建公司在密云路284号对外营业,从事经营活动。原告要求被告停止经营活动不成,遂诉至上海市虹口区人民法院。

原告上海启康医疗康复器械有限公司诉称:被告以个人身份与原告合股,成立以原告香港母公司名称"启康"命名的内资公司——创建公司,其中原告出资90%,被告出资10%。不久,被告要求原告退出创建公司,由被告独自经营。双方协商后订立协议,一致同意转让原告的出资,创建公司更名,被告在经过合法手续前不得擅自经营。但被告不顾承诺,对外用着原告母公司的名义,经销原告同类产品,给原告造成了极大的名誉损害和经济损失。现要求确认原告在创建公司的合法权益(出资90万元及其股权),被告立即停止创建公司的非法经营活动,并承担该公司的全部债务,赔偿因被告的经营活动而使原告营业额减少的经济损失30万元。审理中,原告增加诉讼请求,要求终止创建公司。

被告汪某文答辩称:原告提出的诉讼请求自相矛盾且无依据,既要确认其股东地位,又不愿意承担责任。据被告所知,创建公司的另一股东是陈某卫而非原告,被告在密云路经营是经工商局登记的,并非非法经营。如果原告作为投资一方,《会议协议》未加盖公章,是没有法律效力的。创建公司依法成立,没有理由终止或解散。

法院裁判

上海市虹口区人民法院经审理认为:原告接受公司章程,出资创办公司,是创建公司的股东之一。原告、被告于1995年9月27日签订的《会议协议》,是双方关于创建公司重大事项的决定,根据《公司法》第37条、第38条和第44条第2款关于股东会组成、职权及会议记录等规定,该《会议协议》应视为股东会决议。

被告作为创建公司的另一股东和公司董事长,应对全体股东负责,切实履行其职责,保证该协议的执行。被告不按协议行使其职权,超越权限修改公司章程,显属违反《公司法》第46条关于董事会职权及第59条关于"董事、监事、经理应当遵守公司章程,忠实履行职务"的规定和公司章程的行为,应当承担过错责任。

原告要求被告赔偿其经济损失的诉讼请求,缺乏事实和法律依据,不予支持。原告要求被告承担创建公司的全部债务,并终止创建公司,可依有关规定程序另行解决,本案不予处理。依照《公司法》第4条第1款、第37条、第38条、第46条的规定,于1996年11月15日作出如下判决:(1)确认原告上海启康医疗康复器械有限公司对创建公司出资90万元,出资比例为90%,享有相应的股东权益。(2)被告汪某文停止创建公司的经营活动,于判决生效之日履行。(3)对原告上海启康医疗康复器械有限公司要求被告汪某文赔偿经济损失30万元的诉讼请求不予支持。

被告汪某文不服一审判决,向上海市第二中级人民法院提起上诉。二审期间,被告(上诉人)又以已与原告(被上诉人)达成和解协议为由,申请撤回上诉。二审法院经审查认为,上诉人的撤诉申请于法无悖,予以准许。依照《民事诉讼法》第156条之规定,于1997年3月14日裁定:准许上诉人汪某文撤回上诉。

从上述案例可知,对于依法作出的股东会决议,有关各方应当执行决议内容。如果有关方不执行决议,其他方可以向法院起诉,请求判决执行该股东会决议事项。由此可见,具有明确权利义务关系,明确的给付内容的股东会决议,可以寻求司法救济。

(二)董事会决议执行之诉

公司治理是现代企业制度最重要的一项内容。董事会作为公司的经营管理机构负责对内掌管公司事务、对外代表公司的经营决策。因此,董事会是公司日常经营最重要的议事机构和治理平台。董事会可以聘请或罢免公司经营班子,包括公司总经理。

在现实公司管理制度中,总经理又作为董事会聘任的高级管理人员负责公司的日常经营管理活动。随着职业经理人制度的建立和深入,公司对经理的特定职责、权限和绩效等要求越来越高,这就不同程度地会出现公司董事会因总经理无法履责采用决议罢免方式。针对公司董事会罢免总经理、要求总经理交还公章、证照及相关文件的决议,如果被罢免的总经理拒不执行董事会决议,公司可否向法院提起诉讼,要求总经理履行董事会决议?

笔者认为,参照上述股东会决议执行之诉,具有明确的可执行、给付义务内容的董事会决议同样具有可诉性。实践中大量发生的公司起诉被罢免的总经理交还公章、执照的案例大量发生。

二、股东投资协议之诉

股东投资协议或合资成立公司协议、公司发起协议等,是指为设立公司及约定成立后的公司有关股东权益、治理机制而签署的协议。

在股东投资协议中,有关各方约定的内容比较广博,大部分内容会成为公司的章程内容(转化公司章程,成为公司宪法,并对外公示),也有部分为特定条款,不能成为公司章程的内容。那么,对于公司股东投资协议所约定的内容,如果一方违约,另一方可否起诉?

从股东之间关系来看,股东为组建公司而签订的发起人协议构成约束股东的合同,每一位缔约当事人负有按照发起人协议进行出资的合同义务,如果其中一个或几个股东没有履行或没有适当履行其出资义务,即构成对合同的违反,应当对其他股东承担违约责任。

公司的成立并不意味着协议的终止。股东或投资者间的关系和利益冲突,在公司成立之前,是由发起人协议调整,而在公司成立之后,则主要是由公司章程和公司法调整,但是并不意味着对发起人协议的摒弃。在存在分期缴纳出资的情形下,即便是公司已经成立了,如有股东在缴纳出资上违反了发起人协议,其他股东及公司仍然可以发起人协议起诉之。另外,有限责任公司的股东投资不到位,该股东又将股权转让给其他人的,对股权转让前公司的债务,原股东仍应承担因公司注册资金不到位而产生的法律责任。新股东知道原股东出资不到位仍接受股权转让的,由新股东承担因公司注册资本不到位而产生的法律后果。

案·例

张某诉李某投资合同纠纷案

基本案情

张某与李某之前系同事介绍认识。2018年,李某欲创办公司,遂提议张某入伙。10月10日,双方签订联合创始人(投资分红)协议书,约定张某作为联合创始人,分红投资50,000元,张某分红比例为净利润的20%。同时约定,在运营中,如果张某要求撤资,李某需要在30日内一次性返还本金及约定分红。张某依约向李某支付了50,000元。但是公司成立没多久,被告知无法经营。其间,李某从未给张某分红,且公司关于经营的任何信息均不向张某披露,张某后来多次要求李某退还投资款,李某也不知所踪。张某遂将李某诉至法院。

庭审中,李某辩称,张某、李某之间签订的协议由于主体不适格而导致合同无效,应当根据双方的过错承担责任,张某、李某签订的协议第一条、第二条显示双方联合参与发起公司业务的立项定位和运营,张某享有公司利润分红权和经营知情权，该约定处分的是李某股东的权利，李某无权处置，故合同无效，且原李某双方均为合法主体，法律地位相同，双方均有过错，应当各自承担责任。

法院裁判

本院认为，张某、李某签订的联合创始人（投资分红）协议书系双方真实意思表示，内容不违反法律、行政法规的强制性规定，合法有效，本院予以确认。张某已进行出资，李某应当按照协议约定的既定时间和比例向张某发放分红利润，但协议签订后，李某并未向张某发放过分红利润，致使张某合同目的无法实现。故对张某主张解除张某、李某签订的联合创始人（投资分红）协议书的诉讼请求，本院予以支持。

合同解除后，尚未履行的，终止履行；已经履行的，根据履行情况和合同性质，当事人可以要求恢复原状、采取其他补救措施，并有权要求赔偿损失。对于张某主张的李某返还张某50,000元的诉讼请求，李某对张某向李某指定账户转款的40,000元予以认可，对于张某所称的1万元房租作为投资款的部分不予认可，张某亦未提交有效证据证明其主张，故本院对40,000元的部分予以支持，超出部分不予支持。

综上，依照《合同法》第60条、第94条、第97条，《民事诉讼法》第64条之规定，判决如下：(1)确认张某与李某河南省××惠供应链管理有限责任公司于××××年××月××日签订的联合创始人（投资分红）协议书自本判决生效后解除；(2)李某河南省××供应链管理有限责任公司于本判决生效后10日内返还张某40,000元；(3)驳回张某的其他诉讼请求。

通过上述案例可知，股东投资协议是一种特殊的合同，因投资合同发生的纠纷，适用于合同法的裁判规则。

司法实践中，在公司治理过程常见的一种情形：小股东玩失踪，不参会，也不签署文件，造成困境，如何办？可在公司《发起人（股东）协议》中明确规定股东的签字义务以及股东不履行签字义务时的违约责任。在此前提下，若某股东“玩”

消失，公司其他股东就可以去法院起诉，那时候该股东就会出现了，签字自然就不在话下。若公司已经成立并签订有《发起人（股东）协议》的，可以做《发起人（股东）协议》的补充协议，补充协议的主要内容同上。

若公司已经成立并且没有《发起人（股东）协议》的，可以修改《公司章程》，将股东的签字义务写明，并且约定违约责任，这样当某股东“玩”消失的时候，公司就有权向法院提起诉讼，强制其出面，签字就顺理成章了。

三、章程条款效力之诉

公司章程具有公司宪法的地位和作用，是公司自治最重要的文件。公司治理需要遵循两个准则和依据，其一是外部的法律依据，《公司法》及其司法解释、其他公司有关的法律法规；其二是公司的章程。《公司法》赋予了公司章程很多的自治权，股东可以自由约定一些个性化的条款，但并非完全自由，对于法律法规强制性规定的部分，公司章程是不可以自由约定的。那问题是，如果公司章程约定的条款与公司法及其他法律法规相违背，损害到股东的利益，能否向法院起诉，请求确认该章程相关条款无效。

此外，对于公司章程规定的出资问题，公司可否直接依据公司章程规定起诉股东履行出资义务？

由此可见，涉及公司章程条款效力的纠纷，实际上有两种具体类型，其一是确认公司章程条款无效之诉；其二是直接依据公司章程规定的出资问题起诉股东履行出资义务承担违约责任。笔者主要谈第一类诉讼。

案·例

宗某、李某龙诉北京星二十一新媒体技术有限公司公司章程条款无效案

基本案情

北京星二十一公司系2007年8月1日设立的有限责任公司，注册资本为100万元，股东为李某军（持股40%）、李某龙（持股40%）、宗某（持股

20%)。星二十一公司章程形成于2007年7月31日。其中星二十一公司章程第13条的内容为,“股东会会议作出修改公司章程、增加或者减少注册资本的决议,以及公司合并、分立、解散或者变更公司形式的决议,股东会会议对公司其他变更事项所做出的协议,必须经代表三分之一以上表决权的通过”。公司设立时,由李某军委托陈某伟具体操办注册手续。

李某军一审诉称:李某军、宗某、李某龙三位股东在起草公司章程的过程中,对于其中第13条,原拟定为“股东会会议作出修改公司章程、增加或者减少注册资本的决议,以及公司合并、分立、解散或者变更公司形式的决议,股东会会议对公司其他变更事项所做出的决议,必须经代表三分之二以上表决权的股东通过”。由于笔误,将上述条款写成了“股东会会议作出修改公司章程、增加或者减少注册资本的决议。以及公司合并、分立、解散或者变更公司开式的决议,股东会会议对公司其他变更事项所做出的协议,必须经代表三分之一以上表决权的通过”。当时,没有人发现此处笔误,章程已备案于工商管理部门。但是,星二十一公司章程第13条违反了《公司法》的规定,应属无效条款。故请求人民法院确认星二十一公司章程第13条为无效条款。

宗某与李某龙一审共同辩称:星二十一公司章程第13条是股东的真实意思表示,除去违反法律规定的部分,其他部分应为合法有效。故请求驳回李某军的诉讼请求。星二十一公司一审述称:章程是股东的真实意思表示,应当认定有效。

法院判决

一审法院判决:确认制作于2007年7月31日的北京星二十一新媒体技术有限公司章程第13条无效。

宗某、李某龙不服一审法院判决,提出上诉称:(1)一审法院判决认定章程条款无效有误,公司章程第13条关于特别决议与普通决议表决的程序是可以分割的,关于普通决议表决程序的规定并不违反法律规定,是合法有效的;(2)公司章程第13条是各位股东真实意思的表示,虽然该条款关于特别决议部分的内容因为违反法律规定而无效,但并不影响其他条款内容的效力,故应认定未与法律抵触的部分应当合法有效。综上,请求撤销一审法院判决,依法改判驳回李某军的全部诉讼请求。

李某军服从一审法院判决,答辩称:公司章程第13条之内容明显系笔误,既非公司股东真实意思的表示,亦违反法律的强制性规定,该条款内容完整是一个意思表示,不可能进行分割,因此该条款因违反法律规定,应认定无效,同意一审判决,请求维持原判。星二十一公司虽未提出上诉,但其表示同意宗某、李某龙的上诉意见。

二审法院认为:本案中星二十一公司章程第13条属于股东对于公司表决权的一项完整的意思表示,即除《公司法》规定的特别事项表决外,对于一般事项的表决该公司股东也同意按照特别事项表决一样处理,采用相同的表决方式。由于该条中对于特别决议表决程序的规定违反了法律强制性规定,故该条款均属无效。判决驳回上诉,维持原判。

此外,还查找到如下两个有关公司章程条款效力的判例,可供探析。

案·例·1

北京市八大处农工商总公司与北京治政工贸发展有限公司确认公司章程无效纠纷上诉案

[《人民司法·案例》2013年第12期]

裁判规则

公司章程是股东创设公司的组织契约,不但产生股东之间的合同关系,更创设了股东与公司、管理者与公司之间的法律关系。公司章程的效力瑕疵,不经影响股东关系,更关涉公司的生死存亡。作为公司章程条款无效之诉后果的承受者,公司应当为被告。

案·例·2

2017年6月26日,中证中小投资者服务中心以上海海利生物技术股份有限公司《公司章程》相关条款限制股东董事提名权,涉嫌违反《公司法》有关规定，向上海市奉贤区人民法院提起诉讼并获法院受理。这是投服中心继在全国范围内开展证券支持诉讼后，首次以股东身份提起的诉讼。

从上述判例来看，股东对公司章程有关条款的效力可以向法院提起确认之诉，也即公司章程具有可诉性。实践中，针对上市公司章程中规定的反收购条款，收购方曾经向监管部门会投诉，之后监管部门以章程约定的反收购条款违背上市公司章程指引，要求上市公司予以修改。那么，司法实践中如何认定呢？上述案例给了我们一个裁判思路。虽然存在很多争议，但该案也给出了一个思路，一个裁判理由。

依据表决程序是否法定，有限责任公司股东会会议决议事项分为普通决议事项与特别决议事项。《公司法》第43条第2款对“修改公司章程、增加或者减少注册资本的决议，以及公司合并、分立、解散或者变更公司形式的决议”规定表决程序即“必须经代表三分之二以上表决权的股东通过”，这是法律的强制性规定，公司章程不能作出相反的规定，否则无效。

据此，上述四项决议为特别决议事项，公司章程关于特别决议事项的表决程序的规定必须符合《公司法》的强制性规定。除此四项特别决议以外，公司法授权公司章程对其他决议事项进行规定，这些事项则为普通决议事项。公司章程作为公司自治规范，其对股东会会议决议的规定体现了全体股东的自由意志，因此，对全体股东具有约束力。

综上，从法律的角度来看，股东会会议普通决议事项与特别决议事项在表决程序方面最主要的区别在于有效要件不同，虽然公司章程可以规定二者的表决程序，但是，公司章程对特别事项的规定必须符合《公司法》的强制性规定。因此，前者的效力要件只需符合公司章程的效力要件即全体股东真实意思表示，而后者的效力要件是法定的。由此可见，关于二者效力认定的法律依据应该是不同的，认定前者的效力应适用公司章程，认定后者的效力则适用《公司法》。

第三节　公司诉讼第 15 式：公司董事之诉

公司董事是公司治理中最重要的成员，由公司董事组成的董事会是公司的执行机关，也是公司常设性的决策与执行机构，事关公司治理的规范。在实践中，事关公司董事的直接诉讼大致有如下三种具体类型（本处不包括董事损害公司利益被起诉的情形，主要指公司董事作为原告主动提起的有关诉讼）：

一、罢免董事决议之诉

罢免公司经理等经营班子，属于董事会的职权范畴，但罢免公司董事的权限在于股东会。公司股东会对于不称职的董事予以罢免，是行使公司股东会的职权，也是公司有效治理之需。但在实践中，罢免董事常常系因为公司股东之间分歧，或争夺公司控制权所为之。对于股东会所作的罢免董事决议，董事能否寻求司法救济？

对此，《公司法解释（五）》第 3 条规定：董事任期届满前被股东会或者股东大会有效决议解除职务，其主张解除不发生法律效力的，人民法院不予支持。董事职务被解除后，因补偿与公司发生纠纷提起诉讼的，人民法院应当依据法律、行政法规、公司章程的规定或者合同的约定，综合考虑解除的原因、剩余任期、董事薪酬等因素，确定是否补偿以及补偿的合理数额。

公司与董事的关系主流观点认为系代理关系，也有认为系信托关系，本条意在降低代理成本，在公司治理结构上对公司及股东的权益做出维护。2016 年“宝万之争”引发了上市公司大批修改公司章程。将反收购条款纳入公司章程中，尤其伊利股份、雅化集团、中国宝安等各家上市公司纷纷将舶来品“金色降落伞”条款加入到各自的公司章程中［金色降落伞条款例子：宝安集团公司章程（2016 年版）第 10 条第 2 款，当公司被并购接管，在公司董事、监事、总裁和其他高级管理人员任期未届满前如确需终止或解除职务，必须得到本人认可，且公司须一次性支付其相当于其年薪及福利待遇总和十倍以上的经济补偿，上述董事、监事、总裁和其他高级管理人员已与公司签订劳动合同的，在被解除劳动合同时，公司还应按照《劳动合同法》另外支付经济补偿金或赔偿金］上述金色降落伞条款可以看出，一方面此种规定加大了收购成本，防止了恶意收购；另一方面此种规定也加大了公司与董事的代理成本，有损害公司利益的嫌疑，为了进一步维护公司法人主体、股东的权益，《公司法解释（五）》第 3 条就董事解聘问题，作出了法律规定，“综合考虑解除的原因、剩余任期、董事薪酬等因素”确定“补偿的合理数额”。而不能单一的根据公司章程中某一规定来进行补偿。

董事的责任为忠实勤勉，基于保护公司的利益设置的条款受保护，但是如基于其他利益设置的自利条款，效力性是存疑的。

但是对于股东会决议罢免不称职公司董事或者无因解除，董事除了寻求补偿之外，能否向法院起诉主张罢免无法律效力呢？根据上述司法解释，董事的该主张无法得到法院支持。但是，公司董事可以主张合理的补偿。在实践中，公司董事一般是受股东委托或指派履行职务，如果认为该股东会决议存在无效、不成立、可撤销的法定情形，可以请求指派其的股东向法院提起股东会决议效力之诉，从而解决这一问题，因此，还是可以通过变通来予以解决。

二、董事报酬补偿之诉

同理，根据《公司法解释（五）》第 3 条第 2 款规定：公司董事可以起诉公司合理补偿自己的损失。从该条规定看，属于无因解除及补偿问题。虽公司可无因解聘董事，但为平衡双方利益，公司应提供合理补偿，以保护董事的合法权益，并防止公司无故任意解除董事职务。由于无因解除的原则性、“正当理由”的模糊性以及原告身份的特殊要求，被罢免董事提起公司解聘决议撤销之诉，会面临重重障碍，救济力度不够。而《公司法解释（五）》第 3 条第 2 款则为无理由被解除职务的董事提供了其他救济，使得董事可请求任期届满前所能获得的报酬损失。在董事针对罢免决议提起的撤销或确认不具有法律效力之诉中，出于尊重公司自治原则，法院一般不实质审查解除事由；但在董事的合理补偿之诉中，法院须对解除原因进行实质认定，同时考虑剩余任期、董事薪酬等因素，确定对董事的合理补偿。

三、超期任职董事或辞职董事变更登记之诉

在康美财务造假案判决作出后，一石激起千层浪，一时间众多上市公司独立董事或董监事申请辞职，如果公司对于辞职的董事不同意，或拒绝办理变更登记或公告？或者对于任职期限届满的董事不采取换届及变更登记，相关董事能否起诉公司，要求变更登记？

案·例

董事任期届满，公司怠于改选，为何董事不能要求变更登记？

2017 年 7 月 28 日，刘某向孙某寄出董事辞职报告，载明：本人现为 A 公司董事会董事，根据公司成立时的章程规定，本人在公司董事会的董事任期为 2012 年 10 月 30 日至 2015 年 10 月 29 日，现本人的董事任期已满并早已超期，今本人无意继续留任公司董事职务，特向股东会、董事会正式提出辞职，望公司股东会、董事会尽快予以安排，并及时变更工商登记信息。

A 公司收到刘某的辞职报告后未予批准，也不同意办理变更登记。故刘某将 A 公司诉至法院，要求 A 公司办理工商变更手续，将 A 公司的董事由刘某变更为其他人。庭审中，A 公司辩称，公司尚未进行董事改选，故在新董事上任之前，刘某应继续履行董事职责，故不同意变更工商登记信息。

法院认为，董事任期届满未及时改选，或者董事在任期内辞职导致董事会成员低于法定人数的，在改选出的董事就任前，原董事仍应当依照法律、行政法规和公司章程的规定，履行董事职务。A 公司章程第 19 条规定董事任期为 3 年。因此，根据《公司法》第 45 条及 A 公司章程第 19 条的规定，董事的任免需要由股东会决定，即便董事任期届满，在没有召开股东会进行改选的情况下，原董事仍应履行董事的职责。

从上述判决可以看出，法院基于公司正常治理的需要，判决驳回了董事的诉求。

第十章

公司诉讼第16至18式：控制权争夺之诉

第一节　公司控制的主要方式

一、公司控制权的定义

公司控制权，是指通过投票权实现的对企业主要管理人员的任免权、对重要经营管理活动的决策权和监督权。控制方可以凭借这种权利，使公司按照符合自己利益的方式经营，并从中获益。

2002年实施的《上市公司收购管理办法》对“实际控制权”进行了明确的界定：名义上的第一大股东和持有或控制上市公司表决权达到30%的，除非有相反的证据证明有人持有或控制的表决权超过自己；能够决定半数以上董事会当选的；行使和控制表决权超过名义上第一大股东的，都视为取得了上市公司的控制权。

公司的控制权主要体现在：人事权、财产权、决策权、监督权四个方面，具体又表现为：对股东会、董事会的控制权（公司决策）；对公司公章、证照、账簿的控制权；对公司法定代表人的影响权；对公司总经理等高级管理人员的人事任免权。

二、公司控制的主要方式

公司控制权关乎企业家的成败荣辱，也影响到公司的生死存亡，更事关公司的治理架构及其设计。如图 10－1 所示。

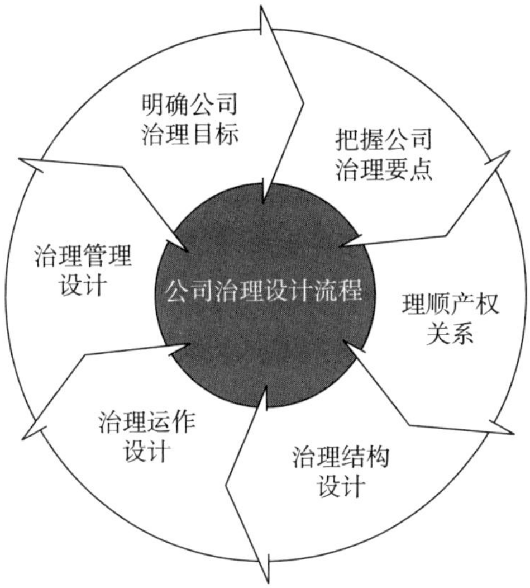

图 10－1　公司治理设计流程

公司控制涉及公司章程的条款如何设置、股东权利如何实现及限制、股东会与董事会权限及限制、公司证照与人事权争夺的危险如何避免等诸多方面。

公司控制需要合理的法律安排与设计，大致可以分为股东会、董事会、管理层人事方面的安排、协议的安排以及其他安排三种模式。常见的公司控制权具体模式如下：

（一）控制模式一：50.1%或 66.7%

该类模式为最常见的控制模式，主要利用公司法所确立的“资本多数决”原则，在出资及持股比例上形成相对或绝对控股，从而控制公司。根据《公司法》的规定，股东会为公司的权力机关，一般事项须经代表 1/2 以上表决权的股东通过，重大事项须经代表 2/3 以上表决权的股东通过。

按上述规定，持有公司 50.1% 的股权即享有公司一般事项的决定权，持有公司 66.7% 的股权即享有公司重大事项的决定权。

(二) 控制模式二:间接控制

间接控制,是指通过控制某个公司的控股股东来控制公司的方式,常见的方式有设立有限合伙持股平台持股,信托持股,以及设立有限责任公司持股平台持股三种模式。其中,有限合伙持股平台最为优化、最为常用。

(三) 控制模式三:AB 股

AB 就是同股不同权。将股票分为 A 股和 B 股两个层次,对外部投资者发行的 A 股只有 1 票投票权,而管理层持有的 B 股每股有 N 票投票权。比如美国的许多高科技上市公司多采用 AB 股,N 通常取 10,使得创始团队有 10 倍于其持股比例的投票权,从而牢牢掌控对公司的管理话语权。但 B 类股不能公开交易,若想转让需先转换成“一股一票”的 A 类股。而 A 类股虽然在投票权上吃了亏,但是在利润分配、优先受偿等方面往往会获得补偿。由于在许多公司中创始人是灵魂人物,而且许多资本大佬投资的目的只在于获得丰厚的收益,并不需要获得公司的控制权,所以 AB 股在许多高科技创新公司中都得到了应用。

(四) 控制模式四:合伙人控制董事会

该模式的代表案例是阿里巴巴,由马云、蔡崇信设立的合伙体,来提名公司董事会的主要成员,由此形成了马云控制合伙体,合伙体控制董事会的局面。而公司股东大会将大量事项授权给董事会,也就实际形成了马云等通过董事会实际控制了公司的情形。

(五) 控制模式五:一致行动人协议

一致行动人协议是由两个或两个以上的股东共同签订的以承诺对外行使权利时采取一致行动为内容,达到共同控制公司目的的协议。

股东签署一个一致行动人协议相当于在公司股东会之外又建立了一个有法律保障的“小股东会”,每次在股东会表决或者协议约定事项进行时,各方可以按协议的约定事先决定出一个结果作为各方对外的唯一结果,然后再在股东会里表决或决定事项是否进行。因此,一份合法有效且实际履行的一致行动人协议,不仅能提高公司经营决策的效率,还能起到抗衡大股东甚至控制公司的作用。

（六）控制模式六：表决权委托

表决权委托，即上市公司股东在一段确定或不确定的较长时间内，将其手中股权对于公司事务的表决权委托于第三方使用。表决权委托实质上还是在“代理投票”制度的范围内，表决权委托协议中双方达成委托表决权的合意，由受托人行使表决权的委托事务。

（七）控制模式七：公司章程规定

该模式是充分利用《公司法》授权公司股东会对公司章程任意性事项进行自由约定的权利，在公司章程中对公司部分事项表决权进行特殊约定，从而实施控制公司的目的。

具体实践中，主要采取的方式是对公司章程中做一些特殊安排，比如，一票否决权、分级分期董事、累计投票制等。该类安排主要体现在公司融资条款中，给予投资者的特殊保护。

（八）控制模式八：金字塔多层结构

该模式的典型案例是韩国三星集团，尽管李氏家族仅联合持有三星集团1.53%的股份，但是李氏家族持有该集团49.7%的控制权。其控制原理就在于采用了金字塔的多层结构控制模式。中国秦制2000年历史长河中的皇帝就是采用此法完成了“普天之下，莫非王土；率土之滨，莫非王臣”的控制全国的目标。

其核心结构就是，实际控制人只要牢牢控制了处在金字塔塔尖上的公司，然后通过该公司控制二级子公司，二级控制三级，依此类推，由此完成了金字塔式的控制模式，其可以控制资产规模庞大的集团。

（九）控制模式九：交叉持股

交叉持股，是指公司之间为达到某种特殊目的而相互持股的现象。主要特征是，甲持有乙的股权；乙持有丙的股权；丙又持有甲的股权等。交叉持股有效的运用，可以达到控制公司的目的。

（十）控制模式十：协议控制

协议控制是与股权控制相对的概念，从各国立法来看，主要是指股东可以通过签订利润上缴合同、盈亏全包合同、营业租赁合同、许可证协议、经营租赁合同、委托经营合同等来控制一个公司。该模式又被称为新浪模式、VIE架构。通过这一系列的控制协议,内资经营实体实质上已经等同于 WFOE 的全资子公司了,由此实现了内资公司在海外的间接上市。其模式架构如图 10－2 所示:

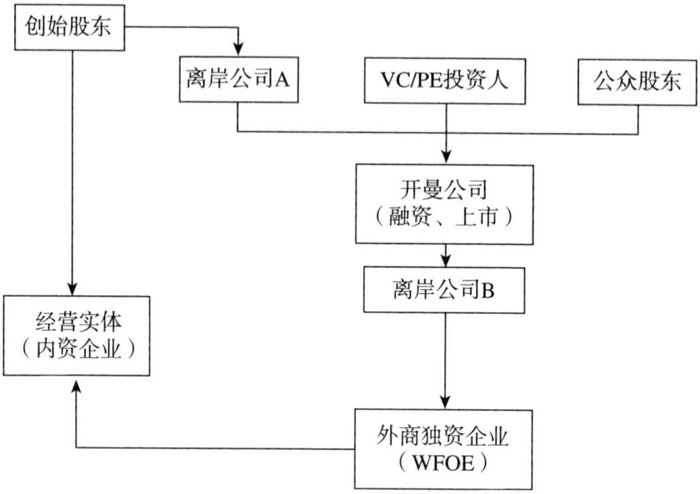

图 10－2　协议控制模式架构

(十一)控制模式十一:人事安排

该模式是通过人事安排来达到控制公司的目的,主要通过董事会所占董事席位及董事长、法定代表人、公司经理、财务总监等重要管理岗位人事安排,来实际掌控公司的决策与经营,从而实现控制公司的目标。

(十二)控制模式十二:代持

该模式是由隐名股东(实际出资人)与名义股东签署代持协议,由名义股东按照实际出资人的指令持有公司股权、参与公司经营或决策,从而达到实际控制公司的目的。

三、公司控制权争夺战的主体——谁参与了战争

公司控制权十分重要,因此,公司控制权争夺成为极为常见的重大公司诉讼类型之一。争夺公司控制权究竟在争夺什么?主要为股东会与董事会决议/提案(议题);法人代表担任;总经理等高管任命与撤换;公司公章、证照、银行账户信

息与印鉴等方面。

公司控制权争夺的方法,在实践中主要途径为运用股东大会召集权及提案权,具体的路径主要有资本方法、法律方法及自力方法三种。

根据司法实践中的案例,公司控制权诉讼的主体,也即参与公司控制权争夺战的主体主要有以下四类:

(一)控股股东与非控股股东之争

公司控股股东与其他股东关于公司控制权的争夺而引发的诉讼,常常发生在公司股权比较分散,大股东与二股东之间因公司经营发展路线分歧而引发的争议。

(二)股东与董事会之争

董事会是公司的日常决策机构,所以董事会实质上掌握着公司的控制权。对于公司董事会作出的决策,常引发股东与董事会之间争议,而提起董事会决议效力之诉。

(三)股东与管理层、董事会之争

在股权过于分散、大股东缺位,甚至无实际控制人的公司中,往往会形成内部人控制公司问题,管理层与经营层会利用实际管理公司的权力,实际掌控公司,损害股东的利益,由此而发生股东与管理层、股东与董事会之间因公司控制权的争议。

(四)新股东与老股东之争

该类争议常发生在新股东持股数量超越原大股东的公司之中,新股东通过受让股权或通过公开市场举牌而获得公司股份,当其股份超过原有大股东,成为公司第一大股东后,就会引发新股东与原股东之间关于公司控制权的法律战争。

四、公司控制权诉讼的具体类型

公司控制权之诉是公司诉讼中最为常见和复杂的一类。争夺控制权是一系列的诉讼组合拳。可能涉及民事、行政及刑事三大法律手段。实践中,还可能涉及公力救济、私力救济。

根据公司的治理架构与分权体系,股东会、董事会及经营团队(高管层)之间的关系:股东会决定董事会,董事会决定经营层,经营层实际运营公司。因此,从微观上讲,公司控制的核心是人事与财务。而公司日常经营中最为急迫的日常事务为法人代表签字、印章与证照、银行账户 U 盾等,这些均直接影响了公司的正常经营与运行。围绕这些关键要素,一个完整的理想化的公司控制权争夺战大致可分为以下几个阶段性战役:

假设的案例:某公司两股东为争夺公司控制权,其中一名股东根据《公司法》的规定及公司章程的约定,采取了法律措施,具体为召开公司股东会,作出了撤换董事、撤换法人代表、撤换总经理等系列人事任免决议。另一位股东针对此,采取了对应的防御与反击法律措施,由此引发公司控制权诉讼。可能的诉讼程序如下:

诉讼之一:针对股东会作出的涉及增减股东表决权、撤换董事、撤换法人代表、撤换总经理等股东会决议,向法院提起公司决议效力之诉,该诉讼性质为确认之诉。具体类型包括股东会决议无效之诉、股东会决议有效之诉、股东会决议撤销之诉、股东会决议不成立之诉四种主要类型。

当然,若存在上述董事会决议,可以向法院提起对应的董事会决议无效、有效、撤销及不成立之诉四种类型。

决议涉及内容很多,但对于争夺公司控制权而言,主要涉及的是增减股东表决权、撤换董事、撤换法人代表、撤换总经理等。在这种程度上,又可以划分为更换法人代表之诉、更换董事之诉、更换总经理之诉、更换董事长之诉及更换监事之诉。

诉讼之二:针对公司已经作出的决议,如果相关方拒不履行,则一方可以提起公司决议履行之诉,即若股东不按决议履行,利害关系方可提起履行相关决议内容的诉讼或损害赔偿诉讼来进行救济。

诉讼之三:公司印鉴、证照、账簿等返还诉讼。公司控制权争夺必然涉及签署证照印鉴等特殊资产的争夺,这也是公司控制权争夺中的常见标的。

诉讼之四:请求变更公司登记诉讼。在完成相关任免或有关股权变动之后,根据公司制度所确立的公示公信原则,请求变更公司登记。若遭遇拒绝,则可以提起该类诉讼。

为了梳理归纳的方便，本章我们重点阐述常见的公司控制权争夺类的公司诉讼，根据本书体例，将其划分为三类，分别用公司诉讼第 16 式、第 17 式及第 18 式来逐一剖析。

第二节　公司诉讼第 16 式：董事、监事、高级管理人员罢免与资产返还的 2 种诉讼

一、罢免法人代表及高级管理人员诉讼

公司控制权争夺战第一步，往往就是通过公司决议罢免公司法人代表、董事、监事、高级管理人员，以夺回公司实际经营管理权。因为公司的治理结构实际上体现为“三会一经理”。即股东会（或股东大会）、董事会、监事会及经理为中心的经营团队。公司的实际控制权具体体现在董事会及经营团队等核心人员管理权上。而法人代表是公司的代表，对公司的实际经营起着关键的作用。

（一）公司法定代表人的法律特征

根据《公司法》相关规定，法定代表人有如下三个特征：

（1）法人的法定代表人是由法律或法人的组织章程规定的；

（2）法人的法定代表人是代表法人行使职权的负责人；

（3）法定代表人是代表法人进行民事活动的自然人。法定代表人只能是自然人，且该自然人只有代表法人从事民事活动和民事诉讼活动时才具有这种身份。

（二）公司法定代表人的担任及职权

公司的法定代表人是代表公司行使职权的签字人。根据《公司法》第 13 条的规定，“公司法定代表人依照公司章程的规定，由董事长、执行董事或者经理担任，并依法登记。公司法定代表人变更，应当办理变更登记”，公司法定代表人可以由董事长、执行董事（不设董事会的公司设 1 名执行董事）或者经理担任。也就是说，公司的董事长或总经理，都可以做公司的法定代表人。

法定代表人在国家法律、法规以及公司章程规定的职权范围内行使职权、履行义务，代表公司参加民事活动，公司法定代表人可以委托他人代行职责。

公司法定代表人在委托他人代行职责时，应有书面委托。法律、法规规定必须由法定代表人行使的职责，不得委托他人代行。

根据《公司法》第146条第1款第4项的规定，担任因违法被吊销营业执照的公司、企业的法定代表人，并对该企业违法行为负有个人责任，自该公司、企业被吊销营业执照之日起未逾3年的，不得担任公司的董事、监事、经理。

原国家工商行政管理总局《企业法人的法定代表人登记管理规定》也明文规定：担任因违法被吊销营业执照的企业的法定代表人，不得担任其他企业的法定代表人。

禁止担任法定代表人的情况与禁止担任董事、监事的情况相同，即因为贪污、贿赂、侵占挪用财产或者破坏社会主义市场经济秩序罪被判刑的（主要为经济犯罪），以及因犯罪被剥夺政治权利，自刑满之日起5年内不能担任法定代表人。

（三）如何罢免公司法人代表

公司的股东可以罢免公司的法定代表人，但应按公司章程规定和《公司法》的规定程序进行，不得随意罢免。

公司的法定代表人是经企业登记机关核准登记，取得公司法定代表人资格的，因此股东若要罢免公司的法定代表人，应当符合法律、行政法规和公司组织章程的规定。根据《公司法》的规定，股东会有选举和更换公司法定代表人的职权，因此公司股东可以通过股东会，依职权罢免公司法定代表人。变更公司法定代表人需由股东会召开会议作出决议，且应依法办理公司法定代表人变更登记。

（四）罢免公司法人代表之诉

公司根据《公司法》及公司章程规定罢免公司法人代表，若该法人代表不服的，则可以就罢免其职务的股东会决议提起效力之诉。该诉讼其实涉及公司治理问题，属于股东会决议之诉范畴，在此不再赘述。

如果被依法罢免的法人代表拒不执行罢免决议，不予配合，则可能引发公司针对该法人代表提起的诉讼，如反转公司特殊资产之诉（印鉴、公章、证照等），该类诉讼在本章其他诉讼中专门讲解，在此也不再赘述。

司法实践中还存在一个法律问题：原法定代表人被罢免但未经工商变更登记，其是否有权以公司名义提起诉讼？再细化下，又会引发出一个常见的法律问题:诉讼期间法定代表人变更之责任承担?下面,我们就以案说法,看下这两种问题如何处理。

案·例·1

河北保定市外贸易县天和食品有限公司与杨某东财产损害赔偿纠纷案

[(2018)最高法民再69号]

裁判要旨

原法定代表人在已被股东罢免的情况下,虽然在工商部门的登记尚未发生变更,但其个人擅自以公司的名义提起诉讼违反了《公司法》和公司章程的规定,原审认定其不具备代表公司行使诉讼权利主体资格并无不当。

争议焦点

原法定代表人被罢免后未经工商变更登记的其是否还有权以公司名义提起诉讼。

裁判意见

最高人民法院认为,2001年11月6日部分股东召开股东大会,罢免赵某力董事长职务,选举杨某东等人为新的股东代表。2002年3月12日、7月11日部分股东代表和股东召开股东会议,决定拍卖和拆除部分设备和物品,用以偿还欠债和集资。上述事实有杨某东提供的保定市外贸局关于冷冻厂及天和公司基本情况的说明,杨某东与部分股东的转让协议,部分股东召开的股东会议记录,及赵某力提供的通知和向工商局提供的申请等证据证明。此外,保定市外贸局的答复和说明也均证明天和公司的组建、性质、经营情况和股权二次转让及杨某东任职和受让股权的背景。

上述事实证明杨某东受让天和公司部分股权在先,部分股东代表召开股东会议决定拆除变卖天和公司财产在后,原审依据上述事实认定该公司部分建筑物和陈旧设备拆除处理,并非杨某东个人行为,对天和公司起诉杨某东个人侵权并承担责任未予支持,具有事实和法律依据,并无不当。赵某力在原审诉讼中诉称:其以天和公司名义起诉杨某东,也未经天和公司股东会议讨论决定。《公司法》第36条规定："有限责任公司股东会由全体股东组成，股东会是公司的权力机构，依照本法行使职权。"第42条规定："股东会会议由股东按照出资比例行使表决权。"

虽然赵某力在工商部门登记为天和公司法定代表人，但有限公司的法定代表人与一般的企业法定代表人不同，有限公司是全体股东按照公司设立时各自认缴的出资比例出资后组建的，所以对公司经营管理和各种涉及公司及股东利益的事项，必须经公司股东会按照出资比例行使表决权后，才能行使。天和公司章程第19条对公司的机构及产生办法，职权、议事规则，也规定"股东会是公司的权力机构，依照法律、法规和公司章程行使职权"。

故赵某力在未经股东会决议讨论决定并已被73名股东罢免董事长的情况下，其个人擅自以天和公司的名义起诉杨某东违反了《公司法》和天和公司章程的规定，原审认定赵某力不具备代表天和公司行使诉讼权利主体资格并无不当。

案·例·2

诉讼期间法定代表人变更之责任承担

[(2019)京执复226号]

司法实务中，公司作为被执行人，常见在案件仲裁或诉讼程序中或执行程序中，公司法定代表人发生变更的情况。针对该类被执行单位法定代表人变更的案件，法院一般认为如果原法定代表人对被执行单位的管理运营(如实际控制、间接持股等)、债务清偿安排产生直接影响，依据最高人民法院《关于限制被执行人高消费及有关消费的若干规定》第1条、第3条的规定："……被执行人为单位的，被采取限制消费措施后，被执行人及其法定代表人、主要负责人、影响债务履行的直接责任人员、实际控制人不得实施前款规定的行为。"法院可以原法定代表人作为被执行单位的主要负责人或者影响债务履行的直接责任人员身份，决定对其采取限制高消费措施。

2019年12月16日，最高人民法院发布了《关于在执行工作中进一步强化善意文明执行理念的意见》，在依法保障胜诉当事人合法权益同时，最大限度减少对被执行人权益影响。在严格规范纳入失信名单和限制消费措施方面,意见明确了不得采取惩戒措施的几类情形。其中规定,单位是失信被执行人的,人民法院不得将其法定代表人、主要负责人、影响债务履行的直接责任人员、实际控制人等纳入失信名单。但不纳入失信名单不等同于不能被限高,因此,作为公司的法定代表人,仍有可能被依法限高。

从目前各地法院关于公司法定代表人身份变更及被执行案件中法律责任承担的司法观点可知,仅从数量上看,对法定代表人身份变更,更倾向于尊重公司有效内部决策的生效判决比较多,当然,各地的司法观点会有不同程度的倾斜,要结合个案的实际情况及案件审理法院的裁判倾向具体分析。而被执行案件中,只要是公司的法定代表人,无论是否是名义法定代表人,均会因公司的被执行案件被采取限高措施。

(五)罢免公司高级管理人员之诉

《公司法》第46条规定:“董事会对股东会负责,行使下列职权:……(九)决定聘任或者解聘公司经理及其报酬事项,并根据经理的提名决定聘任或者解聘公司副经理、财务负责人及其报酬事项。”

根据上述规定,聘任或者解聘公司经理、副经理、财务负责人的职权属于公司董事会法定职责和权限的范畴。

案·例

公司控制权争夺之“撤换总经理”

[(2010)沪二中民四(商)终字第436号]

基本案情

2001年3月18日,投资人葛某某、李某某、南某某、中国船舶重工集团公司第七研究院第七一一研究所(以下简称七一一所)共同投资设立上海佳动力环保科技有限公司(以下简称佳动力公司)并制定公司章程。

公司章程载明:公司法定代表人葛某某,注册资本人民币100万元,股东葛某某、李某某、南某某、七一一所分别出资7万元(占7%)、5万元(占5%)、44万元(占44%)、44万元(占44%);公司设立董事会,设董事5名,董事长由葛某某担任。董事会行使包括聘任或者解聘公司经理等职权,董事会必须由2/3以上的董事出席方为有效,对所议事项作出决定应由占全体股东2/3以上的董事表决通过方为有效。公司财务负责人为葛某某。

2006年11月,佳动力公司通过股东会决议并修订章程,公司股东变更为葛某某(出资额40万元,占注册资本40%)、李某某(出资额46万元,占注册资本46%)、王甲(出资额14万元,占注册资本14%)。

2009年7月18日,佳动力公司召开董事会并形成决议,李某某在会议签到单上签名。董事会决议载明:根据《公司法》及公司章程规定,佳动力公司董事会于当日,由董事长葛某某电话通知,召集并主持在公司浦三路某号会议室召开。出席董事会董事成员应到3人,实到3人。列席董事会监事应到3人,实到3人,作出决议如下:(1)鉴于总经理李某某不经董事会同意私自动用公司资金在二级市场炒股,造成巨大损失,现免去李某某总经理职务,即日生效。(2)现聘任总工程师王甲为佳动力公司代总经理,行使总经理职权。(3)从即日起5日内,原总经理李某某应交还公司章程、印鉴章、法定代表人私章、公司账簿(包括所有的原始记录凭证)给董事长葛某某。如不交还,属于严重损害股东利益,股东有权向法院起诉。决议由董事葛某某、王甲及监事签名。李某某未在决议上签名。

同月27日,李某某向上海市黄浦区人民法院起诉,以佳动力公司董事会决议依据的事实错误,在召集程序、表决方式及决议内容等方面均违反了《公司法》的规定,依法应予撤销为由,请求判令依法撤销佳动力公司于2009年7月18日形成的"上海佳动力环保科技有限公司董事会决议"。

原审法院认为,董事会决议撤销诉讼旨在恢复董事会意思形成的公正性及合法性,在注重维护主张撤销权人合法利益的同时,也兼顾公司法律关系的稳定。佳动力公司董事会决议在召集、表决程序上与公司法及章程并无相悖之处,但董事会形成的"有故"罢免李某某总经理职务所依据的李某某"未经董事会同意私自动用公司资金在二级市场炒股,造成损失"的事实,存在重大偏差,在该失实基础上形成的董事会决议,缺乏事实及法律依据,其决议结果是失当的。从维护董事会决议形成的公正、合法性角度出发,李某某主张撤销2008年7月18日佳动力公司董事会决议,可予支持。而佳动力公司董事会出于公司治理需要,需对经理聘任进行调整,应在《公司法》及公司章程的框架内行使权利。据此判决上海佳动力环保科技有限公司于2008年7月18日形成的董事会决议予以撤销。

原审判决后佳动力公司不服,向上海市第二中级人民法院提起上诉称:原审判决适用法律错误。

法院裁判

二审法院认为,该董事会决议是否撤销,须依据《公司法》第22条第2款的相关规定进行审查。该条款规定了董事会决议可撤销的事由包括:(1)召集程序违反法律、行政法规或公司章程;(2)表决方式违反法律、行政法规或公司章程;(3)决议内容违反公司章程。佳动力公司章程规定,股东会会议由董事长召集和主持。2009年7月18日董事会由董事长葛某某召集,李某某参加了该次董事会,故该次董事会在召集程序并未违反法定程序;佳动力公司章程规定,对所议事项作出的决定应由占全体股东2/3以上的董事表决通过方为有效。因佳动力公司的股东、董事均为3名且人员相同,2009年7月18日决议由3名董事中的2名董事表决通过,在表决方式上未违反公司章程。因此,二审法院认定2009年7月18日董事会决议在召集程序、表决方式上不符合应予撤销的要件,应认定为合法有效。

二、公司印鉴、证照、账簿等返还诉讼

根据实践中的经验,在公司控制权争夺战中采取了"罢免公司法人代表及高级管理人员"等第一步法律措施之后,往往该被罢免的法人代表与高级管理人员拒绝配合,常见的表现:拒绝交还公章、证照、银行印鉴与U盾等事关公司日常经营的重要资产。

为此,公司就需要通过法律途径追回该部分资产?而公司日常运营需要这些

资产，诉讼又很漫长，这就带来了很多问题，于是，实践中就出现了诸如抢夺公章等自力救济手段，而这些手段往往伴随冲突，由此产生违法甚至犯罪行为发生的法律风险。

根据我国上市公司的资本运营概况，便可发现上市公司控制权的争夺战风起云涌。据有关报道：《大众证券报》在 2019 年 12 月 25 日发布的《“抢章”大战频上演印章失控接连引发公司爆雷》的新闻报道，里面详写了多家上市公司的“抢章大战”：如聚力文化因为高层内讧导致印章被盗；ST 双环爆出外部人士涉嫌伪造公司印章用于开展保兑仓业务；华仪电气发生控股股东抢夺印章及银行复核 U 盾；ST 围海控股股东及董事因私用公章等行为遭行政监管；还有金盾股份印章被伪造等；上市公司大连圣亚的股东争夺控制权，副董事长都被打伤进医院了……

该类诉讼一般包括返还公司印鉴之诉、返还公司证照之诉、返还公司账簿之诉及返还公司账户 U 盾之诉等几种情形。

下面就公司公章等重要资产涉及的有关诉讼案例做一梳理汇总：

案·例·1

公章证照属于公司财产，公司有权要求无权占有人返还公章证照

[（2015）三中民（商）终字第 08974 号]

法院判决观点：公司是企业法人，有独立的法人财产，享有法人财产权。公司公章、证照是公司的合法财产，公司对其公章、证照的所有权受法律保护，任何单位和个人不得侵犯。当公司的公章、证照由他人无权控制、占有时，公司有权要求其返还。本案中，唐某华主张其持有公司公章、证照的依据为其是公司股东、办公室主任，但唐某华未能提交证据证明其对公章、证照的管理和控制有公司章程规定或公司决议等有效授权，且唐某华已于 2014 年 10 月 25 日离开兴园顺达公司，故唐某华无权继续持有相关公章和证照。兴园顺达公司作为上述公章、证照的所有权人主张唐某华予以返还，于法有据，应予支持。

案·例·2

公章证照返还之诉的诉讼主体是公司,法定代表人有权代表公司,以公司名义提起诉讼

[(2013)朝民初字第37819号]

法院判决观点:公司的法定代表人依法代表法人行使职权,宋某有权以九观咨询公司的名义提起诉讼。九观咨询公司系依法设立的有限责任公司,其公司相关证照应当由公司持有,任何个人或单位均不得自行占有相关证照。黄某将持有的公司证照存放在保管公司并持有保险柜钥匙,但黄某不是公司的法定代表人,且股东之间亦未形成决议由黄某持有公司证照,故其应将持有的公司证照返还给九观咨询公司。宋某作为九观咨询公司的法定代表人依法代表公司行使职权,可以提起诉讼,代公司主张权利。

案·例·3

公司依照法定程序变更公司的法定代表人后,被变更的原法定代表人有义务返还公司的公章证照。若原法定代表人拒绝返还公司公章证照,新法定代表人可以在起诉状上签字的形式代表公司起诉

[(2014)沪二中民四(商)终字第885号]

法院判决观点:昌城公司要求严某华返还公章的诉请能否成立,首先需要判断昌城公司的诉讼主体资格是否适格。昌城公司依照法定程序召开股东会会议并于2013年11月15日形成《临时股东会决议》,决议内容包括将昌城公司的法定代表人由严某华变更为王某华等。严某华未对该决议的效力提起过诉讼,该决议合法有效,昌城公司的法定代表人依法变更为王某华。由王某华签字可以代表昌城公司提起本案诉讼。严某华确认昌城公司的公章现仍由其保管,故昌城公司有权要求其返还公章。据此,法院判决严某华返还昌城公司公章。

案·例·4

对于公司证照返还纠纷，被告住所地、侵权行为实施地、侵权结果发生地人民法院均有权管辖

[(2017)京02民辖终352号]

法院判决观点：鑫田房地产公司以公司证照返还纠纷为由提起的本案诉讼属于侵权之诉，应根据《民事诉讼法》第28条的规定，确定案件管辖法院；鉴于公司证照返还纠纷的实质为公司证照被非法侵占而提起的诉讼，故涉案公司的住所地作为保管公司证照、印鉴以及有关合同资料的场所应视为侵权行为地，北京市西城区人民法院依法享管辖权。

案·例·5

公司办理新的证照后，为保护公司财产安全，仍有权要求无权占有人返还原证照

[(2016)鲁02民终3806号]

法院判决观点：邢某融取得山东分公司相关证章是基于其与顺鑫公司签订的《承包经营协议》及延期协议，双方的承包合同关系终止，未经顺鑫公司同意，邢某融无权继续以山东分公司的名义对外开展新的业务，顺鑫公司虽然通过刊登遗失公告的方式办理了新的证章，但这并不妨碍邢某融向顺鑫公司返还原来的证章，否则将使山东分公司的民事行为能力受到限制，财产安全处于风险之中。

案·例·6

公司证照返还纠纷中并不适用债权人留置制度进行抗辩

[(2014)浦民二(商)初字第2353号]

法院判决观点：根据我国《物权法》第231条的规定，债权人留置的动产应当与债权属于同一法律关系，公司证照属于公司所有的财产，员工虽在职期间作为占有辅助人合法持有，但离职后即应予返还，此与公司是否为员工缴纳社保费用无法律上的关联，员工如要求公司缴纳相关费用，应另行通过

合法途径解决，扣留公司证照没有法律依据……孙某应当返还涉案公司财物。

三、公章、证照、法人代表三大问题是公司控制权诉讼的核心

根据我国公司法方面的实务经验，股东是否掌握法定代表人、是否掌握公章、特定股东的一票否决权等，都足以影响股东能否实际控制公司。不同股东因掌握不同的公司意志代表工具，为争夺公司控制权而导致商事案件中涉及因公司内部权力争斗而引发的公司意志代表权争议不断增多，该争议不仅涉及程序问题，更影响实体处理。

实践中，一旦股东控制了公司公章、法定代表人和营业执照，无论该股东是否控股已经不影响该股东对公司的实际控制。控股股东即使采取法律诉讼手段来企图夺回公司控制权，势必付出难以想象的成本与代价。

（一）问题一：章章争夺问题，多枚公章所代表的公司意志相互冲突该如何认定

上海市高级人民法院《关于公司法纠纷案件法律适用疑难问题的研讨综述》认为：通常情况下，公司仅使用一枚公章，且须在工商部门备案，但有些公司实际上使用两枚或两枚以上公章。“章章争夺”表现为不同利益股东或高级管理人员分别持不同的公章争夺公司诉讼代表权的现象。审理中出现“章章冲突”的情形主要有以下两种情况：一是工商备案的公章与未备案的公章冲突；二是两枚或两枚以上均未在工商备案的公章冲突。

“章章争夺”情形下的公章是否能够代表公司，认定的关键是审查公章的授权有效性问题。具体可把握以下原则：一是工商备案公章与未备案公章冲突情况下，在无新的有效决议作出相反证明时，备案公章视为公司授权；二是未经工商备案的公章冲突情况下，需有公司有效授权证据作为认定依据。公司内部产生新的有效决议，明确何枚公章具备授权效力的，以公司有效决议认可的公章作为认定依据。

（二）问题二：人人争夺问题，在工商登记的法定代表人与股东会选任的法定代表人产生矛盾情况下，公司诉讼代表权的认定原则

在发生“人人冲突”的情况下，应以股东会决议为准，法定代表人的变更属于

公司意志的变更,股东会决议新产生的法定代表人是公司诉讼意志代表人。最高人民法院公报案例(2014):大拇指环保科技集团(福建)有限公司与中华环保科技集团有限公司股东出资纠纷案裁判摘要:

最高人民法院认为:《公司法》第13条规定,公司法定代表人变更应当办理变更登记。对法定代表人变更事项进行登记,其意义在于向社会公示公司意志代表权的基本状态。工商登记的法定代表人对外具有公示效力,如果涉及公司以外的第三人因公司代表权而产生的外部争议,应以工商登记为准。而对于公司与股东之间因法定代表人任免产生的内部争议,则应以有效的股东会任免决议为准,并在公司内部产生法定代表人变更的法律效果。

(三)问题三:“人章冲突”法定代表人和公章控制人非同一人,两者争夺公司诉讼代表权应如何处理

上海市高级人民法院《关于公司法纠纷案件法律适用疑难问题的研讨综述》认为:不论公章是否经工商备案,在发生“人章冲突”的情况下,均应以“人”——法定代表人作为诉讼代表人。若仅持有公章,而无证明持章人有公司授权持章代表公司意志的证据的,则持章人无权代表公司行使诉讼权利。如果持章人能提供公司明确所持公章才能代表公司意志的有效授权证据,足以否定法定代表人为公司诉讼意志代表的,方可认定持章人为诉讼代表人;否则,法定代表人为公司诉讼代表人。

需要注意的是,在外部纠纷中,即使确定法定代表人为公司诉讼意志代表,但在实体审理时不影响公章对外签约、履约使用时的证据效力认定。即对外部债权人构成表见代理的,不影响债权成立的认定。

(四)问题四:公司与法定代表人发生诉讼,公司代表权可由股东会委派代表行使

实践中有时会出现公司与法定代表人发生纠纷并形成诉讼的情形。例如,作为法定代表人的股东起诉请求解散公司,要求公司清偿个人借款,请求撤销股东会或董事会决议等。此时,由于法定代表人与公司之间产生了现实具体的利益冲突,如果仍由法定代表人代表公司参加诉讼,一方面可能导致诉讼行为无法提起,另一方面也会使已经提起的诉讼因为缺乏原、被告之间的有效对抗,而损害公司的合法利益。在上述情况发生时,可以由公司股东会选举产生代表代表公司参加法定代表人诉讼。

(五)问题五:控股股东虚构公司股东会议决议的,即使该股东实际享有相应的表决权,其个人决策亦不能代替股东会决议的效力

最高人民法院公报典型案例(张某娟诉江苏万华工贸发展有限公司、万某、吴某亮、毛某伟股东权纠纷案)裁判摘要:"有限责任公司召开股东会议并作出会议决议,应当依照法律及公司章程的相关规定进行。未经依法召开股东会议并作出会议决议,而是由实际控制公司的股东虚构公司股东会议及其会议决议的,即使该股东实际享有公司绝大多数的股份及相应的表决权,其个人决策亦不能代替股东会决议的效力。在此情况下,其他股东申请确认虚构的股东会议及其决议无效的,人民法院应当支持。"

第三节 公司诉讼第17式:变更登记与记载的3种诉讼

一、请求变更公司登记诉讼

请求变更公司登记纠纷是股东对于公司登记中记载的事项请求予以变更而产生的纠纷。公司变更登记主要有如下两大类:

第一类:法定代表人变更应办理变更登记。

法定代表人的登记,对外具有公示效力,及时办理变更登记亦有利于保护善意第三人的利益。实践中,公司法定代表人的变更需形成有效的股东会决议。但法定代表人的变更不属于对公司经营有重大影响的事项,法院在裁判时认为,只要股东会决议经代表1/2以上表决权的股东通过,公司应依股东会决议办理法定代表人变更登记。未办理变更登记,对外不得对抗善意第三人。

第二类:股权变更应办理变更登记。

虽然有限公司股东名册是股东资格和权利的凭证,但股东名册只有对内效力,不具有对外的公示效力。因此,我国法律规定了股权变更的工商登记程序。实践中,公司股权变更时,股权变更的依据通常是有效的股权转让协议,法院在裁判时认为,只要股权转让协议系当事人双方的真实意思表示,且符合法律的强制性规定,公司应为股权受让人办理股权变更登记。对于依继承取得股权的,只要公司章程未对股权继承作特别规定,公司应为股东的法定继承人办理股权变更登记。

基于上述,司法实践中,公司变更登记引发的纠纷主要也有两大类:其一,法定代表人登记变更诉讼;其二,股东登记变更诉讼。

(一)法定代表人登记变更诉讼

根据我国《公司法》《公司法解释(三)》《公司登记管理条例》等法律法规的规定,公司法定代表人、董事、监事、高级管理人员、股东以及公司登记事项发生变更时,均需及时申请工商变更登记,不变更公司登记事项不得对抗第三人。

案·例

王某廷请求变更公司登记纠纷案

[(2020)最高法民再88号]

基本案情

2011年3月,曹某刚聘请王某廷担任赛瑞公司执行董事及法定代表人。2011年5月30日,王某廷辞职离开赛瑞公司。2011年11月15日,赛瑞公司作出股东会决议,指定曹某彪担任执行董事及法定代表人,并告知王某廷称已经进行了变更登记。此后,王某廷与赛瑞公司再无任何关系与往来。但经查询,赛瑞公司至今未办理变更法定代表人的变更登记。为此,王某廷向法院提起诉讼,请求法院判令赛瑞公司办理变更法定代表人工商登记。

争议焦点

王某廷提出的判令赛瑞公司办理变更法定代表人工商登记的诉讼请求应否受理。

法院裁判

最高人民法院再审认为,关于王某廷提出的判令赛瑞公司办理变更公司法定代表人工商登记的诉讼请求应否受理的问题。王某廷该项诉讼请求系基于其已离职之事实,请求终止其与赛瑞公司之间法定代表人的委任关系并办理法定代表人变更登记，该纠纷属平等主体之间的民事争议。根据王某廷所称，其自2011年5月30日即已从赛瑞公司离职，至今已近9年，足见赛瑞公司并无自行办理法定代表人变更登记的意愿。因王某廷并非赛瑞公司股东，其亦无法通过召集股东会等公司自治途径，就法定代表人的变更事项进行协商后作出决议。若人民法院不予受理王某廷的起诉，则王某廷因此所承受的法律风险将持续存在，而无任何救济途径。故，本院认为，王某廷对赛瑞公司办理法定代表人变更登记的诉讼请求具有诉的利益，该纠纷系平等主体之间的民事争议，属于人民法院受理民事诉讼的范围。一审、二审法院裁定不予受理王某廷该项诉讼请求，适用法律错误，本院予以纠正。

(二)股东登记变更诉讼

《公司法解释(三)》第23条规定："当事人依法履行出资义务或者依法继受取得股权后，公司未根据公司法第三十一条、第三十二条的规定签发出资证明书、记载于股东名册并办理公司登记机关登记，当事人请求公司履行上述义务的，人民法院应予支持。"

案·例

黄某鹏等请求变更公司登记纠纷案

基本案情

2014年12月19日，(2013)朝民初字第48977号民事调解书确认：(1)黄某鹏于调解书生效之日起70日内将其持有的美络克思公司的5%股权变更登记至谢某频名下；(2)美络克思公司配合办理上述第一项约定的股权变更登记手续。

2015年3月11日，黄某鹏作为甲方与乙方谢某频签订《合作协议》，约定：双方投资合作开发基于微信平台的档案服务号，甲方投资25万元，乙方投资75万元，甲乙方股权比例为1∶9；甲方以75万元收购乙方所占美络克思公司5%的全部股份；原飞狐灵通骨干股权2%按照双方原约定由美络克思公司兑现;本协议签字之日起生效,1周内甲方支付乙方50万元,50日内支付余下的50万元;本协议生效之日起,自动终止甲乙双方之前所签订的全部协议。黄某鹏和谢某频分别在落款处签字并捺印予以确认。2015年3月13日,黄某鹏向谢某频转账50万元;2015年7月3日,黄某鹏再次向谢某频转账50万元。谢某频表示收到上述两笔款项。

法院裁判

法院认为,黄某鹏与谢某频签订的《合作协议》系双方的真实意思表示,亦不违反法律、行政法规的强制性规定,应属合法有效。虽然谢某频经过(2013)朝民初字第48977号民事调解书确认所有美络克思公司5%的股权,但是,在黄某鹏和谢某频领取民事调解书后,又于2015年3月11日签订《合作协议》,约定黄某鹏以75万元的价格收购谢某频在美络克思公司持有的5%的股权,黄某鹏在合同签订后于2015年3月13日和2015年7月3日向谢某频共计转账100万元,虽然黄某鹏迟延支付第二笔款项,但双方并未约定迟延支付款项属于解除合同的条件,谢某频亦未提交证据证明其已通知黄某鹏解除合同,故谢某频在收到黄某鹏支付的上述款项之后,应当将其在美络克思公司持有的5%的股权变更至黄某鹏名下,本院对黄某鹏的诉讼请求予以支持。关于谢某频提出的《合作协议》并未实际履行以及双方已经协商解除《合作协议》的陈述意见,因谢某频并未向本院提交证据予以证明,且与本院查明的事实不符,故本院对上述答辩意见不予采信。综上,判决:美络克思公司于判决生效之日起10日内协助黄某鹏将谢某频持有的5%的股权变更至黄某鹏名下。

二、股东名册记载之诉

股东名册是有限责任公司和发行记名股票的股份有限公司必须置备的,是记载股东及持股数量的法律文件。当股东转让股权或者发生其他股东、股权变更的情况时,若股权转让方或公司怠于履行变更股东名册信息,则可能产生股东名册记载纠纷。

关于股东名册记载的相关法律及司法解释有关规定如下：

《公司法》第32条第3款规定："公司应当将股东的姓名或者名称及其出资额向公司登记机关登记；登记事项发生变更的，应当办理变更登记。未经登记或者变更登记的，不得对抗第三人。"第73条规定："依照本法第七十一条、第七十二条转让股权后，公司应当注销原股东的出资证明书，向新股东签发出资证明书，并相应修改公司章程和股东名册中有关股东及其出资额的记载。对公司章程的该项修改不需再由股东会表决。"

《公司法解释(三)》第23条规定："当事人依法履行出资义务或者依法继受取得股权后，公司未根据公司法第三十一条、第三十二条的规定签发出资证明书、记载于股东名册并办理公司登记机关登记，当事人请求公司履行上述义务的，人民法院应予支持。"

案·例

白某国与北京龙象太和电影科技有限公司股东名册记载纠纷案

原告：白某国。

被告：北京龙象太和电影科技有限公司。

法定代表人：董某峰，董事长。

第三人：董某峰。

第三人：赵某华。

第三人：王某疆。

基本案情

2010年10月29日，龙象电影公司核准登记成立，公司类型为有限责任公司，注册资本为300万元，股东王某疆出资147万元、董某峰出资40.8万元、李某辉出资77.4万元、赵某华出资34.8万元，龙象电影公司工商登记的股东出资金额至今未发生变化。

2014年12月26日，李某辉通过其邮箱，向董某峰、赵某华、王某疆的邮箱发送了主题为股权转让通知书的邮件，邮件内容为龙象电影公司各位股东

(王某疆先生、董某峰先生、赵某华先生),本人李某辉,决定将拥有的龙象电影公司77.4万元出资(占公司全部实缴注册资本300万元中的25.8%)以原始入资价格、即77.8万元的价格对外转让。根据《公司法》第71条的规定,请各位同意转让及视为同意转让的股东仍自收到本通知书30日内书面确定是否行使优先购买权(依前述同等条件购买本人出让的股权)。逾期未予书面答复的,视为放弃优先购买权。各位股东的上述决定是不可撤销的。综上,各位股东自收到本通知书之日起的30日内未购买本人股权的,本人将按上述条件对外转让。

2015年4月20日,李某辉作为甲方与作为乙方的白某国签订了股权转让协议书,其中约定,李某辉已经根据《公司法》第71条的规定,于2014年12月26日以邮件的方式,书面通知公司的其他股东关于股权转让事宜,现已超过了法律规定的时限,公司其他股东已经被视为同意转让,并视同放弃了同等条件下的优先受让权。为此,李某辉与白某国经平等协商,自愿订立本协议。具体约定如下:转让份额:李某辉在龙象电影公司持有股权77.4万元,占公司注册资本25.8%,现转让该全部股权给白某国,白某国同意接受转让……本转让按照出资原价77.4万元转让,无溢价。

2015年6月19日,李某辉向白某国出具收款证明一张,载有,李某辉与白某国先生于2015年4月20日签订了《股权转让协议书》,截至今日,李某辉全数收到了股权转让款77.4万元。

2015年7月3日,李某辉向龙象电影公司、董某峰、王某疆、赵某华及白某国发送邮件载有:根据李某辉于2014年12月26日发送给各位股东的《股权转让通知书》,自2015年1月26日起,经过慎重考虑和反复协商,李某辉已经于2015年4月20日,将李某辉在公司全部出资77.8万元以原始入资价格转让给了白某国先生。后续,关于白某国先生行使股东权利或者进一步收购或者转让公司股权等各项事宜,将完全、直接地由白某国先生与公司、各位股东洽谈,李某辉则只剩下配合公司完成股权变更登记手续的义务。

2015年7月6日,白某国向龙象电影公司、董某峰、王某疆、赵某华、李某辉发送邮件载有白某国与李某辉先生于2015年4月20日签订了股权转让协议，白某国也已经履行了约定的77.8万元的付款义务，协议签订前，李某辉先生向白某国承诺：……协议签订前，李某辉先生已经按照法律规定，履行了通知义务，各位股东已经同意李某辉的转让行为并放弃了优先受让权……为此，本人正式通知公司、各位股东及李某辉先生：……请公司立即为白某国签发出资证明书，将白某国记载于股东名册并到公司登记机关办理变更登记。

争议焦点

白某国是否通过受让李某辉所持有龙象电影公司的股权取得了龙象电影公司的股东资格。

法院裁判

当事人要求公司将其记载于公司股东名册以及向公司登记机关办理股权变更手续是以其具有该公司股东资格为前提的。

李某辉向白某国转让龙象电影公司股权，属于向龙象电影公司股东以外的人转让股权。根据《公司法》第71条第2款的规定，对股东向股东以外的人转让股权予以限制，要求必须履行书面通知义务，目的是维护有限公司的人合性和股东之间的信义关系。基于此，为充分保护有限公司股东优先购买权，股东履行书面通知义务时，书面通知的内容应包含股权转让主要交易条件，具体包括拟受让人的有关情况、拟转让股权的数量、价格及履行方式等。如书面通知中缺少上述主要交易条件，或者主要交易条件不明确，或与真实转让条件不符，应视为不恰当履行书面通知义务。本案中，李某辉向龙象电影公司其他三位股东发出的对外转让股权的书面通知中，未披露受让人情况，通知中的转让价格与李某辉和白某国实际股权交易价格不符，该种不恰当履行书面通知义务的行为对龙象电影公司其他股东理性判断是否同意白某国成为公司股东以及是否行使优先购买权构成了阻碍。庭审中，龙象电影公司其他三位股东均表示不同意白某国成为公司股东，故白某国不具有龙象电影公司股东资格。白某国在不具有龙象电影公司股东资格情况下，要求龙象电影公司将其记载于股东名册并向公司登记机关办理股权变更手续的诉讼请求无法律依据，本院不予支持。

综上，依照《公司法》第71条第2款、最高人民法院《关于适用〈中华人民共和国民事诉讼法〉的解释》第90条之规定，判决：驳回白某国的诉讼请求。

第四节　公司诉讼第18式：3种常见的公司控制诉讼

一、一致行动协议诉讼

（一）一致行动人及其协议

根据中国证监会《上市公司收购管理办法》第83条的规定，一致行动人，是指投资者通过协议、其他安排，与其他投资者共同扩大其所能够支配的一个上市公司股份表决权数量的行为或者事实的人。一致行动人可以是自然人、法人或者其他组织。

本文所阐述的一致行动人是指各方基于签署一致行动协议而具有了法律上一致行动义务的主体。

（二）一致行动协议诉讼

一致行动协议诉讼是指签署一致行动协议的有关方违背协议约定而作出不一致行动或表决的违约行为所引发的诉讼。

案·例

张某庆、周某康与江西华电电力有限责任公司公司决议撤销纠纷案

裁判要旨

双方当事人协议约定：一方在某事项上的投票行为与对方保持一致，但在股东大会表决时，对方投同意票，一方违反自身作出的承诺而投出反对票的，对此，股东大会根据协议将反对票统计为同意票将得到法院的支持。

基本案情

2009年12月29日，华电公司及其第一大股东胡某为甲方，张某庆为乙方，双方签订《股份认购协议》与《期权授予协议》，约定：华电公司向张某庆定向增发股权，在华电公司股份上市交易前，张某庆承诺其所持华电公司股份的投票与胡某保持一致。上述约定的事项，后形成华电公司董事会决议。

2015 年 8 月 20 日，华电公司股东大会增资扩股等事项进行了投票表决，胡某投赞成票，张某庆投反对票。但华电公司将张某庆所投反对票(张某庆持有华电公司 21.3889% 的股份)统计为同意票，最终该项议案获占股权表决权 78.1595% 的同意票，并形成了股东会决议。

张某庆、周某康认为华电公司将两人所投反对票统计为同意票形成的股东会决议，实际上仅获得股权表决权 56.7706% 的同意票，违反公司法对股东大会该类议案须经出席会议的股东所持表决权的 2/3 以上通过的强制性规定，向渝水区人民法院起诉，请求撤销该股东会决议。

争议焦点

张某庆所投的反对票被统计为同意票是否合理，诉争的股东会决议是否应被撤销。

法院裁判

本院认为，2009 年 12 月 29 日，华电公司与张某庆签订《股份认购协议》和《期权授予协议》，两份协议约定：华电公司向张某庆定向增发股权，在公司股份上市交易前，张某庆承诺其所持之华电公司股份的投票与胡某保持一致。胡某作为华电公司的法定代表人在两份协议上签字，并加盖了华电公司公章。两份协议约定的事项，在 2010 年 4 月 27～28 日董事会上商议，在 2010 年 6 月 10 日董事会上形成董事会决议。上述协议是当事人真实意思表示，不违反法律、行政法规的禁止性规定，经董事会决议通过，未损害华电公司及其他股东合法权益，内容合法有效，且当事人已经实际履行了协议，张某庆应当受协议条款约束。2015 年 8 月 20 日，华电公司董事会召集主持 2015 年度第四次股东大会，就华电公司进行增资扩股的议案等事项进行投票表决，胡某对股东大会的各项议案均投同意票，虽然张某庆投的是反对票，但华电公司根据《股份认购协议》和《期权授予协议》，将张某庆所投票计为同意票，形成华电股东会股字(2015)第 6 号股东会决议，华电公司的行为符合两份协议的约定。张某庆主张即使两份协议有效,也只能追究张某庆违约责任,不能强行将其反对票统计为赞成票的申请再审理由不能成立。2015 年 8 月 20 日华电公司股东大会形成股东会决议的程序符合华电公司章程及《公司法》的规定,张某庆、周某康要求撤销股东会决议的请求没有事实法律依据。本案历经一审、二审和再审,最终江西省高级人民法院判决驳回张某庆、周某康的诉讼请求。

二、表决权代理之诉

所谓表决权代理,是指股东以书面方式授权,在事实上授予他人就该股东所持股份进行表决的制度。表决权代理需要代理方与被代理方签署书面的表决权代理协议或委托授权书,以从法律上确定二者之间的表决权代理关系。股东委托投票代理协议主要受《民法典》调整。

上市公司的"表决权委托及相应的控制权变更",是指上市公司的股东通过股权协议转让附带表决权委托的方式引入新的投资方,投资方对目标资产以较小的代价进行收购,同时签订"表决权委托协议",由上市公司的部分股东将其所持剩余股份的表决权委托投资方行使,如此的"一转让一委托",即实现了变更实际控制人或控股股东的目的。表决权委托实质上形成了上市公司所有权和控制权分离的局面,突破了同股同权的原则,增加了上市公司股权结构的复杂性。

(一)表决权委托协议

上市公司使用的表决权委托协议通常会特别强调"不可撤销委托",并且会设置"协商一致可解除""任何一方均不得单方面解除"等条款。表决权委托协议一般有三个特点:第一,不区分授权委托书和委托合同,而均以"表决权委托协议"这一书面形式确立对外的代理关系及双方的委托合同关系;第二,委托人明确其委托"不可撤销";第三,委托人与受托人约定"任何一方均不得单方面解除"以试图排除合同法赋予委托合同双方的任意解除权。

从法律性质看,表决权委托协议是典型的委托合同,应当允许当事人行使任意解除权。但是,若赋予当事人任意解除权,则导致上市公司股东会议决议出现不确定、不稳定的情形。为此,要明确加上"不可撤销"条款,从法理上讲,该限定条款是对合同法赋予委托合同双方的任意解除权的排除,其效力是可以得到法律保证的,却不适用于强制履行。

(二)表决权代理之诉

表决权代理之诉,是指因签署表决权委托代理协议之后一方违约而引发的诉讼。下面就举个案例来以案说法。

案·例

陈某与李某委托合同纠纷案

[(2017)京01民终4548号]

北京市第一中级人民法院审理的陈某与李某委托合同纠纷案[(2017)京01民终4548号]即涉及表决权不可撤销委托的问题。该案有两个争议焦点:一是"不得单方撤销"条款的性质是单方代理授权还是委托合同关系?二是如果双方之间属于委托合同关系,该委托合同是否可以解除?

对于争议焦点一,法院认为合同双方的授权委托合同关系明确,是典型的委托合同关系。授权代理的代理权来源于委托合同,而委托合同中的授权本质上都是单方授权,单方代理授权与委托合同并非对立关系。

对于争议焦点二,法院认为委托合同的"任意解除权"系法定权利,但对任意解除权的限制条款并不产生丧失单方解除权的法律后果。虽然"不得撤销"为双方当事人对不得解除委托所做的特别约定,但基于委托合同严格的人身属性,"不得单方撤销"委托的约定亦不适于强制履行,违反该特别约定的一方只需承担相应的违约责任。由此可见,其对不可撤销条款的认定规则为有效但不适于强制履行。

从上市公司监管有关规定看,根据《上市公司收购及股份权益变动信息披露业务指引》第31条要求表决权协议约定具体期限,并将表决权委托双方视为存在一致行动关系,如果表决权委托协议缔结后又提前解除的,则应当在原约定期限内继续遵守原有的义务和承诺。该条款一方面规范了表决权协议提前终止的行为,另一方面将委托双方视为一致行动人。这样就减少了表决权委托协议纠纷的产生,实际上维持了表决权委托的"不可撤销"。

三、VIE 架构协议之诉

VIE 又称可变利益实体，通过一系列协议进行控制，是与股权控制相对的概念，主要是指股东可以通过签订利润上缴合同、股权质押合同、盈亏全包合同、营业租赁合同、许可证协议、经营租赁合同、委托经营合同等来控制一个公司。通过这一系列的控制协议，内资经营实体实质上已经等同于 WFOE 的全资子公司了，由此实现了内资公司在海外的间接上市。

VIE 架构协议之诉是指因为有关各方违反了所签署"一揽子"协议的有关约定而引发的诉讼，在实践中常常表现为，一方违反框架协议及其附属协议约定，转移境内实际经营公司的资产或利益，损害了有关方的利益等，也经常发生拆除 VIE 架构的过程中。该类案件会引发一系列协议纠纷。在司法处理上，按照有关单个协议的约定，根据《公司法》《民法典》中的有关合同、担保物权篇等有关规定进行裁判。

第十一章

公司诉讼第 19 至 22 式：公司重组之诉

公司重组具有广义和狭义两种含义，狭义的公司重组是仅限于公司并购，包括公司合并、公司收购与公司分立（分割）。广义的公司重组泛指公司之间、股东与公司之间、股东之间依据私法自治原则，为实现公司资源的合理流动与优化配置而实施的各种商事行为。本章所指的公司重组仅指公司的合并、分立、增资及减资四种最常见的重组行为，因为该四种公司重组行为经常引发公司诉讼，故本章将重点讨论该四种公司重组诉讼的有关案例与疑难点。在本书体例中，分别以公司诉讼的第 19 式、第 20 式、第 21 式及第 22 式来阐述公司重组中涉及的合并之诉、分立之诉、增资之诉及减资之诉四种诉讼。

第一节 公司诉讼第 19 式：公司合并之诉

一、公司合并概述

公司合并是指两个或两个以上的公司依照公司法规定的条件和程序，通过订立合并协议，共同组成一个公司的法律行为。公司合并可以采取的两种方式:其一,吸收合并,即一个公司吸收其他公司,被吸收的公司解散;其二,新设合并,即两个以上公司合并并设立一个新的公司,合并各方解散。

公司合并流程:订立合并协议(附条件生效)⇨董事会决议⇨股东会决议⇨政府主管部门批准(若需)⇨编制资产负债表及财产清单⇨对债权人的通知或者公告⇨办理合并登记手续。

二、公司合并诉讼的具体类型

公司合并诉讼是指因公司发生合并法律行为而引发的诉讼,公司合并诉讼大致有以下四种具体类型:

(一)对公司合并决议不满(投反对票)的股东请求公司收购股份之诉

《公司法》第74条规定:"有下列情形之一的,对股东会该项决议投反对票的股东可以请求公司按照合理的价格收购其股权:……(二)公司合并、分立、转让主要财产的;……自股东会会议决议通过之日起六十日内,股东与公司不能达成股权收购协议的,股东可以自股东会会议决议通过之日起九十日内向人民法院提起诉讼。"第142条规定:"公司不得收购本公司股份。但是,有下列情形之一的除外:……(四)股东因对股东大会作出的公司合并、分立决议持异议,要求公司收购其股份。"

根据上述法律规定,对公司合并决议不满(投反对票)的股东有权请求公司收购其股份,若遭拒,则可以向法院提起收购股份之诉。该类诉讼将在本书其他章节中专门讲述,在此不再赘述。

(二)异议股东对公司合并决议提起决议效力之诉

该类诉讼是指反对公司合并的异议股东,针对公司股东会作出的合并决议可以提起股东会决议效力之诉。该诉讼是典型的公司治理类诉讼,在此不再赘述。

(三)债权人对公司合并提起的合并无效之诉

《公司法》第173条规定:"公司合并,应当由合并各方签订合并协议,并编制资产负债表及财产清单。公司应当自给出合并决议之日起十日内通知债权人,并于三十日内在报纸上公告。债权人自接到通知书之日起三十日内,未接到通知书的自公告之日起四十五日内,可以要求公司清偿债务或者提供相应的担保。"第

174条规定:“公司合并时,合并各方的债权、债务,应当由合并后存续的公司或者新设的公司承继。”

根据上述规定,10日内通知债权人并于30日内报纸公告是合并程序之必需,也是债权人的义务。若违反了该程序,则可能影响合并协议的效力。合并后的债权债务实行继承规则,由吸收合并后的存续公司或新设合并中新设公司概括性承继。

(四)公司合并本身引发的诉讼

该类诉讼是指因公司合并协议本身所引发的纠纷,实践中,如果非属于同一实际控制人下的公司合并,存在较大的不确定性,常会合并之后又分裂,这就会引发合并协议本身的分歧,进而引发合并诉讼。而属于同一实际控制人下的合并则不会发生这种不确定性或纠纷。

三、以案说法:公司合并之诉案例分析

案·例

先合并、然后直接破产的公司终止方式违反公司合并制度立法目的

裁判要旨

在无证据证明参与合并的公司均符合破产条件且破产清偿率相同的情况下,先合并然后直接破产的公司终止方式,违背公司合并制度立法目的,违法越过清算环节,损害原资产状况相对较好公司的债权人权益,构成侵权。作出该合并决定的股东系侵权人,应承担相应的赔偿责任。

合并中未履行法定通知义务,造成债权人丧失要求清偿债务或者提供相应担保的机会,构成侵权。相应的侵权主体应根据未履行法定通知义务的原因具体分析判断,提起侵权之诉与无效之诉。

基本案情

甲公司是A、B两家公司的唯一股东。2013年,甲公司计划终止该两家

公司。2013年7月,甲公司以A公司唯一股东的身份作出决定,将A公司无偿并入B公司。同日,A、B两家公司签订合并协议,称为了扩大公司规模,提高竞争力,双方合并;由B公司吸收A公司,A公司解散;原A公司债权债务由B公司承继。2013年9月,A公司因并入B公司而注销,注销登记申请书注明债权债务已清理完毕。2013年10月,合并后的B公司申请破产。法院裁定受理破产申请,同时查明B公司从2007年开始经营困难,于2011年全面停产;合并后的B公司资产负债率为136.61%。2014年1月,法院裁定宣告B公司破产。

前述合并过程中,A公司未通知住所地在外省的已知债权人乙公司,仅在本省报纸上进行合并公告,未通过全国性媒体进行合并公告;合并过程中亦未编制资产负债表和财产清单。破产程序中,乙公司作为普通债权人申报了债权,破产管理人表示破产清偿率为零。

乙公司诉至法院称:甲公司作为A、B两家公司的股东,在合并过程中违反法定程序,未依法编制资产负债表和财产清单,未书面通知已知债权人,导致乙公司无法要求A公司清偿债务或者提供担保,造成债权无法获得清偿,构成侵权,应当承担赔偿责任。

法院裁判

甲公司作为A公司、B公司的股东,在明确要终止两家公司的情况下,不按《公司法》的规定对各公司分别解散、清算或者申请破产,在无证据证明相关公司均符合破产条件且破产清偿率相同的情况下,特意安排先合并、后破产的终止途径,在不编制资产负债表和财产清单的情况下,将A公司无偿并入B公司,然后直接申请合并后的B公司破产,实质打破了两公司之间的独立财产界限,构成对A公司债权人乙公司的侵权,属于《公司法》第20条规制的公司股东滥用公司法人独立地位和股东有限责任,逃避债务,严重损害公司债权人利益的行为,应当对公司债务承担连带责任。现A公司已注销,乙公司要求甲公司承担相应责任,应予支持。遂判决:甲公司赔偿乙公司未实现债权的相应损失。

第二节　公司诉讼第20式：公司分立之诉

一、公司分立概述

公司分立是指一个公司依照《公司法》有关规定，通过股东会决议分成两个以上的公司。公司分立有两种方式：其一为存续分立，是指一个公司分离成两个以上公司，本公司继续存在并设立一个以上新的公司；其二为解散分立，是指一个公司分散为两个以上公司，本公司解散并设立两个以上新的公司。

公司分立的流程：董事会拟定分立方案股东会决议通过分立方案政府主管部门批准（若需）编制资产负债表及财产清单对债权人的通知或者公告办理分立登记手续。

二、公司分立诉讼的具体类型

公司分立诉讼是指因公司发生分立法律行为而引发的诉讼，公司分立诉讼大致有以下四种具体类型：

（一）对公司分立决议不满（投反对票）的股东请求公司收购股份之诉

《公司法》第74条规定："有下列情形之一的，对股东会该项决议投反对票的股东可以请求公司按照合理的价格收购其股权：……（二）公司合并、分立、转让主要财产的；……自股东会会议决议通过之日起六十日内，股东与公司不能达成股权收购协议的，股东可以自股东会会议决议通过之日起九十日内向人民法院提起诉讼。"第142条规定："公司不得收购本公司股份。但是，有下列情形之一的除外：……（四）股东因对股东大会作出的公司合并、分立决议持异议，要求公司收购其股份。"

根据上述法律规定，对公司分立决议不满（投反对票）的股东有权请求公司收购其股份，若遭拒，则可以向法院提起收购股份之诉。该类诉讼将在本书其他章节中专门讲述，在此不再赘述。

（二）异议股东对公司分立决议提起决议效力之诉

该类诉讼是指反对公司分立的异议股东，针对公司股东会作出的分立决议可以提起股东会决议效力之诉。该诉讼是典型的公司治理类诉讼,在此不再赘述。

(三)债权人对公司分立并提起分立无效之诉

《公司法》第175条规定:"公司分立,其财产作相应的分割。公司分立,应当编制资产负债表及财产清单。公司应当自作出分立决议之日起十日内通知债权人,并于三十日内在报纸上公告。"第176条规定:"公司分立前的债务由分立后的公司承担连带责任。但是,公司在分立前与债权人就债务清偿达成的书面协议另有约定的除外。"

根据上述规定,与合并程序相同,10日内通知债权人并于30日内报纸公告是分立程序之必需,也是债权人的义务。若违反了该程序,则可能影响分立协议的效力。分立后的债权债务实行继承规则,由存续分立后的存续公司与新设公司或解散分立后的两个或多个新设公司概括性承继。

三、公司分立常见法律问题

(一)公司分立诉讼中原被告等诉讼主体问题

1. 侵犯债权人利益的,债权人为原告,分立后各方为被告;

2. 侵犯股东利益之诉,分立前股东为原告,其他股东为被告;

3. 对公司分立所做股东(大)会决议有异议,按股东决议纠纷处理;

4. 分立公司之间因资产分配而产生的争议,公司为原被告,股东列为第三人。

(二)合并分立之诉审理要点

1. 审查分立协议效力问题应以《公司法》第37条、第99条为依据,即是否经股东(大)会通过。未为债权人提供担保或清偿债务不影响合同效力。

2. 如公司分立违反《公司法》第175条之规定,债权人可以起诉原公司股东,请求原股东对原公司债务承担连带责任。

3. 公司分立协议的签订主体虽然是股东,但对资产的实际权利主体并非股东个人,而是分立后的新设公司,因此请求给付资产的诉讼主体为新设公司。

四、以案说法：公司分立之诉案例分析

案·例

(2006)珠中法民二终字第121号判决

裁判要旨

在公司分立过程中，如股东在履行公司分立合同中存在违约行为，在公司分立成功的情形下，根据股东资本所有权和法人财产权相分离的原则，适格的诉讼当事人为分立后的公司，而并非作为合同一方当事人的股东。

基本案情

黄某平、王某辉、胡某、刘某、张某各方原系珠海市佳讯实业有限公司(以下简称佳讯公司)股东。2003年5月6日上述5股东召开公司分立股东会议，作出如下决议：股东一致同意公司分立，分立后存续方为佳讯公司、分出方为珠海联讯科技有限公司(以下简称联讯公司)。存续方的股东为刘某、张某，分出方的股东为黄某平、王某辉、胡某。资产、债权债务双方原则上按分立前所持有股权比例分割，不能分割的双方以竞价方式决定，价高者得。

2003年6月14日，5股东各方签署了《关于佳讯公司分立的确认函(二)》，其中第2条2.2约定：佳讯公司的无形资产和厂房实行捆绑处置，采取竞买方式进行，价高者得，竞得方须向另一方即未竞得方支付价款；上述价款竞得方应以现金方式支付给未竞得方，并应分三期支付：首期于2003年7月30日前支付总额的50%；第二期于2004年4月30日前支付总额的25%；余款于2004年12月31日前付清。如到期未付款或未足额付款的，则按照应付未付的总额计算，每天处以万分之八点四的迟延处罚金。

2003年7月25日，张某作为存续方股东或受托人、黄某平作为分出方股东或受托人又签订了一份《关于佳讯公司分立的确认函(四)》，其中第3条第1款约定：首期款可延迟到审计报告完成之日支付(支付的同时分出方开

具收款收据给存续方)，但7月30日首期款必须到账，如未到账则视为存续方违约，分出方有权每天收取应收款总额万分之八点四的滞纳金；如到账后分出方在审计报告完成前支取则视为分出方违约，存续方有权按照付款总额每天收取万分之八点四的违约金。其后，存续方佳讯公司向分出方联讯公司支付了首期款共计378.27万元，具体付款情况如下：2003年8月12日，付款1,321,252.4元；2003年9月17日，付款200万元；2003年9月27日，付款227,327.6元；2003年10月14日，付款234,120元。

分立后的存续方佳讯公司与分出方联讯公司于2003年11月17日经珠海市工商行政管理局核准分立变更登记。

2004年4月17日，甲方佳讯公司、乙方联讯公司、丙方珠海及成通讯科技有限公司三方签署了《合同书》一份，其中，佳讯公司确认至2004年4月17日尚欠联讯公司资产分割补偿款共计378.26万元。2004年11月8日，黄某平、王某辉、胡某以刘某、张某及佳讯公司迟延支付资产分割补偿款已构成违约为由，向法院起诉，请求判令被告刘某、张某向其支付违约金67,703.21元。

法院裁判

广东省珠海市香洲区人民法院依照《民事诉讼法》第108条第1项、最高人民法院《关于适用〈中华人民共和国民事诉讼法〉若干问题的意见》第139条的规定，作出裁定：驳回黄某平、王某辉、胡某的起诉。原告不服该判决，提起上诉。珠海市中级人民法院经审理，裁定驳回上诉，维持原审裁定。

第三节　公司诉讼第21式：公司增资之诉

一、公司增资概述

《公司法》第178条规定："有限责任公司增加注册资本时，股东认缴新增资本的出资，依照本法设立有限责任公司缴纳出资的有关规定执行。股份有限公司为增加注册资本发行新股时，股东认购新股，依照本法设立股份有限公司缴纳股款的有关规定执行。"第179条规定："公司合并或者分立，登记事项发生变更的，应当依法向公司登记机关办理变更登记;公司解散的,应当依法办理公司注销登记;设立新公司的,应当依法办理公司设立登记。公司增加或者减少注册资本,应当依法向公司登记机关办理变更登记。”

根据上述规定,公司增资应按缴纳出资的有关规定执行,同时,需要依法向公司登记机关办理变更登记。

根据《公司法》的相关规定,公司增资流程:增资扩股协议召开股东会表决通过(2/3 以上通过)入资变更登记。

根据《公司法》的相关规定,公司的增资方式有四种:增资扩股;向老股东增发配股;公司资本公积金转增股本;债转股(可转债及可转让可分离债等)。

二、公司增资诉讼

公司增资诉讼是指公司因增资而引发的诉讼。主要包括以下几种类型:

第一种,引入外部投资者的增资扩股协议引发的增资诉讼。

该类诉讼一般发生的情形是外部投资者与公司之间因增资扩股协议发生的纠纷,常见的纠纷有:增资资金缴纳违约、公司财务报告虚假造成估值虚高、隐瞒了足以影响增资的决策等情形引发的争议。

第二种,因老股东增发/配股引发的增资诉讼。

该类诉讼最为常见的情形是,认缴增资的股东不缴纳出资款,构成违约。

第三种,债转股协议引发的诉讼。

该类诉讼常发生在债转股协协议到期后,公司不同意转股或拒不协助办理转股手续,或者不偿还债务两种情形。

三、公司增资之诉案例实务

以下 4 个案例为公司采用增资扩股方式增资引发的纠纷案件中,法院对有关疑难问题作出的裁判意见:

案·例·1

浙江新湖集团股份有限公司与浙江玻璃股份有限公司增资纠纷案

［(2010)民二终字第101号］

核心要点

合同当事人可以约定单方面终止履行的权利，但该权利的行使不能对抗公司法项下的增资扩股时资本充足义务。

裁判要旨

根据《合同法》第91条的规定，合同各方当事人可以采取约定方式终止合同的权利义务。因此合同约定在乙方违约的情形下守约方有权要求单方面终止合同继续履行，该约定有效。但在增资扩股协议项下，如果已经办理了新增资本的工商登记，认购新增资本的股东就负有公司法上足额缴付注册资本的法定义务，负有增资义务的一方在对方违约的情况下虽然可以按照约定终止履行合同，仍然要足额缴付已经登记在其名下的股权所对应的注册资本，即股东缴付出资的义务不能以股东之间的内部约定予以免除。

案·例·2

绵阳市红日实业有限公司、蒋某诉绵阳高新区科创实业有限公司股东会决议效力及公司增资纠纷案

［(2010)民提字第48号］

核心要点

股东对于公司新增资本的优先认缴权要在合理期限内行使。

裁判要旨

股东优先认缴公司新增资本的权利属于形成权，虽然现行法律没有明确规定该项权利的行使期限，但为维护交易安全和稳定经济秩序，该权利应当在一定合理期间内行使，并且由于这一权利的行使属于典型的商事行为，对于合理期间的认定应当比通常的民事行为更加严格。

本案中红日公司和蒋某在科创公司2003年12月16日召开股东会时就

已经知道其优先认缴权受到侵害,且作出了要求行使优先认缴权的意思表示,但并未及时采取诉讼等方式积极主张权利。在此后科创公司召开股东会、决议通过陈某高将股权赠与固生公司提案时,红日公司和蒋某参加了会议,且未表示反对。红日公司和蒋某在股权变动近2年后又提起诉讼,争议股价已经发生较大变化,此时允许其行使优先认缴出资的权利将导致已经趋于稳定的法律关系遭到破坏,并极易产生显失公平的后果,故四川省绵阳市中级人民法院(2006)绵民初字第2号民事判决认定红日公司和蒋某主张行使优先认缴权的合理期间已过并无不妥。

案·例·3

深圳市汇润投资有限公司与隆鑫控股有限公司欠款、担保合同纠纷案

[(2010)民二终字第104号]

核心要点

公司增资扩股后,股权质权人的优先受偿权并无实质变化。

裁判要旨

公司增资扩股后,因有新的出资注入公司,虽然原公司股东的持股比例发生变化,但其所对应的公司资产价值并不减少。因此,对于原以公司部分股权设定职权的权利人而言,公司在增资扩股后其对相应缩减股权比例享有优先受偿权,与其当初设定质权时对原出资对应的股权比例享有优先受偿权,实质权利并无变化,不存在因增资扩股损害质权人合法权利的可能。

质权人应当以增资扩股后原股权对应出资额相应的缩减后股权份额享有优先受偿的权利。

案·例·4

余某与贵阳黔峰生物制品有限公司、贵阳大林生物技术有限公司股权确认、盈余分配纠纷案

[(2010)民二终字第123号]

核心要点

全体股东约定不按照出资比例优先认缴出资的除外。

裁判要旨

有限公司增资,《公司法》第179条第1款仅是原则性的规定,重点是增资方案通过后认缴新增资本的方式和要求,须按照设立公司缴纳出资的规定进行。但是,全体股东约定不按照出资比例优先认缴出资的除外。

第四节 公司诉讼第22式:公司减资之诉

一、公司减资概述

(一)公司减资法律规定

《公司法》第177条规定:"公司需要减少注册资本时,必须编制资产负债表及财产清单。公司应当自作出减少注册资本决议之日起十日内通知债权人,并于三十日内在报纸上公告。债权人自接到通知书之日起三十日内,未接到通知书的自公告之日起四十五日内,有权要求公司清偿债务或者提供相应的担保。"第179条规定:"公司合并或者分立,登记事项发生变更的,应当依法向公司登记机关办理变更登记;公司解散的,应当依法办理公司注销登记;设立新公司的,应当依法办理公司设立登记。公司增加或者减少注册资本,应当依法向公司登记机关办理变更登记。"

根据上述规定,公司减资的程序十分严格,与公司合并、分立的严格程序要求是一样的,被公司增资程序要求严格得多,原因在于:在公司合并、分立、增资、减资四种公司重组行为中,唯有公司增资增加了公司的资产及偿债能力,这对于债权人是有利的,因而没有必要再为保障公司债权人的利益而增加严格的增资程序。

(二)公司减资法律流程

根据《公司法》的相关规定,公司减资流程如下:

1. 股东会决议。该决议内容包括:

(1)减资后的公司注册资本;

(2)减资后的股东利益、债权人利益安排;

(3)有关修改章程的事项;

(4)股东出资及其比例的变化等。

特别提示一点,公司作出减资决议时,应注意公司减少资本后的注册资本不得低于法定的最低限额。

2. 编制资产负债表及财产清单。

3. 通知或公告债权人。

4. 变更登记。

(三)公司减资情形

公司减资的主要情形:公司亏损严重,需要做减资处理的;公司注册资本过大,需要做等比例减资处理的;公司依法回购股份三种。

二、公司减资诉讼

公司减资诉讼是指公司因减资而引发的诉讼。主要包括以下两种类型:

第一种,债权人请求未履行减资程序公司股东承担补充赔偿责任。

该类诉讼指公司减资未按法定程序减资、未按债权人要求偿还债务或提供担保,而损害债权人利益,公司债权人向法院提起的减资诉讼。

案·例

上海德力西集团有限公司诉江苏博恩世通高科有限公司、冯某等买卖合同纠纷案

[(2016)沪02民终10330号,《最高人民法院公报》2017年第11期]

基本案情

2011年,德力西公司与江苏博恩公司签订电气设备买卖合同,江苏博恩公司据此欠下电气公司77.7万元货款。2012年，江苏博恩公司根据股东冯某提议，召开股东会，决议将注册资金由2亿元减至1000万元，随后在省级报刊公告并办理工商变更登记。2016年，德力西公司诉请江苏博恩公司偿付货款，并要求江苏博恩公司股东上海博恩公司、冯某承担补充赔偿责任。

争议焦点

除江苏博恩公司应否偿付货款外，其股东上海博恩公司、冯某是否应当承担补充赔偿责任。

法院裁判

法院认为，根据现行《公司法》之规定，股东负有按照公司章程切实履行全面出资的义务，同时负有维持公司注册资本充实的责任。尽管《公司法》规定公司减资时的通知义务人是公司，但公司是否减资系股东会决议的结果，是否减资以及如何进行减资完全取决于股东的意志，股东对公司减资的法定程序及后果亦属明知，同时，公司办理减资手续需股东配合，对于公司通知义务的履行，股东亦应当尽到合理注意义务。江苏博恩公司的股东就公司减资事项先后在2012年8月10日和9月27日形成股东会决议，此时德力西公司的债权早已形成，作为江苏博恩公司的股东，上海博恩公司和冯某应当明知。但是在此情况下，上海博恩公司和冯某仍然通过股东会决议同意冯某的减资请求，并且未直接通知德力西公司，既损害了江苏博恩公司的清偿能力，又侵害了德力西公司的债权，应当对江苏博恩公司的债务承担相应的法律责任。公司未对已知债权人进行减资通知时，该情形与股东违法抽逃出资的实质以及对债权人利益受损的影响，在本质上并无不同。

因此，尽管我国法律未具体规定公司不履行减资法定程序导致债权人利益受损时股东的责任，但可比照《公司法》的相关原则和规定来加以认定。由于江苏博恩公司减资行为上存在瑕疵，致使减资前形成的公司债权在减资之后清偿不能的，上海博恩公司和冯某作为江苏博恩公司股东应在公司减资数额范围内对江苏博恩公司债务不能清偿部分承担补充赔偿责任。

针对减资程序中股东责任承担问题，公司减资时，应当通知已知债权人，否则，股东要承担补充赔偿责任。最高人民法院通过公报案例的形式，重申了这一裁判规则：其一，公司减资时对已知或应知的债权人应履行通知义务，不能在未先行通知的情况下直接以登报公告形式代替通知义务。其二，公司减资时未依法履行通知已知或应知的债权人的义务，公司股东不能证明其在减资过程中对怠于通知的行为无过错的，当公司减资后不能偿付减资前的债务时，有责任的公司股东应就该债务对债权人承担补充赔偿责任，而其他协助进行瑕疵减资的股东可能承担连带责任。

通过这个案例，可知公司违反程序减资的关键点以及承担的法律责任。《公司法》对减资程序的要求极其严格，必须先通知再公告，缺一不可。否则，公司有关股东将在公司减资数额范围内对江苏博恩公司债务不能清偿部分承担补充赔偿责任。该责任是补充责任，而非连带责任。

该承担责任的法律依据是参照股东抽逃出资的司法解释。具体为：《公司法解释(三)》第14条：……公司债权人请求抽逃出资的股东在抽逃出资本息范围内对公司债务不能清偿的部分承担补充赔偿责任，协助抽逃出资的其他股东、董事、高级管理人员或者实际控制人对此承担连带责任的，人民法院应予支持；抽逃出资的股东已经承担上述责任，其他债权人提出相同请求的，人民法院不予支持。

三、债权人确认减资无效之诉

债权人确认减资无效之诉是指公司未按法定程序减资、未按债权人要求偿还债务或提供担保。公司债权人可否比照公司合并、分立无效诉讼之法律依据及原理，可以向人民法院提起公司减资无效之诉。

案·例·1

王某生、方某敏与某投资公司公司减资纠纷案

基本案情

销售公司系投资公司、贸易公司、实业公司于2017年4月13日共同投

资设立的有限公司，注册资本为人民币500万元，贸易公司认缴出资125万元、投资公司认缴出资250万元、实业公司认缴出资125万元，认缴出资期限为2027年12月31日。

王某生担任销售公司的法定代表人，贸易公司法定代表人亦为王某生。投资公司法定代表人在2019年2月27日前为李某威，之后变更为刘某青。实业公司法定代表人为方某敏。

2018年11月，投资公司与销售公司签署《欠款凭条》一份，载明销售公司欠投资公司股金撤资款人民币110万元，销售公司已经支付给投资公司股资人民币75万元，剩余股资人民币35万元经双方协商按以下约定执行：

销售公司每月15~20日支付投资公司21,000元，直至剩余股资付清为止。双方约定销售公司超过每月20日，逾期付款按月息8%计算逾期付款违约金，上不封顶。双方约定，如果销售公司无支付能力时（公司倒闭或转让等），剩余款项由王某生、方某敏二人共同按销售公司股份比例承担支付。第一次付款日期为2018年12月15~20日，最后付清日期为2020年4月15~20日。

文末销售公司名称下加盖销售公司公章，公章上有王某生签字，方某敏在销售公司公章右侧签字；投资公司名称下盖有投资公司公章，公章左侧为投资公司时任法定代表人李某威的签字及手印。后销售公司向投资公司支付了818,625元，尚余281,375元未付。

投资公司起诉请求：判令销售公司支付欠款281,375元及逾期付款违约金5040元（按月息8%暂计算至2019年5月26日，之后以281,375元为基数，计算至实际付清之日止）；判令王某生、方某敏对上述债务承担共同清偿责任。

法院裁判

法院经审理认为，《公司法》第35条规定："公司成立后，股东不得抽逃出资。"第37条第1款第7项规定：股东会行使下列职权：对公司增加或者减少注册资本作出决议。第37条第2款规定："对前款所列事项股东以书面形式一致表示同意的,可以不召开股东会会议,直接作出决定,并由全体股东在决定文件上签名、盖章。"销售公司的公司章程亦直接引用了上述规定。

资本维持原则是《公司法》的重要原则,非经法定程序,公司不得减少注册资本。投资公司提起诉讼,对请求权来源的事实基础明确为欠款凭条属于销售公司的各股东书面形式一致表示同意未召开股东会直接作出的减资决议,其中销售公司的另外两位股东贸易公司、实业公司的有权代表分别为王某生、方某敏。

对于投资公司投入销售公司110万元的款项的性质,投资公司认为其投入的110万元系公司实际运营所需的投资款而非注册资本,且其认缴的注册资本尚未到达缴纳期限。

本院认为,无论是投资款还是注册资本,都系股东为公司正常经营而提供的资金,销售公司在庭审中也认可该110万元在公司记账凭证上记载为出资款,系实缴的注册资本,欠款凭条本身载明的"股金"也体现了股本的性质,应当认定为该110万元是投资公司向销售公司实缴的注册资本,非经法定程序不得抽回。

投资公司主张其已经以《公司法》规定的程序完成了减资决议,故应当审查《欠款凭条》是否满足"股东以书面形式一致表示同意的,直接作出决定,并由全体股东在决定文件上签名、盖章"的要件,其中形式要件为具备三位股东的签名、盖章,实质要件为决议的事项是投资公司的减资得到代表2/3以上表决权的股东通过。

显然,《欠款凭条》在形式要件上并未有股东贸易公司、实业公司的盖章,不满足形式要件。投资公司主张王某生、方某敏分别系贸易公司、实业公司的法定代表人,是贸易公司、实业公司的有权代表,但就《欠款凭条》的文义而言,其表达的是销售公司直接向投资公司退回股金撤资款,在销售公司无能力支付时,王某生、方某敏共同按销售公司股份比例承担支付,并未体现贸易公司、实业公司同意投资公司撤资的意思表示,王某生、方某敏在《欠款凭条》上的签字应当认定为二人以个人身份对上述"承担支付"约定的确认,而非以法定代表人的身份代表公司作出同意投资公司撤资的意思表示。

故《欠款凭条》不具备《公司法》规定的减资决议的要件,销售公司向投资公司退还投资款的行为,未经法定程序,违反资本维持原则,损害其他股东及外部债权人的利益,当属无效,故对于投资公司的诉讼请求,本院不予支持。进而,投资公司要求王某生、方某敏承担共同清偿责任缺乏事实基础,本院不予支持。综上,判决驳回投资公司的诉讼请求。

案例评析

销售公司系投资公司、贸易公司、实业公司于2017年4月13日共同投资设立的有限公司,注册资本为人民币500万元,由投资公司认缴出资250万元,贸易公司、实业公司各认缴出资125万元,认缴出资期限为2027年12月31日。

故销售公司系由各方股东以认缴制形式设立的有限公司,在认缴出资期限届满之前投资公司、贸易公司、实业公司均为销售公司股东,且负有向公司认缴出资的义务。依照《公司法》第37条的规定,股东可以书面形式一致表示同意的,直接作出决定公司减少注册资本的决议。投资公司主张销售公司的各方股东以案涉《欠款凭条》的形式作出了减资决议,但从《欠款凭条》的内容看,其仅有确认销售公司欠投资公司股金撤资款110万元,已经支付给投资公司股资75万元以及对剩余款项如何支付,王某生、方某敏承担责任的约定,并未明确减资的内容及投资公司不再作为销售公司的股东,故在认缴出资期限届满之前投资公司仍为销售公司股东,该事实也有销售公司工商登记信息佐证。尤其是并无证据证实销售公司已经履行了相关减资程序中应完成的编制资产负债表、财产清单、公告、通知,与债权人协商债务偿还或提供担保事宜等义务。

故无论是从公司减资的实质要件还是从程序要件看,销售公司的减资行为与《公司法》规定及公司章程约定均不符,不能认定销售公司的各方股东以案涉《欠款凭条》的形式作出了减资决议。

案·例·2

擎凯国际与林某、金某、黄某红公司减资纠纷案

基本案情

上海锦明国际贸易有限公司(以下简称锦明公司)债权人上海擎凯国际贸易有限公司(以下简称擎凯国际)向法院提出诉讼请求,请求判令锦明公司股东林某、金某、黄某红在减资范围内对锦明公司对其的欠款承担连带补充赔偿责任。

法院查明:锦明公司系成立于2009年7月3日的有限责任公司,注册资本300万元,股东为本案三名被告林某、金某、黄某红。2015年12月1日法院作出判决,锦明公司支付擎凯国际款项782,870元,并支付逾期利息,负担案件受理费。2017年5月23日,三名股东形成《股东会决议》,载明公司注册资本由300万元减至210万元,股东黄某红收回出资,退出公司。

2017年7月18日,锦明公司及三名被告作出《有关债务清偿及担保情况说明》,载明:"根据2017年5月23日锦明公司关于减资的股东会决议,本公司编制了资产负债表及财产清单,在该决议作出之日起的10日内通知了债权人,并于2017年5月26日在《上海法治报》上刊登了减资公告。现就减资所涉及的债务清偿及担保问题作如下说明:根据公司编制的资产负债表及财产清单,公司对外债务为6,686,352.91元。未清偿的债务,由公司继续负责清偿,并由全体股东在法律规定的范围内提供相应担保。"三名股东均在担保人签字处签字。2017年7月21日,锦明公司进行工商变更登记,注册资本由300万元变更为210万元,股东由林某、金某、黄某红变更为林某、金某。锦明公司减资时未通知债权人擎凯国际。

裁判要旨

公司减资时应依法履行法定程序。根据我国现行《公司法》的规定,股东不仅负有按照公司章程切实履行认缴出资的义务,同时负有维持公司注册资本充实的责任。公司减资时必须确保公司债权人有机会在公司财产减少之前作出相应的权衡和行动,故减资决议作出后公司应及时通知债权人。根

据生效判决,锦明公司减资前已经明知对擎凯国际负有到期债务,但减资时未通知擎凯国际,导致擎凯国际无从得知其减资情况,也无法提前要求其清偿债务或对此提供担保,因此,锦明公司的减资程序存在瑕疵。

虽然《公司法》规定的通知义务人是公司,但公司减资系股东会决议的结果,是否减资以及如何进行减资完全取决于股东的意志。锦明公司的三名股东在明知公司负有对擎凯国际到期债务未清偿的情形下仍旧通过股东会决议减少公司注册资本,并向工商部门出具虚假的《有关债务清偿及担保情况说明》,主观上存在过错,客观上造成债权人擎凯国际无法行驶在锦明公司减资前要求其清偿债务或提供担保的权利,损害了债权人的合法利益,故应当承担相应的责任。程序瑕疵的减资,对已知债权人不发生法律效力,本质上造成同抽逃出资一样的后果,故在立法未明确规定的情形下,应比照抽逃出资的责任来认定,减资股东在应减资范围内对债权人债务承担补充赔偿责任,协助进行瑕疵减资的股东应对此承担连带责任。

判决结果

判决黄某红在减资范围内对锦明公司欠擎凯国际的债务承担补充赔偿责任,判决林某、金某对黄某红所负责任承担连带清偿责任。

综上所述,公司在减资时,一定要按照法定程序编制资产负债表及财产清单,履行通知债权人的义务。否则,股东不仅应当在自身减资范围内对公司债务承担补充赔偿责任,还有可能在其他股东减资范围内承担连带清偿责任。这样不仅不能降低自身风险,减少损失,反而会导致损失扩大。建议公司减资前,股东一定要做好风险分析,防止因减资导致损失扩大。

案·例·3

公司违反程序减资,不必然可直接追加减资股东为被执行人

[(2019)最高法民再144号]

裁判概述

被执行企业在减资中的确存在未按《公司法》规定的程序不当行为,但若企业股东未有利用本减资过程抽逃出资行为，被执行人的资产并未因此不当减少，偿债能力也未因此有所降低的，不能因此依照最高人民法院《关于民事执行中变更、追加当事人若干问题的规定》第18条的规定追加此股东为被执行人。

基本案情

2008年11月，省农资公司投资5000万元设立寒地黑土集团。2011年12月13日，省农资公司与丰汇世通公司等四方签订《增资扩股协议书》，约定丰汇世通公司以货币资金出资9800万元入股寒地黑土集团，嗣后丰汇世通公司分三次将9800万元汇入寒地黑土集团账户。2012年7月13日，省农资公司与丰汇世通公司等四方作出会议决议，四方终止合作。

2012年9月18日和10月11日，知之征信公司和美龙公司分别出资2000万元和4000万元入股寒地黑土集团，寒地黑土集团注册资金增至11,000万元。2013年1月6日，寒地黑土集团在《黑龙江日报》发布减资公告，内容为经寒地黑土集团股东决定，公司注册资本由11,000万元减至3000万元，特此公告。2013年1月10日，寒地黑土集团召开全体股东会议，决定将寒地黑土集团注册资本11,000万元减至3000万元，省农资公司以经营期间亏损为由将出资减至3000万元。

2014年7月11日，丰汇世通公司与寒地黑土集团在履行《增资扩股协议书》过程中发生纠纷，丰汇世通公司提起民事诉讼，经审理并判决寒地黑土集团返还丰汇世通公司投资款1500万元及利息。在案件执行过程中，2016年6月21日，哈尔滨市中级人民法院作出(2016)黑01执异11号执行裁定，追加省农资公司为被执行人，省农资公司在其抽逃注册资金2000万元的范围内对丰汇世通公司承担责任。省农资公司提出异议，最终引发本案诉讼。

争议焦点

能否以抽逃出资名义直接追加省农资公司为被执行人。

法院裁判

法院认为，本案中，寒地黑土集团在减少注册资本过程中，存在先发布减资公告后召开股东会、变更登记时提供虚假材料等违反《公司法》关于公司减资程序规定的情形，但作为寒地黑土集团股东的省农资公司并未利用寒地黑土集团减资实际实施抽回出资的行为。省农资公司虽将其登记出资由5000万元减至3000万元，但寒地黑土集团的权益并未因省农资公司的行为受到损害，资产总量并未因此而减少、偿债能力亦未因此而降低。省农资公司的行为不属于《公司法解释(三)》第12条规定的情形，不存在抽逃出资的行为，不应当被追加为被执行人。二审法院判决不得追加省农资公司为被执行人，并无不当。

第十二章

公司诉讼第23至25式：公司资本运作之诉

公司资本运作又称资本经营或资本运营等，是指利用市场法则，通过资本本身的技巧性运作或资本的科学运动，实现价值增值、效益增长的一种经营方式。资本运作包括股权融资、并购、投资、IPO、定增、PIPE、借壳上市等。资本运作是公司发展最重要的外延式增长模式，与公司依靠自身研发与扩张的内涵式增长是公司发展壮大、基业长青的双翼。公司资本运作诉讼是指公司资本运作过程中而引发的诉讼。本章所指的公司资本运作诉讼主要包括公司收购（兼并收购）的3种诉讼、公司投资诉讼、常见的风险投资条款引发的诉讼，为了归纳叙述方便，将该三类公司资本运作诉讼归类为公司诉讼36式中的第23式、第24式及第25式。

第一节　公司诉讼第23式：公司收购3种诉讼解析

公司收购是指以获得控制权为目标，从是否收购全部股权角度可以划分为全资收购、控制权收购两种类型。从收购标的角度划分,可以分为指股权收购与资产收购。从收购标的物是否为上市公司可以划分为非上市公司收购与上市公司收购两大类型。

在所有收购中,上市公司收购、国资收购、外资收购及跨境收购最为复杂,涉及的法律与监管规定最多,存在的不确定性也最大。

对于上市公司收购而言,主要涉及的问题有,待收购上市公司股份达30%之上时,即触发要约收购,涉及要约收购豁免问题。除此之外,还涉及反垄断审查问题。近期流行的上市公司收购模式:定增+协议转让(溢价)+表决权代理+后期装入资产。

对于国资收购,则涉及国有资产管理相关法律规定,需要走国资出让的相关流程及履行国资管理的相关审批程序。

公司收购的价款常见支付方式:现金支付,换股收购、承债模式(偿还债务)。

常见公司收购纠纷有三种:资产收购之诉、股权收购之诉及上市公司收购中涉及的业绩补偿协议之诉。以下就分别阐述。

一、资产收购之诉

资产收购是指企业以支付现金、实物、有价证券、劳务或以债务免除的方式,有选择性地收购标的公司的全部或一部分资产。与股权并购相比,资产收购可以有效地避免标的公司潜在的、隐形的法律风险及债务风险,也无须承担标的公司多余的人力工资费用。但资产收购存在的税负较高。各方因资产收购协议而发生的诉讼就是本节所述的资产收购诉讼。

实践中,常见的资产收购有不良资产收购(金融债权)、不动产物业收购、机器设备厂房收购、生产线收购等类型。

案·例

基本案情

2000年3月至9月,机床公司共向银行贷款4亿余元,开发公司提供担保。2000年,资产公司受让该债权并通知了债务人和担保人。在资产公司肃清偿债时,担保人开发公司提出国务院办公厅〔1999〕6号文件及国务院《金融资产管理公司条例》规定,1996年后发放的逾期贷款不属于不良资产剥离的范围,也明确规定了金融资产管理公司在收购不良资产时要按照国务院确定的范围和额度进行收购,超过范围和额度的,要由国务院专项审批,故本案收购行为应为无效。

法院裁判

最高人民法院经审理认为,资产公司与银行所签债权转让协议,所转让贷款债权虽系1996年以后发放,依国务院《金融资产管理公司条例》规定,不属于不良资产剥离范畴,但依《合同法》第79条规定,该笔债权作为普通债权,除按合同性质和当事人约定不得转让,以及依法律规定不得转让外,债权人可将合同权利全部或部分转让给第三人。资产公司和银行系平等民事主体,经协商一直将银行享有的上述债权转让给资产公司,不违反法律强制性规定,应为有效。且该债权转让已依法通知债务人,故该转让对机床公司发生法律效力。国务院《金融资产管理公司条例》关于金融资产管理公司收购不良资产时要按照国务院规定的范围和额度进行收购,超出国务院专项审批的规定,系基于行政管理作出的规定,违反该规定并不必然导致债权转让合同无效。开发公司关于上述债权转让未经国务院专项审批,转让协议无效的上诉理由,于法无据,不予支持。

实务要点

国务院《金融资产管理公司条例》关于金融资产管理公司收购不良资产时要按照国务院规定的范围和额度进行收购,超出应由国务院专项审批的规定,系基于行政管理作出的规定,违反该规定并不必然导致债权转让合同无效。

二、股权收购之诉

股权收购(share acquisition)是指以目标公司股东的全部或绝大部分股权为收购标的的收购。控股式收购的结果是收购方持有足以控制其他公司绝对优势的股份，并不影响标的公司的继续存在，其组织形式仍然保持不变，法律上仍具有独立法人资格。标的公司也不会因公司股东或股东股份数量持有情况的变化而发生任何改变。各方因股权并购协议而发生的诉讼就是本处所述的股权收购诉讼。

案·例

基本案情

某能源公司要收购某煤业公司持有的目标公司51%股权（以下简称标的股权），双方签订《股权转让协议》，约定价款为人民币1020万元。随后，能源公司支付了价款，双方办理了股权变更登记，能源公司接管了项目公司的运营管理，并对项目公司进行了大量投资，投资回报预期很乐观。

一年多后，煤业公司以能源公司为被告起诉到法院，主张：《股权转让协议》的签订只是整个并购交易中的一部分，是为了办理工商变更登记的方便，股权价款还包括双方签订的《债务重组协议》所约定的3亿元债务承担义务，即作为股权对价的一部分，能源公司还应替煤业公司关联企业偿还3亿元债务；由于能源公司并未承担该等债务，构成严重违约，因此，煤业公司请求法院判令：（1）解除《股权转让协议》《债务重组协议》；（2）能源公司向煤业公司返还标的股权。

争议焦点

标的股权的对价究竟是什么？煤业公司主张双方是整体战略合作关系，《股权转让协议》与《债务重组协议》均是并购中的构成部分，股权价款是两份协议约定的对价之和；能源公司在一审中则主张《债务重组协议》与股权转让无关，无须理会，《股权转让协议》约定的价款就是标的股权唯一的、全部的对价。

法院裁判

一审法院经审理认为：（1）双方是“整体战略合作关系”，《股权转让协议》只是为实施战略合作签订的合同之一，不是约定对价的唯一交易文件；

(2)标的股权的市场价值远远超出《股权转让协议》约定的对价,《股权转让协议》约定的对价只是股权对价的一部分。基于此,一审法院支持了煤业公司的诉讼请求。

在二审中,能源公司的答辩发生了大反转,不再称《股权转让协议》约定的对价是全部对价,而向二审法院补充提交了多份资金支付凭证,主张除支付《股权转让协议》约定的对价外,能源公司还以合作款、借款等形式向煤业公司及其多个关联企业支付了约人民币2亿元。

二审法院经审理后,除了认同一审法院的意见外,还认为:(1)能源公司主张并证明其支付了超过2亿元作为标的股权价款,进一步证明了《股权转让协议》约定的并非全部股权对价;(2)能源公司补充提交的仅2亿余元付款凭证内容与《债务重组协议》的约定存在差异,无法证明关联性,不能证明支付了全部价款。简言之,就是认为能源公司承认股权价款不止1020万元,但又未能证明已经支付了其余价款,因此,二审判令维持一审判决。

合议庭虽然是从并购交易的整体合作背景进行审理,但在判决解除协议、退还股权之时,是否考虑到了,或者是否需要更多地考虑到能源公司已对项目公司进行了一年多的运营管理,且进行了大量的投资、建设,法院的判决陡然将并购各方的权利义务恢复到交易的最初,这在法律上很简单,但在现实中项目公司该如何处理并购解除后的资产、债务、人员呢?该案的判决具体该如何执行呢?整个交易中是否有其他合作安排会受股权交易解除的影响,又如何解决呢?很显然,该案的判决只解决了诉争中的法律问题,却给当事人留下了引发更多纠纷的隐患。

三、业绩承诺补偿之诉

业绩承诺是指并购重组交易中交易对方就标的企业在一定业绩承诺期内提出的经营业绩的保证:一方面,体现交易标的对自己的业务发展存在较强信心,能够为上市公司、二级市场提供良好预期;另一方面,作为基于未来收益的支撑,能够"技术上"回答估值的合理性。交易对方对上市公司作出业绩承诺的同时,会同时约定业绩补偿安排,即承诺事项未达成时,交易对方如何对上市公司进行补偿,以保护上市公司中小股东的利益。

中国证监会对此也作出明确规定:上市公司重大资产重组中,重组方的业绩补偿承诺是基于其与上市公司签订的业绩补偿协议作出的,该承诺是重组方案的重要组成部分,因此,重组方应当严格按照业绩补偿协议履行承诺。重组方不得适用《上市公司监管指引第 4 号——上市公司实际控制人、股东、关联方、收购人以及上市公司承诺及履行》第 5 条的规定,变更其作出的业绩补偿承诺。

因此,对于未能完成业绩承诺的一方,实际上构成了对承诺的违约,接受承诺的一方(一般是指上市公司或收购方)有权依据业绩承诺协议的约定追究承诺方的违约责任,要求违约的承诺方履行业绩补偿责任。这一点类似于风险投资条款中的对赌与回购。

查阅案例可知,在上市公司并购重组中,业绩补偿存在以下两类具体方案:

方案一:单向业绩补偿。

被收购方的股东对未来一段时间内(承诺期)的经营业绩作出预测,并承诺若标的资产在承诺期满后实际经营业绩无法达到预测目标时,将由承诺股东承担补偿责任。也就是说,该补偿是单向的,若经营业绩不能达到预期目标,则承诺股东须承担补偿责任。其实质是,对原有的收购标的评估价格(收购价格)进行估值调整。

如果上述业绩补偿采用了由承诺股东按照约定进行回购,则该模式类似于非上市公司融资过程中与 VC/PE 投资者签署的回购协议。

方案二:双向业绩补偿。

被收购方的股东对未来一段时间内(承诺期)的经营业绩作出预测,并承诺若标的资产在承诺期满后实际经营业绩无法达到预测目标时,将由承诺股东承担补偿责任。若实际经营业绩达到或超过预测目标时,可约定由收购方向特定股东或员工给予一定奖励的制度安排。

由上述可见,该补偿方式是双向的,若经营业绩不能达到预期目标,则承诺股东须承担补偿责任。反之,则由收购方给予奖励。这属于有奖有罚。从估值调整机制角度看,属于双向估值调整模式,比较客观公平,易于被收购方的股东所接受。该模式类似于非上市公司融资过程中与 VC/PE 投资者签署的对赌协议。

案·例

不履行业绩补偿承诺，斯太尔将控股股东送上法庭

基本案情

2013年斯太尔向股东英达钢构等6名特定对象发行股票，共募集资金15亿元，部分资金用于购买斯太尔动力（江苏）投资有限公司（原武汉梧桐硅谷天堂投资有限公司）100%股权，这中间伴随着一份业绩补偿协议，即英达钢构承诺标的资产2014年度、2015年度、2016年度每年实现的经审计扣除非经常损益后的净利润分别不低于2.3亿元、3.4亿元、6.1亿元，共计11.8亿元。不过2016年时，标的资产仅实现了1.23亿元，距离承诺数差额4.87亿元。

2017年5月12日，斯太尔向英达钢构发出《关于触发控股股东业绩补偿事宜的通知》，要求对方收到通知后30日内交付补偿款。

2017年5月22日，不放心的斯太尔再次向英达钢构发出《关于询问2016年度业绩承诺履行安排的函》，强调了时限。

2017年5月25日，英达钢构发出《关于变更业绩补偿支付方式暨提请召开董事会及股东大会的函》，表示将不惜采用借款的方式，继续履行业绩补偿承诺。

2017年6月14日，湖北证监局向英达钢构下达了《关于对山东英达钢结构有限公司采取责令改正措施的决定》，进行过一次督促。

2017年6月27日，等待了一段时间的斯太尔又发出了一份《关于询问未支付2016年度业绩补偿款的函》，这次得到的回复是因资金筹措原因，才未能履行计划，并再次承诺会负责。

2017年8月9日，斯太尔指派人员奔赴承诺方处进行访谈，被告知在积极寻找资金方。

2017年12月6日，斯太尔收到湖北证监局监管关注函，当中显示监管层持续关注上述事件，并采取约见谈话、现场检查等方式不断传导监管压力。

但英达钢构未履行业绩补偿承诺。监管层建议上市公司和管理层应立

即采取起诉英达钢构、冻结其持有股权等司法手段,督促英达钢构履行业绩补偿承诺,并承担违约赔偿等法律责任,保障上市公司权益。

12月16日,斯太尔终走上了司法途径。据公告,斯太尔于2017年12月15日就公司控股股东英达钢构未履行2016年度业绩补偿承诺事宜向山东省高级人民法院提起诉讼,并递交了《民事起诉状》,斯太尔请求让英达钢构支付2016年度利润补偿款共计4.87亿元,以及相对应的违约金。山东省高级人民法院于2017年12月15日向公司发出案件受理通知书。

法院裁判

2018年5月16日,公司收到山东省高级人民法院送达的《民事判决书》[(2017)鲁民初130号]。具体判决结果如下:(1)被告山东英达钢结构有限公司于本判决生效后10日内向原告斯太尔动力股份有限公司支付利润补偿款486,756,055.03元及利息(以486,756,055.03元为基数,自2017年6月11日起按0.3‰/日标准计算至实际给付之日止);(2)被告山东英达钢结构有限公司于本判决生效后10日内向原告斯太尔动力股份有限公司支付律师代理费500,000元;(3)被告冯某杰对上述债务承担连带清偿责任。被告冯某杰承担清偿责任后,有权向被告山东英达钢结构有限公司追偿。如果被告未按本判决指定的期间履行给付金钱义务,应当依照《民事诉讼法》第253条规定,加倍支付迟延履行期间的债务利息。案件受理费2,609,924元、保全费5000元,由被告山东英达钢结构有限公司、冯某杰承担。

第二节　公司诉讼第24式:公司投资诉讼

一、公司投资诉讼概述

公司投资是指公司出于财务、业务及战略之考虑,对外进行的投资。这里主要讲的是股权投资,即投资于其他公司。公司投资包括现金、债权、知识产权、房地产、设备、流量等可以货币计量化的多种投资方式。

实践中,公司投资的常见方式:转让老股方式的股权转让模式、参与公司增资扩股模式的增资扩股模式两种。公司投资与公司并购最显著的区别为是否取得控股权。取得控股权为公司并购或收购(兼并),不以取得控制权为目的的则为公司投资。比如,小米的投资不控股模式,阿里与腾讯的以搭建生态、赋能式投资为主的生态投资模式。

公司投资诉讼是指协议各方当事人因投资协议而发生的诉讼,常见诉讼有三种类型:股权转让诉讼、公司增资诉讼及投资欺诈诉讼(违背陈述与保证;隐瞒重大事实;有债务与潜在诉讼)。本书第八章公司诉讼第 11 至 12 式专门归纳与分析了"股权转让之诉",本书第十一章第三节又将公司增资之诉纳入公司诉讼第 21 式之中做了详尽阐述。因此,本处不再赘述,仅就投资欺诈诉讼做一分析归纳。

二、投资欺诈诉讼

投资欺诈是指一方当事人故意编造虚假事实或者隐瞒了重要的事实,足以影响对方投资决策(包括是否决定投资、以什么样的价格投资等)的民事欺诈行为。如果一方当事人利用虚构的合同进行欺诈,符合《刑法》所规定的合同诈骗罪的犯罪构成要件的,则属于刑事犯罪的范畴,不属于本节所讲的投资欺诈行为。

针对投资欺诈,另外一方可以行使撤销权,已存在欺诈为由撤销投资协议。如果在该合同相关条款中设置了陈述与保证条款,对方的欺诈或隐瞒行为,也构成了违约。守约方也可以追究其违约责任,要求解除合同或者支付违约金、赔偿损失等。

司法实践中,最为常见的投资欺诈是编造虚假的事实,或者隐瞒重要事实。笔者十多年前曾经办理过一起投资欺诈纠纷案。当事人以标的公司提供的财务报表及重大合同为依据,以高额的溢价投资了该标的公司,标的公司原股东在陈述与保证条款中做了承诺。待投资人进驻公司后,发现公司财务恶化,又委托第三方进行了审计,发现误差高达数亿元之巨,于是将标的公司及其相关股东起诉至法院,要求补偿相关损失。之后,法院支持了投资人的诉讼请求。

刘某其投资欺诈纠纷案

基本案情

然自中心为股份合作制企业，注册资金288万元，法定代表人为刘某其。先农坛公司法定代表人为刘某其，注册资本5000万元，股权结构为：然自中心出资3000万元，占注册资本60%；江山公司出资2000万元，占注册资本40%。

2006年11月，然自中心与黄河公司签订《股权转让协议书》，约定：然自中心将持有的先农坛公司60%的股权转让给黄河公司，价款2.6亿元；黄河公司在协议书签署3日内支付定金1000万元，2006年12月30日前支付9000万元，2007年6月30日前支付6000万元，2007年12月31日前支付1亿元；黄河公司每迟延支付转让款一日，支付然自中心1%的滞纳金。

《股权转让协议书》签订后，黄河公司将定金1000万元打入然自中心账户。随后，黄河公司意识到刘某其有诈骗嫌疑，即向北京市公安局朝阳分局（以下简称朝阳公安分局）报案，并通过银监会冻结了1000万元股权转让款。黄河公司未支付剩余股权转让款，双方亦未履行股东名称变更手续。

2007年4月，然自中心向北京市高级人民法院提起诉讼，请求判令：黄河公司给付股权转让款9000万元及滞纳金9720万元。同年10月，黄河公司对然自中心提起反诉，请求判令：撤销《股权转让协议书》；然自中心返还其1000万元并支付违约金80.4万元（庭审中经法庭释明，黄河公司违约金的请求明确为利息请求，按照企业同期存款利率计算至给付之日）。同年12月，然自中心申请撤回对黄河公司的起诉，北京市高级人民法院裁定准许撤回。

2007年8月，北京市朝阳区人民检察院以刘某其涉嫌诈骗对其批捕。北京市高级人民法院审理中向朝阳公安分局调查相关情况，朝阳公安分局经调查确认刘某其在然自中心与黄河公司签订《股权转让协议书》时，虚构身份和事实。

裁判要旨

合同一方当事人以虚构身份和事实骗取对方信任，致使对方在违背真实意思表示的情况下签订协议,该等行为构成欺诈,对方有权向法院或仲裁机构请求撤销该协议。

北京市高级人民法院经审理认为,然自中心法定代表人刘某其以虚假身份采用欺诈的手段骗取了黄河公司的信任,签订了协议书,使然自中心从黄河公司获得1000万元的股权转让款。依据《合同法》第54条第2款的规定,《股权转让协议书》的性质应确定为可撤销合同。故判决:撤销《股权转让协议书》;然自中心返还黄河公司股权转让款1000万元并赔偿相应利息。

然自中心不服北京市高级人民法院判决,向最高人民法院提起上诉,最高人民法院判决驳回上诉,维持原判。

败诉原因

依据《合同法》第54条的规定,一方以欺诈的手段使对方在违背真实意思的情况下订立的合同,对方有权请求人民法院撤销合同。

然自中心法定代表人刘某其虚构特殊身份和可一级开发土地的事实,采用欺诈手段,使黄河公司误以为真,在违背其真实意思表示的情况下,签订《股权转让协议书》,其行为已构成欺诈。最终法院认定《股权转让协议书》的性质为可撤销合同,法院依黄河公司申请判决撤销《股权转让协议书》,然自中心返还黄河公司股权转让款1000万元并赔偿相应利息,然自中心败诉。

第三节　公司诉讼第25式:常见的3种公司风险投资条款之诉

一、常见风险投资条款

(一)保护性条款

常见的保护性条款有:对"资本多数决"的限制,表现为赋予投资人对公司重大事项及特定事项所拥有的"一票否决权"。常见的保护性条款可包括针对以下几类事项的一票否决权:

1.影响投资人优先权利的重大事项:对投资人的优先股东权利和特权的改

变,批准或创设优于或等于投资人优先权利(尤其是优先分红权、回赎权和/或优先清算权等经济性权利)的证券(包括股本性证券和债权性证券),发行新的证券(包括股本性证券和债权性证券),批准、实施和变更员工股权激励计划。

2. 有关公司治理的重大事项:修改公司组织章程,实质性变更公司经营范围及主营业务,董事会人数、架构以及董事权力的变更,任免公司高级管理人员(如CEO、CFO、COO、CTO等)和核心雇员并决定其薪酬或涨薪幅度。

3. 公司日常运营中的重大事项:批准和修改公司年度预算、商业计划、运营计划及工作指标等,开拓新的业务线,变更公司名称,改变公司整个集团的法律结构(如VIE结构),重大资本开支(包括对外投资),重大合同的签署及变更,重大资产的处置(包括出售、购买、许可或以其他形式处置实物资产、无形资产、子公司股权等),重大对外借贷、负债或担保,公司审计师的任免、会计政策的调整,员工薪酬标准的重大调整,重大关联交易,提起、终止诉讼或任何司法程序或进行和解,宣布股息或分红。

4. 公司资本运作涉及的重大事项:公司股权/股份的回购,公司的合并、分立、清算、解散等,批准和变更上市计划(包括上市地的确定、上市券商及其他中介机构的选择等)。

通过股东会、董事会、管理层、印鉴和印章、集团其他主体层面实施。董事会席位。

(二)反稀释条款

反稀释条款系指如下条款:当公司后续融资的估值低于投资人投资公司的估值(或该估值按一定的年化回报率计算的数值)时,投资人有权要求公司和/或创始人采取一定的措施,以回溯性地调低投资人投资公司的估值到约定的相应估值水平。需要说明的是,“广义”的反稀释条款除包括对股权价值的反稀释之外,还包括对持股比例的反稀释。对持股比例的反稀释是指投资人为应对其在公司的持股比例因公司新一轮融资被动降低而采取的保护性措施,如通过跟投条款、强制创始人转让股权、调整转股价格等来维持投资人在公司的持股比例。考虑到这种情形在实践中不太常见,故本书的讨论将集中在对股权价值的反稀释情形。

1. 完全棘轮条款(Full Ratchet Anti-dilution Provision):如果公司后续发行的

股份价格低于前轮投资人适用的转换价格,那么前轮投资人适用的实际转换价格将调整为新的股份发行价格。在完全棘轮条款下,即使公司以低于前一轮融资的价格发行少量股份,前轮投资人也有权要求按照新的股份发行价格调整优先股的转换价格,并不考虑发行股份的数量。

2. 加权平均条款(Weighted Average Anti-dilution Provision):如果公司后续发行股份的价格低于前轮投资人适用的转换价格,那么前轮投资人适用的实际转换价格调整为前轮优先股转换价格和后续融资发行价格的加权平均值。在加权平均条款下,优先股转换价格的调整不仅考虑后续发行的股份价格,而且考虑其权重(发行股份的数量)。加权平均条款下调整后的转换价格的计算公式为 $P2 = P1 \times (A+B)/(A+C)$。其中:P2 为调整后的转换价格;P1 为调整前的转换价格;A 为后续融资前完全稀释的股份数量或已发行优先股转换后的股份数量;B 为后续融资时按调整前的转换价格可购得的股份数;C 为后续融资时实际新发行的股份数。

"优先股"和"普通股"的概念。相比于普通股,优先股通常拥有一系列优先权利,特别包括"优先分红权"和"优先清算权"等经济性权利。

(三)优先分红权条款

1. 分红的优先顺序;

2. 股息率;

3. 是否参与剩余利润分配(Participating or Non-Participating);

4. 是否累积(Cumulative or Non-Cumulative)。

(四)优先清算权条款

1. 法定清算事件;

2. 视同清算事件。

(五)估值调整条款(对赌协议)

1. 触发条件:财务性业绩指标;经营性业绩指标。

2. 调整方式及幅度。现金补偿或是股权(份),调整公式。

3. 承诺义务人。

4. 单向调整还是双向调整。

5. 几个注意问题:国资问题、外资问题、税务问题、IPO 问题。

(六)拖售权(Drag-along right)

拖售权也称领售权、强制出售权。阿里巴巴对"饿了么"剩余 57% 股权的收购,也出现了强售权条款的身影。

除此之外,常见的风险投资条款还有:随售权/跟售权/共同出售权;最惠待遇条款;回购权条款(彻底分手后退出);优先购买权条款;VIE 结构下有关协议;股权锁定(锁定原始股东、大股东及管理团队等)。

基于上述常见的风险投资条款,常见的因为风险投资条款而引发的诉讼主要有两大类:对赌协议之诉与回购条款之诉。以下将分述该两类常见风险投资条款之诉。

二、对赌协议诉讼

(一)常见的对赌协议

对赌又称估值调整,最为常见的对赌有以下 5 种情形:

第一种情形:投资方与目标公司的股东或者实际控制人"对赌";

第二种情形:投资方与目标公司"对赌";

第三种情形:投资方与目标公司的股东、目标公司"对赌";

第四种情形:投资方与目标公司对赌,股东或实际控制人担保;

第五种情形:投资方与股东或者实际控制人"对赌",目标公司提供担保。

对赌往往与业绩补偿或回购关联,从业绩补偿标的看,主要有现金补偿与股权补偿两种情形。从对赌是否双向看,主要有单向对赌与双向对赌两种情形。

(二)现行法律及司法解释关于对赌条款的效力认定

从现行法律及司法解释看,从海富案第一个对赌协议纠纷司法裁判案例至今,经历了数年之后,法律对对赌协议的包容性和容错率越来越高,越来越倾向于遵守契约自由约定,保护投资人的利益。

截至目前,最高人民法院于 2019 年发布的《九民会议纪要》关于对赌协议的认定最为权威和宽松,在该会议纪要第 5 条对关于目标公司对赌的裁判规则作出了详尽的规定,具体如下:

【与目标公司"对赌"】投资方与目标公司订立的"对赌协议"在不存在法定无

效事由的情况下，目标公司仅以存在股权回购或者金钱补偿约定为由，主张“对赌协议”无效的，人民法院不予支持，但投资方主张实际履行的，人民法院应当审查是否符合《公司法》关于“股东不得抽逃出资”及股份回购的强制性规定，判决是否支持其诉讼请求。

投资方请求目标公司回购股权的，人民法院应当依据《公司法》第 35 条关于“股东不得抽逃出资”或者第 142 条关于股份回购的强制性规定进行审查。经审查，目标公司未完成减资程序的，人民法院应当驳回其诉讼请求。

投资方请求目标公司承担金钱补偿义务的，人民法院应当依据《公司法》第 35 条关于“股东不得抽逃出资”和第 166 条关于利润分配的强制性规定进行审查。经审查，目标公司没有利润或者虽有利润但不足以补偿投资方的，人民法院应当驳回或者部分支持其诉讼请求。今后目标公司有利润时，投资方还可以依据该事实另行提起诉讼。

由上可见，法院基本都遵循与目标公司对赌的效力及能否实际履行分开讨论的思路：一方面，认可投资人与目标公司对赌的合法性；另一方面，对于能否支持投资人要求目标公司履行股权回购义务、支付回购价款/承担金钱补偿义务的诉请，则以目标公司是否完成减资程序/是否有足以补偿投资方的利润来判断。如果目标公司未完成减资程序/没有足以补偿投资方的利润的，法院会驳回投资人的相关诉讼请求。

（三）案例解析

案·例

通联资本管理有限公司与中国农发重点建设基金有限公司、汉中市汉台区人民政府股权转让纠纷案

［(2020)最高法民申 2759 号］

基本案情

农发公司、通联公司、汉川公司、汉台区政府四方签订《投资协议》，约定农发公司以 1.87 亿元对汉川公司进行增资并持有相应股权，并约定农发公司持有汉川公司股权期间，汉川公司遇有关闭、解散或破产之情形时，农发公司有权选择通联公司承担对其股权的收购义务，协议中还约定“汉台区政府和汉川公司承诺，农发公司本次投资的年投资收益率为1.2%”“如汉台区政府、通联公司未能按照本协议约定按期足额向农发公司支付目标股权收购款或未能按期足额履行投资收益补足、和/或减资款补足义务的，则视为汉台区政府、通联公司违约，违约方应当以应付款项为计算基数，按照每日万分之五的违约金率向农发公司支付违约金，直至汉台区政府、通联公司足额支付相应未付款项止”。后汉川公司因经营不善提出破产重整申请，农发公司根据《投资协议》的约定要求通联公司、汉台区政府一次性回购农发公司所持汉川公司全部股权。

法院裁判

一审法院支持了农发公司的诉求，通联公司不服提起上诉，主张尽管农发公司在形式上通过1.87亿元的投资持有了汉川公司股权，但是根据《投资协议》约定，农发公司不向汉川公司委派董事、监事、高级管理人员、不直接参与汉川公司经营管理，农发公司的投资目的是获得固定收益，并在《投资协议》约定的投资期限届满以及退出条件成就时顺利退出汉川公司，农发公司与汉川公司之间并非股权投资关系，而是借款关系，即“明股实债”。二审法院驳回其上诉请求，通联公司遂申请再审。

最高人民法院认为，关于投资方获得定期固定收益并在条件成就时股权回购的约定有效，并非“名股实债”的借款关系。根据《投资协议》关于固定收益和股权回购之约定可知，《投资协议》实际上是典型的股权投资协议。在商事投融资实践尤其是私募股权投资实践中，投融资双方约定，由融资方(包含其股东)给予投资方特定比例的利润补偿、按照约定条件回购投资方股权，投资方不参与融资公司具体经营管理的情况非常普遍，这也即所谓的“对赌条款”。利润补偿和股权回购约定本身也是股权投资方式灵活性和合同自由的体现，而非是通联公司所主张的“明股实债”。对于此类“对赌条款”，只要不存在法定无效事由，不违反《公司法》上关于利润分配、公司资本管制的强制性规定，即为有效。具体到本案中，根据《投资协议》的约定，在农发公司退出汉川公司时，由通联公司、汉台区政府承担回购股权、支付固定收益及违约金的义务，这一“对赌条款”的双方为目标公司股东及相关利害关系人，并不损害目标公司即汉川公司的资本安全，亦不违反《公司法》的相关强制性规定。因此，原审据此认定《投资协议》所涉法律关系为股权投资关系，判令通联公司、汉台区政府承担相应合同责任，并不缺乏证据证明，也不存在适用法律确有错误的情形。

三、回购条款之诉

大众理解的“对赌条款”严格意义上可细分为估值调整条款和回购权条款等。如果说估值调整条款是约定投融资双方在不分手的情形下对公司估值进行调整的机制，那么回购权条款则是约定投融资双方在何种情况下有权彻底分手、如何终结投资关系的机制。简言之，回购权是指当满足约定的条件时，投资人要求公司和/或创始人等原有股东以约定的价格回购/购买投资人所持公司全部或部分股权的权利。

（一）回购权条款的设计

虽然实践中回购权条款的约定五花八门，但总体上可从以下几方面着手设计：

1. 触发条件

常见的触发条件有以下几项：

（1）公司未如期完成“合格 IPO”：如果公司未能在一定期限内完成合格 IPO，且此时投资人看不到退出和获取投资回报的可能（尤其是有的企业处于不死不活的“僵尸”状态），投资人有必要要求公司/创始人回购其持有的公司股权，从而使投资人所持股权具有最低限度的流动性，这对投资人而言甚为重要。

（2）公司、创始人实质性违约：对于投资人而言，公司和创始人诚实守信是“投资就是投人”信条的具体体现。因此，在公司、创始人实质性违反投资协议时，不仅投资人无法继续对公司、创始人保持信任，公司的经营状况和前景往往也难以令投资人保持乐观预期，此时投资人要求公司、创始人回购其股权就显得很有必要。

(3)公司发生“清算事件”:此处的“清算事件”,除了通常的法定清算事件外,还包括实际控制人变更、重大资产出售/许可等致使公司发生实质性变化的事件。

(4)公司出现“重大不利变化”:当公司的经营发展出现“重大不利变化”[例如,公司运营所依赖的特定法律结构(如VIE结构)被认定违法、其所拥有的特定运营资质(如ICP牌照)丧失],致使公司不能实现其向投资人描绘的未来图景时,投资人因投资目的无法实现而要求回购亦属合理。

(5)其他投资人行使回购权:对于投资人而言,如果公司的其他股东已经行使回购权,则其应该有权利选择是否与之一道退出(当然退出的优先顺序要根据不同轮次的优先级判断),否则公司被其他股东抛弃时,投资人可能独木难支。

总体来说,由于回购权的行使要求往往处于资金紧张状态的公司及/或创始人向投资人支付全额投资款及一定额外收益,且一轮投资人行使回购权又在大多数情况下构成其他投资人行使回购权的触发事件,任何投资人要求行使回购权实际上将导致公司及创始人面临极为不利的境地。因此,作为交易谈判的重点条款,创始人及公司通常尽量要求将回购权的触发条件限于可明确界定的少数特定情形。

2. 回购价格

为确保在回购触发时能具体实施回购,投资人需要在签署投资协议时即明确约定回购的价格或者回购价格的计算机制,而不能在回购触发后再商定回购价格。实践中,投融资双方多接受返还投资本金以及按照一定的年化回报率计算的收益的方式来确定回购价格。在确定回报率具体数值(投资人多会根据其基金内部的门槛收益率等来提议这一数值)的同时,双方还应明确回报率的计算基础是单利还是复利。

3. 支付安排

在支付安排方面,鉴于投资人要求行使回购权往往意味着公司发展前景不佳、投资目的可能落空甚至公司/创始人发生重大违约等严重情形,为及时收回资金,投资人通常要求全部回购价格应当在投资人要求行权后的一定期限内一次性支付给投资人。另外,此时公司亦可能已没有足够资金用以一次性向全部投资人支付所有回购价格。在这种情形下，投资人往往预先在交易文件中约定，此时公司应（并应促使其子公司）在法律允许的限度内，通过借款、子公司分配利润、处置资产等方式筹措资金，用于支付回购对价。

（二）回购协议的法律效力认定

公司作为接受投资款的主体，履行股权回购义务似属“天经地义”。创始人作为公司的主要股东和核心经营管理者，是公司经营成果的主要受益人，通常也是投资人投资公司的主因，由其承担股权回购/购买义务也属公平合理。

根据《九民会议纪要》规定的精神，回购可参照对赌协议的规定来执行。

1. 投资方与目标公司订立的“对赌协议”在不存在法定无效事由的情况下，目标公司仅以存在股权回购或者金钱补偿约定为由，主张“对赌协议”无效的，人民法院不予支持，但投资方主张实际履行的，人民法院应当审查是否符合公司法关于“股东不得抽逃出资”及股份回购的强制性规定，判决是否支持其诉讼请求。

2. 投资方请求目标公司回购股权的，人民法院应当依据《公司法》第35条关于“股东不得抽逃出资”或者第142条关于股份回购的强制性规定进行审查。经审查，目标公司未完成减资程序的，人民法院应当驳回其诉讼请求。

因此，投资人要求公司承担回购义务在中国的司法体系下将有可能得到更多的支持。当然，考虑到《九民会议纪要》以及此前法院的众多判例，投资人在设定公司回购义务时仍应充分重视与回购权有关的程序性要求——既包括投资协议签署时投资人应审核公司需遵循的股东会和董事会等内部决议程序，也包括公司未来履行回购义务时公司、创始人以及其他股东应履行的程序性义务[如在董事会、股东会会议上对回购相关事宜投赞成票、以合法方式（如减资）完成回购等]。

不论是基于上述法律原因，还是基于增信和对创始人的督促等商业因素的考量，投资人都会希望在要求公司履行股权回购义务的同时，也要求创始人承担股权购买义务和/或对公司回购义务承担连带责任。

（三）案例解析

案·例·1

河北华安生物医药股份有限公司与以岭医药科技有限公司、井某敏、南某茹新增资本认购纠纷案

［（2018）最高法民申5504号］

最高人民法院认为，案涉《补充协议》中约定华安公司为井某敏、南某茹的回购义务承担担保责任，并载明二人持有华安公司100%的股权，华安公司和南某茹在《补充协议》上签字确认，井某敏虽未签字，但井某敏系华安公司的法定代表人，对华安公司的决策应当明知，在之后办理股权变更手续时以及给以岭公司的复函中均未表示异议。华安公司虽未就为股东提供担保事宜形成股东会决议，但井某敏、南某茹系公司全部股东及实际控制人，二人的决定即为全体股东决议。

因此，华安公司为井某敏、南某茹提供担保并最终承担保证责任，不违反《公司法》第16条的规定。以岭公司的增资款并未交付给井某敏、南某茹二股东，而是全部进入华安公司账户，成为公司资产，华安公司因此获益，之后因井某敏、南某茹不能如约履行回购的合同义务，二审判决由华安公司承担保证责任，并不损害公司、其他股东、公司债权人的利益，不违反《公司法》第20条及其他法律规定。

案·例·2

四川正银投资股份有限公司、中盛万吉文化投资集团有限公司与成都金控财富股权投资基金合伙企业（有限合伙）等与公司有关的纠纷案

［（2018）最高法民终765号］

最高人民法院认为，关于《投资协议》中四川正银公司和中盛万吉公司补足成都金控财富投资利润以及回购其所持中盛正银公司股权条款的效力问题。第一，根据已经查明的事实，2011年2月21日，中盛万吉公司和四川正银公司设立中盛正银公司，在引入新的投资者成都金控旅游和成都金控财富后，该公司的所有股东为中盛万吉公司、四川正银公司、成都金控旅游和成都金控财富，该四位股东均为案涉《投资协议》的当事人，中盛万吉公司和四川正银公司不属于该款规定的“其他股东”。

第二，成都金控财富作为增资入股后的股东，已经按照公司章程规定，通过债转股的方式完成出资义务，不存在滥用公司法人独立地位和股东有限责任的情形。

第三，《投资协议》第3条第3款约定：“根据项目测算，在正常经营情况下，中盛正银在此次增资后5年内应实现净利润不少于2.6亿元且中盛正银应该每年向股东分配红利。鉴于甲、乙两方此次增资时支付的溢价以及丙、丁两方负责中盛正银的实际经营等因素，各方同意，中盛正银的利润按以下方式分配：3.1 增资后5年内，中盛正银每年的可分配利润应分配给甲方、乙方以下金额：……如果中盛正银公司每年的可分配利润超过预期利润，则各方应按照股权比例分配利润。如果甲方和乙方在增资后5年内总计获得的利润少于10,114万元和4789万元，则丙方和丁方应在收到甲方、乙方书面通知后10个工作日内分别一次性向甲方和乙方补足差额。”可见，上述约定是基于对公司预期利润的估算以及成都金控财富参与增资支付的溢价等因素，此为商事主体的自主交易安排，应予以尊重，商事主体亦应当自行承担由此产生的市场风险。

从具体文字表述看，成都金控财富参与分配的是中盛正银公司每年的“可分配利润”，而享有可分配利润是股东资产收益权的内容，不违反法律规定。正是因为考虑到预期利润并不一定真正实现，该条同时对可分配利润超过预期利润和低于约定利润时各方的权利义务进行了明确约定，即在成都金控财富5年分得的总利润少于4789万元的情况下，原股东负有补足责任。享有固定数额的可分配利润与原股东补足责任，相辅相成，相互补充，不能割裂，应作一体解读。

因此，虽然协议明确约定了成都金控财富应分得的固定利润数额，但该数额是以公司有可供分配的利润为前提，并以原股东承诺对预期利益进行补足为保障，该约定不损害公司和公司债权人利益。在上述交易安排中，原股东承担的为补充责任，并非担保责任，四川正银公司和中盛万吉公司关于主债务不成立故而担保从债务亦不成立的主张，依据不足。

第四，根据《投资协议》第3条第5款之约定，负有股权回购义务的主体为中盛正银公司的原股东四川正银公司和中盛万吉公司，而非中盛正银公司本身，该约定本质上系目标公司股东与投资者之间对投资风险及投资收益的判断与分配，属于当事人意思自治范畴。且中盛正银公司章程第15条第4项明确约定，中盛万吉公司和四川正银公司购买成都金控财富所持有的股权时，按《投资协议》第3条、第6条和第9条约定执行。该约定已通过章程予以明示，并不损害公司及公司债权人利益，不违反法律、行政法规的禁止性规定，合法有效。

第五，股东以其认缴出资额为限对公司承担责任，是针对公司债权人而言，主要规范公司外部关系，与股东之间的利润补足和股权回购约定并不矛盾。

第六，根据《公司法》第34条规定，全体股东可以对不按照出资比例分取红利作出特别约定。因此，所谓股东同权同利原则并非强制性规定，全体股东之间可以通过约定进行变更。如上所述，《投资协议》为中盛正银公司的全体股东所签，中盛正银公司章程第13条第4项再次明确，“股东可以不按出资比例分取红利，按股东各方及公司于2012年2月2日签署的《投资协议》约定执行”。该约定不违反法律规定，对全体股东具有约束力。

（四）当对赌协议同时设置了业绩补偿条款和股权回购条款，投资方同时主张能否得到支持

从检索到的案例来看，对于业绩补偿和股权回购是否可以同时得到支持的问题，存在两种截然不同的裁判结果，一种裁判认为不可同时得到支持，另一种裁判则认为可以同时得到支持。

第一种裁判：业绩补偿和股权回购不可同时得到支持或不能得到全部支持。如（2017）京01民初814号案、（2017）京01民初814号案。

1.（2017）京01民初814号案。北京市第一中级人民法院认为：投资方要求

目标公司各股东进行业绩补偿，前提是投资方依然保持目标公司股东身份不变，但是投资方要求回购股权，实质是退出目标公司，不再拥有目标公司股东身份，故业绩补偿和股权回购存在一定矛盾。

2.(2017)京01民初814号案。北京市第一中级人民法院认为：如目标公司在2016年12月31日之前未完成挂牌，则之前的业绩很可能未达到相应要求，从协议约定的业绩补偿方式来看，补偿方式之一为要求原股东中任意一方或多方受让投资方持有的目标公司的部分股权，该方式与股权回购义务有重合之处，说明目标公司未如期挂牌的法律后果中已经处理了业绩补偿，投资方单独索要的2015年业绩补偿，存在重复计算。

上述裁判的核心思想：签订对赌协议的目的并不是让投资方获得确定的保障或者获取较高的投资回报，而是促进目标公司的正常发展经营。同时支持业绩补偿和股权回购，实际上脱离了对赌协议的初衷，违背了创业投资的商业规律。

第二种裁判：业绩补偿和股权回购可以同时得到支持。(2019)粤06民终187号案、(2017)赣民终159号案、(2019)京03民初333号案。

1.(2019)粤06民终187号案。广东省佛山市中级人民法院认为：对于业绩补偿，双方已经签订补充协议，明确补偿金额，并对支付时间和违约责任进行约定。融资方未按约定支付第二期业绩补偿款，构成违约，应当支付业绩补偿款、利息及逾期利息。对于股权回购，在股权回购的条件已成就的情况下，投资方要求支付1000万元股权回购款和利息确有相应的合同依据。再如，在(2017)赣民终159号案中，江西省高级人民法院认为：双方在合同中约定的业绩补偿款，与股份回购款并非同一事项，不应从股份回购款中扣除。

2.(2019)京03民初333号案。北京市第三中级人民法院认为：投资方要求目标公司实际控制人支付现金补偿款不存在股东身份的障碍，一方面，根据《补充协议》的约定，现金补偿款的支付主体是目标公司实际控制人，并非目标公司；另一方面，无论是业绩补偿款支付条件成就时还是投资方发函时，投资方均为目标公司的股东，因此，不存在股东身份的障碍。

该类裁判的核心思想：业绩补偿和股权回购是投资方以高溢价投资目标公司的基础和前提，在对赌协议有约定且条件已成就的情况下，同时支持业绩补偿和股权回购符合权利义务相一致和公平合理的契约精神。

我们的倾向性意见:从对赌协议的内在逻辑出发,我们倾向于认为,当对赌协议同时设置了业绩补偿条款和股权回购条款,若不存在违反法律、行政法规强制性规定的无效情形,在二者条件均成就时,投资方可以同时主张。

(五)关于强售权条款的案例

下面就以俏江南案例为例来看实践中强售权条款运用。

俏江南餐饮集团为谋求上市引进投资人鼎晖时,就约定了"强售权条款"。俏江南上市失败后,鼎晖向欧洲私募股权基金 CVC 转让俏江南 10.53% 的股份,张某被迫跟随出售 72.17% 的股份。同时,由于转让股权超过了 50%,可以视作为清算事件,所以又连环触发了当时投资时所签订的优先清算权条款。鼎晖入股时约定了投资款 2 倍的回报,则转让 10.53% 的股份的转让款与投资款 2 倍的差额部分需要由张某出售股权的款项弥补。

上述强售权条款、优先清算权及补偿条款通过一系列法律文件来予以安排,具体有:公司章程(Certificate of Incorporation)、投资人权利协议(Investor Rights Agreement)、投资条款清单(Term Sheet)、投票协议(Voting Agreement)、股份购买协议(Stock Purchase Agreement)、补偿协议(Indemnification Agreement)、优先购买权和共售权协议(First of Refusal and Co-sale Agreement)、管理权证书格式文本(Management Rights Letter)及法律意见书范本(Model Legal Opinion)组成。国内的投资案例则基本上就拼凑成 6 份法律文件组合使用,具体为:法律意见书 + 投资意向书 + 增资协议 + 股东间协议(补充协议) + 修正版公司章程,再加上保密协议,通用共 6 份。详细的条款约定在增资协议、补充协议、公司章程中都可能体现,但大体来说,特殊权利都会放到补充协议之中。

第十三章

公司诉讼第26式：债权人保护之诉

第一节　公司债权人保护概述

公司是市场经济中非常重要的经济主体，公司制度极大地促进了社会经济发展，为社会创造经济财富。公司在社会经济活动中将发生大量债权债务关系，然而基于公司法人格独立、股东有限责任等公司法律制度安排，公司风险外部化牵涉最直接的当属公司债权人，如何平衡公司、股东和债权人之间的利益关系，建立有效的债权人保护法律制度，关涉整个社会市场秩序和信用问题。正如《公司法》第1条所明确的立法宗旨，“为了规范公司的组织和行为，保护公司、股东和债权人的合法权益，维护社会经济秩序，促进社会主义市场经济的发展，制定本法”。

关于债权人保护，随着公司和制度的发展，过往形成了些公司法律制度。例如，公司资产制度，资本三原则；公司担保制度；公司信息披露制度；债权人会议以及公司破产、和解、重整阶段的保护制度等。但传统法律对公司债权人保护存在不足之处，如《公司法》中原有的“资本三原则”并没有对债权人的合法权益实施有效的保护。2013 年我国《公司法》的修订,取消法定最低注册资本,实施认缴制,由公司章程规定。这次法律的修订在经济自主、公司自治理论基础上,降低了公司准入门槛,可提高公司资金使用效率和市场效力,激发经济市场活力,但增加和提高了公司治理中对外部制衡者的要求与作用。

债权人作为公司利益相关者,在公司控制者与公司债权人保护之间,对于公司的控股股东、实际控制人、关联公司的母公司以及一人公司的情况,运用法人格否认理论,借由揭开公司面纱,控股股东、实际控制人、母公司须为其控制行为承担责任;就公司管理层而言,公司与董事等控制者一起共同并连带之侵权行为法律责任。在公司生命周期各阶段,对于债权人的法律保护,主要为自公司设立或成立后,公司未成立、抽逃出资、未全面履行出资义务者的法律责任;对外担保、限制股东滥用权利者需承担的法律责任;组织变更、发行公司债、减资、分立、合并,直至公司解散清算、破产、和解及重整,对债权人的责任承担等。

第二节　公司债权人维权法律路径

对于公司债权人之法律保护,主要系为《公司法》《民法典》《公司法解释(二)》《公司法解释(三)》等法律法规和司法解释。具体可作为保护债权人利益的维权法律依据和路径如下。

一、公司未成立的责任承担

《公司法解释(三)》第 4 条第 1 款规定,公司因故未成立,债权人请求全体或者部分发起人对设立公司行为所产生的费用和债务承担连带清偿责任的,人民法院应予支持。

二、限制股东滥用权利,否认公司独立人格

《公司法》第 20 条规定,公司股东应当遵守法律、行政法规和公司章程,依法

行使股东权利,不得滥用公司法人独立地位和股东有限责任损害公司债权人的利益。公司股东滥用公司法人独立地位和股东有限责任,逃避债务,严重损害公司债权人利益的,应当对公司债务承担连带责任。

在《九民会议纪要》之“(四)关于公司人格否认”中,就公司债权人保护事项,就公司人格和股东人格混同、公司控制股东对公司过度支配与控制、资本显著不足(公司设立后在经营过程中股东实际投入公司的资本数额与公司经营所隐含的风险相比明显不匹配)、公司人格否认纠纷案件各方当事人的诉讼地位等方面作出了规定。

三、公司对外担保方面

在《九民会议纪要》之“(六)关于公司为他人提供担保”与《担保制度解释》的第7条、第8条、第10条、第11条等条款中,就公司债权人保护事项,对公司法定代表人越权担保、债权人善意认定、无须机关决议例外的情况、民事责任、权利救济、上市公司为他人提供担保、债务加入准用担保规则、越权担保之情形下的债权人善意与否与合同效力、责任承担等方面作出了具体安排和规定。

四、瑕疵出资方面

(一)未履行或者未全面履行出资义务

债权人请求未履行或者未全面履行出资义务的股东在未出资本息范围内对公司债务不能清偿的部分承担补充赔偿责任的权利,人民法院应予支持;未履行或者未全面履行出资义务的股东已经承担上述责任,其他债权人提出相同请求的,人民法院不予支持。

《公司法解释(三)》第8条规定,出资人以划拨土地使用权出资,或者以设定权利负担的土地使用权出资,公司、其他股东或者公司债权人主张认定出资人未履行出资义务的,人民法院应当责令当事人在指定的合理期间内办理土地变更手续或者解除权利负担;逾期未办理或者未解除的,人民法院应当认定出资人未依法全面履行出资义务。

第9条规定,出资人以非货币财产出资,未依法评估作价,公司、其他股东或者公司债权人请求认定出资人未履行出资义务的,人民法院应当委托具有合法资格的评估机构对该财产评估作价。评估确定的价额显著低于公司章程所定价额的,人民法院应当认定出资人未依法全面履行出资义务。

第10条规定,出资人以房屋、土地使用权或者需要办理权属登记的知识产权等财产出资,已经交付公司使用但未办理权属变更手续,公司、其他股东或者公司债权人主张认定出资人未履行出资义务的,人民法院应当责令当事人在指定的合理期间内办理权属变更手续;在前述期间内办理了权属变更手续的,人民法院应当认定其已经履行了出资义务。

第11条规定,"出资人以其他公司股权出资,符合下列条件的,人民法院应当认定出资人已履行出资义务:(一)出资的股权由出资人合法持有并依法可以转让;(二)出资的股权无权利瑕疵或者权利负担;(三)出资人已履行关于股权转让的法定手续;(四)出资的股权已依法进行了价值评估。股权出资不符合前款第(一)、(二)、(三)项的规定,公司、其他股东或者公司债权人请求认定出资人未履行出资义务的,人民法院应当责令该出资人在指定的合理期间内采取补正措施,以符合上述条件;逾期未补正的,人民法院应当认定其未依法全面履行出资义务。股权出资不符合本条第一款第(四)项的规定,公司、其他股东或者公司债权人请求认定出资人未履行出资义务的,人民法院应当按照本规定第九条的规定处理"。

(二)抽逃出资

《公司法解释(三)》第12条规定,公司成立后,公司、股东或者公司债权人以相关股东的行为符合下列情形之一且损害公司权益为由,请求认定该股东抽逃出资的,人民法院应予支持:(一)制作虚假财务会计报表虚增利润进行分配;(二)通过虚构债权债务关系将其出资转出;(三)利用关联交易将出资转出;(四)其他未经法定程序将出资抽回的行为。

第14条第2款规定,公司债权人请求抽逃出资的股东在抽逃出资本息范围内对公司债务不能清偿的部分承担补充赔偿责任、协助抽逃出资的其他股东、董事、高级管理人员或者实际控制人对此承担连带责任的,人民法院应予支持;抽逃出资的股东已经承担上述责任,其他债权人提出相同请求的,人民法院不予支持。

（三）其他

1. 知道或者应当知道履行或者未全面履行出资义务的股权受让方之连带责任。

《公司法解释（三）》第18条第1款规定，有限责任公司的股东未履行或者未全面履行出资义务即转让股权，受让人对此知道或者应当知道，公司请求该股东履行出资义务、受让人对此承担连带责任的，人民法院应予支持；公司债权人依照本规定第13条第2款向该股东提起诉讼，同时请求前述受让人对此承担连带责任的，人民法院应予支持。

2. 不支持诉讼时效抗辩。

《公司法解释（三）》第19条第2款规定，公司债权人的债权未过诉讼时效期间，其依照本规定第13条第2款、第14条第2款的规定请求未履行或者未全面履行出资义务或者抽逃出资的股东承担赔偿责任，被告股东以出资义务或者返还出资义务超过诉讼时效期间为由进行抗辩的，人民法院不予支持。

3. 不支持名义股东的赔偿责任抗辩。

《公司法解释（三）》第26条第1款规定，公司债权人以登记于公司登记机关的股东未履行出资义务为由，请求其对公司债务不能清偿的部分在未出资本息范围内承担补充赔偿责任，股东以其仅为名义股东而非实际出资人为由进行抗辩的，人民法院不予支持。

4. 不支持被冒名登记股东的赔偿责任。

《公司法解释（三）》第28条规定，冒用他人名义出资并将该他人作为股东在公司登记机关登记的，冒名登记行为人应当承担相应责任；公司、其他股东或者公司债权人以未履行出资义务为由，请求被冒名登记为股东的承担补足出资责任或者对公司债务不能清偿部分的赔偿责任的，人民法院不予支持。

五、公司合并、分立、减少注册资本

（一）公司合并程序中的债权人异议权

《公司法》第173条规定，公司合并，应当由合并各方签订合并协议，并编制资产负债表及财产清单。公司应当自作出合并决议之日起十日内通知债权人，并于三十日内在报纸上公告。债权人自接到通知书之日起三十日内，未接到通知书的自公告之日起四十五日内，可以要求公司清偿债务或者提供相应的担保。

《公司法》第174条规定，公司合并时，合并各方的债权、债务，应当由合并后存续的公司或者新设的公司承继。

(二)公司分立后的连带责任

《公司法》第175条规定，公司分立，其财产作相应的分割。公司分立，应当编制资产负债表及财产清单。公司应当自作出分立决议之日起十日内通知债权人，并于三十日内在报纸上公告。

《公司法》第176条规定，公司分立前的债务由分立后的公司承担连带责任。但是，公司在分立前与债权人就债务清偿达成的书面协议另有约定的除外。

(三)公司减少注册资本时的债权人异议权

《公司法》第177条规定，公司需要减少注册资本时，必须编制资产负债表及财产清单。公司应当自作出减少注册资本决议之日起十日内通知债权人，并于三十日内在报纸上公告。债权人自接到通知书之日起三十日内，未接到通知书的自公告之日起四十五日内，有权要求公司清偿债务或者提供相应的担保。

六、公司解散

1.《公司法解释(二)》第22条第2款规定，公司解散时，公司财产不足以清偿债务时，债权人主张未缴出资股东，以及公司设立时的其他股东或者发起人在未缴出资范围内对公司债务承担连带清偿责任的，人民法院应依法予以支持。

2.《公司法解释(二)》第5条规定，人民法院审理解散公司诉讼案件，应当注重调解。当事人协商同意由公司或者股东收购股份，或者以减资等方式使公司存续，且不违反法律、行政法规强制性规定的，人民法院应予支持。当事人不能协商一致使公司存续的，人民法院应当及时判决。

经人民法院调解公司收购原告股份的，公司应当自调解书生效之日起六个月内将股份转让或者注销。股份转让或者注销之前，原告不得以公司收购其股份为由对抗公司债权人。

七、公司清算

(一)债权人申请成立清算组的权利

《公司法》第183条及《公司法解释(二)》第7条第2款规定,“有下列情形之一,债权人申请人民法院指定清算组进行清算的,人民法院应予受理:(一)公司解散逾期不成立清算组进行清算的;(二)虽然成立清算组但故意拖延清算的;(三)违法清算可能严重损害债权人或者股东利益的”。

《公司法解释(二)》第9条规定,“人民法院指定的清算组成员有下列情形之一的,人民法院可以根据债权人、股东的申请,或者依职权更换清算组成员:(一)有违反法律或者行政法规的行为;(二)丧失执业能力或者民事行为能力;(三)有严重损害公司或者债权人利益的行为。”

(二)请求清算组成员承担赔偿责任的权利

《公司法解释(二)》第11条规定,“公司清算时,清算组应当按照公司法第一百八十五条的规定,将公司解散清算事宜书面通知全体已知债权人,并根据公司规模和营业地域范围在全国或者公司注册登记地省级有影响的报纸上进行公告。

清算组未按照前款规定履行通知和公告义务,导致债权人未及时申报债权而未获清偿,债权人主张清算组成员对因此造成的损失承担赔偿责任的,人民法院应依法予以支持。”

《公司法》第189条第3款规定,清算组成员因故意或者重大过失给公司或者债权人造成损失的,应当承担赔偿责任。

(三)债权人的核定债权异议权

《公司法解释(二)》第12条规定,公司清算时,债权人对清算组核定的债权有异议的,可以要求清算组重新核定。清算组不予重新核定,或者债权人对重新核定的债权仍有异议,债权人以公司为被告向人民法院提起诉讼请求确认的,人民法院应予受理。

(四)清算时债权人补充申报债权的权利

《公司法解释(二)》第13条规定,债权人在规定的期限内未申报债权,在公司清算程序终结前补充申报的,清算组应予登记。

《公司法解释(二)》第14条规定,债权人补充申报的债权,可以在公司尚未分配财产中依法清偿。公司尚未分配财产不能全额清偿,债权人主张股东以其在剩余财产分配中已经取得的财产予以清偿的,人民法院应予支持;但债权人因重大过错未在规定期限内申报债权的除外。

债权人或者清算组,以公司尚未分配财产和股东在剩余财产分配中已经取得的财产,不能全额清偿补充申报的债权为由,向人民法院提出破产清算申请的,人民法院不予受理。

(五)执行未经确认的清算方案时损失求偿权

《公司法解释(二)》第15条第2款规定,执行未经确认的清算方案给公司或者债权人造成损失,公司、股东或者债权人主张清算组成员承担赔偿责任的,人民法院应依法予以支持。

(六)公司财产不足清偿债务时,与人民法院协商制作有关债务清偿方案的权利

《公司法解释(二)》第17条规定,人民法院指定的清算组在清理公司财产、编制资产负债表和财产清单时,发现公司财产不足清偿债务的,可以与债权人协商制作有关债务清偿方案。

债务清偿方案经全体债权人确认且不损害其他利害关系人利益的,人民法院可依清算组的申请裁定予以认可。清算组依据该清偿方案清偿债务后,应当向人民法院申请裁定终结清算程序。

债权人对债务清偿方案不予确认或者人民法院不予认可的,清算组应当依法向人民法院申请宣告破产。

(七)未及时成立清算组或怠于履行清算义务以致无法清算时损失求偿权和连带赔偿

《公司法解释(二)》第18条第1款规定,有限责任公司的股东、股份有限公司的董事和控股股东未在法定期限内成立清算组开始清算,导致公司财产贬值、流失、毁损或者灭失,债权人主张其在造成损失范围内对公司债务承担赔偿责任的,人民法院应依法予以支持。

有限责任公司的股东、股份有限公司的董事和控股股东因怠于履行义务,导致公司主要财产、账册、重要文件等灭失,无法进行清算,债权人主张其对公司债务承担连带清偿责任的，人民法院应依法予以支持。

上述情形系实际控制人原因造成，债权人主张实际控制人对公司债务承担相应民事责任的，人民法院应依法予以支持。

（八）恶意清算时债权人赔偿请求权

《公司法解释（二）》第19条规定，有限责任公司的股东、股份有限公司的董事和控股股东，以及公司的实际控制人在公司解散后，恶意处置公司财产给债权人造成损失，或者未经依法清算，以虚假的清算报告骗取公司登记机关办理法人注销登记，债权人主张其对公司债务承担相应赔偿责任的，人民法院应依法予以支持。

（九）未经清算即注销时的清偿请求权

《公司法解释（二）》第20条规定，公司解散应当在依法清算完毕后，申请办理注销登记。公司未经清算即办理注销登记，导致公司无法进行清算，债权人主张有限责任公司的股东、股份有限公司的董事和控股股东，以及公司的实际控制人对公司债务承担清偿责任的，人民法院应依法予以支持。

公司未经依法清算即办理注销登记，股东或者第三人在公司登记机关办理注销登记时承诺对公司债务承担责任，债权人主张其对公司债务承担相应民事责任的，人民法院应依法予以支持。

八、评估机构违法评估时承担赔偿责任

根据《公司法》第207条第3款的规定，承担资产评估、验资或者验证的机构因其出具的评估结果、验资或者验证证明不实，给公司债权人造成损失的，除能够证明自己没有过错的外，在其评估或者证明不实的金额范围内承担赔偿责任。

综上所述，《公司法》相关法律法规为债权人利益的保护提供了多种路径，有对抗性的，也有非对抗性的；有事前风险防范方式，也有事中监管制度和事后救济途径。下文即第三节就债权人保护事后救济或者究责所常见的保护路径进行着重分析和阐述。

第三节　债权人保护5种诉讼解析

结合《关于全国法院系统2020年度优秀案例分析评选结果的通报》及其他的公司法典型案例，就股东损害债权人利益、股东出资/增资、公司人格否认（刺破公司面纱）、清算和破产程序中债权人保护等诸多法律问题，从案件事实、争议焦点、裁判观点等多个角度展开分析，具体阐述如下。

一、股东损害公司债权人利益责任之诉

股东损害公司债权人利益纠纷是指公司股东因滥用公司法人独立地位和有限责任，逃避债务，严重损害公司债权人利益，对公司债务承担责任的民事纠纷。

《公司法》第3条规定："公司是企业法人，有独立的法人财产，享有法人财产权。公司以其全部财产对公司的债务承担责任。有限责任公司的股东以其认缴的出资额为限对公司承担责任；股份有限公司的股东以其认购的股份为限对公司承担责任。"有限责任是公司法的基本原则，然而如果公司股东为逃避债务，滥用股东有限责任，严重损害公司债权人利益，则有必要对其承担相应的法律责任，以期保护公司债权人利益。股东损害公司债权人利益主要情形包括：未履行或者未全面履行出资义务，抽逃出资，滥用公司法人独立地位和股东有限责任逃避债务（人格混同、过度支配和控制、资本显著不足），在公司解散后恶意处置公司财产，或者怠于履行清算义务或虚假清算导致公司财产减损，损害公司债权人利益。

有关股东出资、公司人格否认、清算破产中的债权人利益保护诉讼分析，请见下文出资加速到期之诉、刺破公司面纱之诉、清算程序中债权人保护之诉、破产程序中债权人保护之诉。

案·例

中航信托股份有限公司、毛某吉股东损害公司债权人利益责任纠纷案

［(2015)民二终字第435号］

裁决要旨

隆高科公司虽向中航信托公司转款1.2亿元,但并没有证据证明该转款行为是中航信托公司控制菊隆高科公司实施的,亦没有证据证明中航信托公司参与菊隆高科公司的转款行为,不能仅以中航信托公司从菊隆高科公司获得款项即认为构成抽逃行为。中航信托公司不存在抽逃出资行为、不需要对菊隆高科公司所欠毛某吉的债务本息不能清偿部分承担补充赔偿责任。

争议焦点

中航信托公司是否存在抽逃出资行为、是否应对菊隆高科公司所欠毛某吉的债务本息不能清偿部分承担补充赔偿责任。

基本案情

2010年6月29日,中航信托公司前身江南信托公司与谢某鸿、孙某文、菊隆高科公司签订的《增资扩股协议》,是各方的真实意思表示,根据合同约定中航信托公司以增资扩股的方式向菊隆高科公司投入资金1.2亿元,资金投入后其公司占有菊隆高科公司54.55%的股权。

2011年1月26日至4月16日,谢某鸿(借款人)与毛某洲、毛某吉(贷款人)、江西温商集团茂弘担保有限公司(以下简称茂弘担保公司)(担保人)签订《借款合同》六份,合同编号分别为:(2011)0126-1、(2011)0126-2、(2011)0212-1、(2011)0316-1、(2011)0324-1、(2011)0416-1,其中除2011年1月16日借款金额为500万元的借款合同的贷款人为毛某吉外,其他五份合同的贷款人均为毛某洲,合同均约定借款利率为月利率20‰,担保人均为茂弘担保公司,菊隆高科公司、蓝跃红向茂弘担保公司提供了反担保。

2012年6月29日,菊隆高科公司分两次将1.2亿元转给中航信托公司。

2012年12月21日,茂弘担保公司向赣州市中级人民法院起诉谢某鸿、

菊隆高科公司和蓝某红，要求谢某鸿偿还借款本金3900万元；菊隆高科公司、蓝某红承担连带清偿责任。赣州市中级人民法院受理后，双方当事人在审理期间达成调解协议，赣州市中级人民法院于2013年2月26日下发了(2013)赣中民二初字第33号调解书，确认谢某鸿欠茂弘担保公司借款本金3900万元，谢某鸿应在2013年3月10日前归还借款本金。该款的利息由茂弘担保公司与谢某鸿、菊隆高科公司和蓝某红另行协商解决。菊隆高科公司和蓝某红对借款本金3900万元承担连带担保责任。

2014年7月25日，茂弘担保公司(甲方)与毛某吉(乙方)签订《债权转让协议》，合同主要内容：主债权是指甲方拟转让给乙方的、其对菊隆高科公司、谢某鸿、蓝某红等所享有的债权本金及利息、违约金等。截至签署日，主债权为3900万元，利息为2000万元，本息合计为5900万元。乙方向甲方购买债权的对价为人民币5000万元，分三期向甲方支付买价。债权交割后，由甲方出具债权转让通知书，由双方送达债务人、担保人及其他相关方。之后，茂弘担保公司、毛某吉向中航信托公司、谢某鸿、菊隆高科公司邮寄了《债权转让暨联合催收通知书》。毛某吉提起本案诉讼。

法院裁判

一审法院认为，中航信托公司前身江南信托公司与谢某鸿、孙某文、菊隆高科公司签订的《增资扩股协议》，是各方的真实意思表示，根据合同约定中航信托公司以增资扩股的方式向菊隆高科公司投入资金1.2亿元，资金投入后其公司占有菊隆高科公司54.55%的股权。合同签订后，中航信托公司已经按合同约定履行增资义务，菊隆高科公司注册资本由1亿元增加至2.2亿元，公司召开股东会修改了章程，并在赣县工商局办理了变更登记，中航信托公司通过股权投资行为成为菊隆高科公司股东，持有54.55%的股权。2010年6月20日，中航信托公司与谢某鸿、孙某文、世瑞新公司签订的《股权收购协议》是各方当事人的真实意思表示，合法有效。根据合同约定，中航信托公司2年投资期限届满后，将其持有的菊隆高科公司54.55%的股权转让给谢某鸿、孙某文，如谢某鸿、孙某文到期不履行义务，由世瑞新公司履行谢某鸿、孙某文的全部收购义务,向中航信托公司支付该协议约定的全部价款。2012年6月30日,投资期满后,谢某鸿、孙某文作为合同的收购方并未按合同约定向中航信托公司支付股权转让款,世瑞新公司也并未按合同约定代其向中航信托公司支付股权转让价款。而中航信托公司却于2012年6月29日,在其与菊隆高科公司没有债权债务关系,亦无交易关系的情形下,从菊隆高科公司划走1.2亿元。中航信托公司辩称,签订《增资扩股协议》是提供融资服务行为,划款1.2亿元只是按约定收回股权回购款。从本案查明的事实来看,股权回购的主体是谢某鸿、孙某文,双方实际办理股权转让变更登记至谢某鸿、孙某文名下的时间为划款1年后的2014年8月4日,中航信托公司扣划1.2亿元款项期间,仍为菊隆高科公司控股股东,其该项抗辩理由不能成立。根据《公司法解释(三)》第12条关于"公司成立后,公司、股东或者公司债权人以相关股东的行为符合下列情形之一且损害公司权益为由,请求认定该股东抽逃出资的,人民法院应予支持:(一)制作虚假财务会计报表虚增利润进行分配;(二)通过虚构债权债务关系将其出资转出;(三)利用关联交易将出资转出;(四)其他未经法定程序将出资抽回的行为"的规定,中航信托公司的行为应当认定为抽逃出资。

二审法院认为,关于中航信托公司是否存在抽逃出资行为、是否应对菊隆高科公司所欠毛某吉的债务本息不能清偿部分承担补充赔偿责任。本案中,菊隆高科公司虽向中航信托公司转款1.2亿元,但不能因此认为中航信托公司存在抽逃出资行为,中航信托公司无须承担补充赔偿责任。理由:(1)根据赣华综审〔2014〕第52号专项审计报告,截至2013年2月28日,菊隆高科公司欠谢某鸿个人借款237,168,062.01元。菊隆高科公司是谢某鸿控制的家族企业,双方之间存在债权债务关系,谢某鸿通过菊隆高科公司偿还其个人所欠股权转让款,同时抵偿菊隆高科公司所欠谢某鸿个人债务,符合家族企业的特征,菊隆高科公司资产不会受到影响。根据菊隆高科公司2015年8月16日修订的公司章程,菊隆高科公司重组后的股东为38人,注册资本总额为2.2亿元,且均为货币和实物出资。可见,菊隆高科公司的注册资本并未因其向中航信托公司转款1.2亿元受到影响,毛某吉的债权并未受到侵害。毛某吉要求中航信托公司承担补充赔偿责任,缺乏事实依据。(2)根据《增资扩股协议》《股权收购协议》的约定,中航信托公司虽通过增资扩股方式成为菊隆高科公司股东,但其目的并不在于参与或者控制菊隆高科公司的经营管理,而是获取固定投资回报,中航信托公司并未实际参与菊隆高科公司的经营管理。菊隆高科公司虽向中航信托公司转款1.2亿元,但并没有证据证明该转款行为是中航信托公司控制菊隆高科公司实施的,亦没有证据证明中航信托公司参与菊隆高科公司的转款行为,不能仅以中航信托公司从菊隆高科公司获得款项即认为构成抽逃行为。中航信托公司关于其不存在抽逃出资、不应承担补充赔偿责任的上诉主张,本院予以支持。

二、出资加速到期之诉

《企业破产法》第35条、[①]《公司法解释(二)》第22条等规定了破产、清算程序中的股东出资加速到期。但在公司注册资本认缴制下,公司尚未处于破产或解散清算情形时,公司现有资本不足以清偿债务时,公司债权人能否以公司不能清偿到期债务为由,请求未届出资期限的股东在未出资范围内对公司不能清偿的债务承担补充赔偿责任。《九民会议纪要》之"(二)关于股东出资加速到期及表决权"[②]在前述规定的基础上增加了"执行不能"和"恶意延期"两类适用股东出资加速到期的情形,对股东出资加速到期制度作出了进一步的裁判规定,有利于保护债权人的合法利益。

---

① 第35条:人民法院受理破产申请后,债务人的出资人尚未完全履行出资义务的,管理人应当要求该出资人缴纳所认缴的出资,而不受出资期限的限制。

② 6.【股东出资应否加速到期】在注册资本认缴制下,股东依法享有期限利益。债权人以公司不能清偿到期债务为由,请求未届出资期限的股东在未出资范围内对公司不能清偿的债务承担补充赔偿责任的,人民法院不予支持。但是,下列情形除外:(1)公司作为被执行人的案件,人民法院穷尽执行措施无财产可供执行,已具备破产原因,但不申请破产的;(2)在公司债务产生后,公司股东(大)会决议或以其他方式延长股东出资期限的。

(一)《九民会议纪要》所明确的“执行不能”和“恶意延期”两类适用股东出资加速到期的情形

1. 穷尽执行措施无财产,且已具备破产原因,但不申请破产。

在上海市青浦区人民法院民事判决书[(2020)沪0118民初568号]中,裁定意见:“本案中,两被告的出资期限尚未届满,且两被告提供相关财产线索佐证仁康公司尚有资产足以支付原告债权,原告认为仅以被告提供的财产线索不足以说明仁康公司资可抵债。对此,本院认为,被告提供明确的财产线索,原告亦无证据证明被告此线索不真实,亦即相当于被告主动申报财产用于执行,原告即应首先通过恢复执行程序。根据被告提供的财产线索申请法院执行,只有在穷尽执行措施仍无法偿付债务后,原告方可提起本案之诉,故对原告的诉讼请求,本院无法支持。其可在申请执行且证明被告提供的财产线索不真实,并认定穷尽执行手段仁康公司仍无财产可供执行后另行起诉。”

关于“已具备破产原因”的判断,主要为《企业破产法》第2条“企业法人不能清偿到期债务,并且资产不足以清偿全部债务或者明显缺乏清偿能力”和最高人民法院《关于适用〈中华人民共和国企业破产法〉若干问题的规定(一)》(法释〔2011〕22号)第1条、[①]第2条、[②]第3条、[③]第4条[④]等规定。

第3条:债务人的资产负债表,或者审计报告、资产评估报告等显示其全部资产不足以偿付全部负债的,人民法院应当认定债务人资产不足以清偿全部债务,但有相反证据足以证明债务人资产能够偿付全部负债的除外。

---

① 第1条:债务人不能清偿到期债务并且具有下列情形之一的,人民法院应当认定其具备破产原因:(一)资产不足以清偿全部债务;(二)明显缺乏清偿能力。相关当事人以对债务人的债务负有连带责任的人未丧失清偿能力为由,主张债务人不具备破产原因的,人民法院应不予支持。

② 第2条:下列情形同时存在的,人民法院应当认定债务人不能清偿到期债务:(一)债权债务关系依法成立;(二)债务履行期限已经届满;(三)债务人未完全清偿债务。

③ 第3条:债务人的资产负债表,或者审计报告、资产评估报告等显示其全部资产不足以偿付全部负债的,人民法院应当认定债务人资产不足以清偿全部债务,但有相反证据足以证明债务人资产能够偿付全部负债的除外。

④ 第4条:债务人账面资产虽大于负债,但存在下列情形之一的,人民法院应当认定其明显缺乏清偿能力:(一)因资金严重不足或者财产不能变现等原因,无法清偿债务;(二)法定代表人下落不明且无其他人员负责管理财产,无法清偿债务;(三)经人民法院强制执行,无法清偿债务;(四)长期亏损且经营扭亏困难,无法清偿债务;(五)导致债务人丧失清偿能力的其他情形。

2. 延长出资期限事项需发生在公司债务产生之后。

在上海市第一中级人民法院执行裁定书[(2020)沪01执异163号]中,法院认为,本案被执行人玛昀公司于2015年3月11日完成变更登记,变更后注册资本增长为2050万元,认缴期限变更为2034年2月7日;玛昀公司与TCL公司之间的经济纠纷发生在2016年之后,玛昀公司的增资及延长出资期限行为发生在本案债务发生之前。TCL公司作为债权人,对经登记公示的债务人玛昀公司的出资情况及出资期限,应当是明知的。因此,本案中叶某青、黄某奇认缴出资的期限为2034年2月7日,其认缴出资尚未届期。申请执行人在执行程序中主张对被执行人股东的出资适用加速到期,缺乏法律依据。

(二)股东损害公司债权人利益责任纠纷案例

案·例

溧阳市爱尔森服饰有限公司诉殷某翔等股东损害公司债权人利益责任纠纷案

[一审判决(2019)苏0282民初12380号;二审判决(2020)苏02民终2487号]

裁判要旨

资本认缴制下出资义务加速到期对已转让股权的原股东在特定情形下仍适用,股权代持并不能成为名义股东对外拒绝承担股东责任的理由。

争议焦点

资本认缴制下出资义务加速到期是否适用于已出让股权的原股东?股权代持关系是否影响对名义股东承担出资责任的认定。

基本案情

2017年7月,爱尔森公司将英利驰公司诉至法院,要求支付承揽价款。2018年1月,上海市徐汇区人民法院判令英利驰公司向爱尔森公司支付价款。后爱尔森公司申请强制执行。同年9月,因英利驰公司名下无可供执行财产,上海市徐汇区人民法院裁定终结该次执行程序。据此,爱尔森公司起诉要求英利驰公司各股东在应出资范围内对上述债务承担补充赔偿责任。

2011 年 11 月，英利驰公司成立，股东为潘某、朱某。随后，朱某将部分股权分别转让给丁某明、秦某卫。2013 年，丁某明将部分股权转让给殷某翔。上述出资均已实缴。2015 年 3 月，英利驰公司注册资本增加，股东殷某翔、丁某明、潘某、秦某卫的认缴出资额均有所增加，出资时间均为 2031 年 11 月 6 日前。

2015 年 12 月，殷某翔将其持有的英利驰公司股权转让给邓某芳，出资时间为 2031 年 11 月 6 日前。邓某芳等人主张其股权为代他人持有。

裁判观点

二审法院（江苏省无锡市中级人民法院）认为，股东出资义务是股东对公司的强制性责任，资本认缴制仅允许股东依法享有期限利益。认缴出资义务含有对未来的信用承担义务，经工商登记公示后具有公信力，也将成为债权人评估交易风险的考量，包括出资金额、出资主体、出资期限等。因此，认缴期限届满前尚未履行出资义务的股东转让股权的，在未经已有债权人同意或未对已有债权人落实清偿方案的情况下不能免除其原来的信用承担义务。因此，本案中，爱尔森公司仍有权要求原股东殷某翔承担出资责任。

名义股东与实际出资人之间的股权代持关系属于双方之间的内部约定，仅在双方内部发生法律效力。在对外场合，根据商事交易中的公示主义和外观主义原则，债权人凭借对工商登记的信赖，可以合理地相信名义股东就是真实的股权持有人，可以要求其承担相应股东责任。名义股东不能以股权代持的内部约定来对抗债权人，不能以自己非实际权利人为由拒绝对外承担责任。对此，《公司法解释（三）》第 26 条有明确规定。因此，无论本案中是否存在股权代持的事实，债权人爱尔森公司均有权要求英利驰公司工商登记的各股东承担相应责任。

因此，债务人与第三人之间关于债务承担的约定，仅在得到债权人同意的情形下对债权人发生法律效力。股权代持关系属于双方之间的内部约定，仅在双方内部发生法律效力，名义股东不能以股权代持的内部约定来对抗已有债权人。

三、刺破公司面纱之诉

公司法人人格否认制度，又被形象地称为“刺破公司面纱”制度，在我国主要是指适用《公司法》第20条第3款的规定，公司债权人主张公司股东存在滥用公司法人独立地位和股东有限责任损害公司债权人利益的情形，并要求股东对公司债务承担连带责任的法律制度。虽然“刺破公司面纱”和“法人人格否认”规则的内涵和外延存在一些差异，但此处不做区分。

《九民会议纪要》之“(四)关于公司人格否认”对制度适用原则、常见情形、认定标准等内容作了较为详细的阐述，可为相关诉讼实务提供参考与指引。最高人民法院《关于民事诉讼证据的若干规定(2019年修正)》(法释〔2019〕19号)，对书证提出命令制度、鉴定制度等进行了修正完善，也对公司人格否认纠纷的举证实务提出了新要求。由于人格混同、过渡支配与控制、资本显著不足的三种滥用行为的情形在事实表现方面并非截然不同或明确区分，或存在重合或互相影响，当事人在分析举证时不必囿于特定情形。

(一)人格混同

《九民会议纪要》第10条指出，认定公司人格与股东人格是否存在混同，最根本的判断标准是公司是否具有独立意思和独立财产，最主要的表现是公司的财产与股东的财产是否混同且无法区分。在认定是否构成人格混同时，应当综合考虑以下因素：(1)股东无偿使用公司资金或者财产，不作财务记载的；(2)股东用公司的资金偿还股东的债务，或者将公司的资金供关联公司无偿使用，不作财务记载的；(3)公司账簿与股东账簿不分，致使公司财产与股东财产无法区分的；(4)股东自身收益与公司盈利不加区分，致使双方利益不清的；(5)公司的财产记载于股东名下，由股东占有、使用的；(6)人格混同的其他情形。在出现人格混同的情况下，往往同时出现以下混同：公司业务和股东业务混同；公司员工与股东员工混同，特别是财务人员混同；公司住所与股东住所混同。人民法院在审理案件时，关键要审查是否构成人格混同，而不要求同时具备其他方面的混同，其他方面的混同往往只是人格混同的补强。

徐工集团工程机械股份有限公司诉成都川交工贸有限责任公司等买卖合同纠纷案

[(2011)苏商终字第0107号]

裁判要旨

关联公司的人员、业务、财务等方面交叉或混同,导致各自财产无法区分,丧失独立人格的,构成人格混同。关联公司人格混同,严重损害债权人利益的,关联公司相互之间对外部债务承担连带责任。

争议焦点

川交机械公司、瑞路公司与川交工贸公司是否存在人格混同,应否对川交工贸公司的债务承担连带清偿责任。

基本案情

南川交机械公司及瑞路公司股东均为王某礼、倪某。川交工贸公司股东为张某蓉(王某礼之妻,占90%股份)、吴某。在公司人员方面,三家公司经理均为王某礼,财务负责人均为凌某,出纳会计均为卢某,工商手续经办人均为张某;三家公司的其他管理人员也交叉任职。在公司业务方面,三家公司经营范围重合,均从事相关业务,相互之间共用统一格式的《业务手册》《经销协议》,并在对外宣传中区分不明。在公司财务方面,三家公司共用结算账户,对外支付均为王某礼的签字;开具收据时,三者的财务专用章混合使用;三家公司所有债权债务、销售量、业绩、账务均计算在一家公司名下进行业务往来。后因川交工贸公司拖欠徐工机械公司货款未付,徐工机械公司以川交机械公司、瑞路公司与川交工贸公司人格混同,三家公司实际控制人王某礼以及其他股东的个人资产与公司资产混同,请求三家公司及王某礼等个人对欠款承担连带清偿责任。

法院裁判

法院认为,川交工贸公司与川交机械公司、瑞路公司人格混同。一是三家公司人员混同。三家公司的经理、财务负责人、出纳会计、工商手续经办人均相同，其他管理人员亦存在交叉任职的情形，川交工贸公司的人事任免存在由川交机械公司决定的情形。二是三家公司业务混同。三家公司实际经营中均涉及工程机械相关业务，经销过程中存在共用销售手册、经销协议的情形；对外进行宣传时信息混同。三是三家公司财务混同。三家公司使用共同账户，以王某礼的签字作为具体用款依据，对其中的资金及支配无法证明已作区分；三家公司与徐工机械公司之间的债权债务、业绩、账务及返利均计算在川交工贸公司名下。因此，三家公司之间表征人格的因素（人员、业务、财务等）高度混同，导致各自财产无法区分，已丧失独立人格，构成人格混同。

川交机械公司、瑞路公司应当对川交工贸公司的债务承担连带清偿责任。公司人格独立是其作为法人独立承担责任的前提。《公司法》第3条第1款规定："公司是企业法人，有独立的法人财产，享有法人财产权。公司以其全部财产对公司的债务承担责任。"公司的独立财产是公司独立承担责任的物质保证，公司的独立人格也突出地表现在财产的独立上。当关联公司的财产无法区分，丧失独立人格时，就丧失了独立承担责任的基础。《公司法》第20条第3款规定："公司股东滥用公司法人独立地位和股东有限责任，逃避债务，严重损害公司债权人利益的，应当对公司债务承担连带责任。"本案中，三家公司虽在工商登记部门登记为彼此独立的企业法人，但实际上相互之间界限模糊、人格混同，其中川交工贸公司承担所有关联公司的债务却无力清偿，又使其他关联公司逃避巨额债务，严重损害了债权人的利益。上述行为违背了法人制度设立的宗旨，违背了诚实信用原则，其行为本质和危害结果与《公司法》第20条第3款规定的情形相当，故参照《公司法》第20条第3款的规定，川交机械公司、瑞路公司对川交工贸公司的债务应当承担连带清偿责任。

（二）过渡支配与控制

《九民会议纪要》第11条指出，公司控制股东对公司过度支配与控制，操纵公司的决策过程，使公司完全丧失独立性，沦为控制股东的工具或躯壳，严重损害公司债权人利益，应当否认公司人格，由滥用控制权的股东对公司债务承担连带责任。

实践中常见的情形包括:(1)母子公司之间或者子公司之间进行利益输送的;(2)母子公司或者子公司之间进行交易,收益归一方,损失却由另一方承担的;(3)先从原公司抽走资金,然后再成立经营目的相同或者类似的公司,逃避原公司债务的;(4)先解散公司,再以原公司场所、设备、人员及相同或者相似的经营目的另设公司,逃避原公司债务的;(5)过度支配与控制的其他情形。控制股东或实际控制人控制多个子公司或者关联公司,滥用控制权使多个子公司或者关联公司财产边界不清、财务混同,利益相互输送,丧失人格独立性,沦为控制股东逃避债务、非法经营,甚至违法犯罪工具的,可以综合案件事实,否认子公司或者关联公司法人人格,判令承担连带责任。

案·例

北京斯普乐电线电缆有限公司诉德州锦城电装股份有限公司股东损害公司债权人利益责任纠纷案

[一审裁决(2017)京0116民初8512号;二审裁决(2019)京03民终2577号]

裁判要旨

公司人格否认情形中过度控制的认定。母公司将子公司重要业务和客户资源移转到其自身,难以认定具有正当目的,并且损害债权人利益的,符合"过度控制"的构成要件,子公司的独立法人人格可以被否认,股东应就子公司的债务承担连带责任。

争议焦点

股东德州锦城是否对子公司天津日拓存在"过度控制",从而需要对子公司的债务承担连带责任。

基本案情

斯普乐公司于2013年向天津日拓提起诉讼并胜诉(二审维持原判),2014年4月斯普乐公司向北京市怀柔区人民法院申请强制执行,后因被执行人财产正在处理中且暂无其他财产可供执行终结本次执行。

天津日拓系一人有限责任公司,德州锦城在2013年11月30日至2014

年4月29日担任天津日拓一人法人股东。天津日拓与福田公司等相关单位存在长期业务关系。2014年1月,福田公司与天津日拓签订合同,由天津日拓向福田公司供货。2014年3月,天津日拓要求将福田公司的供应商由天津日拓变更为德州锦城,福田公司同意变更。针对该笔业务主体变更问题,德州锦城陈述变更原因是天津日拓已陷入履行不能,但未提供充分证据予以证明,且德州锦城自认当时业务从天津日拓变更至德州锦城并未支付对价,针对业务变更事项也未经天津日拓作出书面股东决定。

法院裁判

一审法院认为,过度控制的构成要件包括,第一,股东对从属公司进行了支配性、绝对性控制;第二,这种控制行为不具有正当目的,比如违反法律规定或者属于滥用股东权利,又如仅有利于股东自身利益,而对从属公司不利;第三,股东控制行为与从属公司债权受损存在因果关系。

1.德州锦城存在过度控制。德州锦城系天津日拓的一人法人股东。福田公司是天津日拓的长期客户资源,在2014年1月双方签订采购合同后,德州锦城在天津日拓未进行股东书面决议情况下,将天津日拓的重要业务转移给其自身,该行为已经属于不尊重从属公司独立意思和独立利益的过度控制行为。公司是法律拟制的主体,在法律上享有独立的权利义务,其独立的意思表示是维系自身利益的前提和基础。公司重要业务资源的转移,不仅关涉公司自身利益,更关涉公司债权人的利益,属于公司的重要事项。在无证据显示天津日拓进行独立决策情况下,母公司将子公司重要业务和客户资源移转至其自身,属于利用支配性地位进行过度控制。

2.控制行为不具有正当目的。首先,福田公司作为天津日拓的重要客户资源,天津日拓基于合同履行应当享有可得利益。而且德州锦城及其关联公司的材料文件中均多次提及,天津日拓的客户资源可以增进利润。其次,虽然德州锦城与天津日拓存在母子公司关联关系,但是母公司代替子公司承受合同预期利益,应当具有合理的理由和对价。德州锦城明确表示没有对价,且对天津日拓是否已经陷于违约危机事实并未提出充分证据予以证明。最后,债权人斯普乐公司在2013年1月24日对天津日拓提起债权给付之诉;经一审判决后二审审理期间,即2014年3月6日天津日拓要求变更供应商主体,并在2014年3月21日变更完毕后5日,即2014年3月26日,德州锦城将其对天津日拓享有的股权转让给其他公司。

3. 控制行为造成债权人债权受损。德州锦城是从其关联公司受让天津日拓股权,当时的所有者权益尚有13,865,290元,但在天津日拓变更供货商后,德州锦城将股权转让给非关联方的股权对价仅为0元,而其此次转让的价格是参考了股权评估价值的前提下做出的。……更何况天津日拓的客户资源,其本身就是公司的或有资产。截至本案终结辩论程序时,斯普乐公司的债权仍未受清偿。

二审法院(北京市第三中级人民法院)认为,本案中,天津日拓具有生产自有汽车线束产品所需的资产,德州锦城从其母公司威海泓淋公司处受让天津日拓的全部股权,与天津日拓汽车线束相关的债权债务随之转移至德州锦城。德州锦城在成为天津日拓一人股东的短短几个月内,尤其是在天津日拓与斯普乐公司买卖合同纠纷诉讼期间,将作为福田公司供应商的天津日拓变更为德州锦城。上述重要客户资源转让的决定并无天津日拓的股东书面决议或其他形式能证明系天津日拓独立决策的文件。德州锦城将自己的意志强加于天津日拓之上,使天津日拓丧失了自我意志和自我决策能力。德州锦城对此明确表示没有对价,且对天津日拓是否已经陷于违约危机事实并未提交充分证据证明。而德州锦城及其关联公司的文件表明天津日拓的客户资源可以增进生产规模和利润。德州锦城对天津日拓实施不正当支配和控制的行为,难以认定具有正当目的,且使得天津日拓利益受损,符合过度控制的构成要件。一审法院对此予以认定,符合法律规定。

相比“人格混同”情形和“资本显著不足”情形,“过度支配与控制”的表现形式更为丰富,举证难度也更大。较常见的情形是被告通过关联交易隐匿、转移公司财产,包括股东把公司巨额款项或公司资产转移给股东或关联方,或股东把公司财产向第三方提供抵押担保后通过股权转让的方式收购该第三方公司股权、间接取得公司财产;也有的情形与资金往来不直接相关,例如,股东擅自关闭公司生产运营部门导致无力偿还债务,或公司对交易标的选择、定价等都以股东利益优先,丧失了独立自由的竞争能力,或股东擅自将公司重要业务和客户资源转至自身且无对价,或股东向关联方转移公司的特许经营权使公司丧失继续经营的机会等。

诉讼中建议当事人原告在举证时证明目标公司是否享有独立于相关方的自主决策权、管理权、经营权等权利:(1)关联交易是否符合公司章程、公司法有关程序和内容的相关规定,例如,是否经过公司股东会或董事会的有效决议,是否进行了财务记账等内部决议和审批程序,是否有真实、合理的交易基础证据支持(如书面合同、来往函件、转账凭证、发货单、提货单);是否符合正常商业习惯、合理对价,是否属于正常的商业判断或风险防控手段(如借贷关系中本金和利息收支是否正常、买卖关系中货品价格是否合理、内部承包是否扣除了相应的管理费等);关联交易是否不当减损了公司资产、损害了公司的对外偿债能力。(2)相关方与公司在公司决策、人事、资产、财务、业务经营等方面是否存在控制与从属关系(影响因素包括持股比例、公司任职、决策支配地位、实际参与程度、协议控制等),公司能否自主决定交易地位、交易对象、交易标的、定价标准等对公司自身权益有重大影响的事项;对公司的经营和管理是否出于正当理由和目的,对公司的经营和管理原则是否以自身利益优先,是否基于公司实际情况进行决策;是否符合公司章程、公司法有关程序和内容的相关规定,是否具有随意性;相关方对公司的经营和管理行为是否不当减损了公司资产、损害了公司的对外偿债能力。

(三)资本显著不足

《九民会议纪要》第12条指出,资本显著不足是指公司设立后在经营过程中,股东实际投入公司的资本数额与公司经营所隐含的风险相比明显不匹配。股东利用较少资本从事力所不及的经营,表明其没有从事公司经营的诚意,实质是恶意利用公司独立人格和股东有限责任把投资风险转嫁给债权人。该表述显然已结合了2013年以后《公司法》将注册资本实缴制改为认缴制的立法发展。该情形的本质问题是公司实际资本能否满足公司独立经营的基本需要。由于资本显著不足的判断标准有很大的模糊性，特别是要与公司采取“以小博大”的正常经营方式相区分，因此在适用时要十分谨慎，应当与其他因素结合起来综合判断。

案·例

四川宾仕德汽车贸易有限公司与杨某等买卖合同纠纷案

裁判要旨

根据工商登记情况认定杨某系万佳源公司的股东；杨某、邹某通过股东会决议进行巨额减资、减持，并且未直接通知宾仕德公司，既损害了万佳源公司的清偿能力，又侵害了宾仕德公司的债权；公司财产与夫妻共有财产存在混同；故股东杨某、邹某亦应当对万佳源公司的债务承担相应的法律责任。

争议焦点

股东杨某、邹某是否应对万佳源公司的债务承担连带责任。

基本案情

邹某与杨某系夫妻。双方于2012年7月24日在成都市武侯区婚姻登记部门登记结婚。万佳源公司于2012年3月19日经工商登记成立，2016年11月10日，该公司股东变更为“邹某、杨某”，公司注册资本为10,000,000元，杨某认缴的出资额为5,000,000元，认缴出资时间为2026年11月6日；邹某认缴的出资额为5,000,000元，认缴出资时间为2026年11月6日。

2020年8月28日，宾仕德公司与万佳源公司签订了《销售合同》，合同约定宾仕德公司向万佳源公司购买19款雷克萨斯LX570巅峰特别版四台和尊贵豪华版三台，合同总价款为10,850,000元。合同还约定：宾仕德公司于2020年8月28日向万佳源公司支付定金3,000,000元，3个工作日后付齐尾款。万佳源公司收到尾款后7个工作日内告知宾仕德公司提车地点、车架号，并安排放车予宾仕德公司，宾仕德公司自行安排物流。双方还约定交车时间为2020年9月15日前。合同签订后，宾仕德公司按照邹某的指示，支付了上述合同约定的全部购车款中10,850,000元。其中7,850,000元按邹某的指示转入了邹某的个人银行账户中，其中3,000,000元按邹某的指示转入了“新疆新瓈商贸有限公司”的银行账户中。2020年10月21日，邹某明确告知无法向宾仕德公司交车，并表示愿意退还购车款。于一审庭审中，万佳源公司与邹某均认可应退还宾仕德公司该笔涉及七台雷克萨斯购车款中仍有3,000,000元尚未退还。

2020年10月27日，杨某、邹某夫妻二人形成股东会决议，将公司注册资本由10,000,000元减少为2,000,000元，减少的8,000,000元注册资本中由股东邹某减少3,200,000元，由股东杨某减少4,800,000元。2020年11月9日，杨某、邹某夫妻二人再次形成股东会决议，一致同意杨某将所持公司180,000元的股权以货币方式转让给邹某。通过上述减资、股权转让后，万佳源公司的注册资金为2,000,000元，其中邹某占股1,980,000元，杨某占股20,000元。

2020年12月14日，邹某与杨某协议离婚，双方办理了离婚登记手续。从双方《离婚协议》内容可见，双方确认无夫妻共同债务，在夫妻共同财产的分配上，邹某自愿放弃双方婚后所购的位于成都市等住房的所有权，全部归女方（杨某）所有。双方共同拥有的古斯特牌小轿车一辆和特斯拉牌小轿车一辆归邹某所有。

从邹某个人的银行卡流水记录来看，邹某用于收取宾仕德公司于2020年8月支付购车款的银行账户，于2020年9月1日向“成都中万锦天置业有限公司”转账支付4,171,432元用于购房。邹某陈述，其该笔款项所购房屋即上述《离婚协议》中位于“汉州路709号”的房产，按离婚协议已归女方（杨某）所有。

法院裁判

法院认为，判断公司股权构成情况应当以工商登记为准，而不是根据邹某、杨某之间的相互自认进行推定。杨某系万佳源公司工商登记的股东和监事，该登记具有公示效力，杨某主张自己不是万佳源公司的股东、未参与公司的经营管理，该主张仅有杨某和邹某的个人陈述，未提交任何证据予以证明。

一审审理过程中，杨某向万佳源公司所在地人民法院提起确认其非公司股东身份的诉讼，后又撤回起诉，现并无生效判决确认其该项主张成立。故本案中应当根据工商登记情况认定杨某系万佳源公司的股东。

我国法律未具体规定公司不履行法定减资程序损害债权人利益时股东的责任，但可比照《公司法》的相关原则和规定处理。万佳源公司在2020年10月21日就明确告知宾仕德公司要违约，愿意承担退款的违约责任，但在2020年10月27日就由股东邹某、杨某形成股东会决议进行减资，将公司注册资本从10,000,000元减少至2,000,000元，并在2020年11月9日形成股东会决议由杨某向邹某进行股权转让，杨某将持有的股份从50%减持到1%，在2020年12月14日协议离婚，将包括使用宾仕德公司付款后购买的房屋在内的全部房屋划归杨某所有，而在此时宾仕德公司的债权早已形成，作为万佳源公司的股东，杨某、邹某应当明知。在此情况下，杨某、邹某仍然通过股东会决议进行巨额减资、减持，并且未直接通知宾仕德公司，既损害了万佳源公司的清偿能力，又侵害了宾仕德公司的债权，故股东杨某、邹某亦应当对万佳源公司的债务承担相应的法律责任。

本案中，在宾仕德公司提出要求公对公转账支付购车款的情况下，邹某要求宾仕德公司向其个人银行账户支付购车款项，并使用上述款项以夫妻名义购买房屋，该行为具有明显的占有、使用公司财产的目的性，导致公司的财产与股东的财产出现混同，应认定为使用公司资金偿还股东个人债务的行为。故一审认定邹某应对万佳源公司的债务承担连带责任正确。虽然杨某未使用其个人账户收取万佳源公司的款项，但是万佳源公司的全部股权由邹某、杨某夫妻二人持有，邹某使用个人账户收取公司款项后购买了夫妻双方共有的房屋，将公司财产转化为夫妻二人共有财产，也即公司财产与夫妻共有财产存在混同，且邹某、杨某通过协议离婚的方式将房屋分割给杨某个人所有，杨某实际享有了公司财产购买房屋的利益，故杨某作为万佳源公司股东，其行为符合《公司法》第20条第3款关于公司股东滥用公司法人独立地位的情形，杨某也应对万佳源公司的债务承担连带责任。

当事人诉讼中注意一些关注要点，比如，公司所处行业对公司资质、资本金等是否有准入规定或行业标准，经营性资产与注册资本，股东实缴出资情况如何，股东认缴出资金额和期限是否合理、是否有诚意和履行能力，公司实际经营规模、能力、财务状况是否符合其所处发展阶段和行业惯例；公司资本和经营风险明显不匹配跨越时间长等。

四、清算程序中债权人保护之诉

在清算程序中，有关债权人保护权利包含申请成立清算组、请求清算组承担赔偿、核定债权异议权、补充申报债权、执行未经确认的清算方案时损失求偿、公司财产不足清偿债务时与人民法院协商制作有关债务清偿方案、未及时成立清算组或怠于履行清算义务以致无法清算时损失求偿权和连带赔偿、恶意清算时赔偿请求、未经清算即注销时的清偿请求等诸多方面。本书仅就债权人保护诉讼下述的典型案例进行说明。

案·例

王某枝、段某平股东损害公司债权人利益责任纠纷案

裁判要旨

段某平、王某枝系亿兴达公司股东，段某平、王某枝转让亿兴达公司股权时，对二人认缴的亿兴达公司的注册资金并未出资到位；霍某成作为亿兴达公司的股东及清算组成员，未对亿兴达公司欠孔某山的债权债务清理完毕即将亿兴达公司注销，应当就亿兴达公司所欠孔某山工程款承担清偿责任。

争议焦点

未出资、恶意清算时的连带清偿责任。

基本案情

孔某山与亿兴达公司于2017年9月24日订立工程装修合同，约定由孔某山以包工包料的形式承包亿兴达公司发包的位于北京市昌平区园茅台文化中心装饰工程，合同约定工程不含税的总造价为1,330,000元。合同签订

后，孔某山即安排施工并于2017年12月13日双方办理了工程竣工验收及结算，确认合同结算总价为1,427,400元（包含合同总价与增项总价）。但亿兴达公司仅给付了孔某山工程款总计1,013,000元，余款414,400元未付。

亿兴达公司于2016年8月16日登记成立，注册资本为1000万元，创立股东为王某枝和段某平，其中王某枝认缴出资200万元，认缴出资日期为2036年8月9日，段某平认缴出资800万元，认缴出资日期为2036年8月9日。2019年2月27日王某枝和段某平将其持有的亿兴达公司股份全部转让给霍某成。霍某成将股东出资期限变更为2046年8月15日。2019年9月11日，亿兴达公司股东霍某成决定成立清算组，霍某成为清算组组长，也是清算组成员。2019年11月8日亿兴达公司清算组出具清算报告，表明公司债权债务已经清理完毕，并向北京市密云区市场监督管理局提交注销申请。申请注销过程中，郑重承诺所提交的材料文件填报信息都是真实有效，并愿意承担相应法律责任。2019年12月26日，北京市密云区市场监督管理局核准亿兴达公司注销。另查明，王某枝与段某平系夫妻关系，霍某成系段某平父亲。

法院裁判

一审法院认为，王某芝、段某平作为亿兴达公司股东在认缴而未缴纳出资情况下转让股权，应对股权转让前亿兴达公司所负孔某山债务在其各自认缴出资范围承担清偿责任。霍某成系段某平父亲，其应当知道王某枝、段某平未将公司认缴的出资1000万元出资到位，依然愿意受让该股权并同意承担认缴义务，并且在注销亿兴达公司过程中未实际交纳1000万元出资，应当就亿兴达公司所欠孔某山工程款承担清偿责任。

二审法院认为，段某平、王某枝系亿兴达公司股东，段某平、王某枝转让亿兴达公司股权时，对二人认缴的亿兴达公司的注册资金并未出资到位；霍某成作为亿兴达公司的股东及清算组成员，未对亿兴达公司欠孔某山的债权债务清理完毕即将亿兴达公司注销；一审法院依据《公司法》的相关法律规定认定王某枝、段某平、霍某成对亿兴达公司所欠孔某山的工程款承担连带责任,认定事实清楚,适用法律正确。

五、破产程序中债权人保护之诉

案·例

吴某微、冯某婷与某丹、刘某等股东损害公司债权人利益责任纠纷案

[(2021)沪0113民初4375号]

裁判要旨

在菱芮公司宣告破产并终结破产程序之后,该公司经破产程序确认的所有债权人(两原告)要求在破产程序中未履行出资加速到期责任的公司股东,在应加速到期的认缴出资范围内偿付债权人的债权,且两债权人约定了若执行到位款项在彼此间的分配比例,其实质属于破产后的追加分配财产。五被告对两原告承担偿付责任,符合我国《企业破产法》及《公司法》的相关规定和法理精神,也有助于促进破产案件审理效率的提升和债权人权益的保护,遏制资本认缴制下借助破产逃避债务的行为。

争议焦点

两原告是否有权在菱芮公司破产终结后共同起诉菱芮公司股东在认缴出资范围内承担偿付责任,两原告可主张债权的金额范围,五被告是否都应承担偿付责任。

基本案情

五被告均未履行出资义务。菱芮公司注册成立于2014年8月27日,工商备案的公司章程记载当时的注册资本2000万元,周某一认缴出资1020万元(持股51%),某莹认缴出资980万元(持股49%),出资期限均为2043年12月31日前。工商资料显示,2015年5月,周某一将持有菱芮公司51%股权转让给某萍(合同作价1100万元),某莹将持有菱芮公司49%股权转让给某丹(合同作价900万元),各方办理了股权转让变更登记手续。工商资料显

示,2018 年 11 月,某萍将持有的菱芮公司 20% 股权转让给刘某,将持有的 31% 股权转让给某丹(《股权转让协议》约定的转让价均为 0 元);此次转让后,备案修订的菱芮公司章程记载某丹认缴出资额 1600 万元(持股 80%),刘某认缴出资额 400 万元(持股 20%),出资时间修改为 2044 年 8 月 26 日。各方办理了股权转让变更登记手续。庭审中,五被告共同委托诉讼代理人承认,五被告对菱芮公司均未有过实际出资,两次股权转让的受让人亦均未支付过股权转让款。

吴某微诉菱芮公司借款合同纠纷一案,上海市黄浦区人民法院对“(2017)沪 0101 民初 9890 号”于 2018 年 4 月 19 日作出判决,菱芮公司返还吴某微借款 70 万元及付吴某微逾期还款利息。冯某婷与菱芮公司借款合同纠纷一案,亦经上海市黄浦区人民法院于 2018 年 5 月 15 日作出判决,判令菱芮公司返还冯某婷借款 28 万元及逾期还款利息。上述判决生效后,吴某微、冯某婷均未收到菱芮公司的履行款或执行款。

2020 年 5 月 15 日,上海市第三中级人民法院作出民事裁定书,宣告菱芮公司破产并终结破产程序,同时确认了两原告的债权。之后,菱芮公司注销。

法院裁判

法院认为,在股东加速到期责任已确定的情况下,相关未实缴出资的股东对公司债务的责任应参照适用公司法及相关司法解释的规定。根据查明事实,五被告之前均未对菱芮公司有过实际出资或支付过股权转让款。被告某丹和刘某系菱芮公司破产时的股东,在破产程序中未履行出资加速到期义务的情况下,自然应在本案中承担对两原告的偿付责任。

根据《企业破产法》第 35 条的规定,人民法院受理破产申请后,债务人的出资人尚未完全履行出资义务的,管理人应当要求该出资人缴纳所认缴的出资,而不受出资期限的限制;又根据《企业破产法》第 123 条的规定,当发现破产人有应当供分配的财产的,债权人可以在破产终结之日 2 年内请求人民法院按照破产财产分配方案进行追加分配。该规定中的“应当供分配的财产”应包括破产企业股东应加速到期的出资。在菱芮公司破产程序中,虽然管理人未向菱芮公司股东主张出资加速到期,但菱芮公司已经破产终结且未能清偿债权人债务,菱芮公司各认缴出资股东的出资加速到期责任不能自然免除。

菱芮公司破产案已经债权申报公告、债权人会议核查程序,且(2019)沪03破164号之一号裁定书确认了菱芮公司的所有债权人即吴某微和冯某婷以及她们的各自债权金额,此系对债权人人数及债权金额的固定。另外,《企业破产法》第56条规定,“在人民法院确定的债权申报期限内,债权人未申报债权的,可以在破产财产最后分配前补充申报;但是,此前已进行的分配,不再对其补充分配”,“债权人未依照本法规定申报债权的,不得依照本法规定的程序行使权利”。此处的“破产财产最后分配前”应是指债务人被宣告破产后在裁定终结破产程序前的最后分配。在债务人破产且法院裁定终结破产程序后,不应再增加新的债权人。本案在菱芮公司股东尚未履行出资加速到期义务即已破产终结的情况下,作为在菱芮公司破产终结前已确认的全部债权人(吴某微、冯某婷),有权共同要求菱芮公司股东在认缴出资义务范围内继续清偿菱芮公司的债务。

需指出,本案两原告并非单独起诉要求菱芮公司股东个别清偿,而是作为菱芮公司经司法裁定确认的全部债权人共同起诉,其实质属于债务人企业破产后对可供分配财产(加速到期出资)的追加分配。追加分配既可以由债权人委托原管理人(或新管理人)出面主张权利并主持分配;在债权人较少的情况下,也可以由债权人直接共同起诉要求按照原破产财产分配方案或债权人之间约定的分配比例直接分配财产(后一种方式还可减少分配成本)。本案在所涉菱芮公司破产案件程序中因管理人无法接管财务资料、债务人财产不足以清偿破产费用等原因,未能形成破产财产分配方案,在这种情况下,现两原告在起诉时即明确约定了若执行到款项在两原告之间的分配比例,此做法于法不悖,符合破产法追加分配规定的立法本意。

综上,本院认为,在菱芮公司股东于菱芮公司破产程序中未被追究加速到期责任、菱芮公司未能清偿债权人债务的情况下,两原告作为在破产程序中确认的菱芮公司所有债权人,有权共同起诉菱芮公司股东在认缴出资范围内偿付菱芮公司债务。

当然,本院注意到两原告诉请的理由除了认为菱芮公司未履行加速到期责任,还包括菱芮公司股东未履行对公司的清算义务应承担赔偿责任。对此,本院认为,破产程序中债务人有关人员不配合清算导致债务人主要财产、账册、文件灭失致使管理人无法执行清算职务,应承担损失赔偿责任,该赔偿归入债务人财产;但该赔偿责任并非公司法意义上公司股东在公司注销时未履行清算义务而应直接赔偿公司债权人损失的责任。鉴于本案追究菱芮公司股东出资加速到期责任已足以覆盖两原告的债权损失,故对于菱芮公司股东是否在该公司破产中有妨碍清算行为并造成损失这一问题,本案不再予以深究。

第十四章

公司诉讼第 27 式：公司担保之诉

第一节 公司担保法律概述

为促进市场交易和经济流通，在市场经济环境下，公司作为独立的市场经济主体，提供担保成为常态。公司担保虽有利于被担保债权人的债权实现，然而也有可能产生损害公司股东、债权人的情形。不同利益发生冲突时，应当发挥法的公平、正义及调整功能，通过调整、平衡不同主体间的利益关系，在对被担保债权人的利益提供法律保护的同时，亦应关注公司股东、债权人的利益，防止和避免以牺牲部分利益主体为代价而产生不正当利益的经济行为，最终得以确保经济交易秩序安全和社会经济良性发展。因此，在公司担保的相关法律规定和司法实践中，要尽可能公平保护和平衡公司、公司股东、债权人等之间的利益。

公司对外担保的相关法律法规、规章、规范性文件、司法解释主要包括现行有效的《公司法》、2019 年 11 月 8 日出台的《九民会议纪要》、2020 年 5 月 28 日经由第十三届全国人大第三次会议表决通过的《民法典》(2021年1月1日起实施)、2021年1月1日正式实施的最高人民法院《关于适用〈中华人民共和国民法典〉有关担保制度的解释》(法释〔2020〕28号,以下简称《担保制度解释》)以及最高人民法院《关于审理金融资产管理公司利用外资处置不良债权案件涉及对外担保合同效力问题的通知》,中国证券监督管理委员会、原中国银行业监督管理委员会《关于规范上市公司对外担保行为的通知》、《关于规范上市公司与关联方资金往来及上市公司对外担保若干问题的通知》、《上市公司治理准则》等。在新颁布的《民法典》中,原散见于《民法通则》《民法总则》《合同法》《担保法》《物权法》《侵权责任法》等民事法律和司法解释中的各项公司担保法律制度规则被进行了归纳整合,这些原民事单行法律被新颁布生效的《民法典》所替代和废止。

公司对外担保主要法律规定为《公司法》第16条:"公司向其他企业投资或者为他人提供担保,依照公司章程的规定,由董事会或者股东会、股东大会决议;公司章程对投资或者担保的总额及单项投资或者担保的数额有限额规定的,不得超过规定的限额。公司为公司股东或者实际控制人提供担保的,必须经股东会或者股东大会决议。前款规定的股东或者受前款规定的实际控制人支配的股东,不得参加前款规定事项的表决。该项表决由出席会议的其他股东所持表决权的过半数通过。"第104条:"本法和公司章程规定公司转让、受让重大资产或者对外提供担保等事项必须经股东大会作出决议的,董事会应当及时召集股东大会会议,由股东大会就上述事项进行表决。"第121条:"上市公司在一年内购买、出售重大资产或者担保金额超过公司资产总额百分之三十的,应当由股东大会作出决议,并经出席会议的股东所持表决权的三分之二以上通过。"

《九民会议纪要》之"(六)关于公司为他人提供担保"①与《担保制度解释》第8

---

① 关于公司为他人提供担保的合同效力问题,审判实践中裁判尺度不统一,严重影响了司法公信力,有必要予以规范。对此,应当把握以下几点:

17.【违反《公司法》第16条构成越权代表】为防止法定代表人随意代表公司为他人提供担保给公司造成损失,损害中小股东利益,《公司法》第16条对法定代表人的代表权进行了限制。根据该条规定,担保行为不是法定代表人所能单独决定的事项,而必须以公司股东(大)会、董事会等公司机关的决议作为授权的基础和来源。法定代表人未经授权擅自为他人提供担保的,构成越权代表,人民法院应当根据《合同法》第50条关于法定代表人越权代表的规定,区分订立合同时债权人是否善意分别认定合同效力:债权人善意的,合同有效;反之,合同无效。

18.【善意的认定】前条所称的善意,是指债权人不知道或者不应当知道法定代表人超越权限订立担保合同。《公司法》第16条对关联担保和非关联担保的决议机关作出了区别规定,相应地,在善意的判断标准上也应当有所区别。一种情形是,为公司股东或者实际控制人提供关联担保,《公司法》第16条明确规定必须由股东(大)会决议,未经股东(大)会决议,构成越权代表。在此情况下,债权人主张担保合同有效,应当提供证据证明其在订立合同时对股东(大)会决议进行了审查,决议的表决程序符合《公司法》第16条的规定,即在排除被担保股东表决权的情况下,该项表决由出席会议的其他股东所持表决权的过半数通过,签字人员也符合公司章程的规定。另一种情形是,公司为公司股东或者实际控制人以外的人提供非关联担保,根据《公司法》第16条的规定,此时由公司章程规定是由董事会决议还是股东(大)会决议。无论章程是否对决议机关作出规定,也无论章程规定决议机关为董事会还是股东(大)会,根据《民法总则》第61条第3款关于"法人章程或者法人权力机构对法定代表人代表权的限制,不得对抗善意相对人"的规定,只要债权人能够证明其在订立担保合同时对董事会决议或者股东(大)会决议进行了审查,同意决议的人数及签字人员符合公司章程的规定,就应当认定其构成善意,但公司能够证明债权人明知公司章程对决议机关有明确规定的除外。

债权人对公司机关决议内容的审查一般限于形式审查,只要求尽到必要的注意义务即可,标准不宜太过严苛。公司以机关决议系法定代表人伪造或者变造、决议程序违法、签章(名)不实、担保金额超过法定限额等事由抗辩债权人非善意的,人民法院一般不予支持。但是,公司有证据证明债权人明知决议系伪造或者变造的除外。

19.【无须机关决议的例外情况】存在下列情形的,即便债权人知道或者应当知道没有公司机关决议,也应当认定担保合同符合公司的真实意思表示,合同有效:

(1)公司是以为他人提供担保为主营业务的担保公司,或者是开展保函业务的银行或者非银行金融机构;

(2)公司为其直接或者间接控制的公司开展经营活动向债权人提供担保;

(3)公司与主债务人之间存在相互担保等商业合作关系;

(4)担保合同系由单独或者共同持有公司三分之二以上有表决权的股东签字同意。

20.【越权担保的民事责任】依据前述3条规定,担保合同有效,债权人请求公司承担担保责任的,人民法院依法予以支持;担保合同无效,债权人请求公司承担担保责任的,人民法院不予支持,但可以按照担保法及有关司法解释关于担保无效的规定处理。公司举证证明债权人明知法定代表人超越权限或者机关决议系伪造或者变造,债权人请求公司承担合同无效后的民事责任的,人民法院不予支持。

21.【权利救济】法定代表人的越权担保行为给公司造成损失,公司请求法定代表人承担赔偿责任的,人民法院依法予以支持。公司没有提起诉讼,股东依据《公司法》第151条的规定请求法定代表人承担赔偿责任的,人民法院依法予以支持。

22.【上市公司为他人提供担保】债权人根据上市公司公开披露的关于担保事项已经董事会或者股东大会决议通过的信息订立的担保合同,人民法院应当认定有效。

23.【债务加入准用担保规则】法定代表人以公司名义与债务人约定加入债务并通知债权人或者向债权人表示愿意加入债务,该约定的效力问题,参照本纪要关于公司为他人提供担保的有关规则处理。

条、[1]第 10 条、[2]第 11 条[3]等亦就公司对外担保有所规定。

第二节　公司担保 5 种诉讼解析

但如《九民会议纪要》所述，关于公司为他人提供担保的合同效力问题，审判实践中裁判尺度不统一，严重影响了司法公信力，有必要予以规范。本书就过往有关公司担保效力的司法实践情况进行分析，以此为基础，提供些有益的参考建议，期望能为各方主体在签订、审查公司担保合同或文件等处理对外担保事项时有所帮助。

---

① 第 8 条：有下列情形之一，公司以其未依照公司法关于公司对外担保的规定作出决议为由主张不承担担保责任的，人民法院不予支持：

（一）金融机构开立保函或者担保公司提供担保；

（二）公司为其全资子公司开展经营活动提供担保；

（三）担保合同系由单独或者共同持有公司三分之二以上对担保事项有表决权的股东签字同意。

上市公司对外提供担保，不适用前款第二项、第三项的规定。

② 第 10 条：一人有限责任公司为其股东提供担保，公司以违反公司法关于公司对外担保决议程序的规定为由主张不承担担保责任的，人民法院不予支持。公司因承担担保责任导致无法清偿其他债务，提供担保时的股东不能证明公司财产独立于自己的财产，其他债权人请求该股东承担连带责任的，人民法院应予支持。

③ 第 11 条：公司的分支机构未经公司股东（大）会或者董事会决议以自己的名义对外提供担保，相对人请求公司或者其分支机构承担担保责任的，人民法院不予支持，但是相对人不知道且不应当知道分支机构对外提供担保未经公司决议程序的除外。

金融机构的分支机构在其营业执照记载的经营范围内开立保函，或者经有权从事担保业务的上级机构授权开立保函，金融机构或者其分支机构以违反公司法关于公司对外担保决议程序的规定为由主张不承担担保责任的，人民法院不予支持。金融机构的分支机构未经金融机构授权提供保函之外的担保，金融机构或者其分支机构主张不承担担保责任的，人民法院应予支持，但是相对人不知道且不应当知道分支机构对外提供担保未经金融机构授权的除外。

担保公司的分支机构未经担保公司授权对外提供担保，担保公司或者其分支机构主张不承担担保责任的，人民法院应予支持，但是相对人不知道且不应当知道分支机构对外提供担保未经担保公司授权的除外。

公司的分支机构对外提供担保，相对人非善意，请求公司承担赔偿责任的，参照本解释第十七条的有关规定处理。

一、关联担保之诉

公司关联担保，通常为公司以自身的信用或财产为股东、控股股东或实际控制人及其他具有关联关系的关联自然人或法人的债务提供保证、抵押或质押担保。

案·例·1

袁某荣与武汉三和工程置业有限公司民间借贷纠纷案
［(2019)鄂01民终12966号］

裁判要旨

依据《公司法》的相关规定，公司对外提供担保须经股东会、股东大会或者董事会的决议，该规定旨在确保公司为他人提供担保系公司真实意思表示。但是，担保合同系由单独或者共同持有公司2/3以上有表决权的股东签字同意的情形下，即便债权人知道或者应当知道没有公司机关决议，也应当认定担保合同符合公司的真实意思表示，该担保合同应认定为有效。

争议焦点

三和公司为股东张某顺提供担保未通过股东会决议，是否影响保证条款的效力。

基本案情

袁某荣与张某顺经人介绍相识。2017年1月10日，张某顺以资金周转为由向袁某荣借款，并于当日出具《借条》，载明：今借到袁某荣现金2,000,000元，借款时间为4个月。当日，袁某荣委托康丽公司通过银行汇款方式向天元公司支付借款1,940,000元。

2017年5月17日，天元公司代张某顺偿还本金1,000,000元。2017年6月1日，张某顺偿还本金300,000元。即张某顺偿还本金共计1,300,000元。2017年1月10日(借款当日)，张某顺支付利息60,000元(已从借款中预先扣除)。2017年2月14日，三和公司支付利息60,000元。2017年3月

20 日，三和公司支付利息 60,000 元。2017 年 4 月，三和公司会计朱某利支付利息 60,000 元。2017 年 5 月 8 日，天元公司支付利息 60,000 元。

2017 年 5 月 18 日、2018 年 1 月 10 日，张某顺两次出具《借款对账确认函》，载明上述借款及偿还本息的事实。该《借款对账确认函》另载明借款期限为 4 个月；月利率为 3%；三和公司、天元公司对张某顺的所有债务承担连带保证责任，担保期限为 2 年。借款人处有张某顺的签名及手印。担保人（三和公司、天元公司）处有张某顺的签名及手印，但均无二公司加盖的公章。

法院裁判

本案中，张某顺两次出具对账确认函时，均以三和公司法定代表人的身份在担保人处签名，作为持有三和公司 83.94% 股权的股东，张某顺的表决权已超过 2/3，在其已经签字同意的情形下，即便袁某荣知道或者应当知道没有三和公司机关决议，该担保行为也应认定为有效。因此，该对账确认函对三和公司有效，三和公司应当依据约定承担连带保证责任。

案 · 例 · 2

摩登大道时尚集团股份有限公司与广州行盛集团有限公司等借款合同纠纷案

［（2021）粤 01 民终 7597 号］

裁判要旨

无论是依据《公司法》第 16 条的规定，还是依据摩登公司的章程规定，摩登公司为关联方立嘉公司提供担保都应经公司股东大会决议通过；对于时任法定代表人林某飞的越权担保行为，立根公司作为债权人并未尽到对摩登公司就担保事项需履行上市公司股东大会决议及信息披露和公告程序的事实的审查义务，其并非善意的债权人，故涉案《最高额保证合同》无效。

争议焦点

立根公司与摩登公司签订的《最高额保证合同》是否应属无效。

基本案情

2018 年 10 月 8 日，立根公司（甲方、债权人）与摩登公司（乙方、保证人）签订合同编号为 SB20180402－2 的《最高额保证合同》，约定：被担保的主债权为在上述授信合同约定的授信期限内，甲方向债务人发放贷款而形成的全部债权，主债权的发生日应在授信期限内，但到期日不限于该期限；被担保主债权最高额为 100,000,000 元；保证方式为连带责任保证；保证期间为 3 年等。

2018 年 11 月 9 日，立根公司（贷款人、甲方）与立嘉公司（借款人、乙方）分别签订合同编号为 SJ20180402－12、SJ20180402－13、SJ20180402－14、SJ20180402－15 的《贷款合同》，均约定：乙方本次贷款金额分别为 15,000,000 元，借款用途为经营贷款，借款期限从 2018 年 11 月 9 日起至 2019 年 6 月 10 日止（其中 SJ20180402－12 的《贷款合同》约定的借款期限从 2018 年 11 月 9 日起至 2019 年 3 月 9 日止）。然后续立嘉公司未能按合同约定履行还款义务构成违约，应承担偿还借款本息的违约责任。

法院裁判

关于争议焦点之一，一审法院对于立根公司与摩登公司签订的《最高额保证合同》应属无效的分析总体上是正确的，本院予以确认。根据《公司法》第 16 条的规定，担保行为不是法定代表人所能单独决定的事项，必须以公司股东会或股东大会、董事会等公司机关的决议作为授权的基础和来源。根据本案查明的事实，借款人立嘉公司系摩登公司的控股股东瑞丰公司实际控制的公司，立嘉公司与摩登公司系关联公司。无论是依据前述《公司法》的规定，还是依据摩登公司的章程规定，摩登公司为立嘉公司提供担保都应经公司股东大会决议通过。摩登公司的时任法定代表人林某飞未经公司有权机关的决议授权即与立根公司签订涉案《最高额保证合同》，属于越权担保行为。摩登公司作为上市公司，召开股东大会必须进行信息披露和公告，也就是说，立根公司作为债权人有较为便捷的渠道可以对摩登公司就担保事项经过股东大会决议通过的事实进行审查。立根公司未尽到该审查义务，其并非善意的债权人，故涉案《最高额保证合同》无效。重要的是，立根公司在内部贷款审批文件上注明涉案《最高额保证合同》为“抽屉协议”，应封包保存，待立嘉公司还款后即退回。虽然立根公司对该证据的真实性予以否认，但摩登公司提交的该证据来源于立根公司的证据，摩登公司拍照后作为己方证据提交，各方已核对原件，全程有一审法院庭审录音录像为证，故本院对该证据的真实性予以确认。按照通常理解，“抽屉协议”是指当事人之间私下签订，不便公开的协议。如果立根公司在主观上对于《最高额保证合同》为摩登公司合法有效出具不持任何疑义，则完全没有必要将该协议作为“抽屉协议”来处理。相反，立根公司在内部审批文件上的该表述足以证实立根公司对于涉案《最高额保证合同》属越权出具不仅是非善意，而且是明知的，摩登公司依法不应对涉案《最高额保证合同》的无效承担任何赔偿责任。摩登公司对此上诉有理，本院予以支持。

因此，在关联担保合同效力的认定上，需平衡第三人和公司之间的利益、公司股东利益和交易安全，考量公司内部关系和外部关系等因素。除了无须决议的例外情形，关联公司间（尤其是上市公司）对外提供担保，必须经公司机关决议，债权人未审查公司机关决议即接受担保的，该担保对公司不发生效力。就外部关系而言，在涉及关联担保合同的效力问题时，还应着重考察第三人（债权人或担保权人）是否具有善意，而不仅仅是关注公司内部授权或表决程序的正当性。有关第三人（债权人或担保权人）是否具有善意，下文具体进行阐述。

二、非关联担保之诉

所谓非关联担保，我们通常理解为公司以自己的信用、财产为公司股东、控股股东、实际控制人及其他关联方以外的他人债务提供保证、抵押或质押担保。

案·例

中兴天恒能源科技(北京)股份公司与中国华融资产管理股份有限公司江西省分公司借款合同纠纷再审案

[(2020)最高法民申5166号]

裁判要旨

法定代表人未经适格机关即股东大会审议批准和授权擅自为他人提供担保,构成越权代表;债权人能够证明其在订立担保合同时对董事会决议或者股东(大)会决议进行了审查,同意决议的人数及签字人员符合公司章程的规定,应当认定其构成善意。案涉担保数额超过公司最近一期经审计净资产10%,应进一步提交股东大会审议通过,但《公司章程》和内部制度对相关担保的决议机关规定属于约定限制,相对人的审查义务应以形式审查为限;且要求债权人在签订担保合同时对公司担保数额和公司资产的关系比例进行实质审查,或者对债务人董事会相关声明的真伪予以确认,亦增加了债权人的举证责任和交易成本。

争议焦点

原审判定中兴天恒公司对案涉武汉绿能公司债务承担连带保证责任是否正确。

基本案情

案涉《保证协议》于2017年5月16日签订,案涉担保数额由于超过公司最近一期经审计净资产10%,须经董事会审议通过后提交股东大会审议批准,而中兴天恒公司并未将其提交股东大会审议,华融江西分公司仅审查董事会决议。中兴天恒公司及作出案涉担保的董事会成员均声明案涉担保符合《公司法》及该《公司章程》的规定。

法院裁判

案涉《保证协议》未经适格机关即股东大会审议批准,法定代表人未经授权擅自为他人提供担保,构成越权代表。根据《合同法》第50条关于"法定代表人越权代表"的规定,应区分订立合同时债权人是否善意分别认定合同效力：债权人善意的，合同有效；反之，合同无效。本院认为，在案涉担保为非关联担保的情况下，根据《公司法》第16条第1款的规定，此时由公司章程规定是由董事会决议还是股东（大）会决议。根据《民法总则》第61条第3款关于“法人章程或者法人权力机构对法定代表人代表权的限制，不得对抗善意相对人”的规定，只要债权人能够证明其在订立担保合同时对董事会决议或者股东（大）会决议进行了审查，同意决议的人数及签字人员符合公司章程的规定，应当认定其构成善意。本案中，债权人华融江西分公司在订立《保证协议》时，对中兴天恒公司的董事会决议进行了形式审查，且中兴天恒公司对该董事会决议的真实性不持异议，董事会决议不仅同意为案涉债务提供担保，并声明担保金额和相关事项完全符合《公司法》和《公司章程》的规定。虽然中兴天恒公司公开披露的《公司章程》（2016年修订）、《对外担保管理制度》、《2016年年度报告》以及《上海证券交易所股票上市规则》显示，案涉担保数额超过公司最近一期经审计净资产10%，应进一步提交股东大会审议通过，但上述《公司章程》和内部制度对相关担保的决议机关规定属于约定限制，相对人的审查义务并非基于其对外效力，故应以形式审查为限；且对外担保数额和公司资产的关系并不能从相关公开文件中直接获取，需要债权人进一步计算得出，故不能以上述文件对外公开披露就认定本案债权人明知《公司章程》对案涉担保决议机关有明确规定；且要求债权人在签订担保合同时对公司担保数额和公司资产的关系比例进行实质审查，或者对债务人董事会相关声明的真伪予以确认，亦增加了债权人的举证责任和交易成本。综上，本案中，华融江西分公司已尽到合理审查义务，属于善意相对人，原审认定案涉《保证协议》有效，并判令中兴天恒公司对案涉武汉绿能公司债务承担连带保证责任，并无不当。

如上海尤航新能源科技有限公司与浙江尤夫高新纤维股份有限公司等金融借款合同纠纷案[（2021）最高法民申5105号]中，就争议焦点部分“尤航公司作为上市公司尤夫公司的全资子公司，其对外担保是否需要经过尤夫公司的股东大会决议，北京银行上海分行是否尽到审核义务，以及由此对《质押合同》效力的影响”所述：“本案中，北京银行上海分行审查了尤航公司唯一股东尤夫公司出具的股东决定，尽到了自身的审查义务。公司对外担保中，考察担保债权人是否善意的前提是存在法定代表人越权担保的情况，就本案而言，这一前提并不存在，故尤夫公司及尤航公司主张北京银行上海分行非善意，亦缺乏事实基础。此外，尤夫公司及尤航公司主张《民法典》对本案具有溯及力，且本案应当适用《担保制度解释》第9条的规定认定案涉《质押合同》无效。本院认为，根据《时间效力规定》第1条的规定，本案应当适用当时法律、司法解释的规定；虽然《担保制度解释》第9条制定的依据是《公司法》第16条，且《公司法》并未修改或者废止，但由于《公司法》第16条并无关于上市公司提供担保的特别规定，因此《担保制度解释》关于上市公司对外提供担保的规定属带有规则创制性质的法律解释，不应赋予其溯及既往的效力，故《担保制度解释》第9条对本案亦不适用。尤航公司对外担保是否经过尤夫公司的股东大会决议，以及北京银行上海分行是否对该决议进行审查，对案涉《质押合同》的效力不产生影响。原审判令尤航公司对案涉夏长公司贷款承担担保责任，并无不当。”

三、越权代表赔偿之诉

（一）法定代表人越权对外签订担保合同，相对人善意的，担保合同对公司发生效力，相对人非善意的，担保合同对公司不发生效力

《担保制度解释》第7条规定：“公司的法定代表人违反公司法关于公司对外担保决议程序的规定，超越权限代表公司与相对人订立担保合同，人民法院应当依照民法典第六十一条和第五百零四条等规定处理：（一）相对人善意的，担保合同对公司发生效力；相对人请求公司承担担保责任的，人民法院应予支持。（二）相对人非善意的，担保合同对公司不发生效力；相对人请求公司承担赔偿责任的，参照适用本解释第十七条的有关规定。法定代表人超越权限提供担保造成公司损失，公司请求法定代表人承担赔偿责任的，人民法院应予支持。第一款所称善意，是指相对人在订立担保合同时不知道且不应当知道法定代表人超越权限。相对人有证据证明已对公司决议进行了合理审查，人民法院应当认定其构成善意，但是公司有证据证明相对人知道或者应当知道决议系伪造、变造的除外。”

1. 在担保方未提供股东大会决议的情况下债权人仅以《承诺函》上加盖了公章及法定代表人名章,即信赖担保方的担保行为,不属于受法律保护的善意相对人,担保方不承担保证责任。

案·例

上海富控互动娱乐股份有限公司与济南鲁金融通资产管理有限公司合同纠纷案

[(2020)鲁民终1610号]

裁判要旨

债权人不能证明同一提供担保的公司与同一主债务人之间存在长期、多次的“相互”担保行为的,不能在未审查公司机关决议的情况下善意取得该公司担保。

争议焦点

富控娱乐公司是否与鲁金公司存在相互担保行为。

基本案情

2017年9月29日,中技桩业公司与山东金交中心签订《直接融资工具产品交易服务协议》,约定中技桩业公司向山东金交中心申请注册、挂牌直接融资工具,发行规模1亿元,到期日、付息日、本金兑付日均为2018年9月20日。富控娱乐公司向山东金交中心出具承诺函,承诺在中技桩业公司到期未足额兑付本金与利息时,承担连带保证责任。经查,山东金交中心在接受该承诺函时,未审查富控娱乐公司股东会或董事会同意提供担保的公司决议。鲁金公司于2017年9月30日购入该融资产品3000万元。2018年9月,中技桩业公司未能按期回购融资产品,发生违约。鲁金公司遂起诉至法院要求中技桩业公司偿还融资款本金3000万元,并按约支付利息,富控娱乐公司承担保证责任。

法院裁判

济南市中级人民法院一审认为,富控娱乐公司应当依照约定承担对该债务承担保证责任。山东省高级人民法院二审认为，在富控娱乐公司未提供股东大会决议的情况下，鲁金公司仅以《承诺函》上加盖了公章及法定代表人名章，即信赖富控娱乐公司的担保行为，不属于受法律保护的善意相对人，改判富控娱乐公司不承担保证责任。

2. 中国裁判文书网2021年10月20日发布的下述案例中，最高人民法院认为，未经股东会或董事会决议，法定代表人签名并加盖公司公章的担保合同无效。

案·例

上诉人陆某洲、麻某云、合肥中建工程机械有限责任公司、湖北润达工程机械有限公司、郑某钧、杜某霞、郁某文、水某梅、温某涛、叶某与被上诉人厦门厦工机械股份有限公司买卖合同纠纷案

[（2020）最高法民终1143号]

裁判要旨

公司出具的担保合同虽然有法定代表人签名，并加盖公司的公章，但是，担保行为不是法定代表人所能单独决定的事项，而必须以公司股东（大）会、董事会等公司机关的决议作为授权的基础和来源，法定代表人未经授权擅自为他人提供担保的，构成越权代表，担保合同应当认定无效。

争议焦点

未经股东会或者董事会决议，公司法定代表人签名并加盖公司公章为他人提供担保的担保合同是否有效？《公司法》第16条是否是效力性规范。

法院裁判

最高人民法院认为“3. 关于中建公司的保证责任”，中建公司2011年出具的《第三方单位担保书》虽然有沈某霞在法定代表人处签名，并盖有中建公司的公章，但是《公司法》第16条第1款规定：“公司向其他企业投资或者为他人提供担保，依照公司章程的规定，由董事会或者股东会、股东大会决议；公司章程对投资或者担保的总额及单项投资或者担保的数额有限额规定的，不得超过规定的限额。”根据该条规定，担保行为不是法定代表人所能单独决定的事项，而必须以公司股东（大）会、董事会等公司机关的决议作为授权的基础和来源。法定代表人未经授权擅自为他人提供担保的，构成越权代表，现厦门厦工公司并未提供证据证明以中建公司名义为本案提供的担保经过了中建公司董事会或者股东会的同意，故该担保属于法定代表人未经授权擅自为他人提供担保。因此，《第三方单位担保书》应当认定无效。

3. 关于上市公司对外担保。

在《民法典》和《担保制度解释》等生效实施之后，对上市公司担保相对人善意的判断标准变得更为严格。即若相对人未审查上市公司公开披露的相关信息又请求上市公司承担担保责任的，将不予支持。

根据《证券法》《上市公司信息披露管理办法》及上海证券交易所、深圳证券交易所有关上市公司股票交易的规则等，上市公司进行合规担保，应需遵守相关法律法规、公司章程和内部管理制度要求，对履行董事会或者股东大会决议决策程序后的对外担保进行披露公告。并将债权人在接受担保时应当审查的对象扩展到上市公司已公开披露的控股子公司及股票在国务院批准的其他全国性证券交易场所交易的公司。因此，相对人根据上市公司公开披露的关于担保事项已经董事会或者股东大会决议通过的信息签订的担保合同，应当认定有效。

因此，即使债权人以无须决议的例外情形为前提接受公司担保时，亦应该注意对上市公司的特别适用规则。《担保制度解释》特别强调，无须决议的例外情形不适用于上市公司（除金融机构与担保公司对外提供担保外），无论是提供担保的上市公司或其子公司，还是接受担保的债权人，在与上市公司进行担保交易时，务必做好交易合规工作，履行决议、公告、审查的必要程序。

相关案例：（1）*ST 东洋，根据 2020 年 10 月 9 日国务院发布的《关于进一步提高上市公司质量的意见》和自 2021 年 1 月 1 日起施行的《担保制度解释》的相关规定，依法依规认定上市公司对违规担保合同不承担担保责任，公司不应当承担担保责任。故公司方面已开始通过诉讼、仲裁等法律手段保护上市公司合法权益。烟台市芝罘区人民法院（2021）鲁 0602 民初 277 号、294 号民事判决书，驳回华夏银行幸福支行要求上市公司承担连带保证责任的诉讼请求,认定担保合同无效,涉及标的金额 4142.75 万元;烟台市中级人民法院(2020)鲁 06 民初 519 号民事判决书,驳回华夏银行烟台分行对上市公司的诉讼请求,认定担保合同无效,涉及标的金额 4950 万元。(2)ST 高升,北京市高级人民法院(2021)京民终 26 号民事判决书认为,未经公司股东大会决议,时任董事长韦某宇的代表行为无效,加盖公司公章的《第三方无限连带责任保证书》对公司无效。故中泰创盈对公司应承担相关责任的上诉意见,北京市高级人民法院不予支持。此判决为终审判决。根据北京市高级人民法院的上述民事判决书,公司对中泰创盈案不承担连带保证责任及相关诉讼费用。

(二)赔偿责任之诉

主合同有效而第三人提供的担保合同无效,人民法院应当区分不同情形确定担保人的赔偿责任。相对人非善意时,担保合同无效,公司无须承担担保责任,但并不排除公司承担民事赔偿责任的可能。《民法典》第 171 条第 1 款规定:"行为人没有代理权、超越代理权或者代理权终止后,仍然实施代理行为,未经被代理人追认的,对被代理人不发生效力。"但这不能得出公司不承担任何责任的结论,达到正确适用《民法典》第 504 条的立法精神。

《担保制度解释》第 17 条第 1 款规定:"主合同有效而第三人提供的担保合同无效,人民法院应当区分不同情形确定担保人的赔偿责任:(一)债权人与担保人均有过错的,担保人承担的赔偿责任不应超过债务人不能清偿部分的二分之一;(二)担保人有过错而债权人无过错的,担保人对债务人不能清偿的部分承担赔偿责任;(三)债权人有过错而担保人无过错的,担保人不承担赔偿责任。"

1. 在信阳市诚业房地产有限责任公司与信阳市浉河区农村信用合作联社金融借款合同纠纷案[(2021)豫 15 民终 2412 号]中,法院认为债权人与担保人均有过错,酌情确定担保人信阳市诚业房地产有限责任公司对上官某不能清偿部分债务向债权人信阳市浉河区农村信用合作联社承担 20% 的赔偿责任。

该案的主要判决意见:"关于信阳市诚业房地产有限责任公司是否应当承担编号 171031 – 2016 – 10005 号证保证合同无效后的民事责任。根据查明事实,信阳市浉河区农村信用合作联社作为专业金融机构,应当负有更为审慎的义务,在知道信阳市诚业房地产有限责任公司对外提供担保未经公司机关决议的情况下签订案涉《保证合同》,对案涉《保证合同》无效负有主要过错。信阳市诚业房地产有限责任公司虽无须就《保证合同》承担担保责任,但信阳市诚业房地产有限责任公司时任法定代表人上官某与信阳市浉河区农村信用合作联社签订案涉《保证合同》并加盖公司公章,信阳市诚业房地产有限责任公司存在人员、公章等内部管理不规范等问题,其对于案涉《保证合同》无效亦存在一定过错。一审判决信阳市诚业房地产有限责任公司对上官某不能清偿部分债务承担50%的赔偿责任,虽符合相关法律、司法解释规定,但信阳市诚业房地产有限责任公司承担的民事责任与其过错程度不相适应。综合考虑本案情况以及各方当事人的过错程度,本院酌情确定信阳市诚业房地产有限责任公司对上官某不能清偿部分债务向信阳市浉河区农村信用合作联社承担20%的赔偿责任。信阳市诚业房地产有限责任公司上诉虽称其不应承担保证合同无效后的民事责任,但未举证证明案涉《保证合同》签订时信阳市浉河区农村信用合作联社明知上官某超越权限,对其意见不予采纳。"

2. 在摩登大道时尚集团股份有限公司与广州行盛集团有限公司等借款合同纠纷案[(2021)粤01民终7597号]中,一审法院认定综合考虑双方当事人过错和全案情况,摩登公司应对立嘉公司不能清偿案涉债务的1/2向立根公司承担赔偿责任。具体理裁决认为"摩登公司原法定代表人林某飞以摩登公司的名义向立根公司提供保证担保,签订了《最高额保证合同》,并加盖了摩登公司的公章,其明知违规担保而提供担保,另向立根公司出具了《董事(大)会决议》,而该决议中有五位董事签名不真实,说明摩登公司内部管理存在重大漏洞,摩登公司对上述合同无效存在过错。立根公司未提交充分有效的证据证明其在签订上述《最高额保证合同》时对摩登公司股东大会决议进行了审查,对于上述《最高额保证合同》无效亦存在过错"。

但二审法院认为,"立根公司在内部贷款审批文件上注明涉案《最高额保证合同》为抽屉协议,应封包保存,待立嘉公司还款后即退回。虽然立根公司对该证据的真实性予以否认,但摩登公司提交的该证据来源于立根公司的证据,摩登公司拍照后作为己方证据提交,各方已核对原件,全程有一审法院庭审录音录像为证,故本院对该证据的真实性予以确认。按照通常理解,抽屉协议是指当事人之间私下签订,不便公开的协议。如果立根公司在主观上对于《最高额保证合同》为摩登公司合法有效出具不持任何疑义,则完全没有必要将该协议作为抽屉协议来处理。相反,立根公司在内部审批文件上的该表述足以证实立根公司对于涉案《最高额保证合同》属越权出具不仅是非善意,而且是明知的,摩登公司依法不应对涉案《最高额保证合同》的无效承担任何赔偿责任。”

3. 如果举证不成立,担保人所作出的内部决议存在实质的瑕疵,例如,决议、公章系伪造变造的、决议程序存在违法等情形,则对外提供担保的公司是需要向债权人履行担保责任的。

公司或者股东有权依据《公司法》第 149 条:“董事、监事、高级管理人员执行公司职务时违反法律、行政法规或者公司章程的规定,给公司造成损失的,应当承担赔偿责任”和第 151 条:“董事、高级管理人员有本法第一百四十九条规定的情形的,有限责任公司的股东、股份有限公司连续一百八十日以上单独或者合计持有公司百分之一以上股份的股东,可以书面请求监事会或者不设监事会的有限责任公司的监事向人民法院提起诉讼;监事有本法第一百四十九条规定的情形的,前述股东可以书面请求董事会或者不设董事会的有限责任公司的执行董事向人民法院提起诉讼。监事会、不设监事会的有限责任公司的监事,或者董事会、执行董事收到前款规定的股东书面请求后拒绝提起诉讼,或者自收到请求之日起三十日内未提起诉讼,或者情况紧急、不立即提起诉讼将会使公司利益受到难以弥补的损害的,前款规定的股东有权为了公司的利益以自己的名义直接向人民法院提起诉讼。他人侵犯公司合法权益,给公司造成损失的,本条第一款规定的股东可以依照前两款的规定向人民法院提起诉讼”的规定提起诉讼,要求相关责任主体履行赔偿责任。

四、债务加入之担保分析

债务加入主要的法律依据是《九民会议纪要》第 23 条:“法定代表人以公司名义与债务人约定加入债务并通知债权人或者向债权人表示愿意加入债务,该约定的效力问题,参照本纪要关于公司为他人提供担保的有关规则处理”和《民法典》第552条:“第三人与债务人约定加入债务并通知债权人,或者第三人向债权人表示愿意加入债务,债权人未在合理期限内明确拒绝的,债权人可以请求第三人在其愿意承担的债务范围内和债务人承担连带债务”的规定。

案·例

甘南鸿运矿业有限责任公司与青海聚丰典当有限公司典当纠纷案
[(2021)最高法民终355号]

裁决要旨

《承诺书》由于欠缺法律规定的效力条件,对鸿运公司不发生债务加入的法律效力,但鸿运公司应当承担《承诺书》不具法律约束力后的法定民事责任。

争议焦点

鸿运公司是否应当基于《承诺书》承担民事责任,以及民事责任的性质。

裁决观点

法院认为,2014年1月20日的《承诺书》是鸿运公司、西晶公司针对孟庆彪在本案诉争的青聚丰字(2012)第002号《典当(借款)合同》和青聚丰字(2013)第005号《典当借款合同》项下债务与聚丰公司达成的债务加入协议,应以此为基本法律关系确定鸿运公司的民事责任。

首先,青聚丰字(2012)第002号《典当(借款)合同》的借款人为孟某彪、孟某明,青聚丰字(2013)第005号《典当借款合同》的借款人为孟某彪。鸿运公司、西晶公司出具《承诺书》,明确表示同意支付上述合同项下欠款的本息,该约定没有改变其债务内容,作为债权人的聚丰公司对于鸿运公司、西晶公司承担债务的承诺也予以认可,符合《民法典》第552条关于债务加入的规定。《承诺书》签署于2014年,虽然当时的法律、司法解释没有规定债务加入,但根据最高人民法院《关于适用〈中华人民共和国民法典〉时间效力的若干规定》第3条规定,本案可以适用《民法典》第552条认定构成债务加入。

其次,虽然鸿运公司在再审答辩及本案上诉意见中称《承诺书》是孟某彪私自与聚丰公司达成的,公章系孟某彪伪造,鸿运公司不应承担《承诺书》设定的担保责任。但是,综合法庭调查情况,本院认为,虽然孟某彪签署《承诺书》时不再担任鸿运公司的法定代表人,但孟某彪的行为依法应构成《合同法》第49条规定的表见代理:(1)2012年9月13日签订《典当(借款)合同》《股权质押合同》时,孟某彪系鸿运公司法定代表人,且在2012年6月20日与聚丰公司签订的另一组《典当(借款)合同》《股权质押合同》的过程中,孟某彪向鸿运公司出具了2012年6月19日鸿运公司的《股东会决议》,其中显示孟某彪作为公司执行董事主持了股东会,会议通过了将鸿运公司100%股权质押给聚丰公司的决议。2012年6月21日,质权登记设立。基于前述交易行为,聚丰公司有理由相信孟某彪在鸿运公司运营决策中的地位。此外,黄某亦在庭上陈述,在其持有鸿运公司88%股权期间,没有参与实际经营,鸿运公司由孟某彪实际控制。因此,当孟某彪出具加盖有鸿运公司公章的《承诺书》时,聚丰公司有理由相信孟某彪具有代理鸿运公司作出债务加入承诺的权限。(2)《承诺书》上加盖了鸿运公司的公章,应视为鸿运公司的意思表示。鸿运公司虽主张该公章系伪造,但未提供相反证据证明,亦未申请司法鉴定,应当承担举证不能的法律后果。据鸿运公司称,其首次知道孟某彪冒名出具《承诺书》是在2020年其名下财产被司法冻结时,那么自该时至本案一审、二审审理期间的相当长一段时间内,鸿运公司既未通过申请再审等司法救济途径维护权益,亦未就公章被伪造一事报案或是通过刊登公告等方式及时停止有关的妨害行为。鸿运公司关于公章是伪造的主张和其实际行为与常理不符。对鸿运公司主张公章为伪造的理由,本院不予支持。综上,可以认定孟某彪签署承诺书的行为构成对鸿运公司的表见代理。

最后,《九民会议纪要》第23条规定:“法定代表人以公司名义与债务人约定加入债务并通知债权人或者向债权人表示愿意加入债务,该约定的效力问题,参照本纪要关于公司为他人提供担保的有关规则处理。”即债务加入必须以公司股东(大)会、董事会等公司机关的决议作为授权的基础和来源。在订立《承诺书》时,聚丰公司没有尽到审查鸿运公司股东会决议的审慎义务，因此债务加入协议对鸿运公司无法律约束力。根据《九民会议纪要》第20条规定，债务加入因欠缺公司决议程序而不具有法律约束力后的民事责任可以参照担保无效的规定处理。如前文所述，签订《承诺书》时，鸿运公司由于对公司公章管理不善，使孟某彪具备代为缔约的合理外观；聚丰公司未审查鸿运公司的决议文件，亦未尽到应有的注意义务，双方对于《承诺书》不具有法律效力均负有过错。参照《担保制度解释》第7条、第17条的规定，本院酌定鸿运公司应承担借款人孟某彪、孟某明不能清偿债务部分50%的赔偿责任。

在拟加入债务的第三人为公司的情况下，就债权人角度而言，应确认第三人已经参照《九民会议纪要》第23条之规定履行了必要的公司内部决议程序。具体来说，即对于公司为履行股东或实际控制人的债务而加入债务的，债权人应当对第三人加入债务的股东（大）会决议进行审查；对于公司为履行股东、实际控制人以外的非关联方的债务加入债务的，债权人应当对第三人加入债务的股东（大）会决议或董事会决议进行审查；或者债权人应当确保第三人存在《九民会议纪要》第19条规定的四种债权人不负有审查公司决议义务的情形，否则，一旦第三人否认债务加入的效力，其债务加入行为将很可能被认定无效，进而导致债权人不能要求第三人履行债务，影响自身权益。

因债务加入与保证担保等制度在存在相似性的同时又存在法理差异，例如，债务加入与第三人代为履行中债权人的追责对象及与保证担保追偿权、保证期间的适用等方面的差异，且该等差异将可能对第三人法律权益产生实质影响。因此第三人、债务人以及债权人在作出意思表示及签署相关书面文件时，应准确表达自己的意思，准确使用债务加入、保证担保、代为履行、债务转移等法律概念，避免因表述不够准确而导致自身权利受到影响。目前第三人在债务加入中的追偿权尚存些争议，建议第三人加入债务之前，应与债务人就该问题达成书面协议，避免第三人可能将面对实际履行债务后无法向债务人追偿的情况，导致自身利益损失。

对于公司担保，要求债权人承担更为严格的注意义务可能是未来的司法趋势。因此,债权人在接受公司担保时,应当按照更为严格的标准审查公司机关决议等相关担保文件。具体包括但不限于审查:(1)担保人的公司章程中与公司担保有关的规定;(2)担保人的公司决议,决议作出的机关是否适格、公司为公司股东、实际控制人提供担保的,决议应当由股东会或股东大会作出,公司为其他主体提供担保的,作出决议的机关应当符合章程的规定;决议的通过比例是否符合法律和公司章程规定;进行表决的人员是否为公司的股东或董事;决议通过的内容是否与担保合同的内容一致;如公司系为代表其签字或盖章的主体或其关联方提供担保,债权人应当更加谨慎地进行审查,在最高人民法院审理的案例中,最高人民法院认为,如借款人利用职务之便为自己的借款提供公司担保,则债权人更应尽到审查义务[如(2017)最高法民终 720 号]。在最高人民法院的案例中,银行、担保公司等专业债权人对于公司提供担保更应当谨慎地进行审查,尽到审查义务[如(2018)最高法民终 36 号、(2016)最高法民申 2633 号];上市公司提供担保的,要求上市公司公开披露关于担保事项已经董事会或者股东大会决议通过的信息。

对于未经公司决议的公司担保,主张担保对公司有效的理由,建议债权人要求公司机关作出决议对公司担保行为予以认可和确认。如难以采取前述补救措施,在发生争议时,债权人可以尝试主张公司提供担保符合公司的意思、不损害公司或股东的利益,因此担保对公司有效。最高人民法院一些判决中认定的以下情形可供参考:公司的全部股东或多数股东在担保合同上签字[(2018)最高法民申 5504 号、(2018)最高法民申 675 号,《九民会议纪要》要求签字股东所持表决权达到2/3以上];公司的董事都是由代表公司在担保合同上盖章的行为人委派的[(2018)最高法民申 313 号];公司全部股东配合提供担保[(2018)最高法民申 6160 号];主债用于提供担保的公司[(2017)最高法民终 4 号、(2017)最高法民终 865 号]。

第十五章

公司诉讼第 28 至 32 式：公司证券之诉

本章所述的公司证券之诉特指上市公司涉及的证券民事诉讼。上市公司证券诉讼是指因上市公司违反了证券法律、法规，而被投资者以损害利益提起的有关证券赔偿之诉。该类诉讼主要有虚假陈述、内幕交易、操纵市场、欺诈发行、证券发行 5 类诉讼。本章将该 5 类证券诉讼归类在公司诉讼 36 式中的第 28 式、第 29 式、第 30 式、第 31 式、第 32 式。

第一节 公司诉讼第 28 式：虚假陈述诉讼

近年来，随着证券监管趋势从严，越来越多的上市公司及其他市场主体因信息披露违法违规被行政处罚，从而引发大批投资者提起证券虚假陈述民事赔偿诉讼。至 2021 年年底，最高人民法院出台的最高人民法院《关于审理证券市场因虚假陈述引发的民事赔偿案件的若干规定》（法释〔2003〕2 号）已经实施了 19 年。随着虚假陈述案件数量的增加和信息披露违法情形的复杂化，司法实践中各种争议问题层出不穷。

虚假陈述、内幕交易与操纵市场是中国证券市场的三大顽疾,屡禁不止。为此,2022年1月21日,最高人民法院发布了《关于审理证券市场虚假陈述侵权民事赔偿案件的若干规定》(法释〔2022〕2号),在整合原司法解释相关内容的基础上,新增了15条重要内容。新司法解释明确了取消人民法院受理虚假陈述案件前置程序后人民法院受理与审理案件中的法律适用问题,细化了证券虚假陈述民事赔偿责任的构成要件(主观过错、虚假陈述行为、重大性、交易因果关系)、损失因果关系和损失计算、诉讼时效等问题。此外,新司法解释还明确了控股股东和实际控制人组织指使财务造假、上市公司并购重组中交易对手方财务造假、上市公司业务相关方帮助进行财务造假等情形下相关主体的民事赔偿责任,"追首恶"与"打帮凶"并举,剑指资本市场财务造假的顽瘴痼疾,依法提高违法违规行为人的违法成本。

一、虚假陈述概述

信息披露是上市公司最重要的义务之一。综观全球,证券监督机关对上市公司的监督主要集中于信息披露与中小投资者保护两个方面,而信息披露又是投资者保护的重要内容之一。

信息披露按表现形式可分为虚假陈述与延迟披露两种形式。虚假陈述是指上市公司对其重大事件作出违背事实真相的虚假记载、误导性陈述,或者在披露信息时发生重大遗漏、应当披露而未披露信息的行为。延迟披露是指上市公司信息披露没有按照规定的时间而推迟披露的行为。虚假陈述是上市公司信息披露违规的一种情形,也是最常见、最严重的信息披露违规行为。

过去很长一段时间,我国上市公司都不太重视信息披露,尤其是忽略了应披露的信息以及披露信息全面型两类情形,应当说,这两类信息披露违规问题是上市公司不重视、轻视或忽视造成的,也就是说,在既往绝大部分上市公司的观念里,信息披露不是大问题,从而或由于忽略、或由于过失,造成了应当披露的信息而未披露,遗漏了重大信息等,该两类信息披露违规行为,如果做个分析,属于过失型违法违规信息披露。

但更恶劣的是虚假记载,误导性陈述两类信息披露违法违规行为,如果从性质上分析,该两类行为与前两者相比,就属于恶意或故意违法违规信息披露了。因此,属于恶意型或故意型违法违规信息披露。该类行为,在上市公司中屡见不鲜,近年来愈演愈烈。2021 年上半年,已经立案查实蓄意造假的上市公司多达数十家,2018 年,还出现了有史以来财务造假之最的两家公司(“两康”)。财务造假是性质最为恶劣的虚假陈述行为,严重者构成犯罪。但无论是给予行政处罚还是追究刑事责任,均不影响投资者提起虚假陈述的赔偿责任之诉。

二、我国关于虚假陈述的法律法规、司法解释

《证券法》第 85 条规定:“信息披露义务人未按照规定披露信息,或者公告的证券发行文件、定期报告、临时报告及其他信息披露资料存在虚假记载、误导性陈述或者重大遗漏,致使投资者在证券交易中遭受损失的,信息披露义务人应当承担赔偿责任;发行人的控股股东、实际控制人、董事、监事、高级管理人员和其他直接责任人员以及保荐人、承销的证券公司及其直接责任人员,应当与发行人承担连带赔偿责任,但是能够证明自己没有过错的除外。”

《证券法》第 181 条规定:“发行人在其公告的证券发行文件中隐瞒重要事实或者编造重大虚假内容,尚未发行证券的,处以二百万元以上二千万元以下的罚款;已经发行证券的,处以非法所募资金金额百分之十以上一倍以下的罚款。对直接负责的主管人员和其他直接责任人员,处以一百万元以上一千万元以下的罚款。

发行人的控股股东、实际控制人组织、指使从事前款违法行为的,没收违法所得,并处以违法所得百分之十以上一倍以下的罚款;没有违法所得或者违法所得不足二千万元的,处以二百万元以上二千万元以下的罚款。对直接负责的主管人员和其他直接责任人员,处以一百万元以上一千万元以下的罚款。”

《证券法》第 182 条规定:“保荐人出具有虚假记载、误导性陈述或者重大遗漏的保荐书,或者不履行其他法定职责的,责令改正,给予警告,没收业务收入,并处以业务收入一倍以上十倍以下的罚款;没有业务收入或者业务收入不足一百万元的,处以一百万元以上一千万元以下的罚款;情节严重的,并处暂停或者撤销保荐业务许可。对直接负责的主管人员和其他直接责任人员给予警告,并处以五十万元以上五百万元以下的罚款。”

最高人民法院《关于审理证券市场虚假陈述侵权民事赔偿案件的若干规定》第4条规定："信息披露义务人违反法律、行政法规、监管部门制定的规章和规范性文件关于信息披露的规定，在披露的信息中存在虚假记载、误导性陈述或者重大遗漏的，人民法院应当认定为虚假陈述。

虚假记载，是指信息披露义务人披露的信息中对相关财务数据进行重大不实记载，或者对其他重要信息作出与真实情况不符的描述。

误导性陈述，是指信息披露义务人披露的信息隐瞒了与之相关的部分重要事实，或者未及时披露相关更正、确认信息，致使已经披露的信息因不完整、不准确而具有误导性。

重大遗漏，是指信息披露义务人违反关于信息披露的规定，对重大事件或者重要事项等应当披露的信息未予披露。"

最高人民法院《关于审理证券市场虚假陈述侵权民事赔偿案件的若干规定》第5条规定："证券法第八十五条规定的'未按照规定披露信息'，是指信息披露义务人未按照规定的期限、方式等要求及时、公平披露信息。

信息披露义务人'未按照规定披露信息'构成虚假陈述的，依照本规定承担民事责任；构成内幕交易的，依照证券法第五十三条的规定承担民事责任；构成公司法第一百五十二条规定的损害股东利益行为的，依照该法承担民事责任。"

最高人民法院《关于审理证券市场虚假陈述侵权民事赔偿案件的若干规定》第6条规定："原告以信息披露文件中的盈利预测、发展规划等预测性信息与实际经营情况存在重大差异为由主张发行人实施虚假陈述的，人民法院不予支持，但有下列情形之一的除外：

（一）信息披露文件未对影响该预测实现的重要因素进行充分风险提示的；

（二）预测性信息所依据的基本假设、选用的会计政策等编制基础明显不合理的；

（三）预测性信息所依据的前提发生重大变化时，未及时履行更正义务的。

前款所称的重大差异，可以参照监管部门和证券交易场所的有关规定认定。"

最高人民法院《关于审理证券市场虚假陈述侵权民事赔偿案件的若干规定》第10条规定："有下列情形之一的，人民法院应当认定虚假陈述的内容具有重大性：

（一）虚假陈述的内容属于证券法第八十条第二款、第八十一条第二款规定的重大事件；

（二）虚假陈述的内容属于监管部门制定的规章和规范性文件中要求披露的重大事件或者重要事项；

（三）虚假陈述的实施、揭露或者更正导致相关证券的交易价格或者交易量产生明显的变化。

前款第一项、第二项所列情形，被告提交证据足以证明虚假陈述并未导致相关证券交易价格或者交易量明显变化的，人民法院应当认定虚假陈述的内容不具有重大性。

被告能够证明虚假陈述不具有重大性，并以此抗辩不应当承担民事责任的，人民法院应当予以支持。”

最高人民法院《关于审理证券市场虚假陈述侵权民事赔偿案件的若干规定》第13条规定：“证券法第八十五条、第一百六十三条所称的过错，包括以下两种情形：

（一）行为人故意制作、出具存在虚假陈述的信息披露文件，或者明知信息披露文件存在虚假陈述而不予指明、予以发布；

（二）行为人严重违反注意义务，对信息披露文件中虚假陈述的形成或者发布存在过失。”

最高人民法院《关于审理证券市场虚假陈述侵权民事赔偿案件的若干规定》第14条规定：“发行人的董事、监事、高级管理人员和其他直接责任人员主张对虚假陈述没有过错的，人民法院应当根据其工作岗位和职责、在信息披露资料的形成和发布等活动中所起的作用、取得和了解相关信息的渠道、为核验相关信息所采取的措施等实际情况进行审查认定。

前款所列人员不能提供勤勉尽责的相应证据，仅以其不从事日常经营管理、无相关职业背景和专业知识、相信发行人或者管理层提供的资料、相信证券服务机构出具的专业意见等理由主张其没有过错的，人民法院不予支持。”

《九民会议纪要》第84条：【揭露日和更正日的认定】虚假陈述的揭露和更正，是指虚假陈述被市场所知悉、了解，其精确程度并不以“镜像规则”为必要，不要求达到全面、完整、准确的程度。原则上，只要交易市场对监管部门立案调查、权威媒体刊载的揭露文章等信息存在着明显的反应，对一方主张市场已经知悉虚假陈述的抗辩,人民法院依法予以支持。

《九民会议纪要》第85条:【重大性要件的认定】审判实践中,部分人民法院对重大性要件和信赖要件存在着混淆认识,以行政处罚认定的信息披露违法行为对投资者的交易决定没有影响为由否定违法行为的重大性,应当引起注意。重大性是指可能对投资者进行投资决策具有重要影响的信息,虚假陈述已经被监管部门行政处罚的,应当认为是具有重大性的违法行为。在案件审理过程中,对于一方提出的监管部门作出处罚决定的行为不具有重大性的抗辩,人民法院不予支持,同时应当向其释明,该抗辩并非民商事案件的审理范围,应当通过行政复议、行政诉讼加以解决。

三、虚假陈述赔偿金额

赔偿金额是指投资人因虚假陈述而实际发生的损失,包括:(1)投资差额损失;(2)投资差额损失部分的佣金和印花税。具体计算标准如下:

在采用集中竞价的交易市场中,原告因虚假陈述买入相关股票所造成的投资差额损失,按照下列方法计算:(1)原告在实施日之后、揭露日或更正日之前买入,在揭露日或更正日之后、基准日之前卖出的股票,按买入股票的平均价格与卖出股票的平均价格之间的差额,乘以已卖出的股票数量;(2)原告在实施日之后、揭露日或更正日之前买入,基准日之前未卖出的股票,按买入股票的平均价格与基准价格之间的差额,乘以未卖出的股票数量。

在采用集中竞价的交易市场中,原告因虚假陈述卖出相关股票所造成的投资差额损失,按照下列方法计算:(1)原告在实施日之后、揭露日或更正日之前卖出,在揭露日或更正日之后、基准日之前买回的股票,按买回股票的平均价格与卖出股票的平均价格之间的差额,乘以买回的股票数量;(2)原告在实施日之后、揭露日或更正日之前卖出,基准日之前未买回的股票,按基准价格与卖出股票的平均价格之间的差额,乘以未买回的股票数量。

计算投资差额损失时,已经除权的证券,证券价格和证券数量应当复权计算。

投资差额损失计算的基准日,是指在虚假陈述揭露或更正后,为将原告应获赔偿限定在虚假陈述所造成的损失范围内,确定损失计算的合理期间而规定的截止日期。在采用集中竞价的交易市场中,自揭露日或更正日起,被虚假陈述影响的证券集中交易累计成交量达到可流通部分100%之日为基准日。自揭露日或更正日起,集中交易累计换手率在10个交易日内达到可流通部分100%的,以第10个交易日为基准日;在30个交易日内未达到可流通部分100%的,以第30个交易日为基准日。

应当说,虚假陈述案件的赔偿计算标准是比较清晰的。在确定了几个关键时点(节点)后,就能够计算出其赔偿的金额。

四、虚假陈述认定的归责原则与几个关键时点

对虚假陈述主体的认定应按照最高人民法院《关于审理证券市场虚假陈述侵权民事赔偿案件的若干规定》第20~23条的规定进行,规则原则根据不同责任主体采取不同的原则。

最高人民法院《关于审理证券市场虚假陈述侵权民事赔偿案件的若干规定》第20条规定:“发行人的控股股东、实际控制人组织、指使发行人实施虚假陈述,致使原告在证券交易中遭受损失的,原告起诉请求直接判令该控股股东、实际控制人依照本规定赔偿损失的,人民法院应当予以支持。

控股股东、实际控制人组织、指使发行人实施虚假陈述,发行人在承担赔偿责任后要求该控股股东、实际控制人赔偿实际支付的赔偿款、合理的律师费、诉讼费用等损失的,人民法院应当予以支持。”

最高人民法院《关于审理证券市场虚假陈述侵权民事案件的若干规定》第21条规定:“公司重大资产重组的交易对方所提供的信息不符合真实、准确、完整的要求,导致公司披露的相关信息存在虚假陈述,原告起诉请求判令该交易对方与发行人等责任主体赔偿由此导致的损失的,人民法院应当予以支持。”

最高人民法院《关于审理证券市场虚假陈述侵权民事案件的若干规定》第22条规定:“有证据证明发行人的供应商、客户,以及为发行人提供服务的金融机构等明知发行人实施财务造假活动,仍然为其提供相关交易合同、发票、存款证明等予以配合,或者故意隐瞒重要事实致使发行人的信息披露文件存在虚假陈述,原告起诉请求判令其与发行人等责任主体赔偿由此导致的损失的,人民法院应当予

以支持。”

最高人民法院《关于审理证券市场虚假陈述侵权民事案件的若干规定》第23条规定:“承担连带责任的当事人之间的责任分担与追偿,按照民法典第一百七十八条的规定处理,但本规定第二十条第二款规定的情形除外。

保荐机构、承销机构等责任主体以存在约定为由,请求发行人或者其控股股东、实际控制人补偿其因虚假陈述所承担的赔偿责任的,人民法院不予支持。”

对于虚假陈述的赔偿,则必须要存在实际的损失,人民法院应当查明虚假陈述与原告损失之间的因果关系,以及导致原告损失的其他原因等案件基本事实,确定赔偿责任范围。

最高人民法院《关于审理证券市场虚假陈述侵权民事赔偿案件的若干规定》第11条规定:“原告能够证明下列情形的,人民法院应当认定原告的投资决定与虚假陈述之间的交易因果关系成立:

(一)信息披露义务人实施了虚假陈述;

(二)原告交易的是与虚假陈述直接关联的证券;

(三)原告在虚假陈述实施日之后、揭露日或更正日之前实施了相应的交易行为,即在诱多型虚假陈述中买入了相关证券,或者在诱空型虚假陈述中卖出了相关证券。”

最高人民法院《关于审理证券市场虚假陈述侵权民事赔偿案件的若干规定》第12条规定:“被告能够证明下列情形之一的,人民法院应当认定交易因果关系不成立:

(一)原告的交易行为发生在虚假陈述实施前,或者是在揭露或更正之后;

(二)原告在交易时知道或者应当知道存在虚假陈述,或者虚假陈述已经被证券市场广泛知悉;

(三)原告的交易行为是受到虚假陈述实施后发生的上市公司的收购、重大资产重组等其他重大事件的影响;

(四)原告的交易行为构成内幕交易、操纵证券市场等证券违法行为的;

(五)原告的交易行为与虚假陈述不具有交易因果关系的其他情形。”

由上文可见,在虚假陈述案件中,时间点对于案件及赔偿金额的认定至关重要。主要有以下几个时间节点：

(1)虚假陈述实施日，是指信息披露义务人作出虚假陈述或者发生虚假陈述之日。

(2)虚假陈述揭露日，是指虚假陈述在具有全国性影响的报刊、电台、电视台或监管部门网站、交易场所网站、主要门户网站、行业知名的自媒体等媒体上，首次被公开揭露并为证券市场知悉之日。

除当事人有相反证据足以反驳外，下列日期应当认定为揭露日：(1)监管部门以涉嫌信息披露违法为由对信息披露义务人立案调查的信息公开之日；(2)证券交易场所等自律管理组织因虚假陈述对信息披露义务人等责任主体采取自律管理措施的信息公布之日。

信息披露义务人实施的虚假陈述呈连续状态的，以首次被公开揭露并为证券市场知悉之日为揭露日。信息披露义务人实施多个相互独立的虚假陈述的，人民法院应当分别认定其揭露日。

(3)虚假陈述更正日，是指信息披露义务人在证券交易场所网站或者符合监管部门规定条件的媒体上，自行更正虚假陈述之日。

五、案例分析

案·例·1

陈某诉A公司虚假陈述赔偿纠纷案

基本案情

2015年1月20日，上海证监局作出行政监管措施决定书，认定A公司在信息披露方面存在若干问题，决定对A公司采取责令改正措施，并要求A公司就上述问题予以整改。2015年1月23日，A公司发布整改报告，称该报告载明了证监局指出的四方面问题，并逐一进行了情况说明，注明了整改措施和整改时间。其中，整改时间为“已完成”。同日，A公司股票涨幅10.03%。

2015年5月1日，A公司发布关于收到中国证监会《调查通知书》的公告,称因公司信息披露涉嫌违反证券法律规定,中国证监会决定对公司进行立案调查,提醒广大投资者注意投资风险。5月4日,A公司股票跌幅10.01%。

2015年11月7日,A公司发布关于收到中国证监会《行政处罚及市场禁入事先告知书》的公告,称2015年11月5日,公司收到中国证监会下发的告知书,载明A公司涉嫌违法证券法律法规已由中国证监会调查完毕,涉嫌多项违法。中国证监会决定对公司责令改正,给予警告,处以60万元罚款,并处罚直接负责人员。公司目前经营情况正常,敬请投资者注意投资风险。11月9日,A公司股票涨幅9.99%。

2016年7月20日,中国证监会作出行政处罚决定书,确认A公司存在以下违法事实:A公司披露的2013年年度报告显示,A公司当年实现营业收入8.9亿元,利润总额4300万元。经查,A公司通过承诺"可全额退款"的销售方式提前确认收入,以"打新股"等为名进行营销、延后确认年终奖少计当期成本费用等方式,共计虚增2013年度利润1.2亿元,占当年对外披露的合并利润总额的281%。中国证监会决定责令A公司改正,给予警告,并处以60万元罚款,同时对直接负责人员也作出相应处罚。

2018年8月,购买了A公司股票(购买时间分别为2015年2月1笔,2015年6月1笔,2015年12月1笔,共3笔)的陈某将A公司诉至法院,以A公司虚假陈述造成其合理信赖损失为由要求A公司赔偿陈某5万元(包括投资差额损失、利息损失、佣金损失、印花税损失)。庭审中,A公司辩称,其已充分披露了上海证监局、中国证监会发布的文件,理性投资者都知道或应当知道A公司信息披露违法的问题,已获得充分的警示和提醒,完全可以预见潜在的投资风险。且A公司股票价格亦受到"股灾"等历史性事件的影响,并非完全由于其信息披露违法问题。陈某在披露日后仍然购买A公司的股票,该交易是其自主选择、判断的结果,其交易受损与A公司没有因果关系。

核心焦点

1. 本案的虚假陈述实施日、揭露日、更正日如何认定?

2. 陈某的购买行为发生在何时?

3. 陈某的交易损失与A公司虚假陈述是否存在因果关系(法律推定)?A公司是否应当赔偿其损失?

对照上述有关虚假陈述的法律及司法解释,大家可以自行作出法律分析。

案·例·2

100多名投资者诉C公司虚假陈述赔偿诉讼案

C上市公司因披露的公司年报隐瞒重大关联交易,构成虚假陈述侵权行为,受到证监会行政处罚。根据当时适用的2003年最高人民法院《关于审理证券市场因虚假陈述引发的民事赔偿案件的若干规定》的相关规定,投资者在C公司虚假陈述行为实施日至揭露日之间购买C公司证券,在虚假陈述行为揭露日或更正日及以后,因卖出该证券发生亏损,或者因持续持有该证券而产生亏损的,可以向C公司索赔。此后100多名投资者以C公司构成证券虚假陈述侵权行为为由向上海市第一中级人民法院提起诉讼,要求公司赔偿股价下跌给投资者造成的损失。法院立案后将案件委托给中证中小投资者服务中心进行调解。

在上海证监局的指导协调下,调解员对案情进行了深入研究,与双方当事人进行了细致沟通。调解员认为,本案争议点集中在虚假陈述侵权行为造成损失的计算方法和系统性风险的扣除上。现行规定没有对损失具体计算方法进行明确,实践中在计算相关股票的买入均价时,有先进先出法、加权平均法、移动加权平均法等方式,调解员通过搜集整理司法判例与实务资料,对各种计算方法的优劣进行归纳比较,对双方当事人各自坚持采用的方法进行一一核算;同时,以“佛山照明案”“万福生科案”等案例中系统风险比例的计算方法为参考,对本案中系统性风险因素的扣除比例进行了测算。由于投资者对虚假陈述行为法律关系较为陌生,调解员耐心解释相关法规和判例情况,使投资者充分认识到股市投资行为本身的风险和股票市场的系统风险,提醒投资者充分权衡通过诉讼方式解决纠纷的较高时间和精力成本，并综合考虑C公司的偿债能力和发展需要，形成对所获赔偿的合理期望值。在上述工作基础上，调解员提出了调解方案。最终，100多名投资者和C公司正式签署调解协议，双方对调解结果均表示满意。

第二节　公司诉讼第29式：操纵市场诉讼

操纵市场是证券市场（或资本市场）最常见的、最严重的违法违规行为之一，在我国的证券市场上被称为三大顽疾或四大顽疾。尤其是近年来，一些上市公司与第三方串通，以所谓的市值管理之名，大行操纵市场之实；还有一些证券服务机构或个人，利用媒体进行证券推荐，大行操纵市场的行为。甚至一些所谓的“金融大鳄、妖精、害人虫”也伺机携资本杀入资本市场、一路攻城掠寨，或者高抛低吸、或者控制上市公司，破坏了证券市场运行秩序，造成了极其严重的后果。更恶劣的是公募基金经理的“老鼠仓”。操纵市场的行为犹如韭菜收割机，“坐庄者”或庄家将中小投资者（股民）当作韭菜一样收割，给中小投资者造成了巨大损失。因此，这种行为必须在法律上给出惩戒，不仅对中小投资者损失承担赔偿责任，同时，应当承担相应的行政法律责任，对于触犯刑法涉嫌犯罪的，应当依法追究其刑事法律责任。

关于操纵市场的违法违规行为，追究其行政法律责任及刑事法律责任，已有明确而清晰的法律法规，司法实践中也有大量的案件。但是涉及操纵市场的民事赔偿在过去的司法实践中，立案难、认定难、判决难。在很长一段时间内，由于缺乏明确的司法解释以及损失计算的标准，该类案件属于证券诉讼中的疑难案件。有赖于最高人民法院出台司法解释或指导意见进一步明确和指导。

针对近年来，操纵市场案件频发的情况，2019年6月28日，最高人民法院、最高人民检察院联合发布了《关于办理操纵证券、期货市场刑事案件适用法律若干问题的解释》，对操纵市场的刑事追责给予了规范和指引，但关于操纵市场的民事赔偿司法解释仍需等待。不过在民事诉讼中，可参照该司法解释作出相关认定。

一、操纵市场概述

(一)操纵市场定义

操纵市场,又称操纵行情,是指操纵人利用掌握的资金、信息等优势,采用不正当手段,人为地制造证券行情,操纵或影响证券市场价格,以诱导证券投资者盲目进行证券买卖,从而为自己谋取利益或者转嫁风险的行为。操纵市场行为必然会扭曲证券的供求关系,导致市场机制失灵,并会形成垄断,妨碍竞争,同时还会诱发过度投机,损害投资者的利益。因此,《证券法》明确禁止这种行为,同时规定,操纵证券市场行为给投资者造成损失的,行为人应当依法承担赔偿责任。

根据当下证券系统设置及交易规则,投资者按照时间优先和价格优先的原则,由计算机自动撮合成交,交易的双方互不清楚对方的情况。一般情况下,投资者是根据上市公司发布的信息以及证券的历史走势等来判断和作出投资决定的,当存在市场操纵行为时,其股价走势就不再是该股真正的价格反映了,加之相关信息的配合,一般的投资人是无法知晓真正的内情的,从而容易被虚假的表象误导作出违背其真实意思表示的投资决定。

如此一来,就破坏了交易规则。造成躲在背后掌控信息的庄家像割韭菜一样宰杀不知内情的投资者,长此以往,投资者就会对整个市场产生怀疑,信任与信心丧失殆尽。导致证券市场难以建立。由此可见,操纵市场行为具有隐蔽性和欺骗性。

操纵市场者最终目标都是要获取不正当利益或转嫁风险,它必然以牺牲他人的利益为前提,破坏了市场经济秩序及资本市场规则。因此,具有社会危害性和可责罚性。触犯刑法构成犯罪的,则依法追究其刑事责任,但无论是给予行政处罚还是追究刑事责任,均不影响投资者提起操纵市场的赔偿责任之诉。

(二)操纵市场的构成要件

1. 操纵市场行为的主观要件:行为人主观上具有通过操纵市场谋取非法利益或避免重大损失的故意。

操纵者的动机为追求目标是谋取非法利益或避免重大损失,因此,通过人为抬高、打压、稳定证券价格,诱使他人参与买卖,从而获取暴利或转嫁风险。其主观上对于他人经济利益的损害是故意的,也即操纵者对他人利益的损害是已经预见到了并积极追求损害结果的发生,或放任损害结果的发生。操纵者追求非法利益的欲望值的大小,决定其损害他人经济利益的程度,其欲望值越大,表明其主观上的恶意越大。

2. 操纵市场行为之客观要件为:客观上实施了操纵市场的行为。具体为:

(1)行为人实施了相应的违反法律规定的操纵证券交易市场行为。

(2)操纵证券交易市场行为必须已经造成损害他人财产利益的后果。仅有操纵市场行为,没有造成损害他人经济利益后果的,不是民法意义上的操纵证券交易市场行为。

(3)操纵证券交易市场行为与受害人被损害的结果之间必须具有因果关系,否则,该操纵市场行为也不能成为民法意义上的操纵证券交易市场行为。

(三)操纵证券交易市场行为的主要类型

操纵市场行为主要有散布谣言与不实材料、实际交易操纵、虚假交易、相对委托四种类型。具体表现为以下四种情形:

1. 行为人采取做股评、荐股,在媒体上发表文章,散布谣言的方法,哄抬或打压证券价格,如北海投资公司收购苏三山案。

2. 行为人单独或与人合谋,集中资金优势、持股优势或利用信息优势联合或连续买卖,操控股价。其操作手法主要是:

第一步,筹集资金并打入到在各地开设的股票账户;

第二步,暗中吸筹,在此阶段,行为人往往利用资金优势和相对的持股优势采取故意打压股价的方式吸筹,或者采取连续低进高出、高进低出的方法,频繁买卖、暗中吸纳便宜筹码;

第三步,连续拉升股价,制造涨升行情,诱使投资者跟进做多,此阶段,操纵证券交易市场行为人采取高进高出,与合谋人采取互相对倒、对敲的方法拉升股价或者单独利用自己开设的多个账户,自买自卖,进行不转移所有权的证券买卖,拉升股价和制造成交量,此时由于操纵市场者掌控了大部分的股票,具有了持股的绝对优势,其自买自卖式的交易仅发生少许的手续费和印花税,不必动用太多的资金;

第四步，当股价涨升到一定价位，操纵市场者就会恰到好处地散布利好消息，然后在暗中兑现筹码。此种操纵市场行为的代表作是亿安科技股票操纵案。

3. 与人合谋，以事先约定的时间、价格、方式相互进行证券交易或相互买卖并不持有的证券，影响交易价格和交易量。前者如中科创业（原名康达尔，代码0048）股票操纵案。

4. 稳定操作，也称安定操作。即行为人在一段较长的时间里将某只证券的价格控制在一定的水平，故意不让它上涨或下跌，使个股的走势与大盘出现背离，人为地扭曲股价。这种操纵市场的方法，其目的是要将股价维持在一定的价格幅度内，方便操纵者高卖低买做差价，或者将其持有的股票质押到银行融资，或者以股票市值参与新股配售获利，又或者是为了自己在一级市场上申购到的大量的新股能在二级市场上市时获得相对较高的利润回报。

（四）操纵市场行为民事赔偿责任的归责原则

由于操纵市场行为是一种极端的逐利行为，行为人在主观上是一种积极的心理状态，操纵市场行为人为了获取暴利或转嫁风险，其对于他人利益受损从而使其获得利益的相互关系是非常清楚的，并积极追求这一目标的实现，因而，操纵市场行为是一种故意违法的侵权行为，所以，操纵市场行为民事赔偿责任的归责原则应采用过错责任原则，有操纵市场行为的人需自证无过错才能免责。相关的操纵市场行为人互负连带赔偿责任，其承担民事责任的形式是财产赔偿。

（五）操纵市场赔偿与受偿主体

操纵市场赔偿主体的确定应以有关机关行政处罚决定处罚的对象和人民法院刑事裁判文书处罚的对象为限。因为，超出此范围则缺乏可操作性。受偿主体的确定，应以在操纵市场行为人操纵某只证券交易价格期间买卖此证券，并遭受了实际财产损失的人为限。超出此范围或未遭受实际损失的人，不能成为操纵市场侵权行为民事赔偿的受偿主体。

（六）赔偿的范围和计算方式

1. 操纵市场侵权行为在证券交易市场承担民事赔偿的责任范围，以投资人因操纵市场行为侵权而实际发生的损失为限，投资人的实际损失包括：

（1）投资差额损失；

(2)投资差额损失部分的佣金印花税及手续费和资金利息。

2.赔偿损失的计算方法

(1)为方便赔偿损失的计算,必须确定一个基准日。

所谓基准日,是指操纵市场行为揭露后,为了将投资人应获赔偿限定在操纵市场行为所造成的损失范围内,确定损失计算的合理期间而规定的截止日期。

基准日直接关系到损失的计算标准,涉及损失金额多少,是操纵市场赔偿诉讼的难点。这也是司法实践中对操纵市场赔偿案件谨慎受理、谨慎审理、谨慎裁判的主要所在。

目前存在多种不同的关于基准日的确定方法,但相对被大家所接受的意见是:以被操纵的证券自揭发之日起累计成交量达到其可流通部分的100%之日为基准日。因为无论是正向操作,还是反向操作,也即无论是买入还是卖出,当成交量达到其可流通部分100%时,即表明该证券已达到100%的换手,使处于持股劣势或未持股的投资人都有机会卖出手中的证券或买入证券。

另外,在开庭审理前尚不能确定的,则以揭露日后第30个交易日为基准日;已经退出证券交易市场的,以摘牌日前一交易日为基准日;已经停止证券交易的,可以停牌日前一个交易日为基准日;恢复交易的,可依揭露日起至被操纵市场行为影响的证券累计成交量达到其可流通部分100%之日为基准日。披露日是指操纵市场行为在全国范围发行或播放的报刊、电台、电视台等媒体上,首次被公开揭露之日。

(2)投资人在基准日及以前卖出证券的,其投资损失,以买入证券平均价格与实际卖出证券平均价格之差,乘以投资人所售证券数量来计算;投资人在基准日之后卖出或仍持有证券的,其投资损失,以买入证券平均价格与操纵市场行为被揭露之日起至基准日期间,每个交易日收盘价的平均价格之差,乘以投资人所持证券数量来计算。

(3)资金利息应以同期活期利率来计算。

在计算因操纵市场致投资者实际致损时,应当考虑到,操纵市场行为往往是一个连续的活动,操纵者既买又卖,因此,不可能也没有必要在每一笔交易中区分被告是买入方还是卖出方,加之股票的实际价值很难判断。因此,如从原告角度计算实际损失,该实际损失包括在股价操纵期间高买低卖的差价损失;存在连续买卖的,按先进先出法规则扣除盈利后的亏损部分损失;判决前未卖出的,以判决前一日的平均卖出价计算差价损失;该差价损失部分的利息、佣金、印花税损失等。同时,应当对原告即侵权行为的受害者也加以明确界定,原则上只应在操纵市场期间发生买卖(包括单向和双向)的投资者才符合条件,在操纵市场期间之前已经持有证券的投资者也应当纳入其中。

二、操纵市场的相关法律法规及司法解释

《证券法》第55条规定:“禁止任何人以下列手段操纵证券市场,影响或者意图影响证券交易价格或者证券交易量:

(一)单独或者通过合谋,集中资金优势、持股优势或者利用信息优势联合或者连续买卖;

(二)与他人串通,以事先约定的时间、价格和方式相互进行证券交易;

(三)在自己实际控制的账户之间进行证券交易;

(四)不以成交为目的,频繁或者大量申报并撤销申报;

(五)利用虚假或者不确定的重大信息,诱导投资者进行证券交易;

(六)对证券、发行人公开作出评价、预测或者投资建议,并进行反向证券交易;

(七)利用在其他相关市场的活动操纵证券市场;

(八)操纵证券市场的其他手段。

操纵证券市场行为给投资者造成损失的,应当依法承担赔偿责任。”

《刑法》第182条规定:“有下列情形之一,操纵证券、期货市场,情节严重的,处五年以下有期徒刑或者拘役,并处或者单处罚金;情节特别严重的,处五年以上十年以下有期徒刑,并处罚金:(一)单独或者合谋,集中资金优势、持股或者持仓优势或者利用信息优势联合或者连续买卖,操纵证券、期货交易价格或者证券、期货交易量的;(二)与他人串通,以事先约定的时间、价格和方式相互进行证券、期货交易,影响证券、期货交易价格或者证券、期货交易量的;(三)在自己实际控制的账户之间进行证券交易,或者以自己为交易对象,自买自卖期货合约,影响证

券、期货交易价格或者证券、期货交易量的;(四)以其他方法操纵证券、期货市场的。

单位犯前款罪的,对单位判处罚金,并对其直接负责的主管人员和其他直接责任人员,依照前款的规定处罚。”

最高人民法院、最高人民检察院《关于办理操纵证券、期货市场刑事案件适用法律若干问题的解释》第1条规定:“行为人具有下列情形之一的,可以认定为刑法第一百八十二条第一款第四项规定的‘以其他方法操纵证券、期货市场’:

(一)利用虚假或者不确定的重大信息,诱导投资者作出投资决策,影响证券、期货交易价格或者证券、期货交易量,并进行相关交易或者谋取相关利益的;

(二)通过对证券及其发行人、上市公司、期货交易标的公开作出评价、预测或者投资建议,误导投资者作出投资决策,影响证券、期货交易价格或者证券、期货交易量,并进行与其评价、预测、投资建议方向相反的证券交易或者相关期货交易的;

(三)通过策划、实施资产收购或者重组、投资新业务、股权转让、上市公司收购等虚假重大事项,误导投资者作出投资决策,影响证券交易价格或者证券交易量,并进行相关交易或者谋取相关利益的;

(四)通过控制发行人、上市公司信息的生成或者控制信息披露的内容、时点、节奏,误导投资者作出投资决策,影响证券交易价格或者证券交易量,并进行相关交易或者谋取相关利益的;

(五)不以成交为目的,频繁申报、撤单或者大额申报、撤单,误导投资者作出投资决策,影响证券、期货交易价格或者证券、期货交易量,并进行与申报相反的交易或者谋取相关利益的;

(六)通过囤积现货,影响特定期货品种市场行情,并进行相关期货交易的;

(七)以其他方法操纵证券、期货市场的。”

三、案例分析

案·例·1

全国首单操纵市场民事赔偿支持诉讼案一审宣判“首恶”担责

2019年12月27日，成都市中级人民法院对中证中小投资者服务中心（以下简称投服中心）提起的全国首单操纵市场民事赔偿支持诉讼——恒康医疗案一审公开宣判，投服中心支持的原告杨某诉请获得胜诉支持。这是自1999年《证券法》颁布以来，全国操纵市场民事损害赔偿案件中第一单原告获胜的判决。在新《证券法》即将生效之际，该判决有力呼应了强化投资者保护的立法精神。

根据判决书，除被告谢某外，其余两被告恒康医疗前实际控制人阙某、为阙某谋划操纵行为的蝶彩资产被判承担操纵市场民事赔偿责任且承担全部案件受理费。该判决首次认定操纵行为人对原告承担赔偿责任，填补了操纵市场民事赔偿领域的司法空白。

成都市中级人民法院经审理认定，被告借市值管理之名行操纵市场之实，在2013年5月9日至7月4日实施了操纵恒康医疗股价的违法行为；原告投资被操纵的证券虽然存在损失，但损失计算方法缺乏法律依据，参考虚假陈述司法解释计算出原告损失为5632元；原告在被告操纵市场行为期间买入恒康医疗股票并在操纵结束后卖出而产生亏损，根据市场欺诈理论，其损失与被告操纵市场行为之间显然具有因果关系，原告无须为此举证。

案·例·2

股民王某诉汪某中民事赔偿案

2011年12月16日，股民王某向汪某中提起民事赔偿案，在北京市第二中级人民法院进行一审宣判。王某要求赔偿未获支持。此案被称为国内首例操纵证券市场民事索赔案。法院在判决中同时指出，操纵证券市场行为人承担赔偿责任数额的范围及损失的计算方法等，现行法律法规、司法解释均无明文规定。

王某起诉称:首放公司是一家具备证券投资咨询业务资格的证券投资咨询机构,汪某中是该公司控股股东,并任执行董事、经理。2007年1月1日至2008年5月29日,首放公司向社会公众发布名为“掘金报告”的咨询报告。在每次发布咨询报告前,汪某中即利用其实际控制的账户买入咨询报告推荐的证券,并在咨询报告向社会公众发布后卖出该种证券,实施操纵证券市场的违法行为,从而为自己获取非法利益。王某称,他在看到首放公司发布的对中信银行等银行股大力推荐的“实战掘金报告”之后,买入中信银行的股票,累计亏损641余元。在看到首放公司对中国石化进行推荐后,分两次买入中国石化共4500股,累计亏损2万余元。

2008年2月14日后,他由于听信首放公司发布的“掘金报告”所说的“地产股年报业绩大幅增加,对深万科等龙头公司战略性建仓”,以及“房地产关注龙头长期持有”的投资建议之后,开始买入万科A,并听信首放公司“从万科的长下影线,放量的走势来看,指标股权重股不再具有向下的空间”等说法,一直持有万科A,累计亏损达7.6万元。王某称,他因误信首放公司的证券投资咨询报告,造成亏损额共计10万余元。他认为,首放公司、汪某中操纵证券市场的行为,给自己造成了巨大的投资损失,对方应当对此承担赔偿责任,请求法院判令对方向其赔偿10万余元。

被告方辩称,王某与首放公司及汪某中之间不具有任何民事法律关系。首放公司面向社会公众发布掘金报告,并非针对特定个体。王某与首放公司及汪某中之间并无合同关系,因此王某与首放公司及汪某中之间不具有任何民事法律关系,其无权要求首放公司及汪某中赔偿损失。首放公司发布掘金报告系公司行为,汪某中买卖股票系个人行为,两者之间无任何关联,王某起诉两者共同侵权根本不成立。

被告方还称,首放公司发布咨询报告的行为,与王某的损失无因果关系。王某的损失完全是其短线投机交易、证券市场系统性风险及我国国家政策调控等所导致,王某要求汪某中及首放公司承担赔偿责任,无任何事实依据及法律依据。

另外，王某未向首放公司支付任何费用，两者之间不存在权利义务对等关系，根据民法的公平原则，王某应自行承担由此产生的一切损失。王某亦未能举证证明首放公司及汪某中操纵中信银行、中国石化、万科A三只股票造成其损失，其诉请应依法被驳回。

法院认为，本案为操纵证券交易市场赔偿纠纷，王某起诉主张首放公司、汪某中操纵证券市场的行为给其造成投资损失，要求赔偿。《证券法》第77条第2款规定，操纵证券市场行为给投资者造成损失的，行为人应当依法承担赔偿责任。但对于操纵证券市场与损害结果之间因果关系的确定，以及行为人承担赔偿责任数额的范围、损失的计算方法，现行法律法规、司法解释均无明文规定。王某要求参照最高人民法院《关于审理证券市场因虚假陈述引发的民事赔偿案件的若干规定》计算其损失。但法院认为，虚假陈述与操纵证券市场是两种不同的违法行为，两者在违法主体、行为表现、持续时间、影响范围方面均不相同，参照关于虚假陈述的规定认定操纵证券市场的民事赔偿责任，缺乏依据。

法院查明，在2007年1月1日至2008年5月，同期还有其他证券公司在互联网上推荐“中信银行”“中国石化”“万科A”股票。王某自1998年即从事股票投资活动，股票交易频繁。自2007年5月至2008年4月，其对涉案的“中信银行”“中国石化”“万科A”三只股票进行多次短线交易，其中亦有盈利情况。现王某没有证据证明其是受到首放公司发布的“掘金报告”影响而进行上述股票交易。

法院认为，买卖股票系投资行为，投资本身即存在盈亏风险，股票的涨跌受社会经济环境以及大盘指数等因素影响。且从2007年10月开始，我国股市进入下行通道，王某投资“中信银行”“中国石化”“万科A”股票产生的损失，现无证据认定与首放公司、汪某中操纵行为具有直接的关联性。综上，法院一审驳回王某的诉讼请求。宣判后，原告方表示将提起上诉。

第三节　公司诉讼第30式：内幕交易诉讼

一、内幕交易概述

内幕交易是指内幕人员根据内幕消息买卖证券或者帮助他人，违反了证券市场"公开、公平、公正"的原则，严重影响证券市场功能的发挥。同时，内幕交易使证券价格和指数的形成过程失去了时效性和客观性，它使证券价格和指数成为少数人利用内幕消息炒作的结果，而不是投资大众对公司业绩综合评价的结果，最终会使证券市场丧失优化资源配置及作为国民经济晴雨表的作用。内幕交易行为必然会损害证券市场的秩序，因此，《证券法》明文规定禁止这种行为。

和虚假陈述、操纵市场一样，内幕交易也是我国资本市场顽疾之一。与前二者并称为中国资本市场的"三大顽疾""违规三剑客"。据公开资料报道，在被查处的涉嫌贪腐的高官中，曾出现了数起涉及内幕交易犯罪的案件。与操纵市场一样，内幕交易民事赔偿同样存在审理难，缺乏司法解释可参考。截至目前，内幕交易案件被法院受理并作出判决的案件很少。但内幕交易是对资本市场危害最大的违法行为之一。

二、内幕交易的若干重点问题

(一) 内幕交易诉讼的原告

"因行为人的内幕交易而受到直接损失的投资者"为内幕交易诉讼的原告。一般情形下，该原告需要具备两个条件：一是与内幕信息行为人进行反向操作的投资者；二是在内幕信息公开后，遭受损失的投资者。只有符合上述条件的投资者才有资格作为原告提起诉讼。除了上述情形之外，在特殊情形下，也可能成为内幕交易的原告。比如，涉及上市公司并购重组、新股发行、定向增发等事项，因内幕交易行为导致所申请事项不被有关部门核准、批准或相关当事人不得不终止、放弃所申请事项，那些受公告事项影响而购买股票的投资者所遭受的损失，就是由内幕交易行为造成的，符合侵权行为因果关系的构成要件，遭受损失的投资者有权向内幕交易行为人主张权利。

(二)内幕交易诉讼的被告

禁止证券内幕交易的立法宗旨在于禁止内幕人员利用其特殊身份所取得资讯的便利,以损害他人经济利益之手段获得利益或将损失转嫁给他人。因此,内幕交易诉讼的被告应为利用内幕信息进行交易的人员。

根据证券法律、法规的有关规定,内幕信息人员包括的范围很广,主要包括两大类:一类是发行人的董事、监事、经理及高级管理人员,证券公司、证券监管机构、中介机构、证券交易结算机构和证券服务机构的有关人员;另一类是非法获得内幕信息的其他人员,主要是指内幕信息的受领人或者是以其他非法途径获取内幕信息的人员,包括"非法获取内幕信息的其他人员"。因此,对内幕交易损失应当承担赔偿责任的主体,即被告也应当有两大类,一类是利用内幕信息从事交易的人,包括上述的两类,即掌握内幕信息并利用内幕信息从事交易行为的人以及非法获取内幕信息并从事交易的人。另一类是泄露内幕信息给他人而使得他人利用内幕信息从事交易的人。

(三)损失计算方法(赔偿标准)

在确定内幕交易行为的损害赔偿额时,既要考虑被告因从事内幕交易所获得的利益或避免的损失,又要考虑原告因此而受到的实际损失。而内幕信息公开日是确定投资者是否存在损失的"分水岭"。

内幕信息一旦披露,变成公开信息,必然会导致股票上涨或下跌。内幕交易行为人正是利用这一点达到获利或规避损失的目的,也就是说,内幕交易行为人的利益是在这一时点实现的,而投资者的损失也是在这一时点产生的。因此内幕信息公开披露这一时点,就是确定投资者损失的"分水岭"。由于内幕交易是秘密进行的,不会对市场造成波动,即便投资者与内幕交易行为人同时进行了反向操作,但在此时点之前的交易损失,不属于因内幕交易造成的损失。只有在此时点或此时点以后的损失才与内幕交易行为存在因果关系。

因此,确定投资者的损失,应当用此时点或以后的股票价格与内幕交易时的价格进行比较。具体如何比较,需要根据是利用利好的内幕信息进行内幕交易还是利用利空的内幕信息进行内幕交易来确定。

1. 一般情况下内幕交易投资损失的计算方法

第一种，利用利空内幕信息进行内幕交易的损失确定方法。

内幕交易行为人利用利空内幕信息进行内幕交易，是在内幕信息公开之前将股票卖出，将损失转嫁给投资者。参与比较的时点就是信息披露日、股票卖出日、内幕交易日。

具体损失的计算方法：如果投资者在信息披露日及以后卖出股票，则用卖出价与买入价（内幕交易时的价格）比较。如果投资者在信息披露日后仍然持有，则用信息披露日的价格或日后一段时间的平均价格与买入价格（内幕交易时的价格）进行比较。

第二种，利用利好内幕信息进行内幕交易的损失确定方法。

内幕交易行为人利用利好的内幕信息进行内幕交易，是在内幕信息公开之前买入股票以谋求股票上涨收益。此种情况下，损失的计算方法就是信息披露日的价格或日后一段时间的平均价格与内幕交易时的价格（投资者卖出的价格）进行比较的差值。

2. 特殊情况下内幕交易的投资者损失的计算方法

特殊情况是指内幕信息公告后，投资者受公告信息的影响购入股票，但内幕交易行为败露导致有关事项不被有关部门核准或批准，或相关方因内幕交易行为败露而放弃、终止相关事项而给投资者造成损失的。确定这类投资者的损失，需要确定如下两个时点：一是信息公告后股票买入日，是指投资者在公告后买入股票的时点，以确定其交易价格。二是事项终止公告日，即相关当事人宣告终止有关原公告事项。

此种情况投资者的损失计算方法：若投资者在“事项终止公告日后”卖出股票，其损失为卖出价与买入价的差值，若投资者继续持有，则为“事项终止公告日”后连续若干个交易日的均价与买入价的差额。

三、案例分析

案·例

李某晖与光大证券股份有限公司证券内幕交易责任纠纷案

[(2015)沪高民五(商)终字第58号]

上诉人(原审被告)光大证券股份有限公司。法定代表人薛某。

委托代理人刘某云,北京市金杜律师事务所上海分所律师。委托代理人李某敏,北京市金杜律师事务所上海分所律师。

被上诉人(原审原告)李某晖。委托代理人许某,上海市华荣律师事务所律师。委托代理人邵某辉,上海市华荣律师事务所律师。

上诉人光大证券股份有限公司(以下简称光大证券公司)因与被上诉人李某晖证券内幕交易责任纠纷一案,不服上海市第二中级人民法院(2013)沪二中民六(商)初字第33号民事判决,向本院提出上诉。本院于2015年11月10日受理后,依法组成合议庭进行审理。本院于2015年12月8日公开开庭审理了本案。双方当事人的委托代理人到庭参加了诉讼。本案现已审理终结。

原审法院经审理查明以下事实:

1. 中国证监会对光大证券公司内幕交易行为的行政处罚决定中国证监会在〔2013〕59号行政处罚决定书中认定:2013年8月16日11时5分,光大证券公司在进行交易型开放式指数基金申赎套利交易时,因程序错误,其所使用的策略交易系统以234亿元的巨量资金申购180ETF成份股,实际成交72.7亿元。经测算,180ETF与沪深300指数在2013年1月4日至8月21日的相关系数达99.82%,即巨量申购和成交180ETF成份股对沪深300指数,180ETF、50ETF和股指期货合约价格均产生重大影响。同时,巨量申购和成交可能对投资者判断产生重大影响,从而对沪深300指数,180ETF、50ETF和股指期货合约价格产生重大影响。根据《证券法》第75条第2款第8项和《期货交易管理条例》第82条第11项的规定,“光大证券公司在进行ETF套利交易时,因程序错误,其所使用的策略交易系统以234亿元的巨量资金申购180ETF成份股,实际成交72.7亿元”为内幕信息。光大证券公司是《证券法》第202条和《期货交易管理条例》第70条所规定的内幕信息知情人。上述内幕信息自当日11时5分交易时产生,至当日14时22分光大证券公司发布公告时公开。同日不晚于11时40分,徐某明召集杨某忠、沈某光和杨某波开会,达成通过做空股指期货、卖出ETF对冲风险的意见,并让杨某波负责实施。因此,光大证券公司知悉内幕信息的时间不晚于当日11时40分。当日13时,光大证券公司称因重大事项停牌。当日14时22分,光大证券公司发布公告,称“公司策略投资部自营业务在使用其独立套利系统时出现问题”。但在当日13时开市后,光大证券公司即通过卖空股指期货、卖出ETF对冲风险,至14时22分,卖出股指期货空头合约IF1309、IF1312共计6240张,合约价值43.8亿元,获利74,143,471.45元;卖出180ETF共计2.63亿份,价值1.35亿元,卖出50ETF共计6.89亿份,价值12.8亿元,合计规避损失13,070,806.63元。光大证券公司在内幕信息公开前将所持股票转换为ETF卖出和卖出股指期货空头合约的交易,构成《证券法》第202条和《期货交易管理条例》第70条所述内幕交易行为。徐某明为直接负责的主管人员,杨某忠、沈某光、杨某波为其他直接责任人员。对于上述事实,中国证监会认为:光大证券公司因程序错误以234亿元的巨量资金申购180ETF成份股,实际成交72.7亿元,可能影响投资者判断,对沪深300指数,180ETF、50ETF和股指期货合约价格均可能产生重大影响,同时这一信息在一段时间内处于未公布状态,符合内幕信息特征。中国证监会据此依法认定其为内幕信息。光大证券公司自身就是信息产生的主体,对内幕信息知情。按照光大证券公司《策略投资部业务管理制度》的规定和策略投资的原理,光大证券公司可以进行正常的对冲交易,但是光大证券公司决策层了解相关事件的重大性之后,在没有向社会公开之前进行的交易,并非针对可能遇到的风险进行一般对冲交易的既定安排,而是利用内幕信息进行的交易。此时公司具有进行内幕交易的主观故意,符合《证券法》中“利用”要件,应当认定为内幕交易。光大证券公司内幕交易行为性质恶劣,影响重大,对市场造成了严重影响,应当依法予以处罚。据此,中国证监会决定没收光大证券公司ETF内幕交易违法所得13,070,806.63元,并处以违法所得5倍的罚款;没收光大证券公司股指期货内幕交易违法所得74,143,471.45元,并处以违法所得5倍的罚款。上述两项罚没款共计523,285,668.48元。此外,中国证监会对于徐某明、杨某波等相关责任人员还给予警告并处以罚款。

2.杨某波与中国证监会行政诉讼情况作为被行政处罚对象,杨某波不服上述行政处罚决定,向北京市第一中级人民法院起诉中国证监会,请求该院撤销上述处罚决定中对其作出的处罚。主要理由为错单交易信息不构成内幕信息,光大证券公司并未利用错单交易信息从事证券或期货交易活动,杨某波并非直接责任人员,处罚决定对光大证券公司违法所得数额认定错误等。经审理,北京市第一中级人民法院于2014年12月作出(2014)一中行初字第2438号行政判决,驳回杨某波的诉讼请求。杨某波不服上诉至北京市高级人民法院,北京市高级人民法院于2015年5月判决驳回上诉,维持原判。

3.中国证监会对光大证券公司董事会秘书梅某信息误导的行政处罚决定中国证监会在〔2013〕59号行政处罚决定书中认定:2013年8月16日11时5分,光大证券公司在进行交易型开放式指数基金申赎套利交易时,因程序错误,其所使用的策略交易系统以234亿元的巨量资金申购180ETF成份股,实际成交72.7亿元。11时59分左右光大证券公司董事会秘书梅某在与大智慧记者高某通话时否认了市场上"光大证券自营盘70亿元乌龙指"的传闻,而此时梅某对相关情况并不知悉。随后,高某发布《光大证券就自营盘70亿乌龙传闻回应:子虚乌有》一文。12时13分,梅某向高某表示需进一步核查情况,要求删除文章。但此时该文已无法撤回,于12时47分发布并被其他各大互联网门户网站转载。梅某的相关行为违反了《证券法》第78条第2款关于禁止信息误导的规定。中国证监会认为,梅某作为光大证券公司董事会秘书,在对具体事实不知情的情况下,明知对方为新闻记者,轻率地对未经核实的信息予以否认,构成信息误导。大智慧当日13时4分发布的报道与光大证券公司13时公告的"重要事项未公开,8月16日下午停牌"内容基本一致,未披露当天上午交易的真实原因,不能视为对大智慧于当日12时47

分发布信息的更正。据此,中国证监会决定责令梅某改正,并处以20万元罚款。

4.光大证券公司2013年7月修订的《策略投资部业务管理制度》第3章第3.1条第15项关于市场中性策略型交易管理制度指引规定:“如果因市场出现流动性急剧下降、市场压力、系统故障、以及其他原因而导致交易异常,应考虑采用合适的对冲工具(包括但不限于股指期货、ETF等)及时控制风险,进行对冲交易,以保证部门整体风险敞口处于可控范围,保持市场中性。”

5.当日11时32分,21世纪网刊发了标题为《A股暴涨:光大证券自营盘70亿乌龙指》的报道称:“据21世纪网独家获悉,今天上午的A股暴涨,源于光大证券公司自营盘70亿元的乌龙指。对上述消息,光大证券公司董秘梅某对大智慧通讯社表示自营盘70亿元乌龙纯属子虚乌有。光大证券公司权威人士对大智慧通讯社表示,有上述相关传闻说明他们不了解光大证券公司严格的风控,不可能存在70亿元乌龙情况,称传闻纯属子虚乌有。21世纪网已从多个渠道获悉,上午巨额买盘的资金的确是走的光大证券公司自营席位的通道。”该报道随后被多家网站转载。

6.当日13时,光大证券公司因重要事项未公告,向上海证券交易所申请临时停牌,该消息随后由多家网站转载。

7.2013年8月16日全天,50ETF的交易量为17.64亿份,180ETF的交易量为16.49亿份。

8.原告在中信建投证券某营业部开立账户进行交易。本案中,原告诉请所涉及的具体交易情况及损失计算方式如下:(省略号表示列明记录的前后仍存在交易)序号买卖方向股数成交价成交日期时间交易品种……A买入2000001.725 2013年8月16日13:0050ETFB买入5000001.725 2013年8月16日13:0050ETFC买入5000001.705 2013年8月16日13:0250ETFD买入5000001.704 2013年8月16日13:0250ETFE买入1600001.698 2013年8月16日13:0450ETFF买入10000001.678 2013年8月16日13:1650ETFG买入10000001.677 2013年8月16日13:1650ETFH买入10000001.668 2013年8月16日13:2250ETFI买入10000001.668 2013年8月16日13:3250ETFJ买入

10000001.669 2013年8月16日13:3350ETFK 卖出10000001.676 2013年8月20日11:1350ETFL 卖出10000001.676 2013年8月20日11:1350ETFM 卖出10000001.643 2013年8月23日9:2550ETFN 卖出10000001.643 2013年8月23日9:2550ETFO 卖出10000001.645 2013年8月23日9:3050ETFP 卖出10000001.645 2013年8月23日9:3050ETFQ 卖出8600001.645 2013年8月23日9:3050ETF……原告对该账户的损失计算方式为:(A股数×成交价+B股数×成交价+C股数×成交价+D股数×成交价+E股数×成交价+F股数×成交价+G股数×成交价+H股数×成交价+I股数×成交价+J股数×成交价)-(K股数×成交价+L股数×成交价+M股数×成交价+N股数×成交价+O股数×成交价+P股数×成交价+Q股数×成交价)=200,980元。另对于上述交易,原告未主张手续费损失。

9.依据股票交易软件及市场公开信息查询,原告所交易的50ETF在当日之后10个交易日的平均收盘价为1.6435元。

原告认为,光大证券公司在异常交易发生后,不及时披露相关情况,而且进行违法行为,与原告的损失存在因果关系,应当依法承担赔偿责任。故请求判令:(1)光大证券公司赔偿原告损失200,980元;(2)本案诉讼费用由光大证券公司承担。

原审法院认为:1.光大证券公司是否存在内幕交易行为。对此,原告认为中国证监会已经作出行政处罚决定,确认光大证券公司的行为构成内幕交易,该行政处罚决定未被推翻。被告光大证券公司认为,其行为不构成内幕交易。光大证券公司错单交易影响的是整个证券市场,不应属于证券市场的内幕信息。由于光大证券公司异常交易发生在证券市场,因此也不构成期货市场的内幕信息。错单交易信息在当日11时32分即在各媒体披露,不具有"未公开性"。光大证券公司于当日13时申请临时停牌并发布提示性公告,对投资者和整个市场已经产生了提示性作用。另外,被处罚对象之一杨某波也已经提出行政诉讼,诉讼结果有可能影响本案定性。

原审法院认为,首先,中国证监会在〔2013〕59号行政处罚决定书中已经认定,光大证券公司在内幕信息公开前将所持股票转换为ETF卖出和卖出股指期货空头合约的交易,构成《证券法》第202条和《期货交易管理条例》第70条所述内幕交易行为。而且光大证券公司作为被行政处罚的对象,并未针对该处罚决定提起相应的行政诉讼,应视为认同该处罚决定。其次,杨某波提出的行政诉讼,相关法院审理之后,认为被诉行政处罚认定事实清楚,作出处罚决定的程序合法,一审、二审判决驳回了杨某波的诉请。上述行政及司法认定,具有约束力,据此确认光大证券公司存在内幕交易行为。本案中,光大证券公司还提出,媒体已经披露了错单交易信息,信息已经公开,主要依据是当日11时32分21世纪网刊所发表的《A股暴涨:光大证券自营盘70亿乌龙指》报道以及相关网站转载。原审法院认为这一问题既涉及内幕交易是否构成的认定,也涉及投资者损失因果关系的认定,应当加以审查。鉴于中国证监会行政处罚中并未涉及该情节,原审法院认定如下:

首先,从报道的主体来看,该报道并非由光大证券公司主动披露,而是由财经媒体自主报道,不能视为光大证券公司履行了法律法规以及证券监管部门、证券交易所要求的公开披露义务。其次,从报道的消息来源来看,该报道提及“独家获悉”,该用语往往体现了财经媒体报道的消息来源为私下、非公开渠道,未经官方确认,不具有权威性,受众未必对此产生信赖。最后,从报道的内容来看,该报道既提到了A股暴涨原因为“乌龙指”,同时也提到了光大证券公司董秘梅某称“乌龙纯属子虚乌有”,对同一件事件的两种截然不同观点均予以报道,只能为受众提供参考,受众无法从中得到准确答案。基于以上原因,不能视为内幕信息已经具有公开性。

2. 光大证券公司作为内幕交易行为人是否具有主观过错。原告认为,光大证券公司在错单交易发生后,不及时披露相关情况造成信息误导,还违法进行内幕交易行为,具有主观过错。光大证券公司认为,首先,错单交易发生时,光大证券公司根本无法判断错单信息属于整个证券和期货市场的内幕信息,并非故意隐瞒。光大证券公司于14时22分对错单交易事件进行了公告。从事件发生到公告间隔只有30多个小时,完全符合我国《上市公司信息披露管理办法》第71条对信息披露及时性的标准。其次,错单交易发生后,光大证券公司进行对冲交易,该交易行为是根据既定的、公开的交易策略和《策略投资部业务管理制度》进行的,具有合规性和正当性。

原审法院认为,首先,光大证券公司的错单交易行为引起市场暴涨,可能影响投资者判断,对市场上众多的交易品种价格可能产生影响。暂且抛开对市场的影响,光大证券公司应认识到该信息至少对于光大证券公司本身股票价格的重要影响,因为错单成交量巨大,作为自营业务,足以对光大证券公司的经营业绩产生重大影响,并且因当天的交割结算会引发巨额债务。此类事件已经成为《证券法》第67条所规定的可能对上市公司股票交易价格产生较大影响的重大事件,在这种情况下,无论是否能够判断该信息为内幕信息,无论是否进行对冲交易,均应"立即"披露。原审法院认为,"立即",根据《现代汉语词典》的解释,为立刻、马上,紧接着某个时候,应当是一个较短的时间段。

本案中,应考虑两方面的因素。第一,就技术层面而言,考虑到目前传播沟通技术的便捷性,光大证券公司有足够的时间在下午13时开市前在监管部门指定媒体以及其他媒体平台广而告之,比如,光大证券公司因重要事项未公开向上海证券交易所申请临时停牌,上海证券交易所也在当日下午13时发布了盘中停牌提示性信息。这说明"立即披露"在技术上无任何障碍。第二,就主观层面而言,根据查明的事实,当日11时40分,光大证券公司已经开会准备进行对冲,这说明光大证券公司此时完全知晓其上午的交易属于错单交易,因此才有对冲交易的需要。在此时真相已经明了的情况下,光大证券公司完全可以立即披露,但光大证券公司并未遵守监管部门的信息披露要求,而是实施对冲交易以规避自己的损失,主观上具有过错。至于光大证券公司提出,光大证券公司进行的对冲交易是根据既定的、公开的交易策略和《策略投资部业务管理制度》进行的,具有合规性和正当性。

原审法院认为,任何公司的内部规定均不能违反国家的法律规定,如果违反,应承担相应的法律责任。对冲交易策略本身并不违法,即便因系统故障引起的微量错单交易,可以通过对冲交易规避损失,但在特定情况下,尤其是本案中因巨量错单交易进而产生内幕信息的情况下,因为国家法律法规、监管部门的要求,此时公司就具有更高的义务来确保自己的行为合法,而不仅仅是考虑公司内部的规定。因此,光大证券公司以存在公司内部规定为由主张其无过错,法院不予支持。

3. 原告经济损失与光大证券公司内幕交易是否存在因果关系。原告认为,其所交易的品种因光大证券公司的对冲行为造成价格下跌,因此其经济损失与光大证券公司内幕交易自然存在因果关系。光大证券公司认为,从光大证券公司对冲的总成交量、交易手法、市场价格变化来看,均不会影响市场价格,不会造成原告损失,故不存在因果关系。原告的交易品种、交易模式也表明原告所受损失与内幕交易之间没有因果关系。

原审法院认为,证券市场中因果关系不同于传统的民事因果关系。首先,证券市场主体人数众多、交易迅速、成交量大。作为一个以计算机网络技术为基础的市场,大多数证券交易是通过集合竞价和连续竞价,采取交易所主机撮合方式而完成的,内幕交易行为人与受害人并不直接对应或接触。因此,投资者交易的股票无法与内幕交易行为人交易的股票完全一一对应。其次,在证券市场中,投资者的损害主要表现为证券价格的下降或上升,但是影响证券价格的因素非常多,往往是多种原因相互交织引起证券价格波动。在这种情况下,由投资者通过证据去证明内幕交易的因果关系几乎不可能,相当于架空了内幕交易惩罚制度,不符合立法的本意。我国目前法律法规或者司法解释并未对内幕交易与投资者损失的因果关系方面作出具体明确规定,但与此最相类似、同样涉及证券市场投资者民事赔偿的最高人民法院《关于审理证券市场因虚假陈述引发的民事赔偿案件的若干规定》第18条对因果关系作出如下规定:“投资人具有以下情形的,人民法院应当认定虚假陈述与损害结果之间存在因果关系:(一)投资人所投资的是与虚假陈述直接关联的证券;(二)投资人在虚假陈述实施日及以后,至揭露日或者更正日之前买入该证券;(三)投资人在虚假陈述揭露日或者更正日及以后,因卖出该证券发生亏损,或者因持续持有该证券而产生亏损。”根据该规定,在具备一定条件的情况下,推定因果关系的成立。

考虑到上述因素,原审法院认为,在认定内幕交易与投资者损失的因果关系方面,亦应采用推定因果关系的做法。基于有效市场理论,假定证券及期货市场的价格受所有投资公众可获知的公开信息的影响,交易时不披露内幕信息,会在极大程度上影响市场价格的真实性。因此,存在内幕交易行为应当推定为会影响到投资者所投资的交易品种价格,进而造成投资者的损失。具体而言,在内幕信息具有价格敏感性的情况下,在内幕交易行为人实施内幕交易行为的期间,如果投资者从事了与内幕交易行为主要交易方向相反的证券交易行为,而且投资者买卖的是与内幕信息直接关联的证券、证券衍生产品或期货合约,最终遭受损失,则应认定内幕交易与投资者损失具有因果关系。光大证券公司还提出,当日内幕交易时间段,光大证券公司交易IF1309和IF1312的数量远远低于市场成交总量,每分钟交易IF1309和IF1312的数量又较为平均,因此并不会导致大盘价格下降,与原告损失之间没有因果关系。另外,光大证券公司于14时22分发布公告前后,相关市场价格走势呈平稳下跌趋势,没有明显地突变,说明无论光大证券公司是否公开内幕信息,对市场价格走势不会产生较大影响,故投资者交易受损并非光大证券公司内幕交易行为所致。

原审法院认为,内幕交易中,交易总量的大小、交易数量是否平均,对因果关系的认定并无影响,因为立法禁止从事内幕交易行为,并未区分上述具体实施因素,而是考虑到内幕交易破坏证券市场交易制度的公平性,影响到一般投资人对证券市场公开、公正、公平的信赖。在采用推定因果关系的情况下,上述具体交易数量与具体交易模式,对于与内幕信息直接关联的交易品种,并不影响因果关系的认定,最多在赔偿责任限额方面对内幕交易行为人有影响。另外,在本案较短的内幕交易期间内,光大证券公司也没有举证证明存在其他市场风险因素的明显介入,故其以自身交易模式为由否认因果关系存在的观点法院不予支持。

本案中,原告所交易的50ETF,与光大证券公司所交易的50ETF品种相同,而且与光大证券公司交易方向相反。因此本案原告交易受到损失与光大证券公司的内幕交易行为之间具备法律上可以认定的因果关系。

4. 原告具体经济损失的认定。原审法院认为,在内幕交易引起投资者具体经济损失的计算方面，由于目前我国法律法规尚无详细规定，应由人民法院根据内幕交易所涉及交易品种的特点、市场的状况，参照类似的国内外规定予以酌情认定。根据本案的特定情况，原审法院认为应以投资者在内幕交易时间段内的交易价格与基准价格的差额，乘以交易的具体数量，计算损失金额。对于基准价格如何确定，应当以内幕信息公开后的一段合理时间，相关交易品种价格对相关信息的反应结束后的价格为基准价格。

光大证券公司内幕交易涉及不同交易品种，在认定基准价格方面，应考虑以下因素：一是光大证券公司内幕交易事件属于市场首例，经由新闻媒体的大规模报道，消息应能较快在市场上传递；二是不同品种的交易规则区别较大（如保证金交易、T+1还是T+0等），对适格投资者的标准亦不相同，投资者的交易频率也有所差别，故确定基准价格的办法应根据交易品种的不同而有所区别。对于50ETF基金的投资者，法院酌情认定内幕信息公开后的合理时间为10个交易日（自次日起算，基准日应为2013年8月30日），上述期间足以使交易品种价格对相关信息的反应结束，故可以10个交易日平均收盘价作为50ETF基金的基准价格。在计算损失的公式方面，由于ETF实行T+1交易规则，且本案内幕交易时间段较短，故法院采用以下简便计算原则：原告投资人在基准日及以前卖出证券的，其损失为买入证券总成交额与实际卖出证券总成交额之差。原告投资人在基准日之后卖出或者仍持有证券的，其损失为买入证券总成交额与以基准价格计算的卖出证券总成交额之差。总成交额以股数×交易价格计算，多次买入的累计计算。具体至本案而言，本案原告的所有股票在内幕时间段内买入，在基准日之前卖出，损失计算方式应为原告所主张的计算方式，具体计算结果为200,980元。综上所述，光大证券公司的行为构成内幕交易，具有主观过错，与原告的投资损失具有因果关系，故应依法赔偿因此所造成的原告损失200,980元。

原审法院依照《证券法》第5条、第67条、第70条、第75条、第76条，《期货交易管理条例》第3条、第82条之规定，判决如下：被告光大证券股份有限公司于本判决生效之日起10日内赔偿原告李某晖损失人民币200,980元。本案案件受理费人民币4314.7元，由被告光大证券股份有限公司负担。

一审宣判后,上诉人光大证券公司不服一审判决,提出上诉称:

1. 一审判决认定光大证券公司内幕交易侵权行为理由不能成立。对于行政处罚决定,光大证券公司没有明确表示认同。一审判决认定21世纪网的《A股暴涨:光大证券自营盘70亿乌龙指》报道不属于内幕信息公开是错误的,该报道无论是从内容还是从形式上都构成对错单交易信息的披露。

2. 一审判决认定光大证券公司具有内幕交易的主观过错,系由于适用法律错误而导致的认定事实错误。根据《上市公司信息披露管理办法》,在2个交易日内披露就符合及时披露义务的规定,光大证券公司当日披露错单交易信息符合该规定。错单交易信息属于投资者交易信息,不属于内幕信息范畴,公司在中国证监会认定前也不能判断其是否属于内幕信息,所以公司没有过错。光大证券公司根据公司《策略投资部业务管理制度》的规定进行对冲交易具有合规性和正当性。

3. 一审判决因果关系认定不当。光大证券公司在8月16日下午的交易行为与被上诉人的交易损失之间没有因果关系。光大证券公司是否公开交易信息以及是否戒绝交易并不对市场造成明显的影响,被上诉人当日下午交易受到的损失很大程度上是大盘指数下跌造成的,与光大证券公司没有直接关系。根据最高人民法院《关于民事诉讼证据的若干规定》第2条规定,被上诉人应负担证明光大证券公司行为与其损失存在因果关系的责任。

4. 一审判决确定的损失计算方式和数额错误。一审确定的基准价格受到内幕交易的影响,应以内幕交易发生之前而非发生之后的交易均价来判决交易基准价格。由内幕交易行为人赔偿投资者全部损失显失公平,未考虑系统性风险导致的损失。原审遗漏了2013年8月23日被上诉人卖出的50ETF100万股,导致多计了损失。被上诉人李某晖辩称:中国证监会行政处罚决定书及相关判决已经生效,光大证券公司没有作出行政复议和诉讼。21世纪相关报道当天经过若干次编辑,该报道具有不可靠性。中国证监会行政处罚决定书上明确,光大证券公司的内幕交易是通过其管理层的,是严重的犯罪故意。《证券法》明确规定内幕交易行为造成损失应进行赔偿,投资者只要和内幕交易反向进行交易,即可确定交易损失和内幕交易行为具有因果关系。一审判决事实认定清楚,适用法律正确,请求驳回上诉人上诉请求。双方当事人未向本院提交新的证据材料。

经审理查明,一审认定的事实属实,本院予以确认。本院另查明,被上诉人当日上午交易时段买入50ETF227万股,2013年8月20日卖出50ETF300万股。

本院认为,本案有如下争议焦点:一是光大证券公司的行为是否构成内幕交易。二是光大证券公司是否具有主观过错。三是光大证券公司的过错与投资者的损失之间是否存在因果关系。四是一审判决的损失计算是否正确。

1. 关于光大证券公司的行为是否构成内幕交易的问题。

中国证监会对光大证券公司2013年8月16日的行为进行了全面的调查,认定光大证券公司当日下午内幕信息公开前将所持股票转换为ETF卖出和卖出股指期货空头合约的交易,构成《证券法》第202条和《期货交易管理条例》第70条所规定的内幕交易行为,并据此作出了行政处罚决定,该处罚决定已经发生法律效力。本案审理期间,光大证券公司原交易负责人杨某波作为被行政处罚对象,不服上述行政处罚决定,提起了行政诉讼。北京市第一中级人民法院和北京市高级人民法院经审理后认为,被诉行政处罚认定事实清楚,作出处罚决定的程序合法,一审、二审判决驳回了杨某波的诉请。因此,无论是生效的行政处罚决定,还是生效行政判决均已经确认了光大证券公司的错单交易信息属于内幕交易信息。光大证券公司主张错单交易信息不属于证券市场的内幕信息的依据不足,本院不予支持。关于当日11时32分21世纪网刊所发表的《A股暴涨:光大证券自营盘70亿乌龙指》报道是否属于对内幕信息的披露问题。该报道的主体是普通财经媒体,而非光大证券公司自身或者其他权威机关。从该报道的内容来看,其提及“独家获悉”,没有明确信息的来源。报道发出后,也没有获得光大证券公司自身或者其他权威机构的即时确认。在当天市场出现大幅波动,市场上各种消息鱼龙混杂的情况下,该报道的权威性和真实性必然受到市场各方的怀疑,难以作为各方投资者进行投资决策的可靠依据。需要指出的是,光大证券公司董事会秘书梅某在下午开市前又对外宣称“‘乌龙’纯属子虚乌有”。无论梅某的行为是否系光大证券公司授权的行为，由于他当时的特殊身份，理性的投资者可能更愿意相信他所发表的言论。鉴于投资者对同一事件所获得的信息截然相反且真伪难辨，绝大部分投资者难以从当天中午出现的包括21世纪网刊在内的各种信息中获得准确答案，因此，该21世纪网刊报道不能作为对错单交易内幕信息进行公开的依据。上诉人光大证券公司的此节上诉理由不能成立。光大证券公司在持有的内幕信息尚未对外公开的情况下，于2013年8月16日中午经公司管理层讨论决定进行的其所称的对冲交易，显然违反了证券、期货法律法规关于禁止利用内幕信息进行交易的规定，该公司于其后至内幕信息公开时止进行的交易行为属于内幕交易。光大证券公司主张其下午开始起至14时22分的交易行为不属于内幕交易没有事实和法律依据，本院不予支持。

2.关于光大证券公司是否具有主观过错的问题。

光大证券公司的错单交易信息属于内幕信息，而其作为专业证券公司，理应知道并充分理解我国证券、期货法律法规关于禁止内幕交易的规定。从当天的市场表现看，光大证券公司的错单交易发生后，立即引发市场在短期内的大幅波动。在此情况下，即使是一般的投资者，亦能马上意识到该错单交易已经对市场产生了巨大影响，并且可能引发市场的进一步连锁反应，对市场上其他投资者的投资可能产生重大影响，更遑论光大证券公司这样的专业机构。同时，错单交易发生后，光大证券公司自身的投资也已经产生了巨额浮亏，可能对光大证券公司本身的股票价格也会产生重大影响。而作为一个谨慎的、专业的、负责任的上市公司，光大证券公司在了解事件真相后的第一时间，即应将相关错单交易的事实真相向市场予以及时、全面的披露，同时，光大证券公司至少应当意识到该重大信息可能涉及内幕信息问题，在事实真相未披露前应戒绝交易，或者待有关部门对该问题予以明确后，再采取相应的减损措施。但光大证券公司出于自身利益的考虑，既不及时、全面披露重大信息，又贸然采取对冲减损的措施以规避自身的损失，其隐瞒事实真相，利用重大信息获取非法利益的主观过错至为明显。《证券法》第73条规定，禁止证券交易内幕信息的知情人和非法获取内幕信息的人，利用内幕信息从事证券经营活动。《期货交易管理条例》第3条规定，从事期货交易活动，应当遵循公开、公平、公正和诚实信用的原则。禁止欺诈、内幕交易和操纵期货交易价格等违法行为。从乌龙指事件发生的过程来看，光大证券公司管理层在不晚于当日11时40分时，已经知道了错单交易的事实，并决定在证券、期货市场进行对冲交易。光大证券公司属于内幕信息知情人，并且实施了法律所禁止的利用内幕信息进行交易的违法行为，明显具有过错。光大证券公司提出，其进行的对冲交易是根据既定的、公开的交易策略和《策略投资部业务管理制度》进行的，所以具有合规性和正当性。本院认为，对冲交易只是市场上存在的众多交易策略和方式之一，其本身不存在是否违法违规的问题，采用何种交易策略和方式是市场参与者的自主选择。但无论光大证券公司采用何种交易策略和方式在市场上进行交易，都不能违反法律法规的相关规定，否则就构成违法交易行为，应当承担相应的法律责任。因此，光大证券公司采用对冲交易的方式进行内幕交易并不能免除其因实施内幕交易行为应承担的法律责任。

3. 关于内幕交易的因果关系认定问题。

内幕交易属于我国证券、期货法律法规明确规定禁止的交易行为。内幕交易者应承担的侵权责任，与一般侵权责任有所不同，特别是在因果关系的认定上不同于一般的民事侵权的认定标准。这是由证券、期货市场的特殊性所决定的。首先，由于交易制度原因，证券、期货市场的侵权人和被侵权人往往不直接进行交易，双方交易的证券、期货品种难以完全一一对应。其次，在证券、期货市场中，影响证券、期货价格发生变化的因素众多，如果采用一般民事侵权中的相当因果关系证明标准，被侵权人在客观上将难以证明侵权行为与其损失之间的因果关系。在此情况下，完全由被侵害的投资者提供证据证明内幕交易的因果关系几乎不可能。最高人民法院《关于审理证券市场因虚假陈述引发的民事赔偿案件的若干规定》对因果关系已经作出了比较具体明确的规定。根据该司法解释的规定，在符合相关限定性条件的情况下，可以采用推定因果关系。该司法解释所规范的证券虚假陈述与证券、期货内幕交易都属于证券、期货侵权行为的范畴,两者的立法目的都在于维护市场交易制度的公开性和公平性,两者具有一定的类似性。一审法院在内幕交易因果关系的认定上,参照虚假陈述司法解释的相关规定,采用推定因果关系的做法,符合相关法律、法规的原则和精神,并无不当。光大证券公司关于采用相当因果关系的主张,不符合本案的事实,本院不予支持。内幕交易违背证券、期货市场公开、公平、公正的三公原则。内幕交易人利用内幕信息优势,与毫不知情的相对方进行交易,侵害了交易相对方的公平交易权,进而对交易相对方的合法财产权益构成严重威胁甚至造成实际损害,破坏证券市场交易制度的公平性,影响到一般投资人对证券市场公开、公正、公平的信赖,为我国证券、期货法律法规所禁止。因此,无论内幕交易人进行内幕交易的数量多少和时间长短,内幕交易人是否因内幕交易获得实际的利益,其内幕交易行为是否对相关证券、期货品种的交易价格产生实质性影响,都不影响对内幕交易侵权因果关系的认定。只要内幕交易人进行了内幕交易,其交易相对方在相应交易中产生了损失,除了内幕交易人能够证明交易相对方的损失是其自身原因或者其他原因造成,原则上就可以推定内幕交易人的内幕交易与其交易相对方的损失之间存在因果关系,内幕交易人就应当按照证券、期货法律法规的相关规定,对交易相对方的交易损失承担民事赔偿责任。只有这样,才能有效遏制内幕交易行为的发生,维护证券、期货市场交易制度的公平性,保障证券、期货市场的健康有序发展。

本案中,光大证券公司进行了内幕交易,被上诉人在该时间段内进行了相同证券品种的反向交易,并产生了交易损失,光大证券公司并没有举证证明被上诉人的损失是由其自身原因或者其他原因造成,故可以认定光大证券公司的内幕交易行为与被上诉人的投资损失之间存在法律上的因果关系。光大证券公司关于其内幕交易与投资者损失之间没有因果关系,投资者的损失系其他因素造成的观点,本院不予认同。

4. 关于经济损失认定的问题。

我国有关内幕交易的法律法规对投资者损失的计算方面尚无详细的规定,人民法院审理中只能根据内幕交易案件的具体情况,参照相关规定予以酌情认定。一审法院以内幕信息公开后的一段合理时间相关证券、期货品种的价格作为基准价格,以此确定投资损失的做法符合本案的实际情况,也与相类似的虚假陈述纠纷案件的损失认定标准相一致,于法不悖,本院予以确认。光大证券公司主张应以内幕交易发生之前的交易均价来确定基准价格没有事实和法律依据,本院不予支持。关于本案被上诉人的交易损失问题。被上诉人当日上午就已经买入50ETF227万股,2013年8月20日开始卖出50ETF。根据先进先出的计算原则,在计算被上诉人内幕交易期间的交易损失时,应先行扣除被上诉人2013年8月20日卖出的50ETF300万股中的227万股。据此计算,被上诉人在内幕交易期间买入50ETF的实际损失超过被上诉人原审主张的200,980元,原审判决支持被上诉人主张的损失金额并无不当,不存在多计损失的问题。上诉人的此节上诉意见也不能成立。综上所述,上诉人光大证券公司的上诉理由均不能成立,本院不予支持。原审法院认定事实清楚,适用法律正确,本院予以维持。依照《民事诉讼法》第170条第1款第1项、第175条的规定,判决如下:驳回上诉,维持原判。本案一审案件受理费按原判决执行,二审案件受理费人民币4314.7元,由上诉人光大证券股份有限公司负担。本判决为终审判决。

从上述案例一审、二审判决看,对于内幕信息诉讼案件,法院审查的核心法律争议焦点有四个:行为人的行为是否构成内幕交易、行为人是否有主观过错、内幕交易的因果关系认定(投资人的损失与行为人内幕交易之间是否存在法律上的因果关系)、投资人损失的认定(与几个"日期"紧密相关)。

第四节　公司诉讼第31式:欺诈发行诉讼

一、欺诈发行概述

上市公司欺诈发行又称造假上市,是指在证券发行阶段中信息披露义务人没有依法履行信息披露义务、向市场与投资者提供虚假发行信息的行为。一般表现:通过隐瞒重要事实或编造重大虚假内容,从而获得主管机构或登记机构的许可或备案,进而获得上市与公开发行股票机会。欺诈发行一般发生在证券发行阶段。当然,在持续信息披露阶段仍可能发生欺诈发行,如在配股、转配股时。该行为在我国资本市场屡见不鲜,只不过欺诈的轻重情节不同而已。欺诈发行是严重的扰乱证券市场的行为,其造成的不良影响巨大,属于严厉打击的违法违规行为。

根据我国《证券法》的规定,若欺诈发行被发现在上市前,通常采取撤销核准、停止发行或返还本息的办法予以救济,如立立电子案、胜景山河案。当然也有少数采取换股上市的,如通海高科案;若欺诈发行被发现在上市后,只能采取证监会行政处罚、交易所公开谴责、法院刑事诉讼和投资者民事索赔的方法加以救济,如绿大地案、山东巨力等案。

二、欺诈发行的法律责任

从另一个角度讲,欺诈发行实质也属于虚假陈述的一种,从虚假陈述角度看,欺诈发行表现为:故意编造有利于其上市发行的重大虚假内容,或者故意隐瞒不利于其上市发行的重要事实。在实践中,表现为包装上市,本不具备 IPO 的条件或借壳上市条件,采取造假、作假,虚构营业收入、利润等方式以满足 IPO 条件。或者故意隐瞒公司治理违规、债务或巨额债务、关联交易、同业竞争等不符合 IPO 条件的重要事实,以获得主管部门上市发行许可或备案机构的备案登记。

表 15-1　欺诈发行的民事法律责任一览表

法律责任	发行人的法律责任	保荐人的法律责任	承销机构的法律责任	中介组织的法律责任
民事法律责任	《证券法》第 85 条:信息披露义务人未按照规定披露信息,或者公告的证券发行文件、定期报告、临时报告及其他信息披露资料存在虚假记载、误导性陈述或者重大遗漏,致使投资者在证	《证券法》第 85 条。 最高人民法院《关于审理证券市场虚假陈述侵权民事赔偿案件的若干规定》第 22 条:有证据证明发行人的供应商、客户,以及为	《证券法》第 29 条:证券公司承销证券,应当对公开发行募集文件的真实性、准确性、完整性进行核查。发现有虚假记载、误导性陈述或者重大	《证券法》第 163 条:证券服务机构为证券的发行、上市、交易等证券业务活动制作、出具审计报告及其他鉴证报告、资产评估报告、财务顾问报

续表

法律责任	发行人的法律责任	保荐人的法律责任	承销机构的法律责任	中介组织的法律责任
民事法律责任	券交易中遭受损失的，信息披露义务人应当承担赔偿责任；发行人的控股股东、实际控制人、董事、监事、高级管理人员和其他直接责任人员以及保荐人、承销的证券公司及其直接责任人员，应当与发行人承担连带赔偿责任，但是能够证明自己没有过错的除外。 最高人民法院《关于审理证券市场虚假陈述侵权民事赔偿案件的若干规定》第20条：发行人的控股股东、实际控制人组织、指使发行人实施虚假陈述，致使原告在证券交易中遭受损失的，原告起诉请求直接判令该控股股东、实际控制人依照本规定赔偿损失的，人民法院应当予以支持。 控股股东、实际控制人组织、指使发行人实施虚假陈述，发行人在承担赔偿责任后要求该控股股东、实际控制人赔偿实际支付的赔偿款、合理的律师费、诉讼费用等损失的，人民法院应当予以支持。	发行人提供服务的金融机构等明知发行人实施财务造假活动，仍然为其提供相关交易合同、发票、存款证明等予以配合，或者故意隐瞒重要事实致使发行人的信息披露文件存在虚假陈述，原告起诉请求判令其与发行人等责任主体赔偿由此导致的损失的，人民法院应当予以支持。 最高人民法院《关于审理证券市场虚假陈述侵权民事赔偿案件的若干规定》第23条：承担连带责任的当事人之间的责任分担与追偿，按照民法典第一百七十八条的规定处理，但本规定第二十条第二款规定的情形除外。 保荐机构、承销机构等责任主体以存在约定为由，请求发行人或者其控股股东、实际控制人补偿其因虚假陈述所承担的赔偿责任的，人民法院不予支持。	遗漏的，不得进行销售活动；已经销售的，必须立即停止销售活动，并采取纠正措施。 证券公司承销证券，不得有下列行为： （一）进行虚假的或者误导投资者的广告宣传或者其他宣传推介活动； （二）以不正当竞争手段招揽承销业务； （三）其他违反证券承销业务规定的行为。 证券公司有前款所列行为，给其他证券承销机构或者投资者造成损失的，应当依法承担赔偿责任。 《证券法》第85条。 最高人民法院《关于审理证券市场虚假陈述侵权民事赔偿案件的若干规定》第22条、第23条。	告、资信评级报告或者法律意见书等文件，应当勤勉尽责，对所依据的文件资料内容的真实性、准确性、完整性进行核查和验证。其制作、出具的文件有虚假记载、误导性陈述或者重大遗漏，给他人造成损失的，应当与委托人承担连带赔偿责任，但是能够证明自己没有过错的除外。 最高人民法院《关于审理证券市场虚假陈述侵权民事赔偿案件的若干规定》第22条、第23条。

欺诈发行也会表现为不同的情节,有极其严重的欺诈,也有一般行为的欺诈。对于其欺诈行为,有的发现早,有的发现晚,根据发现的不同阶段,需要作出不同的处理。

欺诈发行损害了投资者的利益,需要承担民事赔偿法律责任。同时,欺诈发行违反了证券发行有关的行政法规,应承担行政法律责任,情节严重的欺诈发行,可能触犯刑法,涉嫌欺诈发行股票犯罪。在司法实践中,证券监督主管机关对欺诈发行上市公司作出的行政处罚决定书或者法院作出的欺诈发行刑事判决书,是投资者向法院向欺诈者及其相关者提起民事赔偿之诉的重要证据,也是法院受理案件及审理的重要依据。

由于欺诈发行或在证券发行阶段或在配股阶段,一般表现为在招股说明书、认股书、或持续信息披露的报告中隐瞒重要事实或者编造重大虚假内容,具体以虚假记载形式实施,其具有虚假陈述的行为特征,因此,在欺诈发行的民事赔偿追责中,仍可参照最高人民法院关于虚假陈述的司法解释来处理。

三、欺诈发行之特殊义务——回购义务

欺诈发行相对于证券发行纠纷是一种恶劣的侵权行为,《证券法》第 24 条第 2 款明确规定,股票的发行人在招股说明书等证券发行文件中隐瞒重要事实或者编造重大虚假内容,已经发行并上市的,国务院证券监督管理机构可以责令发行人回购证券,或者责令负有责任的控股股东、实际控制人买回证券。针对欺诈发行行为,中国证监会于 2020 年 8 月 21 日发布了《欺诈发行上市股票责令回购实施办法(试行)(征求意见稿)》(以下简称《实施办法》),责令欺诈发行人承担强制回购义务,以最大限度挽回投资者损失,以惩戒与警示欺诈发行行为。该办法目前尚未正式出台,但已经反映出其从严打击欺诈发行的立法目的。《实施办法》共 15 条,主要包括以下内容:

一是明确适用范围。股票发行人在招股说明书等证券发行文件中隐瞒重要事实或者编造重大虚假内容,已经公开发行并上市的,证监会可以责令发行人回购欺诈发行的股票,或者责令负有责任的控股股东、实际控制人买回股票。

二是明确回购对象范围。回购对象为本次欺诈发行至欺诈发行上市揭露日

或者更正日期间买入股票，且在回购方案实施时仍然持有股票的投资者。《实施办法》同时规定，对欺诈发行负有责任的发行人董事、监事、高级管理人员、控股股东、实际控制人、参与包销的证券公司及其关联方，以及买入股票时知悉或者应当知悉存在欺诈发行的投资者，不得成为回购对象。

三是明确回购价格。发行人或者负有责任的控股股东、实际控制人应当以市场交易价格回购股票；投资者买入股票价格高于市场交易价格的，以买入股票价格作为回购价格。

四是明确回购程序和方式。发行人或者负有责任的控股股东、实际控制人应当在责令回购决定书要求的期限内制定回购方案，并在制定方案后5个交易日内向符合条件的投资者发出回购要约并公告，启动回购工作。

五是明确证监会作出责令回购决定必须经主要负责人批准。

案·例

上市公司欺诈发行引发涉众纠纷案

基本案情

2016年5月，创业板上市公司X股份有限公司由于IPO申请文件中相关财务数据存在虚假记载、上市后披露的定期报告中存在虚假记载和重大遗漏，收到中国证监会《行政处罚和市场禁入事先告知书》。2017年8月，X公司正式摘牌退市。其为创业板第一家退市的公司，也是中国资本市场第一家因欺诈发行而退市的公司。众多投资者因X公司退市出现损失，如不能依法获得赔偿将引发涉众纠纷，出现大量索赔诉讼和投诉，影响退市工作顺利进行和资本市场稳定。

为了化解欺诈发行责任人与投资者的群体性纠纷，作为X公司上市保荐机构的XY证券股份有限公司（以下简称XY证券），决定出资设立规模为5.5亿元人民币的“X公司欺诈发行先行赔付专项基金”，用于赔付适格投资者遭受的投资损失。中国证券业协会与中国证券投资者保护基金有限责任公司、深圳证券交易所、中国证券登记结算有限责任公司、XY证券共同组成

X公司投资者先行赔付工作协调小组，推进先行赔付方案的制定完善和各项工作的实施。XY证券先后组织多场专家论证会、投资者座谈会，广泛听取投资者、监管部门、协调小组成员单位、法律专家和金融工程专家意见，并征求了最高人民法院的指导意见，对先行赔付方案进行了全面论证。

从2017年6月开始，经过两个阶段的赔付申报过程，至2017年10月完成第二次赔付申报的资金划转，接受赔付并与XY证券达成有效和解的适格投资者共计11,727人，占适格投资者总人数的95.16%；实际赔付金额为241,981,273元，占应赔付总金额的99.46%。本案先行赔付方案也得到了法院的认可，福建省高级人民法院、辽宁省高级人民法院、福州市中级人民法院、沈阳市中级人民法院等在审理XY证券因X公司欺诈发行涉及索赔案件时，法律适用与先行赔付方案保持一致。

典型意义

X公司投资者先行赔付是我国资本市场因上市公司欺诈发行退市，保荐机构先行赔付投资者损失的首次尝试，对推进证券期货纠纷多元化解机制试点工作有重要意义。在法院系统和监管部门的支持下，在先行赔付工作协调小组成员单位和广大证券公司的共同努力下，此次先行赔付工作进展顺利，通过主动和解的方式化解了经营机构及发行主体与众多投资者之间的矛盾纠纷，促进了X公司的平稳退市，促使相关责任主体吸取教训，规范经营管理，提升合规意识和风控水平，没有因第一单上市公司欺诈发行退市引发社会矛盾，维护了资本市场和社会的和谐稳定。

第五节　公司诉讼第32式：证券发行诉讼

一、证券发行概述

证券发行包括发行股票（包括存托凭证）、发行债券、发行房地产信托投资基金（REITs）等。

依据发行价格和票面面额的关系，可以将证券发行分为溢价发行、平价发行和折价发行三种形式。

证券发行的销售模式有证券代销、证券包销两种。证券发行方式包括公募与私募两种情形。当下A股公募发行的许可方式有审核制与备案制两种模式。

《证券法》第33条规定："股票发行采用代销方式，代销期限届满，向投资者出售的股票数量未达到拟公开发行股票数量百分之七十的，为发行失败。发行人应当按照发行价并加算银行同期存款利息返还股票认购人。"

发行人、承销商与投资者因证券发行产生的纠纷，既可以适用合同纠纷案件的管辖，即由被告住所地或者合同履行地的人民法院管辖。因证券发行发生侵权纠纷的，也可由被告住所地、侵权行为发生地或侵权结果地法院管辖。

证券发行诉讼主要是因证券发行而引发的利益相关者之间的诉讼。该类诉讼主要包括两种类型：代销与包销协议纠纷及证券发行失败纠纷。

二、确定该案由应当注意的问题

我国证券发行制度采取的是核准制与备案制两种模式，目前科创板与创业板及北京证券交易所发行的股票均采用备案制，只有合并了中小板之后的主板采用审核制。

审核制即公开发行证券必须符合法律、行政法规规定的条件，并依法报经国务院证券监督管理机构或者国务院授权的部门核准。经过审核公开发行的证券，仍然不能避免经营风险。因此，证券发行纠纷，是由于发行人、承销商的违法行为致使投资者损失的纠纷。

如果发行人在证券发行文件中虚构事实或有重大遗漏，构成虚假陈述的则适用最高人民法院《关于审理证券市场虚假陈述侵权民事赔偿案件的若干规定》。但该司法解释只针对投资者在二级市场买卖证券造成损失如何给予赔偿作了规定。在证券发行过程中，因证券认购、申购、赎回，证券发行失败，或者因证券信息披露违反法律法规被撤销等也时常产生纠纷，应当按照证券发行纠纷受理。证券认购纠纷、证券发行失败纠纷属于常见、多发纠纷。

三、案例分析

案·例

国融证券股份有限公司与东北特殊钢集团有限责任公司证券发行纠纷案

原告国融证券股份有限公司(原名称为日信证券有限责任公司,于2016年3月17日变更为现名称,以下简称国融证券公司)向法院提出诉讼请求:(1)确认国融证券公司于2015年9月23日申购的被告东北特殊钢集团有限责任公司(以下简称东北特钢公司)2015年度第三期短期融资券(以下简称东北特钢三期短期融资券)于2016年4月14日到期;(2)判令东北特钢公司立即向国融证券公司兑付东北特钢三期短期融资券本金1亿元及利息(自2015年9月24日起至2016年4月14日止,按年利率6.3%计算,利息为350万元,本息共计10,350万元);(3)判令东北特钢公司向国融证券公司支付违约金,自2016年4月15日起至第2项本息实际支付完毕之日止(以本息共计10,350万元为基数,按同期人民银行贷款利率上浮50%计算利率,暂算至2016年4月18日,金额为72,450元);(4)判令本案诉讼费用由东北特钢公司承担。在诉讼过程中国融证券公司变更诉讼请求:(1)判令东北特钢公司立即向国融证券公司兑付东北特钢三期短期融资券本金1亿元及利息(自2015年9月24日起至2016年9月24日止,按年利率6.3%计算,利息为630万元,本息共计10,630万元);(2)判令东北特钢公司向国融证券公司支付违约金,自2016年9月26日起至第1项本息实际支付完毕之日止(以本息共计10,630万元为基数,按同期人民银行贷款利率上浮50%计算利率,暂算至2016年10月1日,违约金额为124,016.67元);(3)判令本案诉讼费用由东北特钢公司承担。

事实和理由:2015年9月15日,东北特钢公司公开发布《东北特殊钢集团有限责任公司2015年度第三期短期融资券募集说明书》(以下简称《第三期募集说明书》),发行7亿元东北特钢三期短期融资券,2015年9月23日,国融证券公司通过招商银行股份有限公司(以下简称招商银行)申购该短期融资券1.4亿元,并于2015年9月24日完成交割,后国融证券公司出售4000万元。目前,国融证券公司持有东北特钢三期短期融资券1亿元。

按照东北特钢公司《第三期募集说明书》及《短期融资券发行情况公告》中载明,该短期融资券简称“15东特钢CP003”,该项目期限为366天,发行利率为年利率6.3%,起息日为2015年9月24日,兑付日为2016年9月24日(此日为节假日,顺延至2016年9月26日)。据此计算,国融证券公司持有的东北特钢三期短期融资券截至2016年9月24日计息结束日,实际应兑付本金为1亿元,利息为630万元,本息共计10,630万元。根据《第三期募集说明书》及《短期融资券发行情况公告》载明,2016年9月26日为东北特钢三期短期融资券的兑付日,但截至9月26日,东北特钢公司未能兑付国融证券公司持有的东北特钢三期短期融资券10,630万元本息,已构成实质性违约。

被告辩称:东北特钢公司辩称,东北特钢公司同意国融证券公司的第1项诉讼请求。东北特钢公司不同意国融证券公司的第2项诉讼请求,理由如下:(1)国融证券公司主张违约金按照中国人民银行贷款一年期利率上浮50%过高,目前东北特钢公司处于破产重整阶段,特别困难,如果按照该利率计算,会更加重企业的负担,故东北特钢公司不认可国融证券公司关于违约金的计算标准。(2)对于国融证券公司违约金计算的截止日期有异议。2016年10月10日东北特钢公司经法院确认进入破产重整程序,违约金计算截止日期应当到2016年10月10日。当事人围绕诉讼请求依法提交了证据,本院组织当事人进行了证据交换和质证。东北特钢公司对国融证券公司提交的证据1.《第三期募集说明书》,证据2.《短期融资券发行情况公告》,证据8.《联合资信评估有限公司关于下调东北特殊钢集团有限责任公司主体信用等级及“13东特钢MTN1”“15东特钢CP001”。

法院查明:“15东特钢CP002”和“15东特钢CP003”债项信用等级的公告》,证据9.银行间市场清算所股份有限公司托管账户持有明细查询表,证据10.函、邮寄凭证、视频光盘的真实性、关联性、合法性均无异议,本院对上

述证据均予以确认并在卷佐证。对有争议的证据和事实本院认定如下:

1. 东北特钢公司提出国融证券公司提交的证据3. 申购函,证明2015年9月23日,国融证券公司通过招商银行申购东北特钢三期短期融资券;证据4.《债券分销协议》,证明2015年9月24日,国融证券公司通过招商银行认购东北特钢三期短期融资券1.4亿元;证据5. 收付款通知、交割单,证明2015年9月24日,国融证券公司支付了东北特钢三期短期融资券的认购款,完成交割;证据11.《主承销商关于东北特殊钢集团有限责任公司2015年第三期短期融资券未能按期兑付本息的公告》,证明2016年9月26日,东北特钢三期短期融资券应于2016年9月24日(此日为节假日,顺延至9月26日)兑付本息。截至到期兑付日日终,"15东特钢CP003"短期融资券未能按期足额兑付,已构成实质性违约,其主承销商国家开发银行股份有限公司、招商银行联合发布公告;证据12. 持仓余额查询,证明根据国融证券公司持仓余额查询显示,国融证券公司持有东北特钢公司面值1亿元的"15东特钢CP003"短期融资券仍未兑付。东北特钢公司提出前述证据与其无关,对前述证据的真实性、关联性、合法性无法确认。本院认为,前述证据形式合法,且与东北特钢公司发行"15东特钢CP003"短期融资券密切相关,东北特钢公司在收到国融证券公司提交的前述证据后理应进行核实,其也有能力进行核实。现东北特钢公司提出其对前述证据的真实性、关联性、合法性无法确认,应视为东北特钢公司对前述证据无异议,故本院对国融证券公司提交的证据3、4、5、11、12的真实性、关联性、合法性予以确认。

2. 国融证券公司提交的证据6. 银行间市场清算所股份有限公司固定收益产品付息兑付通知,证明载明国融证券公司持有的东北特钢一期短期融资券截至2016年3月26日计息结束日,实际应兑付本金为7000万元,利息为455万元,本息共计7455万元;证据7.《东北特殊钢集团有限责任公司2015年度第一期短期融资券未能按期足额偿付本息的公告》,证明东北特钢公司公开告知,其发行的"15东特钢CP001"已不能按期足额偿付,构成实质性违约。东北特钢公司对该证据的真实性、关联性、合法性无异议,对其证明目的有异议,东北特钢公司认为该证据只能证明东北特钢一期短期融资券不能按期兑付,已经构成违约,但不能证明东北特钢三期短期融资券不能按期兑付。本院认为,东北特钢公司对该证据的真实性、关联性、合法性无异议,该证据形式合法,本院予以确认。在本案审理过程中,东北特钢三期短期融资券的兑付期限已经届满,东北特钢公司认可其未能按照约定的时间和数额兑付东北特钢三期短期融资券。

2015 年 9 月 15 日,东北特钢公司发布《第三期募集说明书》,相关内容:发行人名称:东北特钢公司;注册金额:14 亿元;发行金额:7 亿元;发行期限:1 年;主承销商/簿记管理人:国家开发银行股份有限公司;联席主承销商:招商银行股份有限公司。第十一章投资者保护机制,违约事件:如下列任何一项事件发生及继续,则投资者均可向发行人或主承销商发出书面通知,表明应即刻启动投资者保护机制。在此情况下,发行人或主承销商应依据本条款有关规定即刻启动投资者保护机制。有关事件在发行人或主承销商接获有关通知前已予以纠正的,则另作别论:(1)拖欠付款:拖欠短期融资券本金或短期融资券应付利息。(2)解散:发行人于所有未赎回短期融资券获赎回前解散或因其他原因不再存在。因获准重组引致的解散除外。(3)破产:发行人破产、全面无力偿债、拖欠到期应付款项、停止/暂停支付所有或大部分债务或终止经营其业务,或发行人根据《企业破产法》规定进入破产程序。违约责任:(1)发行人对本期短期融资券投资者按时还本付息。如果发行人未能按期向上海清算所指定的资金账户足额划付资金,上海清算所将在本期短期融资券本息支付日,通过中国货币网和上海清算所网站及时向投资人公告发行人的违约事实。发行人到期未能偿还本期短期融资券本息,投资者可依法提起诉讼。(2)投资者未能按时交纳认购款项的,应按照延期缴款的天数以日利率万分之二点一(0.021%)计算向发行人支付违约金。发行人有权根据情况要求投资者履行协议或不履行协议。

2015 年 9 月 24 日,东北特钢公司发布《短期融资券发行情况公告》,内容为:“东北特殊钢集团有限责任公司于 2015 年 9 月 22 日发行东北特殊钢集团有限责任公司 2015 年度第三期短期融资券,现将发行结果公告如下:名称为东北特殊钢集团有限责任公司 2015 年度第三期短期融资券;简称为 15

东特钢 CP003;代码为041556036;期限为366天;起息日为2015年9月24日;兑付日为2016年9月24日;计划发行总额为7亿元;实际发行总额为7亿元;发行利率为6.3%;发行价格为面值100元。申购情况:合规申购家数为5家;合规申购金额7亿元;最高申购价位6.3%;最低申购价位5.0%;有效申购家数为5家;有效申购金额为7亿元;簿记管理人为国家开发银行股份有限公司;主承销商为国家开发银行股份有限公司;联席主承销商为招商银行股份有限公司。”

2015年9月24日,招商银行与国融证券公司签订《债券分销协议》,约定:(1)本期债券分销数量,招商银行根据双方约定的条件和分销意向,就本期债券分销如下:债券代码041556036,发行利率6.3%;分销价格100元/百元面值;分销数量14,000万元,缴款金额14,000万元。(2)资金支付,国融证券公司应按本期债券的实际分销金额于2015年9月24日将足额资金划至国融证券公司券款兑付结算专户。合同签订当日,国融证券公司将认购款14,000万元汇入招商银行的指定账户;招商银行将面额14,000万元“15东特钢 CP003”债券过户至国融证券公司在银行间市场清算所股份有限公司的账户,完成了交割。

2016年9月26日,国家开发银行股份有限公司发布《主承销商关于东北特殊钢集团有限责任公司2015年第三期短期融资券未能按期兑付本息的公告》,主要内容:“东北特殊钢集团有限责任公司(以下简称东特钢或公司)2015年第三期短期融资券(债券简称:15东特钢 CP003,债券代码041556036)应于2016年9月24日(此日为节假日,顺延至2016年9月26日)兑付本息。截至到期兑付日日终,东北特钢公司未能按照约定筹措足额偿债资金,15东特钢 CP003不能按期足额偿付,已构成实质性违约。”

2016年4月7日,国融证券公司在银行间市场清算所股份有限公司打印了《银行间市场清算所股份有限公司托管账户持有明细查询表》显示:2016年4月1日,国融证券公司托管账户中持有的“15东特钢 CP003”(代码:041556036)的持有情况如下:产品代码41556036;产品简称15东特钢 CP003;托管面额(元):全额待购汇100000000,总和100000000。

东北特钢公司至今尚未兑付“15东特钢CP003”短期融资券的本息，国融证券公司现仍持有面额10,000万元的“15东特钢CP003”短期融资券。

2016年10月10日，辽宁省大连市中级人民法院作出(2016)辽02破申2号民事裁定书，裁定：受理申请人阿拉善盟金圳冶炼有限责任公司提出的对被申请人东北特殊钢集团有限责任公司进行重整的申请。并于同日作出(2016)辽02破02－1号决定书，主要内容：“本院于2016年10月10日，根据阿拉善盟金圳冶炼有限责任公司的申请，依法裁定受理了东北特殊钢集团有限责任公司重整一案，依照《中华人民共和国企业破产法》第十三条、第二十二条第一款、第二十四条及《最高人民法院关于审理企业破产案件指定管理人的规定》第十八条、第二十七条之规定，现指定东北特殊钢集团有限责任公司清算组担任东北特殊钢集团有限责任公司管理人。”

在庭审中，国融证券公司将要求东北特钢公司给付债券本息及违约金的请求，变更为确认其对东北特钢公司享有相应的债券本息及违约金的债权。

本院认为，在本案审理过程中，辽宁省大连市中级人民法院于2016年10月10日受理了申请人阿拉善盟金圳冶炼有限责任公司提出的对被申请人东北特钢公司进行重整的申请，并指定东北特钢公司清算组担任东北特钢公司管理人，应视为管理人已经接管了债务人东北特钢公司的财产，依照《企业破产法》第20条“人民法院受理破产申请后，已经开始而尚未终结的有关债务人的民事诉讼或者仲裁应当中止；在管理人接管债务人的财产后，该诉讼或者仲裁继续进行”的规定，本案的诉讼可以继续进行。

东北特钢公司向社会公开发布的《第三期募集说明书》《短期融资券发行情况公告》，是东北特钢公司真实意思表示，且内容不违反法律及行政法规的强制性规定，合法有效。《第三期募集说明书》《短期融资券发行情况公告》是东北特钢公司对债券持有人的承诺，东北特钢公司应按照其承诺履行己方义务。

国融证券公司依据《第三期募集说明书》《短期融资券发行情况公告》购买了14,000万元“15东特钢CP003”短期融资券，后卖出4000万元的债券，现仍持有10,000万元的债券。《短期融资券发行情况公告》载明“15东特钢

CP003 短期融资券的发行利率为年利率 6.3%，发行期限 366 天”，短期融资券到期后，按照《短期融资券发行情况公告》的承诺，东北特钢公司应向国融证券公司兑付债券本息 10,630 万元，其未按照其承诺向债券持有人兑付本息的行为已构成违约。现国融证券公司要求东北特钢公司支付短期融资券本息 10,630 万元，符合合同约定和法律规定，本院予以支持。

《合同法》第 107 条规定：“当事人一方不履行合同义务或者履行合同义务不符合约定的，应当承担继续履行、采取补救措施或者赔偿损失等违约责任”。第 113 条规定：“当事人一方不履行合同义务或者履行合同义务不符合约定，给对方造成损失的，损失赔偿额应当相当于因违约所造成的损失，包括合同履行后可以获得的利益，但不得超过违反合同一方订立合同时预见到或者应当预见到的因违反合同可能造成的损失。”东北特钢公司发布的《第三期募集说明书》虽然没有约定逾期兑付债券本息的违约金标准，东北特钢公司不能如期兑付债券本息的违约行为，致使国融证券公司的资金被占用，东北特钢公司应赔偿国融证券公司占用资金的损失，现国融证券公司要求以 10,630 万元为基数从逾期之日即自 2016 年 9 月 26 日起至 10,630 万元全部付清之日止，按照中国人民银行公布的同期一年期金融机构人民币贷款基准利率上浮 50% 的标准计算违约金，该请求应视为国融证券公司要求的占用资金的损失赔偿，该请求符合法律规定，损失的计算标准亦不过高，东北特钢公司关于国融证券公司的违约金计算标准过高的抗辩理由不能成立。《企业破产法》第 46 条规定：“未到期的债权，在破产申请受理时视为到期。附利息的债权自破产申请受理时起停止计息”。根据前述规定，东北特钢公司已于 2016 年 10 月 10 日进入破产重整程序，东北特钢公司关于违约金计算的截止日期应为 2016 年 10 月 10 日的抗辩理由成立。故东北特钢公司应从逾期之日即自 2016 年 9 月 26 日起至 2016 年 10 月 10 日止，以 10,630 万元为基数，按照中国人民银行公布的同期一年期金融机构人民币贷款基准利率上浮 50% 的标准支付违约金，即 106,300,000 元 ×（0.0435 ×0.5 +0.0435）÷360 ×15 = 289,003.13 元。因东北特钢公司已经进入破产重整程序，在庭审中国融证券公司将要求东北特钢公司给付债券本息及违约金的请求，变更为确认其对东北特钢公司享有相应的债券本息及违约金的债权。该请求符合法律规定,本院予以确认。

综上,国融证券公司因购买东北特钢公司发行的东北特钢三期短期融资券形成的本息债权为10,630万元、违约金债权为289,003.13元,共计106,589,003.13元。依照《合同法》第8条、第60条、第107条、第113条,《企业破产法》第20条、第46条的规定,判决如下:(1)确认国融证券股份有限公司因购买东北特殊钢集团有限责任公司发行的东北特殊钢集团有限责任公司2015年度第三期短期融资券形成的债权106,589,003.13元;(2)驳回国融证券股份有限公司其他诉讼请求。案件受理费559,662元、诉讼保全申请费5000元(国融证券股份有限公司均已预交),均由东北特殊钢集团有限责任公司负担(于本判决生效后7日内交至北京市第二中级人民法院)。

第十六章

公司诉讼第 33 至 36 式：公司终结之诉

如同万物之生长，公司也有出生、成长、成熟、巅峰、衰退、重生、死亡等一系列过程，基业长青的公司寿命更长的原因在于其在巅峰期内，依靠公司的自我创新或对外投资并购，不断寻找第二增长曲线，开始了一个新的周期。当无法找到第二增长曲线之后，公司必将走向衰落，如果再不能凤凰涅槃重生，那么死亡就是唯一的归宿。公司的死亡也就是公司的终结，在法律上，公司被作为拟制的法律上的人格：法人。其出生证就是市场监管主管部门颁发的营业执照，其死亡证明就是市场监管部门作出的注销证明。

公司从生到死，整个过程中引发的与公司治理或内外部法律关系有关的诉讼就是公司诉讼，本书正是基于公司的成长之路中引发的系列诉讼为顺序，将与公司有关的诉讼整理归纳。因此，最后一章就是公司的终结（死亡）诉讼。公司的终结，有正常的终结，也有非正常的终结。在公司终结的过程中，会引发一系列复杂的疑难的诉讼。比如，公司的解散，公司的清算，公司的破产清算等。本章主要就公司解散、强制清算、清算责任及与破产有关的几个诉讼进行系统梳理与归纳，以便大家系统了解与公司终结(死亡)有关的公司诉讼。

第一节　公司诉讼第33式：公司解散2种诉讼解析

公司解散有两种情形，一种是公司自行解散，另一种是通过诉讼由法院判决强制解散。在公司自行解散情形下，实践中也主要有两种情况，其一，公司章程约定的经营期限届满不再续期；其二，公司经营亏损或出现僵局，股东会决议解散公司。

对于第一种自行解散公司的情形，不存在争议，因而也不会发生公司解散诉讼。本节所述的公司解散诉讼，主要是指股东无法就公司解散协商一致，部分股东向法院提起诉讼，请求司法介入公司解散争议之中，依靠司法裁判强制解散公司的情形。

一、关于股东请求解散公司的诉讼

如上所述，关于股东请求解散公司的诉讼是指公司股东无法协商一致，不得不向法院起诉，请求法院判决解散公司的情形。公司法的立法目的之一是促进交易，保护交易的稳定。这也是商事法律的主要宗旨之一。因此，《公司法》及其司法解释对强制解散公司的情形要求极为严苛，且在司法实践中，法官对判决解散公司也极为谨慎。

《公司法解释(二)》对通过公司解散诉讼解散公司进行了详尽的规定。这是目前公司解散之诉的主要参考依据。

《公司法解释(二)》第1条规定："单独或者合计持有公司全部股东表决权百分之十以上的股东，以下列事由之一提起解散公司诉讼，并符合公司法第一百八十二条规定的，人民法院应予受理：(一)公司持续两年以上无法召开股东会或者股东大会，公司经营管理发生严重困难的；(二)股东表决时无法达到法定或者公司章程规定的比例，持续两年以上不能做出有效的股东会或者股东大会决议，公司经营管理发生严重困难的；(三)公司董事长期冲突，且无法通过股东会或者股东大会解决，公司经营管理发生严重困难的；(四)经营管理发生其他严重困难，公司继续存续会使股东利益受到重大损失的情形。股东以知情权、利润分配请求权等权益受到损害，或者公司亏损、财产不足以偿还全部债务，以及公司被吊销企业法人营业执照未进行清算等为由，提起解散公司诉讼的，人民法院不予受理。”

该条司法解释是公司解散的主要法律依据，依据该条规定，只有符合上述四种情形的公司，才具备公司司法解散的前提条件。但是必须注意，知情权、利润分配请求权等权益受到损害，公司亏损、财产不足以偿还全部债务，公司被吊销企业法人营业执照未进行清算三种情形都不属于司法强制解散公司的法定条件。此外，规定了能够提起公司解散之诉的原告主体资格：单独或者合计持有公司全部股东表决权10%以上的股东。并非所有的股东都可以提起公司解散之诉，这一点规定显然被股东代表诉讼严格得多（股东代表诉讼要求持股1%）。很显然，隐名股东不能直接提起公司解散诉讼。

《公司法解释（三）》第5条规定：“人民法院审理解散公司诉讼案件，应当注重调解。当事人协商同意由公司或者股东收购股份，或者以减资等方式使公司存续，且不违反法律、行政法规强制性规定的，人民法院应予支持。当事人不能协商一致使公司存续的，人民法院应当及时判决。经人民法院调解公司收购原告股份的，公司应当自调解书生效之日起六个月内将股份转让或者注销。股份转让或者注销之前，原告不得以公司收购其股份为由对抗公司债权人。”

对于符合《公司法解释（三）》第1条规定的可以强制解散公司的情形，该条司法解释进一步限定收缩了公司强制解散的范围，明确规定，公司强制解散诉讼重调解，如果经过调解，可以达成：公司或者股东收购股份，或者以减资等方式使公司存续，且不违反法律、行政法规强制性规定的，法院可以支持，就不再判决解散公司。该条目的就在于尽可能化解股东之间的矛盾，让公司得以存续。一般情况下，部分股东主张解散公司，其核心目的并非斗气，保证其利益诉求是本质。因此，如果能够通过协商满足了股东的诉求，比如，公司回购该股东的股权，其他股东回购该股东的而股权，使得该股东顺利退出，或者将该股东的出资权益通过公司减资而退出（相当于股转债）。很少有这种因为斗气而“打死和尚要和尚”的公司解散诉讼。

由此，我们可以得出，司法对于公司强制清算的裁判规则：穷尽可能，从严把握,注重调解,保证活着!

案·例·1

湖南森翔房地产开发有限公司与黄某军、周某公司解散纠纷案

[(2014)湘高法民二终字第124号]

裁判要旨

一方股东表示愿意以合理价格收购另一方股东的股权,而提起诉讼的股东坚持不转让股权,只要求解散公司的,可不予支持。

作为股东的上诉人周某愿意以合理价格受让其他股东即被上诉人黄某军的股份及投资,消除黄某军因公司存续的潜在损失风险,是解决森翔公司不解散的另一途径。这一途径并不损害黄某军的合法权益,且公司股东可能因公司现有资源的价值还受益。一审判决解散公司,虽然可以解决公司问题并有利于避免被上诉人黄某军继续作为公司股东的经济损失风险,但不是唯一的解决公司问题的途径。森翔公司虽然出现公司股东不宜作为公司两股东共同经营公司的状况,但不是通过其他途径不能解决而必须解散公司的情形。

案·例·2

岂某国与呼伦贝尔中电信泰置业有限公司公司解散纠纷案

[(2013)内商终字第75号]

裁判要旨

大股东持股70%,公司能够作出有效决议,在治理结构上尚难谓构成公司僵局;小股东持股30%,虽享有提起解散公司的诉权,但结合公司法设立公司的宗旨目的,股东之间相互合作最大可能地维系公司的存续是股东利益实现之所需,如果允许股东内部发生争议时可以随意要求解散公司,不仅对公司经营的稳定性产生不利影响,也从根本上否定了股东组建公司的合理预期。因此,股东之间应本着通力合作、互谅互让的原则,寻求相关救济途径,协商化解矛盾,在未穷尽其他可能的手段和途径前,不应以解散公司作为解决问题的唯一手段。

二、关于请求成立清算组的诉讼

无论是自行解散还是强制解散,公司解散后,都必须成立清算组依法进行清算,在按照法律及行政法规的规定完成清算之后,可向公司登记主管部门申请注销。当下可采用简易注销模式,大大缩短公司的注销周期和成本。但无论是哪种情形,成立清算组进行清算,是公司注销之前的必经程序。

实践中,公司解散后,各种原因导致公司无法成立清算组进行清算。这就必须设置一个司法救济程序,这就是本节所讲的第 2 类诉讼:“请求成立清算组的诉讼”。

《公司法解释(二)》第 7 条规定:“公司应当依照民法典第七十条、公司法第一百八十三条的规定,在解散事由出现之日起十五日内成立清算组,开始自行清算。有下列情形之一,债权人、公司股东、董事或其他利害关系人申请人民法院指定清算组进行清算的,人民法院应予受理:(一)公司解散逾期不成立清算组进行清算的;(二)虽然成立清算组但故意拖延清算的;(三)违法清算可能严重损害债权人或者股东利益的。”

根据上述规定,有权向法院申请清算的主体有四类:其一是债权人,当存在上述规定的三种情形时,债权人为了保护其合法债权不受非法侵害,有权向法院申请强制清算。其中第 2 项、第 3 项属于公司已经自行成立了清算组进行清算,但是该清算故意拖延清算或者违法清算,该两种自行清算的行为都可能损害到债权人的债权,因此赋予了债权人的强制清算申请权。其二是公司股东,当存在上述三种情形时,公司股东也可以申请强制清算。因为这也事关公司股东自己股东利益可能受损,或者不正当的清算则可能导致公司股东承担潜在的清算责任。因此,司法解释同样赋予了公司股东的强制清算申请权。其三是公司董事。其四是其他利害关系人。董事和其他利害关系人是 2020 年《公司法解释(三)》新增的可以申请强制清算的主体。

必须指出的是,该类诉讼用的词汇是“申请”而非起诉,也就是说,该类程序属于非诉讼程序,其通过向法院申请而引起程序启动,并非通过起诉引起程序启动。

对于法院裁定准许的强制清算,根据法院指定成立的清算组进行清算后,就清算过程中发生的有关事宜,《公司法解释(二)》第15条规定:"公司自行清算的,清算方案应当报股东会或者股东大会决议确认;人民法院组织清算的,清算方案应当报人民法院确认。未经确认的清算方案,清算组不得执行。执行未经确认的清算方案给公司或者债权人造成损失,公司、股东、董事、公司其他利害关系人或者债权人主张清算组成员承担赔偿责任的,人民法院应依法予以支持。"第17条规定:"人民法院指定的清算组在清理公司财产、编制资产负债表和财产清单时,发现公司财产不足清偿债务的,可以与债权人协商制作有关债务清偿方案。债务清偿方案经全体债权人确认且不损害其他利害关系人利益的,人民法院可依清算组的申请裁定予以认可。清算组依据该清偿方案清偿债务后,应当向人民法院申请裁定终结清算程序。债权人对债务清偿方案不予确认或者人民法院不予认可的,清算组应当依法向人民法院申请宣告破产。"

根据前述规定,依据强制清算程序而成立的清算组,依法进行清算后作出的清算报告,应当报法院确认后执行。对于不足以清偿债务的情形,采取两种处理方式,其一,与全体债权人达成按比例清偿的方案,执行后报法院后裁定终结清算程序。其二,无法达成的,清算组则应当依法向人民法院申请宣告破产。

案·例

香港邦泰国际(集团)有限公司与邯郸金叶餐饮娱乐有限公司强制清算案

[(2011)民提字第269号]

最高人民法院认为,要确定人民法院是否应当受理邦泰公司强制清算申请,必须解决两个问题:(1)邯郸烟草公司是否有权提出异议,金叶公司是否就邦泰公司对金叶公司享有股权提出异议;(2)生效法律文书是否已经确认邦泰公司为金叶公司股东。

《强制清算纪要》第10条指出:公司股东、实际控制人等利害关系人可以申请参加人民法院召开的听证会。股东和实际控制人虽然不是案件的当事人,但可以对强制清算申请发表自己的意见,包括提出异议。本案再审时,金叶公司的股东邯郸烟草公司也以金叶公司实际控制人的名义发表意见,邦泰公司对邯郸烟草公司的身份没有异议,并对邯郸烟草公司的意见进行了反驳。因此,一审、二审法院审查邯郸烟草公司提出的异议,并无不当。另外,不论金叶公司是否在一审、二审时提出过异议,金叶公司作为被申请人在本院再审时已经提出了异议,由于法律没有规定提出异议的期间,故对其异议也应予以审理。

但是,金叶公司和邯郸烟草公司提出的异议事项已经为生效法律文书确认。已经发生法律效力的仲裁裁决和(2001)邯经初字第20号民事判决均确认金叶公司和邯郸烟草公司合资成立了金叶公司,均确认合资合同和公司章程得到批准机关批准、金叶公司领取了营业执照。作为金叶公司领取营业执照重要依据的河北省人民政府颁发的《台港澳侨投资企业批准证书》,也载明金叶公司的投资者为邯郸烟草公司和邦泰公司。仲裁裁决的第2项更加明确:邦泰公司和邯郸烟草公司依据《投资方式确认协议书》对合营公司所作的实际投入,在合营公司的清算过程中确定,并依法返还(包括折价支付)给实际出资方。

可见,邦泰公司是金叶公司股东的事实已经为两份生效法律文书所确认。尽管上述生效法律文书均未确定邦泰公司的实际出资金额,没有认定邦泰公司为“实际出资股东”,但是,是否实际出资在清算中主要是影响其剩余财产分配权,邦泰公司并不因此丧失股东地位和申请清算的权利。《强制清算纪要》第13条指出:“被申请人就申请人对其是否享有债权或者股权……提出异议的,人民法院对申请人提出的强制清算申请应不予受理……但对上述异议事项已有生效法律文书予以确认……的除外。”因此,应当根据《公司法解释(二)》第7条第3款关于“公司股东申请人民法院指定清算组对公司进行清算的,人民法院应予受理”的规定,受理邦泰公司的强制清算申请。

第二节　公司诉讼第 34 式：与清算组责任有关的 4 种诉讼解析

公司解散或被吊销营业执照后，公司就进入法定的清算程序。法定的清算程序规定，公司清算必须成立清算组，由清算组依法进行清算。成立清算组有三种形式和情形：其一，公司解散或被吊销营业执照后，由清算义务人自行成立清算组进行清算；其二，公司解散后或被吊销营业执照后，无法成立清算组，由利害关系人向人民法院申请成立清算组，法院根据申请指定清算组；其三，当自行成立的清算组迟延清算或违规清算时，债权人或公司股东申请人民法院指定清算组清算。

清算组成立后，依法进入公司的终结程序之中，通过清算处理债权债务关系、税务关系、员工工资及社保关系之后，余额再由股东进行分配。因此，清算组责任重大。法律及公司法解释规定了清算组应当承担的责任，如果清算组在清算过程中存在违规或不当，清算组成员将依法承担相应的赔偿责任。

为此，《公司法解释（二）》对清算组所应当承担的责任作了详尽的规定，根据该等规定，因清算组承担责任而引发的诉讼就是本节所述的公司诉讼第 34 式之与清算组责任有关的 3 种公司诉讼。

一、关于清算组成员赔偿责任之诉

《公司法解释（二）》第 11 条规定："公司清算时，清算组应当按照公司法第一百八十五条的规定，将公司解散清算事宜书面通知全体已知债权人，并根据公司规模和营业地域范围在全国或者公司注册登记地省级有影响的报纸上进行公告。清算组未按照前款规定履行通知和公告义务，导致债权人未及时申报债权而未获清偿，债权人主张清算组成员对因此造成的损失承担赔偿责任的，人民法院应依法予以支持。"

根据该条规定，清算组进行清算时，针对公司债权人，需要遵守"书面通知 + 报纸公告"的法定程序，该程序与公司分立、减资、公司破产程序完全一致目的就在于充分保护债权人的合法权益。如果违反了该程序规定，则清算组成员对债权人的损失承担赔偿责任。

案·例

李某芬与邢台轧辊异型辊有限公司（以下简称轧辊公司）、李某丰清算责任纠纷案

[（2015）民申字第1416号]

基本案情

华丰公司于2006年4月18日成立，股东为申请人李某芬、李某丰，各占50%的股份。2007年7月13日，轧辊公司与华丰公司签署了加工合同，总价款为14,018,576元。合同签订后，轧辊公司按约交付了货物，但华丰公司未及时付款。截至2010年9月，华丰公司拖欠轧辊公司1,530,735.3元。

李某芬与李某丰于2009年12月5日签订了股权转让协议，约定李某芬将在华丰公司的50%股权转让给李某丰，公司经营期间的债权债务由李某丰个人享有和承担，李某丰向李某芬支付了股权转让款，但未办理股权转让登记。华丰公司在李某芬未参加的情况下，于2010年10月10日作出了注销公司、成立清算组的股东会决议，但未在法定期限内通知轧辊公司。李某丰在清算报告上的清算组成员、股东签字处签上李某芬和李某丰的名字后，于2010年12月26日向河北省迁西县工商局出具了清算报告，将华丰公司注销。

法院裁判

河北省高级人民法院认为，本案是基于华丰公司进行公司清算时未通知债权人轧辊公司而引起的纠纷，且各方当事人均认为华丰公司已被注销，本案案由应为清算责任纠纷。虽然李某芬已经对内转让股权，但在未办理变更登记之前，李某芬仍应对外承担华丰公司的股东责任，负担清算组成员的责任。李某芬在明知轧辊公司系华丰公司债权人的情况下，其应在转让股权后根据诚实信用原则及时将已转让股权的事实通知轧辊公司或敦促李某丰尽快办理股权变更登记手续，而李某芬并未尽到上述注意义务。综上，李某芬

转让股权的行为不能对抗轧辊公司，李某芬以清算组成员的身份与李某丰向轧辊公司承担清算组成员违法清算的连带赔偿责任。

最高人民法院认为，本案再审中争议焦点为李某芬是否应当承担清算赔偿责任。《公司法》第32条第3款规定："公司应当将股东的姓名或者名称向公司登记机关登记；登记事项发生变更的，应当办理变更登记。未经登记或者变更登记的，不得对抗第三人。"本案中，李某芬将所持有的华丰公司50%股权转让给李某丰，但并未在工商登记机关办理股权转让和股东变更登记，因此华丰公司的股权变更不能对抗债权人轧辊公司。对于轧辊公司而言，李某芬仍然具有华丰公司股东的身份，承担华丰公司股东的责任。《公司法》第183条规定："有限责任公司的清算组由股东组成"，李某芬作为华丰公司股东之一，承担组成清算组，依法清算的义务。《公司法解释(二)》第11条规定："公司清算时，清算组应当按照规定，将公司解散清算事宜书面通知全体已知债权人，并根据公司规模和营业地域范围在全国或者公司注册登记地省级有影响的报纸上进行公告。清算组未按照前款规定履行通知和公告义务，导致债权人未及时申报债权而未获清偿，债权人主张清算组成员对因此造成的损失承担赔偿责任的，人民法院应依法予以支持。"本案中华丰公司清算组疏于履行公司清算时的通知和公告义务，导致债权人轧辊公司未及时申报债权，现华丰公司已注销，轧辊公司向清算组成员要求损害赔偿，原审法院支持轧辊公司的诉讼请求并无不当。裁定：驳回李某芬的再审申请。

二、关于擅自执行清算方案赔偿责任之诉

清算组依法清算后，应当将清算报告提交审批，自行清算的提交股东会议审批。强制清算的提交指定法院审批。未经审批，不得擅自执行清算报告。其目的就在于对清算报告进行严格监督，避免损害债权人或小股东的利益。

《公司法解释(二)》第15条规定："公司自行清算的，清算方案应当报股东会或者股东大会决议确认；人民法院组织清算的，清算方案应当报人民法院确认。未经确认的清算方案，清算组不得执行。执行未经确认的清算方案给公司或者债权人造成损失，公司、股东、董事、公司其他利害关系人或者债权人主张清算组成

员承担赔偿责任的,人民法院应依法予以支持。”

根据上述规定,如果清算组擅自执行清算方案给公司或者债权人造成损失,公司、股东、董事、公司其他利害关系人或者债权人有权主张清算组成员承担赔偿责任。

三、关于清算组成员违反法律、行政法规和公司章程赔偿责任之诉

《公司法解释(二)》第23条规定:“清算组成员从事清算事务时,违反法律、行政法规或者公司章程给公司或者债权人造成损失,公司或者债权人主张其承担赔偿责任的,人民法院应依法予以支持。有限责任公司的股东、股份有限公司连续一百八十日以上单独或者合计持有公司百分之一以上股份的股东,依据公司法第一百五十一条第三款的规定,以清算组成员有前款所述行为为由向人民法院提起诉讼的,人民法院应予受理。公司已经清算完毕注销,上述股东参照公司法第一百五十一条第三款的规定,直接以清算组成员为被告、其他股东为第三人向人民法院提起诉讼的,人民法院应予受理。”

根据上述规定,清算组成员履行清算职务时,必须严格遵守公司有关法律、行政法规及公司章程的有关规定,否则,应当赔偿由此给公司、股东或债权人造成的损失。对于清算组给公司所造成的损失,符合条件的股东可以提起股东代表诉讼,直接以自己的名义就清算组向人民法院提起诉讼。对于已注销的公司,公司股东仍然可以提起股东代表诉讼,追究清算组的责任。

四、关于债权人请求确认债权额的诉讼

与破产程序中债权申报及债权数额确认或异议之诉相近,在公司清算程序中,如果债权人向清算组申报债权后,或者对清算组确定的债权分配方案有异议,可以向清算组提出异议,如果得不到解决,可以向人民法院以清算组为被告,提起债权确认之诉。

具体的法律依据为《公司法解释(二)》第12条。该条明确规定:“公司清算时,债权人对清算组核定的债权有异议的,可以要求清算组重新核定。清算组不

予重新核定,或者债权人对重新核定的债权仍有异议,债权人以公司为被告向人民法院提起诉讼请求确认的,人民法院应予受理。”

案·例

强制清算程序中,股东是否有权对清算组确认的债权提起债权确认之诉

裁判要旨

在清算程序分配公司剩余财产的顺序中,公司股东处于末位,清算组对公司债权人申报债权的确认结果直接影响公司股东尚能分配的剩余财产余额,因此股东有权对清算组所确认的债权提出异议和诉讼;股东不仅对债权确认具有事后请求清算组成员赔偿的权利,而且具有事前监督清算组依法准确客观确认债权的权利。

基本案情

1. 千叶酒店的股东为千叶房地产公司、宏通公司、华星公司,三股东的持股比例分别为10%、36%、54%。

2. 2011年6月21日,佛山市中级人民法院裁定受理宏通公司对千叶酒店的强制清算申请,同时指定一家律师事务所为千叶酒店清算组;随后,千叶酒店清算组对千叶酒店展开清产核资、债权确认等相关工作。

3. 之后,千叶房地产公司向清算组申报22万元的债权;2012年7月30日,清算组经专项审计初步确认了千叶房地产公司22万元的债权。

4. 宏通公司以千叶房地产公司与千叶酒店存在关联交易为由,要求清算组不予确认千叶房地产公司的债权;因清算组仍予以确认,遂将清算组及千叶房地产公司诉至法院,要求确认千叶房地产公司对千叶酒店不享有债权。

5. 本案经佛山市中级人民法院一审,以千叶房地产公司没有充足的证据证明对千叶酒店享有债权为由,支持了宏通公司的诉讼请求;但是,经广东省高级人民法院二审,却以宏通公司没有诉讼主体资格为由,驳回了宏通公司的起诉。

6. 最后,宏通公司诉至最高人民法院,最高人民法院以股东为清算程序

中的直接利害关系人为由，裁定撤销了广东省高级人民法院的裁定，并决定提审该案。

争议焦点

宏通公司作为被清算人的股东，是否有权对清算组确认的债权提起诉讼。

法院裁判

广东省高级人民法院认为，被清算人的股东无权对债权提起确认之诉。原因有二：一是《公司法》仅规定债权人对清算组确认的债权享有异议权和提起诉讼的权利，并没有赋予债务人或债务人股东提出异议或提起诉讼的权利。通说认为，就强制清算事务，《公司法》及其司法解释没有规定的，可以参照适用《企业破产法》及其司法解释有关破产清算的规定。而《企业破产法》与破产清算债权确认有关的《企业破产法》第58条第3款规定："债务人、债权人对债权表记载的债权有异议的，可以向受理破产案件的人民法院提起诉讼。"该规定亦未赋予被清算人的股东对债权确认享有诉权。二是公司股东若认为清算组违法清算、清算组成员因故意或重大过失造成公司损失，可以依照《公司法解释(二)》第23条规定，请求清算组成员承担赔偿责任，但无权直接提起债权确认的诉讼。综上，宏通公司作为股东无权提起债权确认之诉。

最高人民法院否定了广东省高级人民法院的观点，认为：被清算人的股东，作为利害关系人，有权提起债权确认之诉。理由：一方面，在强制清算程序中，股东享有剩余财产分配权，债权的多少直接影响剩余财产权的实现，属于债权确认诉讼的利害关系人。因为，公司强制清算程序应当以维护公司各方主体利益平衡为原则，实现公司退出环节中的公平公正。人民法院在审理公司强制清算案件时，既要充分保护债权人利益，也要兼顾公司股东等其他各方的利益。宏通公司作为千叶酒店的中小股东，其合法利益在清算程序中应得到充分保障。根据《公司法》第186条第2款规定，公司财产在分别支付清算费用、职工的工资、社会保险费用和法定补偿金，缴纳所欠税款，清偿公司债务后的剩余财产,有限责任公司按照股东的出资比例分配,股份有限公司按照股东持有的股份比例分配。据此,在清算程序分配公司剩余财产的顺序中,公司股东处于末位,清算组对公司债权人申报债权的确认结果直接影响公司股东尚能分配的剩余财产余额,故可以认定公司股东与清算组作出的有关公司债权、债务核定结果具有直接利害关系。虽然《公司法解释(二)》第12条只赋予债权人对清算组核定的债权提出异议并以公司为被告向人民法院提起诉讼请求确认债权的权利,但并未否认公司股东、债务人对清算组作出的债权、债务核定结果提出异议并提起诉讼的权利。由于债权人、债务人和公司股东与清算组作出的债权、债务核定结果均存在直接的利益关联,法律上应平等地赋予利益关联方相同的救济权利,才能公平地保护各方的合法权益。因此,宏通公司作为千叶酒店的中小股东,有权对清算组确认的债权提出异议及提起诉讼。

另一方面,虽然《公司法》第189条第3款规定了清算组成员因故意或者重大过失给公司或者债权人造成损失时应当承担赔偿责任,但该赔偿责任属于事后的救济措施。法律上不能因为股东对清算组成员享有事后的索赔权利,就否定其事前的监督权利,否则不符合市场经济的效率原则。

第三节　第35式:公司清算责任4种诉讼解析

上一节我们阐述了公司清算组的3类违规清算责任及1类债权确认之诉。本节我们主要讲公司清算义务人(公司清算主体)的职责及其承担的法律责任。《公司法解释(二)》对此作出了明确规定。其中第18条、第19条、第20条、第21条对清算义务人的责任在不同情形下所承担的责任作了详尽规定。该4条规定的4种情形分别涉及4类公司清算责任,应该4条清算责任引发的诉讼就是本节所述的公司诉讼第35式之公司清算责任4种诉讼。

对于司法实践中,部分法院在依据上述司法解释规定审理案件时,加大了公司部分清算义务人的责任,尤其是小股东的清算责任。显失公平,有悖于法律精神及司法解释原意。为此,《九民会议纪要》第5条规定了关于有限责任公司清算义务人的责任若干问题。

该条规定:关于有限责任公司股东清算责任的认定,一些案件的处理结果不适当地扩大了股东的清算责任。特别是实践中出现了一些职业债权人,从其他债权人处大批量超低价收购“僵尸企业”的“陈年旧账”后,对批量“僵尸企业”提起强制清算之诉,在获得人民法院对公司主要财产、账册、重要文件等灭失的认定后,根据《公司法解释(二)》第18条第2款的规定,请求有限责任公司的股东对公司债务承担连带清偿责任。有的人民法院没有准确把握上述规定的适用条件,判决没有“怠于履行义务”的小股东或者虽“怠于履行义务”但与公司主要财产、账册、重要文件等灭失没有因果关系的小股东对公司债务承担远远超过其出资数额的责任,导致出现利益明显失衡的现象。需要明确的是,上述司法解释关于有限责任公司股东清算责任的规定,其性质是因股东怠于履行清算义务致使公司无法清算所应当承担的侵权责任。在认定有限责任公司股东是否应当对债权人承担侵权赔偿责任时,应当注意以下问题:

其一,《公司法解释(二)》第18条第2款规定的“怠于履行义务”,是指有限责任公司的股东在法定清算事由出现后,在能够履行清算义务的情况下,故意拖延、拒绝履行清算义务,或者因过失导致无法进行清算的消极行为。股东举证证明其已经为履行清算义务采取了积极措施,或者小股东举证证明其既不是公司董事会或者监事会成员,也没有选派人员担任该机关成员,且从未参与公司经营管理,以不构成“怠于履行义务”为由,主张其不应当对公司债务承担连带清偿责任的,人民法院依法予以支持。

其二,有限责任公司的股东举证证明其“怠于履行义务”的消极不作为与“公司主要财产、账册、重要文件等灭失,无法进行清算”的结果之间没有因果关系,主张其不应对公司债务承担连带清偿责任的,人民法院依法予以支持。

下面,我们就分别阐释与公司清算责任有关的4种公司诉讼。

一、关于公司延迟清算赔偿责任的诉讼

《公司法解释(二)》第18条规定,有限责任公司的股东、股份有限公司的董事和控股股东未在法定期限内成立清算组开始清算,导致公司财产贬值、流失、毁

损或者灭失，债权人主张其在造成损失范围内对公司债务承担赔偿责任的，人民法院应依法予以支持。

公司解散或被吊销营业执照之后，公司应当在法定期限内成立清算组，依法进行清算，若迟迟未能在法定期限内成立清算组或申请法院指定清算组，并且导致公司财产贬值、流失、毁损或者灭失的，债权人有权要求有限责任公司的股东、股份有限公司的董事和控股股东等在因此而造成的损失范围内对公司债务承担赔偿责任。

该规定显然是民事责任承担角度倒逼有限责任公司的股东、股份有限公司的董事和控股股东等公司清算义务人（法定清算主体）积极履行清算义务。

案·例

上海湘业实业有限公司股东清算赔偿纠纷案

[（2018）沪0117民初1646号]

裁判要旨

公司因营业期限届满、被吊销营业执照、被责令关闭等原因而解散的，应当在解散事由出现之日起15日内成立清算组，对公司进行清算。如果清算义务人怠于履行清算义务，导致债权人遭受损失的，应当承担相应的赔偿责任。

基本案情

1. 竞博公司与湘业公司存在买卖合同纠纷，2013年9月5日，上海市松江区人民法院作出（2013）松民二（商）初字第1229号民事判决书，判令湘业公司偿付竞博公司货款58,854.80元，并承担诉讼费1271元。判决生效后，竞博公司申请执行，但因湘业公司的财产尚不足以清偿工资债务，故法院裁定终结本次执行程序。

2. 曾某毛、曾某波系湘业公司股东，湘业公司注册资本50万元，但湘业公司2012年3月19日的审计报告显示，公司实收资本仅为10万元。湘业公司于2016年12月20日被吊销营业执照，曾某毛和曾某波未及时成立清算组对公司进行清算。

审理过程

竞博公司将曾某毛、曾某波诉至法院，其主要诉请为，两被告对(2013)松民二(商)初字第1229号民事判决书确定的上海湘业实业有限公司应承担的债务承担赔偿责任。经审理，上海市松江区人民法院判决支持了原告的诉请。

法院裁判

上海市松江区人民法院在判决书中指出：公司因依法被吊销营业执照而解散的，应当在解散之日起15日内成立清算组，开始清算。本案中，湘业公司于2016年12月20日被依法吊销营业执照，故作为湘业公司的股东的两被告应当在15日内成立清算组，进行清算。但两被告至今未进行清算，且又下落不明，湘业公司的财产、账册等亦不知所踪。因此，两被告应当对湘业公司的债务承担赔偿责任。

二、关于公司无法清算赔偿责任的诉讼

根据《公司法解释(二)》第18条第2款的规定，有限责任公司的股东、股份有限公司的董事和控股股东因怠于履行义务，导致公司主要财产、账册、重要文件等灭失，无法进行清算，债权人主张其对公司债务承担连带清偿责任的，人民法院应依法予以支持。

第3款规定，上述情形系实际控制人原因造成，债权人主张实际控制人对公司债务承担相应民事责任的，人民法院应依法予以支持。

该条司法解释主要规定了因公司清算义务人怠于履行义务，导致公司主要财产、账册、重要文件等灭失，无法进行清算所需要承担的法律责任。对于该种情形，承担责任的主体：有限责任公司的股东；股份有限公司的董事；股份有限公司的控股股东；公司(包括有限责任公司与股份有限公司)实际控制人等。不过，公司实际控制人承担的责任为相应民事责任，而非连带责任。

该情形下承担责任的条件：怠于履行义务 + 导致公司无法进行清算(主要财

产、账册、重要文件等灭失等)+债权人债权受损。权利主张人为公司债权人。

案·例

裁判要旨

有限责任公司的股东作为公司的清算义务人,负有在公司解散事由出现后依法及时启动清算程序的义务及对公司的财产、账册、重要文件等尽到善良管理人的忠实、勤勉的保管义务。若违反清算义务,致使公司无法进行清算的,其应当对公司债务承担连带责任。

债权人要求有限责任公司股东承担连带责任的请求权基础系侵权责任,应当适用诉讼时效,但诉讼时效应从债权人知道或者应当知道权利受侵害时起算。若侵权行为处于持续状态的,则诉讼时效应自侵权行为结束之日起计算。

基本案情

原告W出版纸张公司起诉称:北京市海淀区人民法院对W出版纸张公司与S公司买卖合同纠纷一案作出了判决,判决S公司向W出版纸张公司支付货款2,716,407.52元及违约金80万元。该判决生效后,W出版纸张公司申请强制执行,后北京市海淀区人民法院于2011年4月28日出具(2010)海民执字第1700号执行裁定书,终结本次执行程序。后W出版纸张公司得知2010年10月30日S公司已被吊销营业执照,但S公司股东刘某某、李某多年未履行清算义务,已经损害了债权人利益,故W出版纸张公司诉至法院,要求刘某某、李某就(2009)海民初字第26054号民事判决书确定的S公司向W出版纸张公司给付货款2,716,407.52元、违约金80万元、诉讼费7000元及法定迟延履行金承担连带清偿责任。

被告刘某某、李某答辩称:S公司在清算事由发生之前即长期处在歇业及资不抵债的状态,无力偿还债务,W出版纸张公司债权不能清偿与股东未及时清算不具有因果关系;刘某某、李某于2009年10月将S公司财务账册、报表等文件保管于北京洁简天兴商贸有限责任公司(以下简称T公司)库房，后发现账册被雨水浸泡导致账册灭失，导致公司无法进行及时清算，刘某某、李某对此不存在过错，亦无须承担责任；W出版纸张公司未及时申请清算也是未能导致S公司清算的原因之一，W出版纸张公司也应承担部分责任；W出版纸张公司的诉讼请求，已经超过了诉讼时效期间。

法院经审理查明：S公司系有限责任公司，股东为刘某某、李某。2009年10月30日，北京市海淀区人民法院就W出版纸张公司与S公司买卖合同纠纷一案作出(2009)海民初字第26054号民事判决，认定S公司与W出版纸张公司成立买卖合同关系，并判令S公司于判决书生效之日起10日内向W出版纸张公司支付货款2,716,407.52元、违约金800,000元；案件受理费由S公司负担7000元。该判决生效后，S公司未履行，W出版纸张公司申请强制执行，北京市海淀区人民法院于2011年4月28日作出(2010)海民执字第1700号执行裁定书，因S公司无财产可供执行且W出版纸张公司不能提供可供执行的财产线索，终结本次执行程序。2010年10月30日，S公司被工商机关吊销营业执照，刘某某、李某未自行组成清算组进行清算。在本案审理过程中，刘某某、李某自认S公司财务账册已灭失，无法进行清算。

一审庭审中，为证明S公司财务账册因水浸灭失，刘某某、李某申请证人T公司出庭作证，T公司法定代表人简某成到庭陈述称2009年10月李某将10余箱账本存放到T公司库房，2010年5月发现账本已被水浸变成纸浆无法辨认，T公司通知李某后，李某将废纸弃于院内；简某成表示不知道下雨的具体时间、库房的材质等情况。

一审庭审中，为证明S公司在发生解散事由之前即已资不抵债，刘某某、李某向一审法院提交2010年1月10日由北京国府嘉盈会计师事务所有限公司(以下简称国府会计师事务所)出具的审计报告，审计报告记载国府会计师事务所对S公司2009年11月30日的资产负债表、2005~2008年度、2009年1~11月的利润表以及财务报表附注进行了审计，并认为除部分保留事项外，S公司财务报表能够反映S公司2009年11月30日的财务状况及2005~2008年度、2009年1~11月经营成果。审计报告显示S公司2009年11月30日资产总计5,318,605.01元，其中应收账款为4,782,986.90元。

法院裁判

北京市朝阳区人民法院于2016年9月30日作出(2015)朝民(商)初字第35647号民事判决:(1)刘某某、李某对(2009)海民初字第26054号民事判决书中确定的北京诗濠永式纸制品有限公司对W出版纸张公司的付款义务及法定迟延履行金承担连带清偿责任;(2)驳回W出版纸张公司的其他诉讼请求。

判决后,刘某某、李某向北京市第三中级人民法院提起上诉,2017年1月20日北京市第三中级人民法院作出(2017)京03民终432号判决:驳回上诉,维持原判。

法院生效判决认为:根据《公司法》第180条、第183条之规定,公司因依法被吊销营业执照解散的,应当在解散事由出现之日起15日内成立清算组,开始清算,有限责任公司的清算组由股东组成。《公司法解释(二)》第18条第2款规定:"有限责任公司的股东、股份有限公司的董事和控股股东因怠于履行义务,导致公司主要财产、账册、重要文件等灭失,无法进行清算,债权人主张其对公司债务承担连带清偿责任的,人民法院应依法予以支持。"本案中,刘某某、李某作为S公司的股东,系法定的清算义务人,且W出版纸张公司对S公司的合同债权已经生效判决确认,W出版纸张公司具有S公司合法债权人资格。结合双方当事人的诉辩意见,本案二审的争议焦点:(1)刘某某、李某是否存在怠于履清算行义务的行为;(2)刘某某、李某主张财务账册因水浸灭失的免责事由是否成立;(3)W出版纸张公司的诉讼请求是否已过诉讼时效。

关于争议焦点一,刘某某、李某是否存在怠于履清算行义务的行为。有限责任公司股东在公司解散事由发生后,应当对公司的财产、账册、重要文件尽善良管理人的忠实、勤勉的保管义务,并应当在法定期间内组成清算组,对公司进行依法清算,以保护公司和公司债权人的利益。S公司于2010年10月30日被吊销营业执照至今,刘某某、李某未组成清算组进行清算,明显属于怠于履行清算义务。

关于争议焦点二,刘某某、李某主张财务账册因水浸灭失的免责事由是否成立。首先,刘某某、李某主张其将财务账册委托T公司保管并存放于其库房,后因连降暴雨这一不可抗力导致账册毁损,但是T公司的法定代表人简某成在一审到庭却称不知道下雨的具体时间、库房的材质等具体情况,明显不合常理,故T公司的证人证言不足以证明刘某某、李某主张的S公司会计账簿灭失的原因。其次,刘某某、李某提交的审计报告显示在2009年11月30日至2010年1月10日,国府会计师事务所对S公司进行了审计,此项事实亦与T公司陈述的2009年10月李某将财务账簿存放于T公司库房,2010年5月T公司发现财务账簿因水浸变成浆板的陈述存在矛盾。最后,刘某某、李某作为S公司股东,负有妥善保管公司财务账簿的法定义务,应将公司财务账簿保管于安全场所,刘某某、李某主张因暴雨导致库房进水进而使会计账簿灭失亦不属于不能预见、不能避免的客观原因。因此,刘某某、李某主张其对财务账簿灭失不存在过错亦无须承担责任,缺乏事实和法律依据,法院不予支持。

关于争议焦点三,W出版纸张公司的诉讼请求是否已过诉讼时效。清算义务人怠于履行清算义务,导致损害债权人利益,债权人要求股东承担的连带清偿责任属于侵权责任,诉讼时效应自知道或应当知道权利受侵害时起算,但侵权行为处于持续状态的,应自侵权行为结束之日起计算。本案中,刘某某、李某在公司解散事由发生后,未在法定期限内成立清算组进行清算,并至今未履行清算义务,故刘某某、李某以不作为方式进行的侵权行为至今仍处于持续状态。因此,一审法院认定W出版纸张公司的诉讼请求并未超过诉讼时效期间并无不当,法院予以确认。刘某某、李某上诉主张本案诉讼时效应从清算组通知债权人法定期间届满之日即2011年1月24日开始计算,但是本案中刘某某、李某未自行组成清算组进行清算,亦未通知债权人,故刘某某、李某的该项主张缺乏事实依据,法院不予采信。

另外,刘某某、李某主张S公司被吊销前已资不抵债,W出版纸张公司债权不能得到清偿与S公司未及时清算没有因果关系,依据不足,法院不予采信。故依照《民事诉讼法》第170条第1款第1项规定,判决:驳回上诉,维持原判。

三、关于恶意处分公司清算财产的诉讼

《公司法解释(二)》第19条规定,有限责任公司的股东、股份有限公司的董事和控股股东,以及公司的实际控制人在公司解散后,恶意处置公司财产给债权人造成损失,或者未经依法清算,以虚假的清算报告骗取公司登记机关办理法人注销登记,债权人主张其对公司债务承担相应赔偿责任的,人民法院应依法予以支持。

请注意上述规定的几个构成要件:(1)公司法定清算义务人(或法定清算主体),包括有限责任公司的股东、股份有限公司的董事和控股股东以及公司的实际控制人。(2)两种违法情形:情形一,恶意处置公司财产给债权人造成损失;情形二,或者未经依法清算,以虚假的清算报告骗取公司登记机关办理法人注销登记。(3)债权人债权因此而遭受损失。符合上述三构成要件情形下,公司债权人有权要求公司的法定清算义务人承担相应的赔偿责任,这里规定的是相应的赔偿责任,并非连带赔偿责任。

四、关于公司未依法清算即注销公司的诉讼

《公司法解释(二)》第20条规定,公司解散应当在依法清算完毕后,申请办理注销登记。公司未经清算即办理注销登记,导致公司无法进行清算,债权人主张有限责任公司的股东、股份有限公司的董事和控股股东以及公司的实际控制人对公司债务承担清偿责任的,人民法院应依法予以支持。

公司未经依法清算即办理注销登记,股东或者第三人在公司登记机关办理注销登记时承诺对公司债务承担责任,债权人主张其对公司债务承担相应民事责任的,人民法院应依法予以支持。

上述司法解释规定了未经依法清算即办理公司注销损害公司债权人权益责任的情形下,如何切实保护债权人利益的问题。如前所述,公司终结必须进行依法清算,清算本身就是为了切实保护公司债权人、公司员工及小股东的权益,如果一个公司未经依法清算就注销,将导致大量涌现逃废债情形。为此,司法解释明

确规定,未经清算即注销,必须由公司的法定清算义务人承担相应的法律责任。

当下,由于适用简易快速注销程序,大量小公司会大大加快注销的程序。但是,在适用该程序时,必须由公司法定清算义务人做出书面承诺,如果发生损害债权人利益或未处理的债权,则必须履行承诺义务承担相应的法律责任。

《公司法解释(二)》第21条规定,有限责任公司的股东、股份有限公司的董事和控股股东,以及公司的实际控制人为二人以上的,其中一人或者数人按照本规定第18条和第20条第1款的规定承担民事责任后,主张其他人员按照过错大小分担责任的,人民法院应依法予以支持。

根据上述规定,对于前述所讲的4类清算责任诉讼,如果存在多个法定清算义务主体,则对外承担共同责任,对内则按照过错大小承担按份赔偿责任。

案·例

深圳市投资控股有限公司与中国华融资产管理股份有限公司深圳市分公司股东损害公司债权人利益责任纠纷案

[(2017)粤民申7962号]

广东省高级人民法院认为,本案为股东损害公司债权人利益责任纠纷。华融深圳分公司依据生效的法律文书享有(1997)深中法经一初字第194号民事判决中对外经公司的债权,为合法债权人。投资公司系外经公司的工商登记的股东,2004年经深圳市政府批准在投资公司与另两家公司基础上合并组建投控公司,投控公司继受投资公司的权利义务。投资公司获得主管部门的批准将外经公司72.72%的股权转让给深圳市欣倍投资发展有限公司(以下简称欣倍公司),双方于1998年2月26日签订《国有股权转让合同书》,但没有证据显示已经完成股权过户手续。根据《公司法》第32条第3款规定:"公司应当将股东的姓名或者名称向公司登记机关登记;登记事项发生变更的,应当办理变更登记。未经登记或者变更登记的,不得对抗第三人。"在2004年外经公司被吊销营业执照前,外经公司工商登记资料中的控股股东仍为投资公司,并未进行变更登记,华融深圳分公司有理由相信投资公司仍在行使外经公司的股东权利。一审、二审法院据此认定投资公司仍是外经公司的控股股东以及清算义务人,并无不当。投资公司作为外经公司的控股股东,在外经公司吊销营业执照后未对外经公司进行清算,导致公司主要财产、账册、重要文件等灭失,无法进行清算,应对公司债务承担连带责任。因投控公司继受投资公司的权利义务,一审、二审法院认定投控公司对外经公司的债务承担连带清偿责任,亦无不当。

第四节　第36式:关于公司破产6种诉讼解析

如果说公司解散是公司正常终结,那么公司破产清算则可以称为公司的非正常终结。如前文所述,公司解散后必须依法进行清算,然后方可办理公司注销手续。在公司清算过程中,如果发现资不抵债的情形,且无法与各债权人就清偿方案达成一致,则转入破产清算程序。

此外,根据《企业破产法》的规定,当公司发生到期债务清偿不能(资不抵债)的法定情形,就具备了向法院申请破产的前提条件。在该种情形下,公司经过2/3有表决权股东表决通过,即可向法院申请破产,这种方式为债务人申请模式。作为公司的债权人,如果有证据证明公司到期债务清偿不能,可以向人民法院申请公司破产。除此之外,法律、行政法规规定的金融公司,在实施行政接管或行政清理之后,经成立的清算组清算后发现符合破产条件的,可转入破产清算程序。

破产法有三个子程序,分别为破产清算、破产和解及破产重整。进入破产程序的公司,如果有破产重整的可能,最好通过破产重整程序完成凤凰涅槃,轻装上阵。

破产案件中会引发一些相关的诉讼,这类诉讼既有公司诉讼、普通民商事的一些特点,也有破产法自身的一些独特性,该类诉讼,我们称为破产衍生诉讼。常见的破产衍生诉讼有四种,分别为取回权诉讼、别除权诉讼、抵销权诉讼、撤销权诉讼。除此之外,破产申请及其异议程序,破产债权的确认之诉也是两类常见的诉讼。本书将该类诉讼列为公司诉讼36式中的第36式,一共包括5类常见的诉讼。

一、破产申请及其异议和上诉程序

《企业破产法》第 2 条规定，企业法人不能清偿到期债务，并且资产不足以清偿全部债务或者明显缺乏清偿能力的，依照本法规定清理债务。企业法人有前款规定情形，或者有明显丧失清偿能力可能的，可以依照本法规定进行重整。第 7 条规定，债务人有本法第 2 条规定的情形，可以向人民法院提出重整、和解或者破产清算申请。债务人不能清偿到期债务，债权人可以向人民法院提出对债务人进行重整或者破产清算的申请。企业法人已解散但未清算或者未清算完毕，资产不足以清偿债务的，依法负有清算责任的人应当向人民法院申请破产清算。

由上述规定可见，具备申请公司破产申请资格的主体有三类：债务人（公司本身）、债权人、依法负有清算责任的人。债务人申请破产，可以直接申请破产清算、破产重整或破产和解三个子程序中的任何一类。债权人申请破产，不可以直接申请破产和解。申请破产的证据（硬核/条件）：不能清偿到期债务，并且资产不足以清偿全部债务或者明显缺乏清偿能力。那么，究竟该如何判断何谓"不足以清偿全部债务或者明显缺乏清偿能力呢？"

最高人民法院《关于适用〈中华人民共和国企业破产法〉若干问题的规定（一）》（以下简称《企业破产法解释（一）》对此作了详尽而具体的规定，具体如下：

《企业破产法解释（一）》第 1 条规定："债务人不能清偿到期债务并且具有下列情形之一的，人民法院应当认定其具备破产原因：（一）资产不足以清偿全部债务；（二）明显缺乏清偿能力。"第 2 条规定："下列情形同时存在的，人民法院应当认定债务人不能清偿到期债务：（一）债权债务关系依法成立；（二）债务履行期限已经届满；（三）债务人未完全清偿债务。"第 3 条规定："债务人的资产负债表，或者审计报告、资产评估报告等显示其全部资产不足以偿付全部负债的，人民法院应当认定债务人资产不足以清偿全部债务，但有相反证据足以证明债务人资产能够偿付全部负债的除外。"第 4 条规定："债务人账面资产虽大于负债，但存在下列情形之一的，人民法院应当认定其明显缺乏清偿能力：（一）因资金严重不足或者财产不能变现等原因，无法清偿债务；（二）法定代表人下落不明且无其他人员负责管理财产,无法清偿债务;(三)经人民法院强制执行,无法清偿债务;(四)长期亏损且经营扭亏困难,无法清偿债务;(五)导致债务人丧失清偿能力的其他情形。"

根据上述司法解释规定,就比较容易对破产的原因和条件作出准确的判断了。可以极大地消除理解上的模糊与分歧。

同时,《企业破产法》赋予了债务人对破产申请的异议权。对于债权人或者清算组申请的破产案件,债务人有异议权,且法院应当认真审查该异议。为此,《企业破产法》第10条第1款规定,债务人对申请有异议的,应当自收到人民法院的通知之日起七日内向人民法院提出。人民法院应当自异议期满之日起十日内裁定是否受理。第12条规定,"人民法院裁定不受理破产申请的,应当自裁定作出之日起五日内送达申请人并说明理由。申请人对裁定不服的,可以自裁定送达之日起十日内向上一级人民法院提起上诉。人民法院受理破产申请后至破产宣告前,经审查发现债务人不符合本法第二条规定情形的,可以裁定驳回申请。申请人对裁定不服的,可以自裁定送达之日起十日内向上一级人民法院提起上诉"。

根据上述规定,对于债权人提起的破产申请,债务人有权提出异议。法院经对异议审查后,决定是否受理破产申请。如果裁定不予受理,申请人可以向上级法院提起上诉。此外,法院在受理后破产宣告之前,若发现债务人不符合《企业破产法》第2条规定的情形,可以裁定驳回受理申请。反之,则可以作出破产的裁定,进入破产清算程序。换言之,法院受理破产申请,类似于法院受理再审申请,并不意味着破产宣告,也即不能意味着公司终结。只有公司被作出破产宣告的裁定后,才意味着公司终结,从而进入破产清算程序。

除此之外,《企业破产法解释(一)》第5条与第6条对异议权作了进一步解释,第5条规定:企业法人已解散但未清算或者未在合理期限内清算完毕,债权人申请债务人破产清算的,除债务人在法定异议期限内举证证明其未出现破产原因外,人民法院应当受理。第6条第2款规定:债权人申请债务人破产的,应当提交债务人不能清偿到期债务的有关证据。债务人对债权人的申请未在法定期限内向人民法院提出异议,或者异议不成立的,人民法院应当依法裁定受理破产申请。

向法院申请破产属于一种特殊的非诉讼程序,但该程序设计的特点在于,对于法院作出的不予受理的裁定,则可以向上级法院提起上诉。给了破产申请人一个司法救济途径。

法院是否决定受理破产申请,进入破产预备程序,其核心审查标准就是前文所讲的:不能清偿到期债务,并且资产不足以清偿全部债务或者明显缺乏清偿能力。也即公司是否明显丧失债务清偿能力。

二、公司破产衍生诉讼之一:撤销权诉讼

破产撤销权是指在破产程序中管理人对债务人在破产申请受理前的法定期间内,与他人进行的欺诈债权人利益的行为或者损害对全体债权人公平清偿的行为,有请求法院予以撤销的权利。

《企业破产法》第 31 条规定,“人民法院受理破产申请前一年内,涉及债务人财产的下列行为,管理人有权请求人民法院予以撤销:(一)无偿转让财产的;(二)以明显不合理的价格进行交易的;(三)对没有财产担保的债务提供财产担保的;(四)对未到期的债务提前清偿的;(五)放弃债权的”。

《企业破产法》第 32 条规定,“人民法院受理破产申请前六个月内,债务人有本法第二条第一款规定的情形,仍对个别债权人进行清偿的,管理人有权请求人民法院予以撤销。但是,个别清偿使债务人财产受益的除外”。

上述规定为破产撤销权的法律依据。因管理人行使撤销前而引发的诉讼,则为撤销权诉讼。由于破产法对破产撤销权的规定较为原则,最高人民法院《关于适用〈中华人民共和国企业破产法〉若干问题的规定(二)》(以下简称《企业破产法解释(二)》)对此进行了补充规定。

《企业破产法解释(二)》第 11 条规定:“人民法院根据管理人的请求撤销涉及债务人财产的以明显不合理价格进行的交易的,买卖双方应当依法返还从对方获取的财产或者价款。因撤销该交易,对于债务人应返还受让人已支付价款所产生的债务,受让人请求作为共益债务清偿的,人民法院应予支持”。

根据此条规定,高买低卖的交易的撤销,受让人支付的对价应作共益债务,而破产法规定共益债务可随时清偿,因此,如果交易时的交易价格明显不合理,而破产时交易价格对债务人并无不利,此时,撤销该交易不仅于债权人无益,而且在有害交易

秩序的情况下还徒增交易成本,此时撤销就不符合撤销权设立的立法目的。

《企业破产法解释(二)》第12条规定:“破产申请受理前一年内债务人提前清偿的未到期债务,在破产申请受理前已经到期,管理人请求撤销该清偿行为的,人民法院不予支持。但是,该清偿行为发生在破产申请受理前六个月内且债务人有企业破产法第二条第一款规定情形的除外”。

本条规定的提前清偿,实际上是对《企业破产法》第31条的提前清偿进行了限缩性解释,虽然清偿是破产申请受理前一年内的提前清偿,但如果该债务是在破产申请受理前到期且提前清偿的时间超过了6个月,则该清偿不应被撤销;清偿虽然是在6个月内的,但债务在破产申请受理前已经到期,则该清偿是否应被撤销,应按6个月内到期的债务清偿规则进行处理,即只有已经出现破产情形时,清偿才能被撤销,此时适用的撤销规则实际应是第32条而不是第31条。

《企业破产法解释(二)》第13条规定:“破产申请受理后,管理人未依据企业破产法第三十一条的规定请求撤销债务人无偿转让财产、以明显不合理价格交易、放弃债权行为的,债权人依据合同法第七十四条等规定提起诉讼,请求撤销债务人上述行为并将因此追回的财产归入债务人财产的,人民法院应予受理。相对人以债权人行使撤销权的范围超出债权人的债权抗辩的,人民法院不予支持”。

本条规范了债权人依据《合同法》第74条主张撤销权与管理人依据《企业破产法》规定的撤销权同时行使的关系,管理人行使撤销权优先,只有管理人不行使撤销权,债权人才能行使撤销权,而且债权人行使的不是代位管理人行使《企业破产法》第31条的撤销权,而是行使债权人的撤销权,但该撤销权的行使与《合同法》第74条的规定仍有所不同,这就是债权人可以撤销的范围不受自己的债权数额限制,因为债权人这里的撤销权而恢复的财产不能归入债权人自己的仓库,而要入债务人即全体债权人的破产财产,实际上起诉的债权人是代表全体债权人在行使撤销权。

《企业破产法解释(二)》第14条规定:“债务人对以自有财产设定担保物权的债权进行的个别清偿,管理人依据企业破产法第三十二条的规定请求撤销的,人民法院不予支持。但是,债务清偿时担保财产的价值低于债权额的除外”。第15条规定:“债务人经诉讼、仲裁、执行程序对债权人进行的个别清偿,管理人依据企业破产法第三十二条的规定请求撤销的,人民法院不予支持。但是,债务人与债权人恶意串通损害其他债权人利益的除外”。第16条规定:“债务人对债权人进行的以下个别清偿,管理人依据企业破产法第三十二条的规定请求撤销的,人民法院不予支持:(一)债务人为维系基本生产需要而支付水费、电费等的;(二)债务人支付劳动报酬、人身损害赔偿金的;(三)使债务人财产受益的其他个别清偿”。

《企业破产法解释(二)》第14条、第15条、第16条规定的是撤销权的例外,这一例外是对《企业破产法》第32条破产撤销权行使的例外。

案·例

某资产管理公司与某纸业有限公司破产管理人破产撤销权纠纷案

[湘检民监[2020]43000000099号/(2020)湘民抗130号]

基本案情

2014年,某纸业公司与工行某支行签订8001号、8002号、8008号《最高额抵押合同》,约定以中控纸业名下土地、房产、动产在2014年1月1日至2024年12月31日为业某公司、粤某公司向工行某支行的借款提供抵押担保,并办理了相应抵押登记。

2014年8月7日至8月20日,某纸业公司向工行某支行共借款1.7132亿元。2014年11月20日,江门市中级人民法院作出(2014)江中民法第54号民事调解书确认了前述债权,明确工行某支行享有相关最高额抵押合同项下土地、房产、动产变价所得价款的优先受偿权,并于2019年11月25日出具《释明》,明确了工行某支行享有优先受偿权所涉及的最高额抵押合同包括8001号、8008号《最高额抵押合同》。

2014年12月5日,某纸业公司被衡山县人民法院裁定受理破产申请,并指定了破产管理人。

2015年3月26日,某纸业公司破产管理人起诉至衡山县法院请求撤销上述8001号、8002号、8008号《最高额抵押合同》及相应抵押登记。衡山县人民法院一审以某纸业公司提供最高额抵押担保的行为属于在破产申请受理前一年内为没有担保的债务提供担保为由支持了破产管理人的撤销权，衡阳市中级人民法院二审维持了一审判决，湖南省高级人民法院提审后发回衡山县人民法院重审。重审一审、二审又以某纸业公司提供最高额抵押担保的行为属于在破产申请受理前一年内无偿转让财产为由支持了破产管理人的诉讼请求，而某资产管理有限公司的重审再审申请被湖南省高级人民法院驳回。

裁判结果

某资产管理有限公司的重审再审申请被湖南省高级人民法院驳回后，向衡阳市人民检察院申请检察监督、提请湖南省人民检察院提请抗诉，湖南省人民检察院经审查后向湖南省高级人民法院就本案提起抗诉，湖南省高级人民法院于2020年12月裁定提审本案。

三、公司破产衍生诉讼之二：取回权诉讼

取回权是指财产权利人向管理人主张返还或者交付不属于破产财产而归其支配的财产的权利。管理人对破产企业的接管通常为破产企业占有的一切财产，这些财产可能包括破产企业基于仓储、保管、加工承揽、委托交易、代销、借用、寄存、租赁等法律关系占有、使用的他人财产以及在途的出卖物，从而可能与相对人产生利害关系。

《企业破产法》第38条规定："人民法院受理破产申请后，债务人占有的不属于债务人的财产，该财产的权利人可以通过管理人取回。但是，本法另有规定的除外。"

根据本条规定，在债务人进入破产程序后，权利人认为债务人占有的财产不属于债务人，应当向管理人提出取回。管理人对取回不予认可的，权利人可以向人民法院起诉要求向管理人取回财产，要求取回的财产可是动产，亦可是不动产。

《企业破产法解释（二）》第2条规定："下列财产不应认定为债务人财产：（一）债务人基于仓储、保管、承揽、代销、借用、寄存、租赁等合同或者其他法律关

系占有、使用的他人财产。”

该条司法解释进一步规定了不属于债务人财产的情形，以类型化列举的方式指明该类资产可以由其权利人主张取回权。

《企业破产法解释（二）》又进一步对取回权作了细化，第26条规定：“权利人依据企业破产法第三十八条的规定行使取回权，应当在破产财产变价方案或者和解协议、重整计划草案提交债权人会议表决前向管理人提出。权利人在上述期限后主张取回相关财产的，应当承担延迟行使取回权增加的相关费用。”第27条规定：“权利人依据企业破产法第三十八条的规定向管理人主张取回相关财产，管理人不予认可，权利人以债务人为被告向人民法院提起诉讼请求行使取回权的，人民法院应予受理。权利人依据人民法院或者仲裁机关的相关生效法律文书向管理人主张取回所涉争议财产，管理人以生效法律文书错误为由拒绝其行使取回权的，人民法院不予支持。”

案·例

川惠投资公司与鼎城房地产开发有限公司商品房预售合同纠纷案

［（2017）最高法民申3088号］

基本案情

1. 川惠投资公司与鼎城房地产开发有限公司商品房预售合同纠纷一案，不服贵州省高级人民法院判决，向最高人民法院申请再审，请求撤销贵州省高级人民法院判决，判令鼎城房地产开发有限公司为其办理商品房买卖合同备案登记、交付房屋等。

2. 鼎城房地产开发有限公司诉讼前已进入破产程序，川惠公司亦向鼎城房地产开发有限公司管理人申报债权。

3. 本案经安顺市中级人民法院一审、贵州省高级人民法院二审，均驳回川惠投资公司的诉讼请求。

4. 川惠投资公司向最高人民法院申请再审，最高人民法院驳回川惠投资公司的再审申请。

法院裁判

关于案涉房产是否属于鼎城公司债务人财产的问题。川惠公司主张依据《企业破产法解释(一)》第71条第5项之规定,案涉房产不属于鼎城公司的债务人财产。对此,本院认为,《企业破产法解释(一)》系为正确适用《企业破产法(试行)》所制定的司法解释,而随着2007年6月1日《企业破产法》的施行,《企业破产法(试行)》已经废止,针对该部法律所制定的司法解释原则上应不再适用。尤其是《企业破产法》施行后发布的《企业破产法解释(二)》第2条对不应认定为破产财产的情形,作出了不同于《企业破产法解释(一)》第71条的规定。即使在《企业破产法解释(一)》尚未明确废止的情况下,根据"新法优于旧法"的法律适用规则,本案亦应适用《企业破产法解释(二)》认定案涉房产是否属于破产财产。《企业破产法解释(二)》第2条规定:"下列财产不应认定为债务人财产:(一)债务人基于仓储、保管、承揽、代销、借用、寄存、租赁等合同或者其他法律关系占有、使用的他人财产;(二)债务人在所有权保留买卖中尚未取得所有权的财产;(三)所有权专属于国家且不得转让的财产;(四)其他依照法律、行政法规不属于债务人的财产。"本案案涉房产并不符合上述规定情形,不应排除在债务人财产之外,应属于鼎城公司的债务人财产。

此外,认定案涉房产属于鼎城公司的债务人财产也符合《物权法》确定的不动产物权变动登记生效原则。《物权法》第9条第1款规定,不动产物权的设立、变更、转让和消灭,经依法登记,发生效力;未经登记,不发生效力,但法律另有规定的除外。《企业破产法》第30条规定,破产申请受理时属于债务人的全部财产以及破产申请受理后至破产程序终结前债务人取得的财产,为债务人财产。案涉商品房尚未变更登记至川惠公司名下,不产生物权变动的效力,所有权仍归属于鼎城公司,应为鼎城公司的债务人财产。川惠公司关于案涉房产不属于鼎城公司债务人财产的再审主张,依据不足。

四、公司破产衍生诉讼之三:别除权诉讼

破产别除权,又称破产优先受偿权,是指在破产程序开始前就债务人特定财

产设定了担保的权或享有法定优先权的债权人，在破产程序开始后可不依破产分配程序优先就该特定财产优先受偿的权利。我国并未直接使用别除权的概念，是在《企业破产法》第109条进行了规定，“对破产人的特定财产享有担保权的权利人，对该特定财产享有优先受偿的权利”。别除权以担保制度为基础。同时，因法律还规定了除担保债权之外的其他法定优先权，部分法定优先权还优先于担保债权，故对其他法定优先权亦应适用破产别除权。别除权的优先不同于破产费用和共益债务的优先拨付，也不同于破产债权中清偿顺序的先后，而是在处置特定物后直接优先受偿。

根据上述别除权的权利基础，可知别除权有三大特点：(1)是对享有担保物权或法定优先权的特定财产行使的权利；(2)是不依破产程序而优先受偿的权利；(3)是在破产申请受理前已经合法成立的一种权利。

《企业破产法解释(二)》对别除权又作了进一步规定，第3条规定：债务人已依法设定担保物权的特定财产，人民法院应当认定为债务人财产。对债务人的特定财产在担保物权消灭或者实现担保物权后的剩余部分，在破产程序中可用以清偿破产费用、共益债务和其他破产债权。

案·例

通州建总集团有限公司诉安徽天宇化工有限公司别除权纠纷案

（指导案例73号）

裁判要旨

符合《企业破产法》第18条规定的情形，建设工程施工合同视为解除的，承包人行使优先受偿权的期限应自合同解除之日起计算。

基本案情

2006年3月，安徽天宇化工有限公司（以下简称安徽天宇公司）与通州建总集团有限公司（以下简称通州建总公司）签订了一份《建设工程施工合同》，安徽天宇公司将其厂区一期工程生产厂区的土建、安装工程发包给通州建总公司承建，合同约定，开工日期：暂定2006年4月28日（以实际开工报告为准),竣工日期:2007年3月1日,合同工期总日历天数300天。发包方不按合同约定支付工程款,双方未达成延期付款协议,承包人可停止施工,由发包人承担违约责任。后双方又签订一份《合同补充协议》,对支付工程款又做了新的约定,并约定厂区工期为113天,生活区工期为266天。2006年5月23日,监理公司下达开工令,通州建总公司遂组织施工,2007年安徽天宇公司厂区的厂房等主体工程完工。后因安徽天宇公司未按合同约定支付工程款,致使工程停工,该工程至今未竣工。2011年7月30日,双方在仲裁期间达成和解协议,约定如处置安徽天宇公司土地及建筑物偿债时,通州建总公司的工程款可优先受偿。

后安徽天宇公司因不能清偿到期债务,江苏宏远建设集团有限公司向安徽省滁州市中级人民法院申请安徽天宇公司破产还债。安徽省滁州市中级人民法院于2011年8月26日作出(2011)滁民二破字第00001号民事裁定,裁定受理破产申请。2011年10月10日,通州建总公司向安徽天宇公司破产管理人申报债权并主张对该工程享有优先受偿权。

2013年7月19日,安徽省滁州市中级人民法院作出(2011)滁民二破字第00001-2号民事裁定,宣告安徽天宇公司破产。通州建总公司于2013年8月27日提起诉讼,请求确认其债权享有优先受偿权。

法院裁判

安徽省滁州市中级人民法院于2014年2月28日作出(2013)滁民一初字第00122号民事判决:确认原告通州建总集团有限公司对申报的债权就其施工的被告安徽天宇化工有限公司生产厂区土建、安装工程享有优先受偿权。

宣判后,安徽天宇化工有限公司提出上诉。安徽省高级人民法院于2014年7月14日作出(2014)皖民一终字第00054号民事判决:驳回上诉,维持原判。

裁判理由

法院生效裁判认为,本案双方当事人签订的建设工程施工合同虽约定了工程竣工时间，但涉案工程因安徽天宇公司未能按合同约定支付工程款导致停工。现没有证据证明在工程停工后至法院受理破产申请前，双方签订的建设施工合同已经解除或终止履行，也没有证据证明在法院受理破产申请后，破产管理人决定继续履行合同。根据《企业破产法》第18条“人民法院受理破产申请后，管理人对破产申请受理前成立而债务人和对方当事人均未履行完毕的合同有权决定解除或继续履行，并通知对方当事人。管理人自破产申请受理之日起二个月未通知对方当事人，或者自收到对方当事人催告之日起三十日内未答复的，视为解除合同”之规定，涉案建设工程施工合同在法院受理破产申请后已实际解除，本案建设工程无法正常竣工。

按照最高人民法院全国民事审判工作会议纪要精神，因发包人的原因，合同解除或终止履行时已经超出合同约定的竣工日期的，承包人行使优先受偿权的期限自合同解除之日起计算，安徽天宇公司要求按合同约定的竣工日期起算优先受偿权行使时间的主张，缺乏依据，不予采信。2011年8月26日，法院裁定受理对安徽天宇公司的破产申请，2011年10月10日通州建总公司向安徽天宇公司的破产管理人申报债权并主张工程款优先受偿权，因此，通州建总公司主张优先受偿权的时间是2011年10月10日。安徽天宇公司认为通州建总公司行使优先受偿权的时间超过了破产管理之日6个月，与事实不符，不予支持。

案例评析

根据最高人民法院《关于建设工程价款优先受偿权问题的批复》第1条规定：“人民法院在审理房地产纠纷案件和办理执行案件中，应当依照《中华人民共和国合同法》第二百八十六条的规定，认定建筑工程的承包人的优先受偿权优于抵押权和其他债权”。即建筑工程的承包人的优先受偿权为法定优先权，优于抵押权和其他债权。另最高人民法院《关于建设工程价款优先受偿权问题的批复》第4条规定：“建设工程承包人行使优先权的期限为六个月，自建设工程竣工之日或者建设工程合同约定的竣工之日起计算。”本案中，虽《建设工程施工合同》约定了竣工时间，但因发包方未能按合同约定支付工程款，致使工程停工，故法院不予采信安徽天宇公司要求的按合同约定的竣工日期起算优先受偿权行使时间的主张，因此通州建总公司不受优先权行使期限的限制。

五、公司破产衍生诉讼之四：抵销权诉讼

抵销权纠纷是指债权人与破产管理人之间因行使破产抵销权而引起的纠纷。若破产管理人不认可该债权抵销的，债权人可通过提起确认之诉解决该问题。此外，若管理人对债权人主张的抵销权不予认可的，应当在约定异议的期限内或自收到债权人主张抵销的通知之日起3个月内向人民法院提起债权人抵销行为无效的诉讼。

《企业破产法》第40条对破产抵销权有明确的规定，《企业破产法解释（二）》对破产抵销权的行使、生效等规则又进行了进一步的明确。

《企业破产法》第40条规定："债权人在破产申请受理前对债务人负有债务的，可以向管理人主张抵销。但是，有下列情形之一的，不得抵销：（一）债务人的债务人在破产申请受理后取得他人对债务人的债权的；（二）债权人已知债务人有不能清偿到期债务或者破产申请的事实，对债务人负担债务的；但是，债权人因为法律规定或者有破产申请一年前所发生的原因而负担债务的除外；（三）债务人的债务人已知债务人有不能清偿到期债务或者破产申请的事实，对债务人取得债权的；但是，债务人的债务人因为法律规定或者有破产申请一年前所发生的原因而取得债权的除外。"《企业破产法解释（二）》第41条规定："债权人依据企业破产法第四十条的规定行使抵销权，应当向管理人提出抵销主张。管理人不得主动抵销债务人与债权人的互负债务，但抵销使债务人财产受益的除外。"第42条规定："管理人收到债权人提出的主张债务抵销的通知后，经审查无异议的，抵销自管理人收到通知之日起生效。管理人对抵销主张有异议的，应当在约定的异议期限内或者自收到主张债务抵销的通知之日起三个月内向人民法院提起诉讼。无正当理由逾期提起的，人民法院不予支持。人民法院判决驳回管理人提起的抵销无效诉讼请求的，该抵销自管理人收到主张债务抵销的通知之日起生效。"

根据上述规定，赋予了债权人的单方抵销权，该抵销权行使方式采用了形成

权模式，类似于守约方的单方合同解除权，抵销通知到达管理人时即生效。同时给了管理人一个救济权，就是在法定期限内向法院提起抵销无效诉讼，若逾期则丧失诉权。这个期限规定采用的是起诉期限，类似于行政诉讼的起诉期间，而非诉讼时效，其目的就是督促管理人尽快行使诉权。

案·例

海南中度旅游产业开发有限公司与三亚龙泉谷高尔夫文化公园有限公司破产抵销权纠纷案

裁判要旨

债务人处于破产清算阶段，因债务清偿比例未最终确定、债权亦无法确定，此时不应当支持债权人主张债权债务抵销。

基本案情

一审法院认为，该案的争议焦点：中度旅游公司主张34,802,656.8元的债权债务抵销行为是否有效。根据查明的事实，中度旅游公司重整案中，重整计划草案确定普通债权的清偿率为30%，龙泉谷公司经确认的债权数额115,723,995.09元中只有30%能得到清偿，即龙泉谷公司应得的清偿额为34,717,198.53元。现龙泉谷公司破产清算案中，中度旅游公司申报的债权及要求抵销的数额为34,802,656.8元。因龙泉谷公司得到的清偿额34,717,198.53元系经过中度旅游公司重整程序中确定的30%的清偿率折算后的金额，而中度旅游公司主张抵销的34,802,656.8元系在龙泉谷公司破产清算程序中清偿率尚未确定的情况下即进行抵销，并不符合公平原则。如在龙泉谷公司破产清算程序的清偿率确定之前进行抵销，将极大减少龙泉谷公司的破产财产，也损害了龙泉谷公司其他债权人的利益。故中度旅游公司主张34,802,656.80元的债权债务抵销行为无效。

另外，该案审理过程中，中度旅游公司称其已就其对龙泉谷公司是否享有合法债权的问题另案向一审法院提起诉讼，该案应以另一案的审理结果为依据，而另一案尚未审结，中度旅游公司以此为由向一审法院申请中止审理该案。但该案审理的是中度旅游公司行使抵销权的行为是否有效的问题,中度旅游公司对龙泉谷公司是否享有债权及债权数额多少,并不影响该案的审理结果。故对于中度旅游公司中止审理该案的申请,一审法院不予准许。中度旅游公司亦申请追加上海商联公司作为第三人参加该案诉讼,因该案处理结果与上海商联公司并无法律上的利害关系,故对该项申请一审法院不予准许。

综上所述,龙泉谷公司的诉讼请求成立。依照《民法总则》第6条、《企业破产法解释(二)》第42条的规定,判决:确认中度旅游公司向龙泉谷公司管理人主张34,802,656.80元的债权债务抵销行为无效。案件受理费100元,由中度旅游公司承担。

二审期间,中度旅游公司提交了两份证据:(1)(2018)琼02民初284号《案件受理通知书》;(2)《举证通知书》《参加诉讼通知书》《合议庭组成人员通知书》,拟证明中度旅游公司已经就债权向龙泉谷公司管理人进行破产债权申报,并在管理人不予确认的情形下,依法提起了普通破产债权确认诉讼;三亚市中级人民法院已经立案受理且进行了开庭审理;该案审理应依据上述案件审理结果为前提,该案依法应中止审理。龙泉谷公司对中度旅游公司提交的两组证据材料的三性都没有异议,但是对证明内容有异议。龙泉谷公司认为中度旅游公司已就该案向三亚市中级人民法院申请撤诉,法院已经裁定准许中度旅游公司撤诉。

龙泉谷公司二审提交了一份证据:三亚市中级人民法院(2018)琼02民初284号民事裁定书,拟证明中度旅游公司已就债权确认之诉向三亚市中级人民法院申请撤诉,法院亦已裁定准许其撤诉。中度旅游公司对龙泉谷公司所享有的债权没有得到生效的法律文书所确认,该案最基础的法律关系不存在,无法行使抵销权。中度旅游公司对该证据的真实性、合法性、关联性没有异议,但只是部分认可证明内容。中度旅游公司认为该裁定书仅仅是准许其撤回起诉的裁定,并不是确认中度旅游公司是否享有债权的最终法律文书,故不能证明中度旅游公司的债权不存在或者不真实。

法院裁判

驳回上诉,维持原判。二审案件受理费100元,由海南中度旅游产业开发有限公司负担。

裁判理由

二审法院经审查认为:由于双方当事人均对对方所提供证据的真实性、合法性、关联性没有异议,且双方当事人所提交的三份证据能够证明中度旅游公司提起债权确认之诉的事实,故对该三份证据予以采信。

二审查明的事实与一审判决认定的事实一致,二审法院予以确认。二审法院另查明,2018年11月23日,中度旅游公司向三亚市中级人民法院提起债权确认之诉,请求确认中度旅游公司对龙泉谷公司享有34,802,656.8元的债权。2019年5月27日,中度旅游公司向三亚市中级人民法院提出撤诉申请,三亚市中级人民法院于2019年6月17日作出(2018)琼02民初284号民事裁定书,裁定准许中度旅游公司撤诉。

二审法院认为,该案的争议焦点为中度旅游公司向龙泉谷公司主张34,802,656.80元的债权债务抵销行为是否有效。《企业破产法》第40条规定,债权人在破产申请受理前对债务人负有债务的,可以向管理人主张抵销。《企业破产法解释(二)》第41条规定,债权人依据《企业破产法》第40条的规定行使抵销权,应当向管理人提出抵销主张。管理人不得主动抵销债务人与债权人的互负债务,但抵销使债务人财产受益的除外。依据上述法律规定,中度旅游公司向龙泉谷公司主张34,802,656.80元的债权债务抵销的前提是其对龙泉谷公司享有34,802,656.80元的债权,对此,中度旅游公司在一审法院审理过程中已另案向三亚市中级人民法院起诉请求确认其对龙泉谷公司享有34,802,656.8元的债权,该案已以撤诉的方式结案,该债权最终没有经过法院判决确认,因此,中度旅游公司是否对龙泉谷公司享有债权尚无法确定。而龙泉谷公司目前处于破产清算阶段,债务清偿比例也没有最终确定,一审判决据此认定中度旅游公司主张34,802,656.80元的债权债务抵销行为无效,有事实和法律依据,应予维持。中度旅游公司关于其向龙泉谷公司主张的34,802,656.8元债权债务抵销行为有效的上诉主张,于法无据,二审法院不予支持。

由于中度旅游公司是否对龙泉谷公司享有合法债权及债权具体金额不属于本案审理的范围,因此,与该债权存在密切关系的上海商联公司是否参加本案诉讼,不影响本案的审理结果。一审法院认定第三人上海商联公司与本案没有法律上利害关系,不同意中度旅游公司提出的追加上海商联公司作为第三人参加诉讼的申请并无不当。中度旅游公司关于一审法院对其证明债权存在的证据不予审查,不同意其追加第三人的申请导致程序违法的上诉理由不能成立,二审法院不予支持。

综上所述,中度旅游公司的上诉请求不能成立,应予驳回。一审判决认定事实清楚,适用法律正确,应予维持。

六、破产债权确认诉讼

破产债权确认的程序:管理人在收到债权人债权申报材料后,应当对申报的债权进行审查,并编制债权表,编制的债权表应当提交第一次债权人会议核查。债务人、债权人对债权表记载的债权无异议的,由人民法院裁定确认;债务人、债权人对债权表记载的债权有异议的,可以向受理破产申请的人民法院提起诉讼。《企业破产法》及最高人民法院《关于适用〈中华人民共和国企业破产法〉若干问题的规定(三)》(以下简称《企业破产法解释(三)》)均对此作出了详尽的规定。

《企业破产法》第58条规定:“依照本法第五十七条规定编制的债权表,应当提交第一次债权人会议核查。债务人、债权人对债权表记载的债权无异议的,由人民法院裁定确认。债务人、债权人对债权表记载的债权有异议的,可以向受理破产申请的人民法院提起诉讼。”

《企业破产法解释(三)》第8条规定:“债务人、债权人对债权表记载的债权有异议的,应当说明理由和法律依据。经管理人解释或调整后,异议人仍然不服的,或者管理人不予解释或调整的,异议人应当在债权人会议核查结束后十五日内向人民法院提起债权确认的诉讼。当事人之间在破产申请受理前订立有仲裁条款或仲裁协议的,应当向选定的仲裁机构申请确认债权债务关系。”第9

条规定："债务人对债权表记载的债权有异议向人民法院提起诉讼的，应将被异议债权人列为被告。债权人对债权表记载的他人债权有异议的，应将被异议债权人列为被告；债权人对债权表记载的本人债权有异议的，应将债务人列为被告。对同一笔债权存在多个异议人，其他异议人申请参加诉讼的，应当列为共同原告。"

案·例

深圳市佩奇进出口贸易有限公司与湖北银行股份有限公司宜昌南湖支行、华诚某投资管理有限公司破产债权确认纠纷案

[（2012）民申字第386号]

裁判摘要

1. 案外人不能依据《民事诉讼法》第179条的规定申请再审，因为该条适用对象仅限于生效判决列明的当事人及其权利义务的概括继承人。依据《民事诉讼法》第204条和最高人民法院《关于适用〈中华人民共和国民事诉讼法〉审判监督程序若干问题的解释》第5条的规定，案外人申请再审的构成要件之一是对原判决、裁定或者调解书确定的执行标的物能够主张权利，此处所称的对执行标的物能够主张权利并不包括对执行标的物享有债权这一情形。

2. 尽管生效判决或执行裁定已认定公司股东应在出资不足部分本息范围内就公司债务不能清偿部分对公司债权人承担补充赔偿责任，但在股东实际承担补充赔偿责任前公司就已被裁定宣告进入破产程序的情况下，根据《企业破产法》第16条、第35条的规定，股东应首先向公司补缴出资，该补缴的出资只能用于向公司所有债权人进行公平清偿，而不能向个别债权人清偿。

基本案情

申请再审人湖北银行股份有限公司宜昌南湖支行（以下简称南湖支行）与被申请人深圳市佩奇进出口贸易有限公司（以下简称佩奇公司）、华诚投资管理有限公司（以下简称华诚公司）破产债权确认纠纷一案，不服北京市

高级人民法院(2011)高民终字第853号民事判决,向本院申请再审。本院依法组成合议庭对本案进行了审查,现已审查终结。

南湖支行申请再审称:二审判决认定华诚公司破产管理人(以下简称华诚管理人)不应确认南湖支行的债权,实际上剥夺了南湖支行申报债权的权利。(1)该判决实质上否定了宜昌市中级人民法院(以下简称宜昌中院)将华诚公司依法追加为被执行人的(2000)宜中法执字第110-4号裁定,也否定了最高人民法院主持的包括北京市高级人民法院在内的多地人民法院参加的统一执行本案的协调会意见,因此否定了南湖支行是华诚公司的债权人,导致南湖支行不能依宜昌中院的裁定和北京市高级人民法院的决定向作为被执行人的华诚管理人申报债权。(2)宜昌中院(2000)宜中法执字第110-4号裁定已经发生法律效力,华诚公司成为佩奇公司的连带债务人,根据《企业破产法》及最高人民法院《关于审理企业破产案件若干问题的规定》第23条的规定,南湖支行依法享有向作为连带债务人华诚公司就全部债权申报债权的权利,而南湖支行的此权利就是华诚公司的义务。(3)北京市高级人民法院在没有南湖支行参加的情况下在“本院认为”中剥夺了南湖支行的权利,违反了人民法院审判的正当性原则。(4)二审判决适用《企业破产法》第16条、第17条第1款、第30条、第35条的规定处理本案,属于适用法律错误。(5)二审判决认为华诚管理人违反了《企业破产法》第17条的规定向债务人的债务人清偿财产不当,因为华诚公司宣告破产在2009年,而宜昌中院裁定华诚公司承担责任在2001年。南湖支行依据《民事诉讼法》第179条第1款第6项的规定对本案申请再审。

法院裁判

本院认为,南湖支行是以案外人的身份向本院申请再审,故不能适用《民事诉讼法》第179条的规定,因为该条适用的对象仅限于生效判决列明的当事人及其权利义务的概括继承人。《民事诉讼法》第204条和最高人民法院《关于适用〈中华人民共和国民事诉讼法〉审判监督程序若干问题的解释》第5条对案外人申请再审的要件作了明确规定。依据上述规定,案外人申请再审的要件主要有两个，一是案外人须对原判决、裁定或者调解书确定的执行标的物能够主张权利，二是无法提起新的诉讼解决争议。

从本案一审、二审查明的情况看，南湖支行和佩奇公司对华诚公司均享有债权，且两债权产生的原因关系是相同的，即均基于华诚公司对佩奇公司出资不到位而应承担补足出资的责任。现争议的焦点在于讼争1400万元破产债权的归属问题。(1)根据宜昌中院作出的(2000)宜中经初字第6号民事判决以及(2000)宜中法执字第110－4号民事裁定，华诚公司应在其出资不足的范围内向南湖支行承担责任，但该执行程序在人民法院受理破产案件后尚未执行完毕。由于破产程序是对债务人全部财产进行的概况执行，注重对所有债权的公平受偿，具有对一般债务清偿程序的排他性。因此，在佩奇公司、华诚公司先后被裁定宣告破产后，对华诚公司财产已采取保全措施和执行措施的，包括依据宜昌中院(2000)宜中法执字第110－4号民事裁定所采取执行措施的，都属于未执行财产，均应当依法中止执行。破产财产应在破产清算程序中一并公平分配。(2)注册资本系公司对所有债权人承担民事责任的财产保障。在股东出资不到位的情况下，如公司被裁定宣告进入破产程序，根据《企业破产法》第35条“人民法院受理破产申请后，债务人的出资人尚未完全履行出资义务的，管理人应当要求该出资人缴纳所认缴的出资，而不受出资期限的限制”的规定，作为股东的华诚公司应首先向佩奇公司补缴出资。依据《企业破产法》第30条的规定，该补缴的出资应属于佩奇公司破产财产的组成部分，只能用于向佩奇公司所有债权人进行公平清偿，而不能向个别债权人清偿，否则就与《企业破产法》第16条“人民法院受理破产申请后，债务人对个别债权人的债务清偿无效”的规定相悖，侵害了佩奇公司其他债权人的合法利益。故二审判决将讼争破产债权确认归佩奇公司享有符合《企业破产法》的规定精神，南湖支行可向佩奇公司申报自己的破产债权并参与分配。综上，南湖支行关于二审判决认定华诚管理人不应确认南湖支行的债权，实际上剥夺了南湖支行申报债权的权利，以及二审判决适用法律错误等申请理由均不能成立。

由于讼争1400万元破产债权归佩奇公司享有，南湖支行对作为本案诉讼标的的上述破产债权已不能再主张权利,故其不能以案外人的身份对本案生效判决申请再审。依据《民事诉讼法》第 204 条和最高人民法院《关于适用〈中华人民共和国民事诉讼法〉审判监督程序若干问题的解释》第 5 条的规定,裁定如下:驳回湖北银行股份有限公司宜昌南湖支行的再审申请。